教师教育规划教材

JIAOSHI JIAOYU GUIHUA JIAOCAI

U0646420

XIANDAI JIAOYU JISHU YU YINGYONG

现代教育技术与应用

胡小强　何　玲　主　编
袁玖根　魏丹丹　副主编

北京师范大学出版集团
BEIJING NORMAL UNIVERSITY PUBLISHING GROUP
北京师范大学出版社

图书在版编目(CIP)数据

现代教育技术与应用 / 胡小强,何玲 主编 /. —北京:北京师范大学出版社,2013.8(2021.1重印)
ISBN 978-7-303-16722-7

Ⅰ. ①现… Ⅱ. ①胡… ②何… Ⅲ. ①教育技术学—高等师范院校—教材 Ⅳ. ①G40—057

中国版本图书馆 CIP 数据核字(2013)第 165948 号

营 销 中 心 电 话 010-58802135　58802786
北师大出版社教师教育分社微信公众号　京师教师教育

出版发行:北京师范大学出版社　www.bnupg.com
　　　　　北京市西城区新街口外大街 12-3 号
　　　　　邮政编码:100088
印　　刷:天津中印联印务有限公司
经　　销:全国新华书店
开　　本:730 mm×980 mm　1/16
印　　张:23
字　　数:440 千字
版　　次:2013 年 8 月第 1 版
印　　次:2021 年 1 月第 9 次印刷
定　　价:39.80元

策划编辑:路　娜　　　责任编辑:路　娜
美术编辑:纪　潇　　　装帧设计:纪　潇
责任校对:李　菡　　　责任印制:马　洁

前　言

伴随着信息技术的快速发展，现代教育技术在现代化教学中的重要地位是不言而喻的，已经成为优化教育教学过程的一种重要手段。要充分发挥现代教育技术的优势，就必须首先从教育技术人才的培养上着手。如今，在国家和各级教育部门的重视下，现代教育技术课程已经成为教育部规定的师范生的公共必修课程。师范生作为国家未来的教师，掌握现代教育技术能力对于推动教育教学改革是非常必要的。

近年来随着课程改革的深入，现代教育技术这门课程的改革取得了一些成效，但并没有从根本上改变传统模式中存在的问题，也造成了现代教育技术课程教材建设的不规范，教学效果良莠不齐。因此，我们在总结多年现代教育技术公共课教学和在职教师教育技术能力培训实践经验的基础上，于2007年出版了《现代教育技术》一书，深受广大学生的认可和好评，也被很多学校指定为相关专业的考研参考书。经过6年的发展变化，我们又重新编著了这本突出应用技能的《现代教育技术与应用》。

目前，现代教育技术的相关教材大多数以讲授教育技术基础知识为主，本书作为师范生的公共必修课"现代教育技术"的教材及参考书，依据国家教育部颁布的《中小学教师教育技术能力标准（试行）》，既重视对师范生进行现代化教育观念和教学手段的培养，又强调让学生具备应用现代教育技术进行教学实践的能力；分为现代教育技术理论与应用两大部分，在学习扎实的现代教育技术相关理论内容后，有针对性地开发实验及实训部分的内容，让学生不断巩固理论知识并进行实例的操作练习。

本书的学习目标包括：了解现代教育技术理论基础，如视听教学理论、学习理论、传播理论和系统理论等；培养学生利用现代教学媒体、教学环境的能力以及新技术在教育教学中的应用。现代教学环境包括如校园网、多媒体教室、网络教室、微格教学系统等；新技术包括虚拟现实技术、云计算等；在懂得如何搜索及利用网络教育资源的基础上，学习各类多媒体素材的采集与制作方法，并掌握优秀多媒体教学课件开发的相关技术。

全书共分为两篇，上篇为理论篇，下篇为应用篇，即技能训练部分。理论部分分为十章。第1章简要地介绍了教育技术的产生、发展的相关概念与理论基础；第 2 章介绍了教学设计的理论与实践；第 3 章介绍了信息化教学评价的概念、功能及类型，以及学习过程和学习资源的评价方法；第 4 章介绍了常用教学媒体及其在教学中的应用；第 5 章介绍了现代远程教育及其特征、网络课程的开发方法；第 6 章介绍了现代教学环境及教学应用；第 7 章介绍了网络教育资源的利用；第 8 章介绍了多媒体开发与制作的基础知识；第 9 章介绍了多媒体演示文稿 PowerPoint 的课件制作方法；第 10 章介绍了多媒体制作工具 Authorware 基本操作方法及课件制作方法。第 11 章技能训练部分主要以实例的形式与理论部分的内容知识相对应，可操作性强，教师讲完相关理论知识可按照技能训练部分让学生进行练习。附录部分提供了《中小学教师教育技术能力标准（试行）》。

本书主要具备以下特点：

首先，按照理论基础知识够用的原则，注重实际能力的学习与应用，以实际技能训练为主要内容，可操作性强。本书以培养学生的实践能力为重点，理论部分与实践应用部分相结合，教师可以直接按照技能训练部分让学生进行练习，强调让师范生具备教育技术方向的实际操作能力。

其次，教学内容具有针对性。本书结合师范生毕业后多数走向教育岗位的实际情况，重点讲解现代教学环境、教学媒体的应用，以及现代教育技术的课件制作。

再次，强调支撑环境的重要性，提高课时的利用率。新型的课程教材除了有先进的教育理念作支撑外，还具有丰富的为学生学习服务的教学资源和促进教师改变教育观念与新型教学方法的教师培训作为支撑环境，以便提高教学效率。

本书由胡小强、何玲担任主编，袁玖根、魏丹丹担任副主编，胡小强同志完成了第 1、4、6 章的编写，何玲同志完成了第 5、7、8 章和第 11 章 5－16 节的编写，袁玖根同志完成了第 9、10 章和第 11 章第 11－22 节的编写，魏丹丹同志完成了第 2、3 章和第 11 章第 1－4 节及附录部分的编写。在本书写作的过程中，得到了王歆婷、曾亮、丁帆、蒋逸皇、崔荣、谢静等同志的大力支持，在此一并表示衷心的感谢。

本书在编写过程中参考、引用了一些国内外的论文、论著和研究成果等，在此表示诚挚的谢意。

由于教育技术发展迅速，同时鉴于作者的学识与能力有限，加之编写时间仓促，书中难免有疏漏或错误之处。在此，恳请各位专家、同行和广大读者不吝赐教与斧正。

编　者
2013 年 5 月

目　录

上　篇　理论篇

上　篇　理论篇

第1章　现代教育技术概述

内容提要

现代教育技术是高等学校师范生的必修课程，本课程对于师范生了解现代教育技术基础知识及培养现代教育技术技能具有重要意义。通过本章的学习，可以了解现代教育技术的定义、起源和发展，掌握现代教育技术的理论基础及研究方法，并将其应用于实际的教学当中。

教育技术学科是教育科学群体中一门新的综合性学科，它目前从属于教育学二级学科，学科门类是教育学类/计算机类。教育技术在教育教学中的应用，优化了教学过程，教学媒体已经成为除教师、学生、教材等传统教学过程基本要素之外的第四要素。随着现代教育科学和现代信息技术的发展，人们对教育技术、教育技术学的理解和认识在不断地深入，其理论及应用不断地得到发展与完善。

1.1　现代教育技术概述

1.1.1　现代教育技术的定义

1. 教育技术的定义

教育技术定义是个连续发展的过程，随着学科和技术的发展，教育技术学科从萌芽到发展，从发展到初步成熟，其内涵和外延处在不断地变化之中。总体来说，主要有以下几个代表性的定义。

(1)教育技术的定义有广义和狭义之分

广义的教育技术就是"教育中的技术"，根据顾明远先生主编的《教育大辞典》中的定义，教育技术是人类在教育活动中所采用的一切技术手段和方法的总和。它分为物化形态(有形)和智能形态(无形)两大类。

物化形态是指凝固和体现在有形的物体中的科学知识，它包括从黑板、粉笔

1

等传统的教具到计算机、人造地球卫星等一切可用于教育的器材、设施、设备以及相应的软件等；智能形态是指那些以抽象形式表现出来，以功能形式作用于教育实践的科学知识，如系统方法等。

狭义的教育技术指的是在解决教育、教学问题中所运用的媒体技术和系统技术。

（2）AECT'94 定义

1994 年，美国教育传播与技术协会（Association for Educational Communication and Technology，简称 AECT）出版了西尔斯（Seels）与里奇（Richey）合写的专著《教学技术领域的定义和范畴》，书中提出了教育技术的定义。该定义是在 AECT 主持下，通过美国众多教育技术专家的参与，并由 AECT 正式批准使用的，它在一定程度上反映了美国和国际教育技术界的看法。

教育技术的 AECT'94 定义是：Instructional Technology is the theory and practice of design，development，utilization，management，and evaluation of processes and resources for learning。译为：教育技术是关于学习过程和学习资源的设计、开发、利用、管理和评价的理论与实践。

定义中的设计、开发、使用、管理与评价的内容的含义如图 1-1-1 所示。

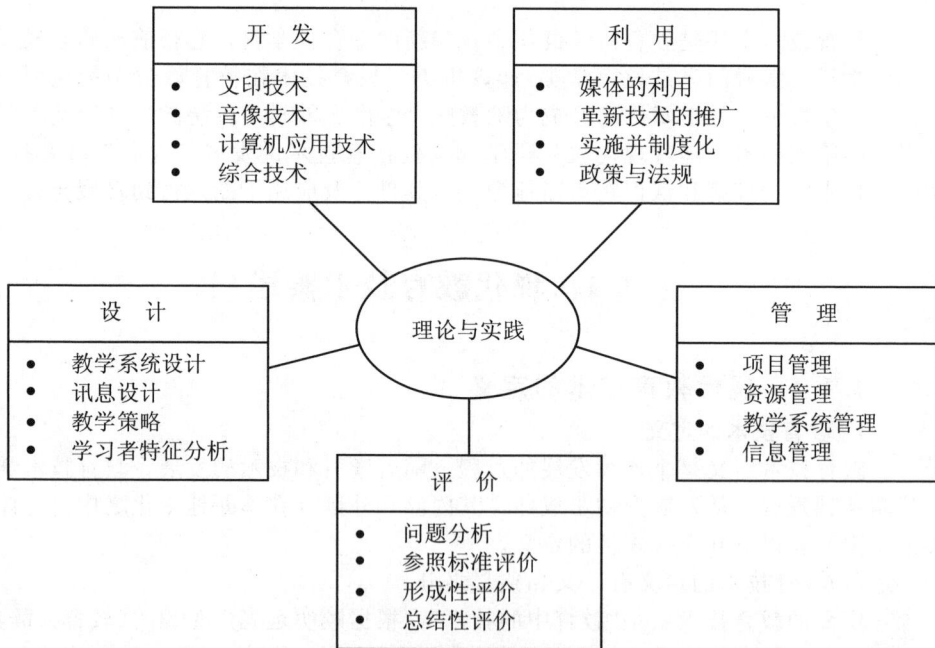

图 1-1-1　教育技术的 AECT'94

① 设计：教学系统设计、讯息设计、教学策略和学习者特征分析。

强调要在充分分析学习者特征的基础上确定具体的教学目标，进行教学内容、教学策略和教学系统的设计，找到学习者的学习起点，合理选择教学媒体、反馈方式，创造最优化的教学模式，以期使每个学生都能成为成功的学习者。

② 开发：印刷技术、视听技术、基于计算机技术和整合技术。

它指对新技术，包括印刷出版技术、音像技术、计算机应用技术、各种技术的综合集成等，应用于教育教学过程的开发研究。也可以说，开发是对教学设计结果的物化或产品化，是教学设计思想的具体应用。开发领域的范围既可以是一节课、一个新的改进措施，也可以是一个大的系统工程的总体规划和实施。

③ 利用：媒体利用、革新推广、实施和制度化、政策和法规。

强调对新兴技术、各相关学科的最新研究成果和各种信息资源的利用和传播，并注意加以制度化、法规化，支持教育技术的不断革新。

④ 管理：项目管理、资源管理、教学系统管理和信息管理。

指对所有学习资源和学习全过程进行计划、组织、指挥、协调和控制，具体包括教学系统管理、教育信息资源管理、教学开发项目管理等。科学的管理是教育技术的实施以及教育过程、教育效果最优化的保证。

⑤ 评价：问题分析、标准参照测量、形成性评价和总结性评价。

强调科学的测量和评价方法，注重形成性评价，并以此作为质量监控和不断优化教学系统与教学过程的主要措施，其中，要重视以事先确定的行为目标为参照标准的评价方法，向学习者本人提供有关学习进步的情况，以便及时调整学习步伐，直至取得成功。

从 AECT'94 定义可以看出，教育技术的目的是促进学习，研究对象是教与学的过程与资源，研究的范畴是设计、开发、利用、管理和评价，核心是教育的整体改革。我们可以这样来理解，教学设备属于学习资源，教育技术不只是设备的开发使用，设备是建设的基础，如何利用设备为教育教学服务才是关键。教育技术是高等教育发展动力的重要组成部分，应用新的教学设备，创造新的教学模式，取得最佳的教学成果，是教育技术追求的目标。教育技术是一个综合的概念，它是由硬件(设备)、软件(课件)和组织(人)构成。有了设备，就需要大量的软件(课件)，而课件的制作要有明确的设计思想，不能是课本内容的简单照搬。新的课件要体现开放性、智力性、工具性和资料性。硬件、软件的正常运转，需要组织的保证，设备无论怎样先进，缺少配套都是发挥不了作用的。

多年来，教育技术的 AECT'94 定义为我国的许多教科书所引用，在较大程度上影响了我国教育技术学科的理论与实践。

(3) AECT'04 定义

在 2004 年，美国 AECT 在总结近十年来教育技术的发展状况的基础上，提出了关于教育技术的新定义。这个新定义是在听取了众多专家们的意见后，经过有目的地修改而形成的，于 2005 年正式发布，故又称为 05 定义。

教育技术的 AECT'04 定义是：Educational Technology is the study and ethical practice of facilitating learning and improving performance by creating, using, and managing appropriate technological processes and resources. 译为：教育技术是通过创造、使用和管理适当的技术过程和资源，以促进学习和改善绩效的研究和符合道德规范的实践。

AECT'04 定义将 AECT'94 定义中的五大范畴(设计、开发、利用、管理和评价)整合为三大范畴(创造、使用、管理)，这三大范畴形成一个统一的、互相衔接的整体，而评价贯穿于整个过程中。

AECT'04 定义中的创造代替了设计、开发，创造包括一系列有目的的活动，用来设计、开发有效学习必需的材料、扩展资源和支持条件，也包括了设计、开发。创造是一种比设计、开发要求更高且具创新含义的过程，更能表达 21 世纪人们对教育技术发展的要求。定义中在 practice 前加了限定词 ethical，强调实践应该合乎道德规范，这一限定词第一次出现在定义中，说明人们开始反思教育技术中的规范性问题，反思教育技术的应用是否对社会有价值和特殊贡献。另外，定义中还增加了提高学习绩效(improving performance)这一目的，学习绩效的提法强调了学习的含义，不单指获取知识，更强调注重培养和提高能力。对学习绩效的关注也使得教育技术更加联系现实世界，更加关注人的发展。

2. 现代教育技术的定义

教育技术随着教育理论、实践和信息技术的发展而发展。现代教育技术是 20 世纪 90 年代以后在国内被人们大量使用的一个术语，它与"教育技术"在本质上是同一个概念。国内学者对于"现代教育技术"较有代表性的解释是：

(1)现代教育技术是以计算机为核心的信息技术在教育、教学中的运用(何克抗，1999)。

(2)现代教育技术是指运用现代教育理论和现代信息技术，通过对教与学过程和资源的设计、开发、应用、管理和评价，以实现教学优化的理论与实践(李克东，1999)。

一方面，现代教育技术以现代信息技术(计算机、多媒体、网络、数字音像、卫星广播、虚拟现实、人工智能等技术)的开发、应用为核心；另一方面，现代教育技术并不忽视或抛弃对传统媒体(黑板、挂图、标本、模型等)的开发与应用。

随着信息技术的发展，目前人们逐渐习惯于使用"现代教育技术"概念，这也使得教育技术带有更加强烈的现代化、信息化色彩。

1.1.2 教育技术与电化教育

"教育技术"这一名词来源于国外，现在在我国已广泛使用。"电化教育"则是我国特有的名词。从概念的本质上说，教育技术与电化教育是相同的，两者都具有应用科学属性，目的都是要取得最好的教育效果，实现教育最优化。两者的特点、功能以及分析、处理问题的方式也是相同或相近的，都是利用新的科技成果去开发新的学习资源，并采用新的教与学的理论、方法去控制教学过程。

但是从概念的涵盖面来看，教育技术的范围要比电化教育广泛得多。教育技术指的是所有的学习资源，包括与教育有关的一切可操作的要素；而电化教育所涉及的则主要是利用科技新成果发展起来的声、像教学媒体。由此，在处理问题的方法方面，教育技术主要采用了系统的方法，它所考虑的教育技术学是整个教育的大系统，即"教与学总体过程的系统方法"。在具体实施的过程中，它能运用于教育系统的不同层次，可以是教育规划方面的宏观问题，也可以是课程开发层次的问题，还可以是具体的课堂教学过程中的问题。而电化教育虽然也用系统的方法来考虑、处理问题，但它的重点放在电子传播媒体的选择、组合和应用的小系统上。当然，电化教育有时也涉及较大范围的问题，不过更多的情况是大、中系统的其他因素作为不变条件，而主要去研究小系统的控制和变化效果。由此看来，电化教育是教育技术的一部分，是教育技术发展到一定阶段的产物，是注重现代媒体的开发和利用的阶段性的教育技术，是相对狭义的教育技术。

那么，我们应该使用哪个名称更加科学？

首先，从形式上来看，相对电化教育的非电化教育，不可能是别的什么东西，就是以传统媒体进行的教育。而教育中各种媒体是分不开的，人为分开就是自我孤立。于是，电教课、电教过程和电教教法等两级术语就显得很苍白，没有生命力了。教育技术就不存在这个问题。与它相对应的方面是教育思想、教育理论、教育目的、教育内容、教育形式、教育方法等，教育技术与这些范畴之间保持相对独立性就无可非议。

其次，从实质上来说，抽去这两个概念的相同的"教育"，剩下的是"电化"和"技术"。"电化"无非就是电气化和电子化的现代媒体及其应用，由此带来的上述局限性就无法回避。而"技术"是科学和其他有组织的知识在实际任务中的系统运用。它包括物化形态和智能形态。前者指解决实际任务中使用的工具和设备，如教学媒体；后者指解决实际任务中使用的策略和技巧，如教学设计。这些工具、设备、策略、技巧的使用不是盲目的，也不是只凭经验的，而是服从于一定科学理论指导的。

因此，尽管电化教育名称在我国已有较长的历史和很广泛的群众基础，很多从事这方面研究的泰斗专家也习惯于称为"电化教育"，但从全局和长远发展来看，用教育技术名称取代它，则是必然的事情。

1.1.3　现代教育技术的主要应用领域

以计算机技术为核心的现代教育技术，在教育领域中得到了广泛的应用和发展，多媒体课件、网络教学、精品课程、开放课程、国家精品课程资源、共享课程资源等多种形式各显神通，丰富多彩，令人应接不暇。但是由于教育对象不同，教学内容不同，采用的技术手段和操作方法也就不同，从而形成了以下几个主要的应用领域。

1. 课堂教学领域

（1）课堂辅助教学

课堂教学是学校教育工作的主战场，是提高教育质量的关键。随着多媒体技术的迅速发展并应用于传统的学校，教育领域产生了课堂教育技术系统，这是计算机技术应用于教学领域中最早、最基本的形式，也是现代教育技术发展的初始阶段。

以计算机辅助教学为主要特征的教学形式，具体表现为计算机辅助教学课件在教学中的应用，代替了一些投影片、录像片的基本功能，并利用计算机的三维动画技术，详细地分解、展示微观机制和运动形式以及复杂过程，在突破教学难点、进行生动直观教学方面发挥着巨大作用。在此基础上，进一步发展为电子教案，在手段上完全依靠计算机实施教学，改变了教师一支粉笔、一份教案的课堂教学形式。但是，在这个阶段，计算机技术在教学中的应用仍然是零散的、随机的，较多地取决于教师的主观意志和教学条件，只起到了一些辅助的功能，对提高教学质量与效果产生了一定的影响，但没有对传统的课堂教学模式产生重大的改变。目前，绝大多数学校都处于这个阶段，虽然是现代教育技术应用的最低层次，但也是现代教育技术发展过程中的必经阶段，是向更高层次发展的重要基础。

（2）多媒体网络教学

以多媒体网络教室和校园网为主要特征的教学形式，是现代教育技术发展的一个中间层次，也是当前国内乃至世界教育重点发展与建设的主流。在这一阶段，除了校园网络和多媒体教室的硬件设备之外，一个关键因素是教学软件系统，它是多媒体网络教学的灵魂。这时的教学软件已经发生了质的飞跃，必须具有全面系统性、网络交互性和自学检测性，在课堂教学中担当着必不可少的重要角色，使传统的"教师讲、学生听"满堂灌的教学模式发生了根本性的变革，学生真正成了学习过程中的主体，他们可以在教师的指导下，自己选择学习方式、学习内容和学习进度；可以随时通过网络向教师提问，教师可以通过网络实施集体、分组和个体化的教学；学生间也可以相互访问，相互探讨和交流与合作。可以预见，现代教育技术在这一阶段的应用与发展，已经从根本上改变了传统的教学思想，教学观念，教学方式和方法，需要人们去适应并推进这一过程的深化，在此基础上去探究新的教学思想、教学目标和教育理论。

2. 远程教育领域

远程教育作为教育技术的重要组成部分，从 20 世纪 80 年代以来得到迅速的发展。世界上已经建立起许多实现远程教学的大学，我国的广播电视大学也属于这一类，而且是世界上规模最大的。远程教育与课堂教学相比较，技术更像是教师的替代物，而不像课堂教学中那样仅是作为一种补充。

随着信息技术的进一步发展，跨学校、跨地区乃至跨国家的远程教育研究与开发已开始启动。目前，因特网越来越普及化，中国教育科研网正在发挥着越来越大的作用，军队教育训练网络也正在建设之中，许多高校已建立了校园网。这就使得各个高校之间可以通过网络相互联通，实现教育资源共享；学生可以不进教室，通过上网自主式学习；学校的教师也许很难与学生见面，师生间的直接联系日趋减少；教师或学生可以随时通过上网参加国际间的学术交流与学习活动。总之，在这一阶段，现代教育技术的发展和应用将达到非常丰富且高超的境界，将对传统的教学观念产生彻底颠覆性的变革，如"学校全球化""没有围墙的大学""传统意义上的教师不复存在"等许多新观念、新模式将会应运而生。

3. 企业培训领域

企业培训和学校教育以及远程教育中教育技术的运用有所不同，企业培训主要关心企业员工的工作业绩，具有更具体的目标指向性，更关注受训者在特定领域中绩效水平的提升，是人力资源开发的一种具体途径。随着社会的发展和全球化趋势，企业的发展越来越依赖于员工的素质，企业的培训需求日益增多。很多企业，尤其是大型企业已经意识到并积极开展各种层次的员工培训。企业培训让受培训的员工立足本职岗位，大量运用教育技术手段，以最经济、最有效的手段去掌握有用的、可用于完成实际任务的各种知识和技能。现代教育技术为企业培训提供了丰富的资源，能够使培训更有效率，使其培训内容更加丰富多样，使培训者的学习方式、思维方式得以改善，从而促使企业提高绩效。

企业培训的最终目的是为了提高绩效。最初，人们认为企业效益不好，是因为员工技能不够，所以把企业培训作为解决企业效益问题的"全能"方法。而对培训效果的研究发现，培训并不是解决企业效益问题的"全能"方法，它不能解决诸如员工的动机、企业组织的变化等影响企业效益的重要问题。人们逐渐认识到，"绩效"才是真正的关键所在。如何根据企业"绩效"问题的实际情境，建立并选择包括"培训"在内的解决方案，就形成了"人类绩效技术"。

绩效技术是一种对项目进行选择、分析、设计、开发、实施和评价的过程，它的目的在于以最经济的成本效益影响人类的行为和成就。绩效技术既可用于个体、小型团体，又适用于大型组织机构。这种对问题的诊断、鉴别，以及发现或建立解决问题方案的过程和方法是和教育技术解决教育问题的系统方法相一致的，因此，企业绩效技术成为教育技术的系统方法在企业、公司等非教育情景下的一个应用领域。不同的是，绩效技术要利用的知识除了与教和学相关的科学知识之外，还包括一些组织学、企业管理、知识管理、动机理论、企业文化、人力资金等与企业经营相关的理论。

1.2　现代教育技术的发展历程及趋势

信息时代的到来，为教育的改革和发展提供了十分有利的机遇，教育教学领域的观念、理论和方法也随之不断更新，教育技术正是在此背景下产生和发展起来的。教育技术的产生与发展既有全球性，又有本土性。因此学习者需要了解国外与国内教育技术产生与发展的历程。

1.2.1　国外教育技术的发展历程

教育技术在国外已有近百年的历史，名称也几经修改，由于教育和信息技术发展水平的差异，教育技术在不同的国家经历了不同的发展阶段。以美国为代表的发达国家的教育技术，大致经历了以下四个发展阶段，如图 1-2-1 所示。

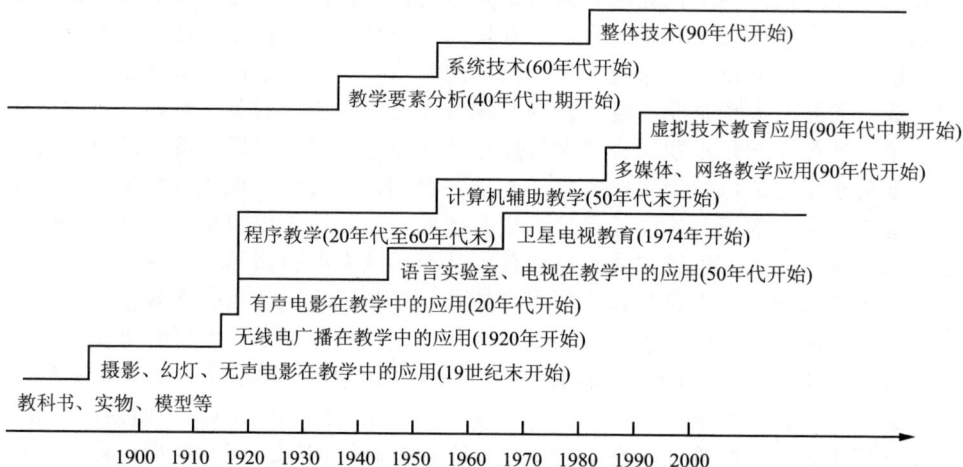

整体技术(90年代开始)

系统技术(60年代开始)

教学要素分析(40年代中期开始)

虚拟技术教育应用(90年代中期开始)

多媒体、网络教学应用(90年代开始)

计算机辅助教学(50年代末开始)

程序教学(20年代至60年代末)

卫星电视教育(1974年开始)

语言实验室、电视在教学中的应用(50年代开始)

有声电影在教学中的应用(20年代开始)

无线电广播在教学中的应用(1920年开始)

摄影、幻灯、无声电影在教学中的应用(19世纪末开始)

教科书、实物、模型等

1900　1910　1920　1930　1940　1950　1960　1970　1980　1990　2000

图 1-2-1　国外教育技术的发展历程

1. 视觉教育阶段(20 世纪初—30 年代)

19 世纪末，科学技术的迅速发展和科技成果引进教育领域，对教育技术的发展产生了深刻的影响。照相、幻灯、无声电影等新媒体相继应用于教学之中，向学生提供了生动的视觉形象，使教学获得了不同以往的良好效果。1906 年，美国宾夕法尼亚州一家公司出版了《视觉教育》一书，介绍照片拍摄、制作和使用幻灯片，这是最早使用"视觉教育"术语。随后，越来越多的教育工作者参与对新媒体应用的研究。1913 年，托马斯·爱迪生宣布："不久将在学校中废弃书本……有可能利用电影来教授人类知识的每一个分支。在未来的 10 年里，我们的学校将会得到彻底的改造。"十年过去了，爱迪生预期的变化没有出现。然而，视觉教育活动却有了长足的发展。1923 年，美国教育协会建立了视觉教学分会，视觉教育工作者开始发展他们自己的学说，并把夸美纽斯的《直观教学论》作为视觉教育的理论基础，1928 年，出版了第一个关于视觉教育的教科书《学校中的视觉教育》，并断言"视觉经验对学习的影响比其他各种经验都强得多"。

1924 年，在美国心理学会的会议上，S. L. 普莱西宣布他设计出了第一台可以教学测验和记分的教学机器。它不仅能呈现视觉材料，还能针对学生的学习情况提供反馈信息，这是教学机器与音像媒体的重要区别。该教学机器用于个别化教学活动，于是产生了早期的个别化教学。

2. 视听教育阶段(20 世纪 30－50 年代)

20 世纪 30 年代后期，无线电广播、有声电影、录音机先后在教学中获得应用，人们开始在文章中使用视听教育的术语。1947 年，美国教育协会视觉教学分会正式改名为视听教育分会。

1931 年 7 月，美国辛克斯公司在华盛顿做了一个电影教学的实验：在儿童看电影的前后，分别用 5 种测验表格考查他们的学习成绩，看电影后比看电影前成绩平均增加 88 分，学生增加知识量 35%。美国哈佛大学在马塞诸塞州 3 个城市中学所进行的实验也证明，用电影教学的学生比不用电影教学的学生成绩提高 20.5%。第二次世界大战期间，美国政府生产工业培训电影 457 部，为军队购买了 5.5 万部电影放映机，花费在影片上的投资达 10 亿美元，将教学电影用于作战人员和军工技术人员的培训并取得了显著成效，也提高了人们对战后学校教学使用视听媒体的兴趣和热情。

20 世纪 50 年代，电视的出现为视听教育提供了更好的技术手段。与电影相比，电视具有制作周期短，传播、复制容易等优点，因此被迅速应用到教育领域。从 30 年代到 50 年代，在美国掀起了一场视听教育运动。与此同时，关于视听教育的理论研究进一步推动了视听教育的发展，其中以戴尔的"经验之塔"理论最具代表性，被作为视听教育的主要理论依据。

20 世纪 50 年代中期，美国心理学家斯金纳根据行为主义学习理论设计了新一代的教学机器，被称之为"斯金纳程序教学机"，并由实验阶段转入实用阶段，在大学和军队中得到应用。

3. 视听传播阶段(20 世纪 50—60 年代)

20 世纪 60 年代以后，教育电视由实验阶段进入实用阶段，程序教学机风靡一时。与此同时，由拉斯维尔等人在 20 世纪 40 年代创立的传播学开始影响教育领域，有学者将教学过程作为信息传播过程加以研究。上述背景推动了对教育传播的重视，提出了视听传播的概念。1963 年，美国视听教育协会对视听传播的概念进行了描述：视听传播是教育理论和实践的分支，主要研究控制学习过程信息的设计和使用，它包括：

(1)关于直观和抽象的信息各自独特的和相互联系的优、缺点的研究，这些信息可用于任何目的的学习过程。

（2）将教学环境中的人和设施产生的教育信息结构化和系统化。

上述研究涉及计划、制作、选择、管理、运用各种部分和整个结构系统，其目标是有效地运用每一种传播方法和媒体来帮助发展学习者的全部潜能。

这时，比"视听媒体"概念更为广泛的"教学资源"概念崭露头角，人们逐渐将关注的焦点从原先的视听教育转向整体的教学传播过程、教学系统方面上来。

4. 教育技术阶段(20 世纪 70 年代至今)

美国教育技术界人士大多认为，教育技术的形成是第二次产业革命时期科学技术的发展对教育影响的结果，并把 20 世纪 20 年代初期美国教育领域内兴起的视觉教学作为教育技术的发端。但直到 20 世纪 60 年代末，教育技术领域才形成并发展为一个专门的教育实践领域。这主要是由于教育技术的形成与三种教学方法(视听教学、程序教学、系统化设计教学)实践的发展有关。它们均在 20 世纪初开始，先后各自独立地发展，随着人们对技术理解的逐步深刻，到了五六十年代，它们逐渐相互影响和借鉴，至 60 年代末 70 年代初，融为一体而形成教育技术领域。

20 世纪 70 年代中期，微型计算机问世，计算机教育应用进入新的阶段。1970 年，美国教育传播和技术协会(AECT)成立，首次提出教育技术的概念并对其进行了定义。此后，AECT 又在 1972 年、1977 年两次对定义进行修改，并在原有的传播理论、行为主义学习理论的基础上，把系统理论作为教育技术的理论基础。随着多媒体计算机、网络技术、远程通信等媒体技术的发展，教育技术的实践进一步深入，使教育技术的内涵不断丰富。上述发展也推动了教育技术理论的研究，并把认知主义学习理论、建构主义学习理论作为其理论基础。

1994 年，AECT 对教育技术重新进行定义，从而使之更加符合当时信息技术和教育教学的实际，对世界各国教育技术的发展产生了较大的影响。2005 年，AECT 对教育技术定义进行了修改，再一次受到人们的高度关注。

美国教育技术人才培养以硕士学位研究生为主，少量本科生及博士生。硕士生以学位课程取得学分为主，不做课题；博士生除完成一定的学分外还必须完成研究课题。学制比较灵活，可以修一些学分后工作一段再来学习，可以 5—7 年完成学业。

学习内容主要是教学系统设计及相关内容，重视教育技术 AECT'94 定义的阐述，从学习资源和学习过程的设计、开发、应用、管理和评价五个方面组织课程和开展研究。学生主要是学习、研制网络方面的软件。他们明确表示"我们是培养软件的设计者，而不是培养软件的制作者"。学生来源主要是学校的教师，在具备某一专业知识的条件下培养利用教育技术当好教师的能力，毕业后还回学校工作，学习方式主要是小组协作讨论学习。

1.2.2　我国教育技术的发展历程

我国教育技术的产生以 20 世纪 20 年代电化教育的出现为标志，当时从国外引进，并以电化教育命名。

1. 我国教育技术的发展可分为三个阶段

(1)我国教育技术的出现与初步发展阶段(1920—1965 年)

在这一阶段，幻灯、电影、无线电广播、电视在教育中逐步得到应用，学校电化教育与远距离教育有了初步发展。1949 年 11 月，在文化部科技普及局成立了电化教育处，负责领导全国教育技术工作。1949 年，北京人民广播电台和上海人民广播电台举办俄语讲座，后又改为俄语广播学校。每年参加学习的学员达5000 人，到 1960 年，累计招生 19 万多人。1958 年前后，中国掀起了教育改革运动，推动了高等学校和中小学电化教育活动的开展。1960 年起，上海、北京、沈阳、哈尔滨、广州等地相继开办电视大学。"文化大革命"期间，电化教育工作处于停顿状态，甚至倒退。

(2)我国教育技术的重新起步与迅速发展阶段(1978—1996 年)

1978 年春天，邓小平同志在全国教育工作会议上的讲话中指出："要制订加速发展电视、广播等现代化教育手段的措施，这是多快好省发展教育事业的重要途径，必须引起充分的重视。"1993 年 2 月 13 日，中共中央、国务院正式印发了《中国教育改革和发展纲要》，文件中明确提出："积极发展广播电视教育和学校电化教学，推广运用现代化教学手段，要抓好教育卫星电视接收和播放网点的建设，到 20 世纪末，基本建成全国电教网络，覆盖大多数乡镇和边远地区。"这一阶段学校电化教育与远距离教育，以及信息技术教育应用和教育软件迅猛发展。到 1995 年，我国的教育软件市场已基本形成，其产品不局限于教育管理软件，也开始向家庭教育、学校课堂教学和社会教育等领域拓展。

(3)面临挑战的发展阶段(1996 年至今)

在这一阶段，信息技术，特别是多媒体和网络技术的飞速发展，引起了全面而深刻的社会变革，同时也对教育提出了新的要求。教育新理念(素质教育、终身教育、学习型社会)的出现、教育信息化的提出、现代网络远程教育的形成等都是教育技术的理论再建设与实践再应用的挑战，同时教育技术在应用中也在不断反思，并得到了发展。

2. 我国教育技术学专业的发展

我国在高等学校开设教育技术专业，是在 20 世纪 30 年代开始的。教育技术专业在 1993 年以前，一般称为电化教育；1993 年之后，改为教育技术学专业。

1936 年，江苏省立教育学院开设电影广播教育专修科，学制两年，这是我国第一个电化教育专业。

1938 年，南京金陵大学理学院设立电影播音专修科，学制两年。

1940 年，前国立社会教育学院设立电化教育专科，学制两年。1948 年，该院专修科改为系，学制 4 年，这是我国第一个本科层次的电教专业。

1952 年，全国高校院系调整，社教学院的电教专业并入北京电影学院。从 1952 年到 1982 年，我国的电化教育专业停办了 30 年。

从 1983 年起，我国高校开始恢复设置电化教育专业。1983 年，西北师范大学等多所高校设立了电化教育专科，学制 2—3 年。同年，华南师范大学开设了新中国成立后的第一个电化教育本科专业，学制 4 年。

从 1986 年起，我国开始举办研究生层次的电教专业。1986 年。北京师范大学、河北大学、华南师范大学最先设立了教育技术学硕士点，学制 3 年。1993 年，北京师范大学最先设立了教育技术学博士点，学制 3 年。据不完全统计，到 2012 年底，我国有教育技术学博士点招收的高校 14 所，有教育技术学硕士授予权的有 100 多所，有教育技术学本科专业的高校有 300 余所。

1.2.3 现代教育技术的发展趋势

1. 现代教育技术基于技术的发展趋势

随着现代信息与通信技术的飞速发展，许多新的技术都应用到教育领域，多媒体技术、网络技术、蓝牙技术、虚拟现实技术、卫星通信技术、人工智能技术等为现代教育技术注入了新的活力。

（1）多媒体技术

多媒体主要指计算机和其他各媒体组成的系统，计算机将文字、图像、图形、音频、视频、动画等媒体综合于自身，同时还将其他媒体进行控制组合，各媒体互为补充、协同作用，使系统整体功能比各个媒体功能的总和更为强大和丰富、有效，实现了人与计算机等媒体的交互。

以计算机为主体的多媒体技术由于具有多重感官刺激、传输信息量大、速度快、传输质量高、应用范围广、使用方便、便于操作、交互性强等优点，使得它成为教育技术的主流技术。它随着相关技术的发展而发展，由于这一技术在教育的空前应用，必将促进这一技术不断地发展与提升，不断整合出现的新兴媒体，朝着方便、简单和智慧型的方向发展。

（2）网络技术

目前，教育技术的网络化趋势主要表现在国际互联网应用的急剧发展和卫星电视网络的飞速发展。随着技术进步，这两大网络系统将逐步统一融合，形成真正意义的全球信息系统(网)。

因特网作为一种远程网络通信技术的重大革命，它不受时空限制、同步和异步的传输模式、双向交互、信息量大，其具有强大的生命力，得到广泛的应用，已对教育产生了深远影响。卫星电视进入教学领域以后便得到了迅速地发展，我国目前公共电视网(CATV)在城市中有庞大的用户群，公用电话交换网(PSTN)也延伸向千家万户。基于这两大网络，以现有大学为依托，具有一定交互能力的、适合于远距离教学的网络大学已成现实。而电脑、电视、电话一体化将成为现实。

（3）蓝牙技术

蓝牙技术（Bluetooth）的完善与应用使信息的传递与控制获得了巨大的自由空间。蓝牙技术是一种无线数据与语音通信开放性的全球规范，它以低成本的近距离无线连接为基础，为固定与移动设备通信环境建立了一个特别连接，它的应用，给校园网赋予了新的活力，校园网将向个人用户的全球共享与漫游发展，应用范围也将不局限于学习和信息检索功能，更具有生活、工作和控制功能。

（4）虚拟现实技术

虚拟现实技术是指采用以计算机技术为核心的现代高科技手段生成逼真的视觉、听觉、触觉、味觉、嗅觉等一体化的虚拟环境，用户借助特殊的设备、以自然的交互方式与虚拟世界中的物体进行交互、相互影响，从而产生身临其境的感受和体验。

虚拟现实技术的主要特征有沉浸性、交互性、想象性。它表现为一种基于视觉、听觉、触觉等新型的交互式人机界面，它可以创造出身临其境、完全真实的学习环境，提高教学效果。这种技术在教育领域、特别是实验教育领域中，有不可替代的、令人鼓舞的前景，我们须高度关注、适时开发。

（5）人工智能技术

人工智能技术对培养学生创造力和想象力极为有效，为开展素质教育，也为学校的科学管理提供了新的方法与思路。它是信息技术发展的最重要方向之一。现在国际教育技术界重点研究的课题，如"个别指导策略与学习者控制""学生模型建构与错误诊断"等，一定程度上反映了教育技术的发展方向，这些问题需要与人工智能技术有机地结合起来，建构智能或超智能教学系统。

新技术的发展为实验教学赋予了新含义，教育技术相关机构的设置与改革必然随着教育技术的发展而改变。实验教学大量地应用现代科学技术，如人工智能、计算机技术、虚拟技术，产生新型的实验教学模式，使学生实验的内容与手段更加现代化，有利于拓宽学生的思维领域，提高学生的实验技能。电化教育中心、计算机技术中心与网络系统、各学科教学仪器实验室、其他相关专用教室、教师备课与其他学校管理系统必然会由现代教育技术中心来统一管理与运行。同时，教育技术机构和职能也将随着现代教育的发展而不断地调整和提升。

2. 现代教育技术应用于教育的发展趋势

教育技术作为理论和实践并重的交叉学科，需要理论指导实践，在实践中进行理论研究。目前，教育技术在教学中应用研究的热点集中在信息技术与课程整合和网络教育领域，所有这些，乃至终身教育体系的建立都强调对学习者学习的支持，即围绕如何促进学习展开所有工作。正因为如此，人们将会越来越重视教育技术的实践性研究。

（1）教师培训

支持学习首先是谁来支持以及如何支持，即教师培训问题。世界各国都很重视教师培训。2000 年，美国国际教育技术协会制定了"全体教师的教育技术基本标准"，其中规定了教师应该具备的教育技术基本能力。为了达到该标准，需要对教师进行系统的教育技术培训。此外，英国、法国、新加坡、韩国等国家也十分重视对教师的培训工作。

据调查，我国教育技术发展较快地区尚有 1/3 的教师对教育技术知识不甚了解或根本不知道。调查也显示，教学第一线的教师大部分欢迎教育技术培训，具有较强的学习动机。因此，如何对教师进行教育技术培训，特别是如何实施有效的培训，需要我们教育技术工作者在实践中进行不断地探索。

（2）教学资源建设

在教学资源建设方面，特别是教育软件的设计和应用方面值得我们重视。当前教育软件的应用远远没有达到我们所预期的效果。比较突出的问题有：存在科学性错误、适用性较差、交互性不强、制作欠精细、智能性欠佳等。随着网络技术、智能技术、虚拟现实技术等的不断发展，新一代的、以网络为核心的智能教育软件将在教育软件市场占据越来越重要的地位。如何克服教育软件业目前的困难，开发出适合学习者特点和需求的网络教学资源，将成为资源建设中重要的研究任务。

此外，为了使教育资源能够大范围地共享和交流，网络教育技术标准研究成为近几年的热点问题。2001 年，在教育部的组织下，我国成立了现代远程教育标准化委员会，专门从事网络教育技术标准的制定和推广工作。

（3）学习支持

教育技术在研究与实践中对于学生学习的支持给予了密切的关注，这种支持包括在信息技术背景下，特别是网络环境下学生的学习活动、教学组织和教学评价等方面。广大工作在教育一线的教师，能够深切地感受到教学中存在的问题，也只有他们才能根据实际情况结合理论知识来解决问题。教育技术工作者应该为广大教师提供各种解决实际教学问题的思路和方法，为学生的学习提供有力的支持。

（4）教育技术应用模式的多样化

不同的国家对教育技术的应用不是同一模式、同一要求，而是根据社会需求和具体条件的不同，划分不同的应用层次，采用不同的应用模式。

目前，在发达国家，教育技术的应用大体上有以下四种模式：基于传统教学媒体(以视听设备为主)的"常规模式"；基于多媒体计算机的"多媒体模式"；基于 Internet 的"网络模式"；基于计算机仿真技术的"虚拟现实模式"。

其中，常规模式无论是在我国还是在发达国家，在目前或今后一段时间内，仍然是主要的教育技术的应用模式，尤其是在广大中小学更是如此。在重视"常规模式"的同时，应加速发展"多媒体模式"和"网络模式"，这是现代教育技术发展的方向和未来。而对于"虚拟现实模式"，这是一种最新的教育技术应用模式。但这种模式由于 VR 设备昂贵，目前还只是应用于少数高难度的军事、医疗、模拟训练和一些研究领域。但它有着非常令人鼓舞的美好前景。

1.3　学习现代教育技术的意义

1.3.1　师范生学习现代教育技术的意义

现代信息技术的发展与应用，对教育正产生着日益深刻的影响。现代化教育需要教育的技术、装备和手段现代化，其标志是运用现代信息技术等现代科学与技术，将传统的电化教育、各学科实验教学、课外科技活动与发明创造等运用现代科技与技术进行融合与渗透，实现多媒体化和网络化，构筑现代教育的技术基础。因此，学习现代教育技术有着非常重要的意义。

信息时代对人才的培养提出了新的要求，新理念和新方法推动着教育迈入一个新的变革时代。我国在 20 世纪末适时地提出了素质教育工程，旨在运用现代的教育思想和技术方法，培养适合新世纪发展需要的、具有优良综合素质的合格人才。教育改革对教师提出了新的挑战，今天的教育已不再是传统的教与学的单向输入，而是提倡以学生学习为主体的学习活动的开发与实施。现代教育活动更强调自主性、个性化和多元化，教师的角色也转变为学习资源的组织者、过程的设计者、行为的指导者。教育技术的发展是这场教育变革中的重要特征之一，同时又对教育改革的发展起着重要作用。师范院校的学生，作为未来的教师，掌握现代教育技术的基本理论和方法就必然成为其职业素质的重要要求之一。

1.3.2　新教育时代需要教育改革

1. 新时代教育面临新的挑战

（1）知识迅速更新对人才培养提出的要求

如果说人类的科技知识在 20 世纪中叶每十年就增加一倍的话，现在则已缩短到 3 年至 5 年。据联合国教科文组织的统计，近 30 年所积累的知识就占了人类有史以来所积累知识的 90%。因此，教育所面临的一个问题是如何解决知识的迅速更新与学生的有限学习时间之间的矛盾，要延长教育的时间，学习不仅是儿童、青少年的任务，也是整个社会各阶层人士的需要，必须建立终身教育的理念。

（2）人才需求的多元化、可变性对教育的要求

由于高科技的迅速发展，促使产业结构发生变化，新的技术密集型、知识密集型产业不断增加，社会劳动逐渐智力化；同时，产业更新速度加快，新的职业不断取代旧的职业。教育所面临的问题是如何使从业者有较广泛的知识基础和新

的知识体系，以适应不断变化的人才市场的需要；以及如何使知识内容体系的变化适应每个学习者的不同需求，适应人才培养多元化的要求。因此，必须对学校的专业设置和课程安排进行更新和改造。学校的教育已不能仅从传授已有知识来考虑，它更重要的任务是开发学生的智力，培养学生进一步获取新知识的能力、解决实际问题的能力和创新能力。

（3）受教育者数量的猛增对教育的要求

随着世界人口的急剧增长，受教育人数也在不断增加，给教育带来巨大压力。旧的教育观念和模式已经不能满足人们受教育的要求，必须扩大教育的空间，教育要跨出学校教育、正规教育单一模式的框框，发展社会教育、职业教育、家庭教育、自我教育，开辟"没有围墙"的业余学校、开放性的"空中学校"、网络虚拟学校，以满足知识增长和人口膨胀的需要。

（4）教育面临国际竞争的挑战

20 世纪 80 年代以来，世界局势发生了巨大的变化，冷战已经结束，和平与发展是世界发展的主题，但国际竞争却日益激烈。这种竞争实质上是高科技的竞争、综合国力的竞争，最终反映在人才的竞争上，而人才的培养靠教育。所以 20 世纪 80 年代以来，发达国家无不瞄准 21 世纪的人才培养，纷纷研究和出台教育改革方案，为战胜各自的对手做好人才储备。

2. 教育的出路在于改革

（1）更新观念，建立全民的、全时空的大教育观，针对 21 世纪人才培养需要制定整体的教育改革方案。

（2）针对学科的分化与综合，改革课程设置、内容体系及每一门课的具体内容，使之更加适合对学生获取知识、解决问题的能力和创造力的培养。

（3）改革过时的教育模式和教学方法，使之更加适合个别化、个性化及全民化、终身化的要求，使更多的人获得学习的机会。

1.3.3　现代教育技术在教学改革中的作用

1. 现代教育技术是教育改革的突破口

现代教育技术因其特定的产生与发展环境，而具有鲜明的时代特征。正因为如此，在新的教育思想和理念的指导下，运用现代教育技术改革教学活动，从最具体的技术手段出发，逐步拓展，进而对教学内容、教学资源、教学模式、管理体制，乃至教学理论产生深刻影响，有力推动教育的整体改革。现代教育技术的另一个特征是系统方法的思想，而这一理念的普及，必将促使教育者从单一地关注教学手段转向关注与学习有关的各个环节，从整体的角度设计与评价教学活动，这必然促进教育各方面改革的协调进行。

2. 现代教育技术可以促进教学内容的变革

现代教育技术的应用对教育的影响，首当其冲的就是教育内容的变革，具体表现为：

（1）信息的多渠道化

随着现代教学手段的发展，特别是多媒体技术、通信技术、网络技术等信息技术在教学中的应用，教师不再是唯一的教学信息来源，学生通过多种渠道更容易获得信息和知识，极大地拓展了学生的知识来源。

（2）教材的多媒体化

现代教育技术的应用将过去传统的、静态的书本教材形式转变为由文本、图形图像、声音、视频、动画等构成的动态教材，多感官的参与活动对于学生知识的掌握、能力的形成都有较大的促进作用。

（3）呈现方式的多样化

现代教育技术的应用改变了教学内容的呈现方式，许多肉眼看不到的宏观世界和微观世界，以及一些事物的运动规律都能呈现到学生眼前，丰富了学生的想象力；可以把远方的东西，或是已经发生的事情呈现在学生的眼前，激发学生的学习兴趣；把复杂的东西变得简单，或是把抽象的事物转化为具体的事物，活跃学生的思维，使学生容易理解和掌握事物的本质，有助于促进学生对知识的理解。

3. 现代教育技术可以促进教学模式的变革

现代教育要求教育形式的多样化，使学习者在学习过程中不仅能获取知识，还能培养学习能力，提高综合素质。现代教育技术无论是从教学设计的思想，还是媒体技术的功能上来看，都为教师探索新的教育教学模式提供了广阔空间。通过应用现代教育技术，可以更科学和更便捷地重新整合教学资源，控制教学过程，可以创造出更多符合学习者特征的、具有个性化的教学模式，以实现更有效的学习。课堂教学、远程教育、个别化学习等各种不同教学实践领域，都可以从现代教育技术的应用中获得重要的理论与技术支持。这一点尤其是在我国教育界正在实施的创新教育、研究性学习等具体的教育改革活动中，起着非常重要的作用。

从表 1-3-1 中可以看出传统教学模式与新型教学模式之间的明显差别。

表 1-3-1　传统教学模式与新型教学模式的差别

关键要素	传统教学模式	新型教学模式
教学策略	以教师为导向	以学生探究式为主
讲授方式	说教式的讲授	交互性讨论
学习内容	单学科的独立模块	多学科的综合模块
作业方式	个体作业	协同作业
教师角色	教师作为知识的施与者	教师建构学习知识的环境
分组方式	同质分组（按能力）	异质分组
评估方式	针对事实性知识和离散技能的评估	基于绩效的评估

4. 现代教育技术的应用改变了教师的角色

教育信息化、信息民主化意味着知识传递方式、途径等方面的变革。教师角色中"知识来源"的作用将部分为网络所替代，即技术也可承担部分的教师角色。教师在教学中要体现"课程的组织者、情感的支持者、学习的参与者、信息的咨询者"等角色，在学生学习的过程中起一个设计和向导的作用。教学过程是师生交往、共同发展的过程，交往意味着平等对话，教师将由居高临下的权威转向平等中的首席，由知识输出者的角色转变为给学生提供舞台，指出方向、关键时给予学生引导和支持的导师。信息资源获取机会的均等使得教师不再拥有控制知识的"霸权"，教师工作重点将不再是分发信息，那种教师"对"学生的师生关系将转换成教师"与"学生，甚至可能是"伙伴—伙伴"的关系。师生角色的转换频繁自然。另外，虚实不同的活动空间，让教师的行为呈现了多样性。教师既可在真实的学校中，也可在虚拟的网络中体现教师的角色行为，网上、网下只是空间发生了变化，参与者主体没有变，"网上"和"网下"是一个统一的整体。

5. 现代教育技术的应用有助于学生学习能力的培养

教育改革的主要目的之一，就是要使受教育者在获得知识的同时，提高自己的综合素质，而学习能力是一个人综合素质中的重要组成部分。现代教育技术所提供的空间，可以使学习者有更大的自由度来选择学习的方式，在教师的有效指导下，学生能够更迅速、更高效地实现学习目标。同时在这一过程中，学生自身的学习能力，包括信息的组织处理能力、对问题的分析能力、综合判断能力、合作学习能力、评价能力等，都能得到不断的提高，真正做到"学会学习"。

1.3.4　学习现代教育技术的方法

现代教育技术对于我国的教育改革和教育现代化的进程有着举足轻重的作用。这就要求学习者必须掌握现代教育技术的理论和方法，运用现代教育技术的思想和方法来分析和处理教育、教学中的问题，优化课堂教学。

学习现代教育技术应认识到现代教育技术是由多学科的理论相互交叉和渗透而形成的一门综合性的应用科学，其实施是在理论的指导下实现的，涉及的知识范围比较广泛；在实践中学习者应了解现代教育媒体的结构和原理，掌握媒体使用的技术要领和操作技能，以及相关软件应用的技能和方法。因此学习者在学习时应系统地学习理论知识，加强技能的训练和提高，注重实践，勇于探索。要多学习，多训练。

1.4　现代教育技术理论基础

教育技术学是一门新兴的综合性应用科学，它综合了多门相关学科理论，特别是许多随着信息技术的发展而建立起来的新观念、新理论。理论基础体系的形成推动着本学科的持续发展，并帮助教育技术人员及教师适应随着社会信息化和教育信息化发展所带来的变化和要求。

教育技术主要经历了视觉教育、视听教育、视听传播和教育技术四个阶段。本书将着重介绍对教育技术发展影响较大的理论，如视听教学理论（"经验之塔"理论为代表）、传播理论、系统科学理论、学习理论与教学理论等。图1-4-1 所示为教育技术发展演变过程中的相关理论基础。

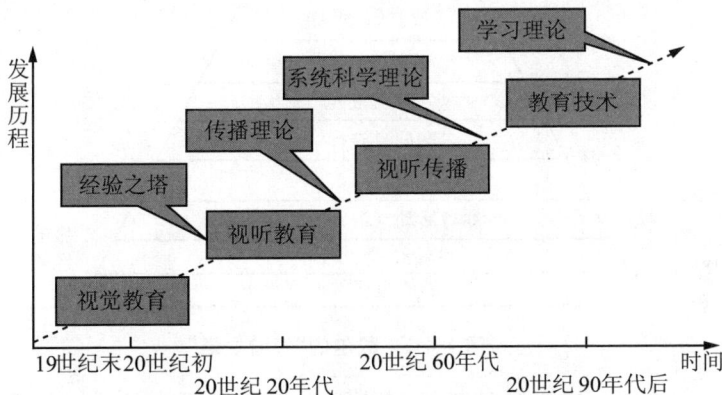

图 1-4-1　教育技术发展阶段与相关理论基础

1.4.1　视听教学理论

教育技术发展到视听教育阶段，视听教学理论成为当时的主要理论基础。视、听觉是人类获取信息的主要感觉通道。现代化教育媒体的运用是现代教育技术的重要特征之一，而这些现代化教育媒体，从本质上看，绝大多数都是人类视听觉器官的延伸。视听规律的运用是现代教育技术教学效果最优化的重要保证。视听教学理论指出各种视听教学媒体在教学中的地位与作用，也是教育技术必须遵循的重要规律。

1946 年，美国教育技术专家戴尔在他的《视听教学法》一书中，研究了录音、广播等视听教学手段如何应用于教学，会产生怎样的教学效果等一系列问题，总结了视听教学方法，提出了视听教学理论——"经验之塔"理论。戴尔把人类获取知识的各种途径和方法分为三大类（抽象的经验、观察的经验和做的经验），并按抽象程度分为十个层次，如图 1-4-2 所示。

"经验之塔"理论的基本观点如下：

① 经验从塔底到塔顶，越往上越抽象，任何经验必须经历由下而上的阶梯。

② 教育应从具体经验入手，逐步进到抽象。有效的学习必须充满具体经验。

③ 教育教学不能止于具体经验，而要向抽象和普遍发展，要形成概念。概念可供推理之用，是最经济的思维工具，它把人们探求真理的智力简单化、经济化。

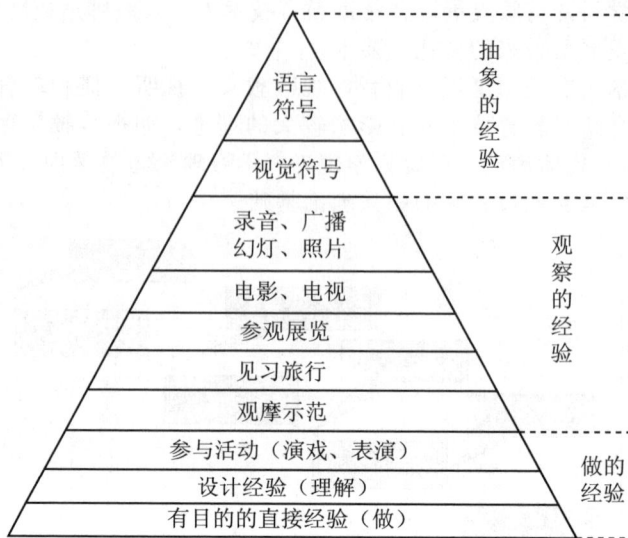

图 1-4-2　戴尔的"经验之塔"

④ 在学校中，应用各种教学媒体可以使学习更为具体，从而导致更好的抽象。

⑤ 位于"经验之塔"中层的视听媒体，较语言、视觉符号更能为学生提供具体和易于理解的经验，并能冲破时空的限制，弥补其他直接经验方式之不足。

1.4.2　学习理论

学习是人类凭借经验产生的、较为持久的行为变化。学习理论在现代教育技术理论基础体系中处于核心的地位，是指导人类怎样学习的理论，旨在阐明人们行为变化怎样产生，并揭示学习过程依据心理、生理机制的规律而形成的理论，是教育技术的理论基石，它对现代教育技术的产生、发展和应用具有重要的指导意义。

1. 行为主义学习理论

(1)行为主义学习理论的基本观点

行为主义是 20 世纪初由美国心理学家华生创始的一个心理学派。20 世纪的前半个世纪，对于学习概念的理解，行为主义原则占主导地位。行为主义学习理论认为人的行为是对外界刺激的反应，学习就是经过强化建立刺激与反应之间的联结。行为主义学习理论注重外部环境的作用，强调在"刺激(S)—反应(R)"过程中"强化"的必要性。

行为主义的主要代表有：巴甫洛夫(经典条件反射学说)、华生(学习的刺激—反应学说)、桑代克(学习的联结说)、斯金纳(操作性条件反射说)。

巴甫洛夫在 1890 年首先发现条件反射机理，从而开辟了高级神经活动的研究领域。华生在其基础上，提出了人的学习是塑造行为的过程，环境决定了一个人的行为模式。

桑代克是美国著名的心理学家，他认为人和动物的学习过程是一样的，只是复杂程度不同。他通过动物实验来研究人类的学习过程，提出了联结主义的刺激—反应学习理论。

新行为主义心理学家斯金纳将行为主义学习理论推向了高峰，他提出程序教学的概念，并且总结了一系列的教学原则，如小步调教学原则、强化学习原则、及时反馈原则等，形成了程序教学理论。

图 1-4-3 所示为程序教学的基本过程。程序教学可借助多种不同的媒体来实现，如程序教学机、程序式课本和电子计算机等。

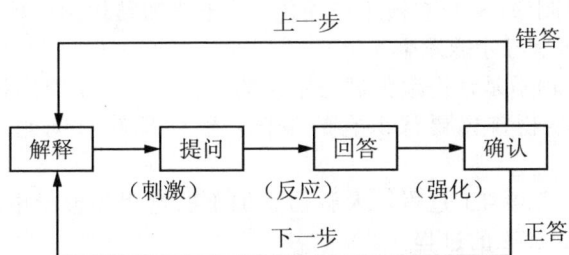

图 1-4-3　程序教学的基本过程

(2)行为主义学习理论对教育技术的影响

斯金纳提出的学习模式对人的学习活动的启示作用是：学习者要想获得有效的学习效果，就必须及时给予适当的"强化"，为了实现这种强化，最好的办法是让学生知道自己的学习效果，使其正确的学习行为得到肯定，错误的学习行为得到纠正。

以行为主义理论为基础的程序教学在大量实践的基础上形成了一系列设计原则，以下这些原则成为早期计算机辅助教学(CAI)设计的理论依据，并且在当今的教学设计中仍然起着重要作用。

① 规定目标：将教学期望明确表示为学生所能显现的行为，保证行为主义心理学的基本方面——可观测的反应；

② 经常检查：在课程的学习过程中经常复习和修正，以便保证能够适当地形成预期的行为；小步子和低错误率：将学习材料设计成一系列小单元，使单元间的难度变化比较小，达到较低的错误率；

③ 自定步调：允许学生自己控制学习速度；

④ 显式反应与即时反馈：课程中通常包含频繁的交互活动，尽量多地要求学生做出明显反应；当学生做出反应时，应立即给予反馈。

由于行为主义学习理论的广泛介绍和深入研究，在听、说、读、写、画、算、演、做等动作技能教学和自然科学教学中应用，并取得显著效果。

但是，行为主义学习理论在研究中不考虑人们的意识问题，只是强调行为，把人的所有思维都看作是由"刺激—反应"间的联结形成的。这就引起了认知主义理论学派的不满，从而导致了认知主义学习理论的发展。

2. 认知主义学习理论

20 世纪 50 年代后，随着布鲁纳、奥苏贝尔等一批认知心理学家的大量创造性的工作，使学习理论的研究又进入了一个辉煌时期。

认知主义学习理论的基本观点是：

① 学习并非刺激(S)—反应(R)直接、机械地联结，而是以学习者的主观能动性作为中介来实现的。其公式为：S—AT—R(A 代表同化，T 代表主体的认知结构)。客观刺激(S)只有被主体同化(A)于认知结构中，才能引起对刺激的行为反应(R)，即学习才能发生。

② 学习过程不是渐进地尝试与错误的过程，学习是突然领悟和理解的过程，即顿悟。认识事物首先要认识它的整体，整体理解有问题，就很难完成学习任务。

③ 学习是信息加工过程，人脑信息加工的过程类似于电脑，学习过程是人脑对信息存储、加工的过程。

④ 外在的强化并不是学习产生的必要因素，在没有外界强化的条件下也会出现学习。认知主义学习理论重视智能的培养，注重内部心理机制的研究。

认知主义学习理论的主要贡献在于重视人在学习活动中的主体价值，充分肯定了学习者的主观能动性和创造性，强调认知、意义理解、独立思考、准备状态等在学习过程中的重要性。布鲁纳强调在教学过程中，教师要尽量设计各种方法，创设有利于学生发现、探究的学习情境，使学习成为一个积极主动的"索取"过程，从而充分调动学生自我探究、猜测、发现的积极性；而奥苏贝尔则强调有意义地接受学习。在课堂教学中，影响意义接受学习的主要因素是学生的认知结构。

认知学习理论的不足之处在于没有揭示学习过程的心理，强调智力因素，而忽视了非智力因素。

3. 客观主义学习理论

行为主义和认知主义的知识观、学习观主要都是基于客观主义的。行为主义认为，存在着客观的、普遍的、必然的、确定的知识，经验是知识的主要来源，知识积累的关键因素是刺激、反应以及两者之间的联系。认知主义认为，知识是一种符号的表征，它是不受主体因素影响的"客观"真理，人们能从纷繁复杂的细节中概括出这些普遍的、客观的真理。

客观主义认为世界是实在的、有结构的，而这种结构是可以被认识的，因此存在着关于客观世界的可靠知识。人们思维的目的乃是去反映客观实体及其结构，由此过程产生的意义取决于现实世界的结构。由于客观的结构是相对不变的，因此知识是相对稳定的，并且存在着判别知识真伪的客观标准。教学的作用便是将这种知识正确无误地转递给学生，学生最终应从所传递的知识中获得相同的理解。教师是知识标准的掌握者，因而教师应该处于中心地位。

在客观主义者看来，知识是不依赖于人脑而独立存在的具体实体，只有在知识完全"迁移"到人的"大脑内部"，并进入人的内心活动世界时，人们才能获得对知识的真正理解，因而客观主义的学习理论强调"知识灌输"。

4. 建构主义学习理论

建构主义学习理论与客观主义学习理论本质上的不同，首先在于知识观的转变。对知识的不同看法，直接影响着学习者对学习的认识。学习不单单是知识经验从外到内的输入，而是知识经验的建构（生长）。如果客观主义认为学习是输血，那么建构主义则认为学习是造血。

随着人们对学习过程理解的不断深入，近几年来建构主义占了主导地位。建构主义认为，学习者的知识是在一定情境下，借助于他人的帮助，如人与人之间的协作、交流、利用必要的信息等，通过意义的建构而获得的。理想的学习环境应当包括情境、协作、交流和意义建构四个部分。

① 情境：学习环境中的情境必须有利于学习者对所学内容的意义建构。在教学设计中，创设有利于学习者建构意义的情境是最重要的环节。

② 协作：协作应该贯穿于整个学习活动过程中。教师与学生之间，学生与学生之间的协作，对学习资料的收集与分析、假设的提出与验证、学习进程的自我反馈和学习结果的评价，以及意义的最终建构都起着十分重要的作用。

③ 交流：是协作过程中最基本的方式或环节。协作学习的过程就是交流的过程，在这个过程中，每个学习者的想法都为整个学习群体所共享。交流对于推进每个学习者的学习进程，是至关重要的手段。

④ 意义建构：是教学过程的最终目标。其建构的意义是指事物的性质、规律以及事物之间的内在联系。在学习过程中帮助学生建构意义就是要帮助学生对当前学习的内容所反映事物的性质、规律以及该事物与其他事物之间的内在联系达到较为深刻的理解。

知识是个体与外部环境交互作用的结果，人们对事物的理解与个体的先前经验有关，因而对知识正误的判断只能是相对的；知识不是通过教师传授得到，而是学习者在与情景的交互作用过程中自行建构的，因而学生应该处于中心地位，教师是学习的帮促者。因而建构主义的学习理论强调"知识建构"。

建构主义学习理论的学习观主要有以下几点：

① 以学习者为中心，学习者是学习的主动建构者。知识的传递者不仅肩负着"传"的使命，还肩负着调动学习者积极性的使命。

② 学习是一种建构的过程。学习过程同时包括两方面的建构，既包括对旧知识的改组和重构，又包括对新信息的意义建构。学习既是一个个别化行为又是一个社会化行为，学习需要交流与合作。

③ 学习必须处于真实的情境中。学习发生的最佳情境（context）不应是简单抽象的，相反，只有在真实世界的情境中，才能使学习变得更为有效。学习的目的不仅仅是要让学生懂得某些知识，而且要让学生能真正运用所学知识去解决现实世界中的问题。

在一些真实世界的情境中，学习者的知识结构怎样发挥作用、学习者如何运用自身的知识结构进行思维，是衡量学习是否成功的关键。如果学生在学校教学中对知识记得很"熟"，却不能用它来解决现实生活中的某些具体问题，这种学习应该说是不成功的。

5. 情境认知理论

情境认知理论是继行为主义"刺激—反应"学习理论与认知心理学的"信息加工"学习理论后，与建构主义大约同时出现的又一个重要的研究取向。情境观认为，实践不是独立于学习的，而意义也不是与实践和情境脉络相分离的，意义正是在实践和情境脉络中加以协商的。知识不是一件事情或一组表征，也不是事实和规则的集合，知识是一种动态的建构与组织。知识是个体与环境交互作用过程中建构的一种交互状态，是一种人类协调一系列行为，去适应动态变化发展的环境的能力。实践共同体是情景学习理论的重要概念。共同体并不意味着要同时存在，一个明确定义可以确认的小组或许存在明显的社会界限。它意味着对一个活动系统的参与，其中参与者共享着理解，知道他们在干什么，以及他们的所作所为在他们生活中意味着什么，对共同体意味着什么。

1.4.3 教学理论

1. 赞可夫的发展教学理论

赞可夫是苏联著名教育学家、心理学家。他指出，一般发展是指"儿童个性的发展，其所有方面的发展。一般发展也和全面发展一样，是跟平均的、片面的发展相对立的"。他认为，以最好的教学效果来促进学生的一般发展。要把一般发展作为教学的出发点和归宿，要把教学目标确定在学生的"最近发展区"之内，教学要有一定的难度，要让学生"跳起来"才能摘到"桃子"。

2. 布鲁纳的"结构—发现"教学理论

20 世纪 50 年代，美国心理学家布鲁纳提出了结构—发现教学理论。他强调对学科基本结构的学习。他认为，无论什么学科，务必使学生理解学科的基本结构，即概括化的基本原理或思想，也就是要求学生以有意义的联系起来的方式去理解事物的结构。他还提倡发现教学法，他认为，学习的任何一个步骤都是主动过程，不在于被动地形成刺激与反应的联结，而在于通过主动地发现形成认知结构。

3. 巴班斯基的最优化教学理论

苏联巴班斯基引进系统论方法，提出教学最优化理论，基本观点有：把教学看成一个系统，用系统的观点和方法来考察教学，以便能最优地处理问题；教学效果取决于教学诸要素构成的合力；教学最优化就是在现有的条件下设计优化的教学程序，求得最大的教学效果。

4. 行动导向教学法

行动导向教学法是基于建构主义学习理论的一种教学方法，行动导向教学法是职业教育的主要教学方式方法，世界各国职业教育界评价它是一种新的课程理念，一个先进的教育观念，一种指导思想，一个完整的职业教育模式，一种新的思潮，一个改革的代名词。因此，作为职教师资培养的师范生，了解行动导向教学法是非常必要的。以行动为导向的教学，要求职教教师不仅是一名教师，而且是高效的组织管理者、职业操作的教练员、有问必答的咨询师、探索创新的引路人。

职业教育行动导向的教学，其基本意义在于：学生是学习过程的中心，教师是学习过程的组织者与协调人，遵循"咨询、计划、决策、实施、检查、评估"这一完整的"行动"过程序列，在教学中教师与学生互动，让学生通过"独立地获取信息、独立地制订计划、独立地实施计划、独立地评估计划"，在自己"动手"的实践中，掌握职业技能、习得专业知识，从而构建属于自己的经验和知识体系。但是，行动导向不同于以斯金纳的"刺激—反应"理论为基础的"行为理论"和"行为主义"。行动导向教学法不强调知识的系统性，而强调知识与技能的专业性和实用性，如图1-4-4所示。

图 1-4-4　行动导向教学法基本过程

教学方法实施的基础＝用心＋用手＋用脑(职业活动)。其主要内容包括：大脑风暴法、卡片展示法、项目引导法、文本引导法、模拟教学法、角色扮演法、案例教学法等。

1.4.4　教育传播理论

人类自从有了语言和文字就开始有了传播活动，传播一词译自英语 communication，也有人把它译成交流、沟通、传通、传意等，意思是共用或共享。现在一般将传播看作是特定的个体或群体，即传播者运用一定的媒体和形式向受传者进行信息传递和交流的一种社会活动。

传播理论在不同领域中的应用，产生了很多分支，比如新闻传播学、大众传播学、教育传播学等。在教育中，许多研究者利用传播理论的概念及有关模型中的要素来解释教学过程，即教育传播学，为教育技术奠定了理论基础。这主要表现在以下几个方面。

1. 教育传播理论的基本观点

早期的传播理论认为传播是单向的灌输过程。它认为受传者只是被动地接受信息，只能够接受传者的意图。这种传播思想忽视了受传者的主动性和自主性，显然是一种片面的认识。奥斯古德和施拉姆提出的模式强调了传播者和受传者都是积极的传播主体。受传者不仅接受信息、解释信息，而且对信息做出反应，说明传播是一种双向的互动过程，借着反馈机制使传播过程能够不断循环进行。教学信息的传播同样是通过教师和双方的传播行为来实现的，所以教学过程的设计必须重视教与学两方面的分析和安排，并充分利用反馈信息，随时进行调整和控制，以达到预期的教学目标。

2. 教育传播理论的"7W"模式

美国政治学家 H. 拉斯韦尔提出了表述一般传播过程中的五个基本元素"5W"的直线性传播模式，布雷多克在此基础上发展成"7W"模式(表 1-4-1)。其中每个"W"都类同于教学过程中的一个相应要素，这些要素自然也成为研究教学过程、解决教学问题的教学设计所关心和分析、考虑的重要因素。这"7W"所指的分别是：

表 1-4-1　"7W"模式

Who	谁	教师或其他教学信息源
Says what	说什么	教学内容
In which channel	通过什么渠道	教学媒体
To whom	对谁	教学对象
With what effect	产生什么效果	教学效果
Why	为什么	教学目的
Where	在什么情况下	教学环境

这些要素之间并不是线性的，相互孤立的，它们之间的关系揭示了教学过程是一个动态的传播过程，我们研究教学的效果可以从这些传播要素来着手，比如传播者和受使者的技能、态度、知识结构、文化背景等，都会对传播效果产生影响；此外，传播渠道和传播信息本身等要素也会影响整个传播过程。

3. 教学传播过程的基本阶段

教学传播过程是一个连续动态的过程，教育技术学专家南国农、李运林将其分解为六个阶段(如图 1-4-5 所示)。

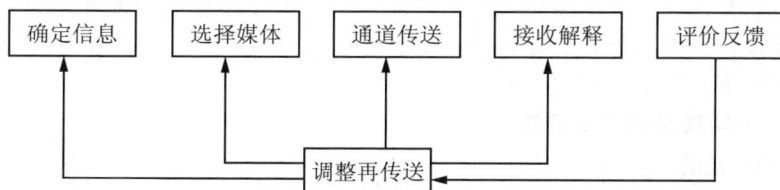

图 1-4-5　教育传播过程的六阶段

（1）确定教学信息

要依据教学目的和课程的培养目标。因此，在这一传播阶段，教师要认真钻研文字教材，对每单元的教学内容作仔细分析，将内容分解成若干个知识点，并确定每个知识点要求达到的学习水平。

（2）选择传播媒体

选择传递信息的媒体，实际上就是信息编码的活动。某种信息该用何类符号和信号的媒体去呈现和传递。如选择媒体要能准确地呈现信息内容；既要符合学生的经验和知识水平，容易被接受和理解，又能取得较好的传播效果。

（3）媒体传递信息

这时，首先要解决两个问题：一是信号要传至多远，多大范围；二是信息内容的先后传递顺序问题。媒体传递信号时应尽量减少各种干扰，确保传递质量。

（4）接收和解释信息

在这一阶段，学生接收信号并将它解释为信息意义，实际上就是信息译码的活动。学生依据自身的经验和知识，将符号解释为信息意义，并随之储存在大脑中。

（5）评价和反馈

学生在接收信号来解释信息之后，增长了知识，发展了智力，需要进行评价。评价的方式和方法可以观察学生的行为变化，也可以通过课堂提问、课后书面作业，以及阶段性的反馈信息。

（6）调整和再传递

通过将获得的反馈信息与预定的教学目的作比较，可以发现教学传播过程中的不足，以便调整教学信息、教学媒体和教学顺序，进行再次传递。

1.4.5　系统科学理论

1. 系统科学

系统科学理论是系统论、信息论、控制论的统称，是可用于所有学科领域普遍的科学方法。系统科学理论主张把事物、对象看成一个系统进行整体研究，研究它的要素、结构和功能及其相互之间的联系，从而有目的地控制系统的发展，获得最优化的效果。

正如我们看一本书得先看其摘要、目录，然后再去研究阅读其每一章节，我们运用现代教育技术来优化教学，也必须把教育看成一个大系统，在系统科学理论的指导下去设计、研究、实施。

2. 系统科学的基本原理

（1）信息论

信息论是关于各种系统中信息的计量、传递、变换、存储和使用规律的科学。

教学过程的实质就是教育信息传递、变换和反馈的过程。因此教师的备课实际上就是将教育信息的存储状态进行重新组织、变换，同时设计以适当的表述方法和顺序传递给学生。在传递过程中，一方面，教师要运用反馈原理，不断地从学生的及时反馈和延时反馈信息中获得调节和控制的依据，从而发现问题、改进教法、优化教学效果；另一方面，学生也可以从教师处获得反馈评价，找到自己在学习中的问题，从而改进自己的学习方法，提高学习能力。

根据教育信息论的观点，教育活动是双向的，既向学生传输信息，也从学生处获得反馈信息，并给学生以反馈评价，同时强调媒体在信息传递和变换中的作用。

（2）控制论

控制论是研究各种不同控制系统的一般控制规律和控制过程的科学。将控制论应用于教育领域所形成的理论为教育控制论，它是研究在教育系统中运用信息反馈和调节系统的行为，从而达到既定教学目标的理论。根据教育控制论，为了较好地实现教学目标，首先需要考虑优化教学的五个指标：

① 时间（t）：教学实施所需时间；

② 教学信息量（u）：根据时间计算教学内容；

③ 负担量（c）：学生理解并消化教学信息所需的时间；

④ 成本（s）：进行教学活动所需的经费；

⑤ 成绩（w）：学生对教学信息的掌握程度（通常称其为评估）。

由此，可以推断：我们在教学中，要在学生不感到压力大、负担重的前提下，尽量用较少的时间使学生获得较多的知识，培养学生的素质和能力，教学成本要合理化。因此，要取得最好的教学效果，就需要对教学目标、教学内容、教学形式、教学手段、教学结构、教学程序以及教学质量进行全面而系统地控制。

（3）系统论

系统是指某一环境中相互联系的若干元素所组成的集合体。系统论是从系统的角度研究现实系统的模式、原则和规律，并对其功能进行数学描述的科学。

将系统论应用于教育实践所形成的理论，称为教育系统论。教育系统论把教育看成一个系统，而组成该系统的元素有教师、学生、环境、媒体等，如图 1-4-6 所示。

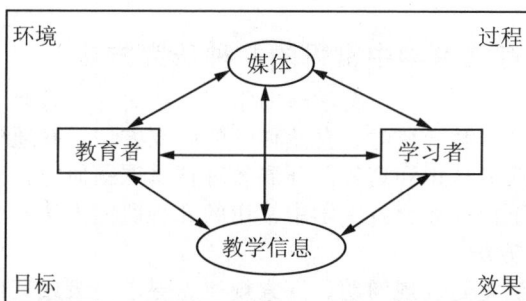

图 1-4-6　教育传播过程系统构成图

根据教育系统论，以系统的观点、综合的观点来考察教育教学的过程与现象，并运用系统的方法将整个教育体系看成由相互联系的各部分组成的系统，对具体的教学过程进行系统的分析和研究，从而来解决教育教学问题，以实现最优化。运用系统科学的理论和方法，尤其是运用系统科学的反馈原理、有序原理和整体原理等基本原理，对研究现代教育技术和教育实践有着极其重要的意义。

1.5　教育技术研究方法

1.5.1　教育技术课题研究的一般过程

与一般科学研究相类似，教育技术课题研究的一般过程一般分为三个阶段：准备阶段、实施阶段和总结阶段。

1. 准备阶段

教育技术课题研究准备阶段的主要任务是：发现问题、形成理论构思和提出假设。通过查阅文献资料，确定研究目标和方向，选择和设计研究的策略、方式方法和具体的技术工作，制订研究规划和程序。它主要包括理论准备，物质准备和工作计划准备。具体地说，要完成的任务包括：确定研究课题、进行研究设计、制订研究计划。

2. 实施阶段

按照方案实施是教育技术课题研究的第二阶段。自课题研究开始实施起，就要十分重视研究材料的积累和整理。这既是获得研究成果的依据，也是提高研究成果的信度和效度的依据。

3. 总结阶段

总结阶段的任务是对研究所收集到的原始材料进行系统的审核、整理、归类、统计分析等，并在此基础上撰写研究报告，评估研究质量，交流研究成果等。

1.5.2　教育技术学中常见的几种研究方法

教育技术学是一门综合性跨学科的学问，在研究教育教学问题的过程中，经常会借用社会科学、教育科学、自然科学的研究方法，并通过自身特有的研究方法达到对问题本质的认识和理解。开展教育技术课题研究，离不开科学研究方法的指导和应用，下面是教育技术学中常用的几种研究方法：

1. 调查研究方法

调查研究方法是为发现问题、探索规律、寻求对策或其他目的，有计划、有系统地搜集有关研究对象状况的材料，并加以分析处理，进而得出某种结论或推论的研究方法。调查研究方法是一种综合性的研究方法，既要调查——通过运用观察、访谈、问卷、测验、个案追踪等多种技术获取材料，又要研究——对所获取的材料进行内容分析、系统分析、归因分析，然后得出结论。调查研究方法不是记录事实、罗列材料，而是要求能透过现象看本质，从材料中找出规律，使经验上升为理论。

调查研究方法的主要特点是属于描述性的间接研究。相对于操作性直接研究（如实验研究）而言，要求不那么严格，实用面宽，但研究结果的可靠性受被调查者的合作态度等主观因素的影响。由于教育技术现象纷繁复杂，变量众多，有些现象并不能完全被我们直接观察与控制，尤其是对于大范围的研究对象，实验法很难运用，因而常常运用间接的调查研究方法对已形成的事实进行考察和分析。

2. 教育实验研究方法

实验方法原来是在自然科学领域中广泛采用的一种研究方法，后来逐渐推广到社会科学领域内。教育实验研究方法是研究者按照研究目的，合理地控制或创设一定条件，人为地变革研究对象，从而验证假设，探讨教育现象关系（如因果关系），揭示教育规律的一种研究方法。

教育实验研究的应用范围：

（1）学生发展状态的研究。在教育教学工作中，为了测定学生已有的发展水平和可能达到的发展水平，可以通过实验研究来进行。

（2）教学改革研究。例如，课程体系改革实验、新教材实验、信息技术与课程整合实验等。

（3）经验论证。对已有的教育观点、教育经验或其他人做过的教育实验进行验证性论证。

（4）形成新理论。为形成新的教育理论、教育模式或改革方案提供实验依据。实验帮助研究者更具体、更清楚地看到：为了实现理想的教学模式，必须具备哪些条件；在实现假设的过程中，可能会发生哪些问题；需要在哪些方面进行修正等。

教育实验研究方法的基本类型：

(1)判断实验：通过教育实验，判断某一种现象是否存在，某一种关系是否成立，某个因素是否起作用，从而产生一种新的观念或新的方法。

(2)对比实验：通过教育实验，对两个不同群体、不同时间或不同条件进行差异性比较。这种实验有两个或两个以上的相似组群，一个是"对照组"，作为比较的标准；另一个是"实验组"，通过实验来确定实验因素对实验组的影响。

(3)析因实验：通过教育实验探讨影响某一事件发生和变化的过程，以及起主要的或决定性作用的因素。在这类实验中，结果是已知的，而影响或造成这种结果的各种因素，特别是主要因素却是待验证的。

3. 质的研究方法

以研究者本人作为研究工具，在自然情境下采用多种资料收集方法，对社会现象进行整体性探究，使用归纳法分析资料和形成理论，通过与研究对象互动对其行为和意义建构获得解释性理解的一种活动。

质的研究所遵循的哲学思想和方法论基础是人种学、现象学、解释学，主张通过自然探究，以归纳的方式从整体上了解特定情境中的人类经验，这与量的研究所遵循量化逻辑——实证主义有很大不同。

质的研究方法的适用范围：

"模糊"问题研究。需要用质的研究方法去确定问题边界与揭示现象中的各种关系和变化规律，以弥补简单量化研究的不足。

深层次的或隐性挖掘的事件研究。需要研究者用心而不是用眼去评判教育技术现象中隐含的深层机制，以弥补外在形式研究的不足。非常态的或特定情境条件的研究，以弥补常态统计之类的一般化研究的不足。情境解释性问题的研究，以弥补抽象化研究的不足。

4. 行动研究法

"行动研究"作为一个术语、一种社会科学领域中的研究方法，始见于第二次世界大战时期的美国。20 世纪 70 年代，欧、美、澳、日教育界出现了一个研究和运用行动研究法的热潮。近年来，我国教育科研人员开始使用此种研究方法。

(1)行动研究的含义与特点

在对"行动研究"的众多定义中，比较明了的当推埃里奥特(1991)的定义："行动研究是对社会情境的研究，是从改善社会情境中行动质量的角度来进行研究的一种研究取向。"

《国际教育百科全书》"行动研究"的词条的撰写人、澳大利亚的凯米斯(S. Kemmis, 1985)把行动研究定义为："由社会情境(教育情景)的参与者，为提高对所从事的社会或教育实践的理性认识，为加深对实践活动及其所依赖背景的理解而进行的反思研究。"

(2)行动研究的基本环节

尽管行动研究有多种模式，在实施行动研究的具体步骤上也存在诸多差异。

但在基本的操作过程方面，还是存在共同的思路，即计划、行动、观察和反思四个环节。

（3）行动研究的操作程序

① 拟定课题，明确目标

② 提出总体实施方案

包括试验对象、试验周期、实施环境、教学资源的选取和确定研究的人员组成及所扮演的角色。

③ 设计第一次行动"计划"并进行行动

根据实施方案，设计应用多媒体教学软件进行教学的策略和教学过程的"计划"，实验班中实施第一次"行动"（不是只局限在一节课，可以是一个单元或一个阶段）。

④ 对第一次行动进行"观察"记录

组织其他任课教师和研究工作者一起，对行动过程和行动后教师、学生的反应进行考察。

⑤ 对第一次行动"观察"结果进行内容分析

⑥ 对第一次行动的"反思"评价

⑦ 制订第二次行动方案

根据第一次行动发现的问题，提出改进和修正意见，设计第二次行动方案。

⑧ 进行第二次行动（行动实践、观察分析、反思评价）

通过若干次循环，逐步发现和总结出优化教学的措施和步骤。

综上所述，行动研究的工作流程具有如下特征：所有的设想、计划都处于动态中，可随时被修改；研究者、教师、行政人员等参与研究的全过程；诊断性评价、形成性评价、总结性评价贯穿研究过程的始终。

思考与练习

1. 阐述什么是教育技术和现代教育技术。

2. 阐述教育技术的发展历程。

3. 谈谈你对建构主义学习理论的认识。

4. 试论在我国教育改革和实现教育现代化的进程中，现代教育技术的地位和作用。

5. 教育技术的研究方法主要有哪几种？

第 2 章　信息化教学设计

内容提要

　　教育技术是为教学服务的，从教育技术的 AECT'94 及 AECT'04 定义可以看出，教学设计是教育技术应该做的第一步，也是教学实践过程的第一阶段。目前，教学设计在学校教育、全民的社会教育和各行各业的职业教育及培训领域中都得到了广泛的应用。本章需要了解教学(系统)设计、信息化教学设计的概念，以及教学设计的过程，能结合实践运用教学系统设计原理和技能进行教学方案的系统化分析、设计和评价；并掌握信息化教学设计的方法和信息技术与课程整合的教学模式。

2.1　教学设计概述

2.1.1　教学设计的概念

　　教学设计也称教学系统设计，教学系统是一个由教师、学生、教学资源和教学内容等诸多因素组成的一个复杂系统，各要素之间相互联系形成一定的整体结构，通过对教与学的过程和教与学资源的系统安排，共同完成一定的教学目标。

　　教学设计的定义非常多，其中较有代表性的定义是：教学设计是运用系统方法分析教学问题和确定教学目标，建立解决教学问题的策略方案、试行解决方案、评价试行结果和对方案进行修改的过程。它以优化教学效果为目的，以学习理论、教学理论和传播理论为理论基础。由于教学过程是由多个要素组成的，要形成有效的教学方案，必须全面考虑、系统分析和综合处理各教学要素，因此，系统方法自然成为教学设计的重要方法。所谓系统方法，就是一种以训练有素的方式解决问题的整体方法。系统方法包含分析、设计、实施以及评价四个基本步骤，图 2-1-1 是系统方法与教学设计的"瀑布"模式。

　　教学设计研究的实质是提供寻找解决教学问题方案的一般方法，而教师运用教学设计理论的过程却是根据教学问题和教学条件选择解决方案并创建解决方案的过程，其结果是具体的、可操作的教学实施方案。这同时体现了教学设计的创造性。

2.1.2　教学设计的应用层次

　　教学设计是一个问题解决的过程，根据教学中问题范围和大小的不同，教学

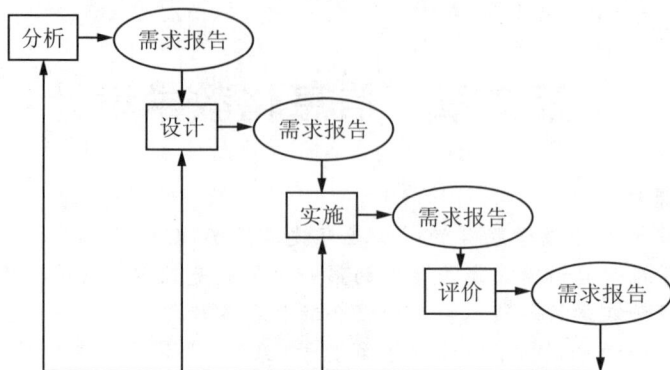

图 2-1-1　系统方法与教学设计的"瀑布"模式

设计也应该有不同的层次，即教学设计的基本原理与方法可用于设计不同层次的教学系统。教学设计的应用层次一般可以归纳为以下几种。

1. 教学产品层次

教育系统设计的最初发展是从以"产品"为中心的层次开始的，它把教学中需要使用的媒体、材料、教学包等当成产品来进行设计。教学产品的类型、内容和教学功能常常由教学系统设计人员、教师和学科专家共同确定，有时还吸收媒体专家和媒体技术人员参加产品的设计、开发、测试与评价。

简单的教学产品，如幻灯片、投影片、录音教材和多媒体教学课件等，一般由任课教师自己设计、制作；比较复杂的教学产品，如录像教材、网络课程等，则需要组织设计开发小组来完成。

2. 教学过程层次

教学过程设计范围是课堂教学，涉及的是对一门课程或一个单元，甚至一节课的教学过程进行的系统设计。教学过程设计包括两方面内容：一是根据总教学目标，对教学内容和教学对象进行认真分析，在此基础上得出每个章节、单元的教学目标和各知识点的学习目标，形成完整的目标体系；二是根据上述目标体系，设计教学策略、教学媒体和教学评价等，形成有效的教学方案。

如果教师掌握教学系统设计的有关知识和技能，整个课堂层次的教学系统设计完全由教师自己来完成。当然，必要时也可以由教学系统设计人员辅助进行。

3. 教学系统层次

教学系统设计属于宏观设计层次，它的研究对象可能是一所学校、一个新的专业、一个培训系统或者一个学习系统等。这一层次的设计通常包括系统目标的确定、实现目标方案的建立、试行和评价、修改等，设计内容面广、设计难度大。系统设计一旦完成就要投入大范围使用和推广，因此这一层次的设计需要有教育系统设计人员、学科专家、教师、行政管理人员，甚至包括有关学生的设计小组来共同完成。

以上三个层次的设计是在教学发展过程中逐渐形成的，三者相互联系、相互作用，不是孤立的。产品、课堂、系统三个层次都有相应的教育系统设计模式，在具体的设计实践中，可以按照自己所面临的教学问题的层次，选择相应的设计模式。由于教学过程设计是教学设计的主要研究层次，本章下面提到的教学设计就是指教学过程设计，在实践中要注意区别。

2.1.3 教学设计的模式

教学设计是一种运用系统方法解决教学问题的过程。它综合了教学过程中诸如教学（学习）目标、教学（学习）内容、教学（学习）对象、教学策略、教学媒体、教学评价等要素，将运用系统方法的设计过程加以模式化。

1. 教学设计的一般模式

为了更简洁、更具概括性地反映教学设计过程，我们可以将教学设计过程的各组成部分之间的联系和关系用理论模式简化进行描述。图 2-1-2 所展示的就是由教学设计过程诸要素构成的教学设计过程的一般模式。

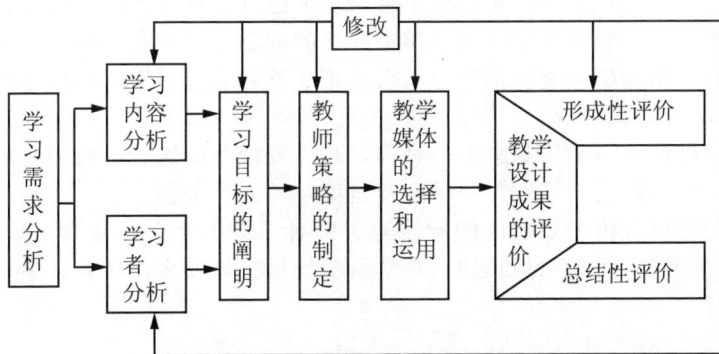

图 2-1-2 教学设计过程的一般模式

从图 2-1-2 中，我们可以看出教学设计各部分之间的关系：前端分析是教学设计的基础，即其非常强调教学设计过程要建立在对学习需要、教学对象、教学内容等方面进行充分而准确分析的基础上；教学设计的关键任务首先是要对学习目标进行设计，进而对有助于实现学习目标的教学策略进行设计，对学习活动需要的教学媒体进行选择和设计；为了保证整个教学设计的有效性，教学设计过程中必须随时通过教学评价来进行调控修正，以便使教学设计最终成果符合设计目标的要求。

2. 教学设计的 ASSURE 模式

ASSURE 是一个很有价值的、广泛接受的教学设计模式。其名称是一个缩写，每个字母分别代表模式中的一个环节：

A：分析学习者特征 Analyze learner

S：阐明学习目标 State objective

S：选择媒体与材料 Select materials and media

U：运用媒体与材料 Utilize materials and media

R：要求学习者的参与和响应 Require learner participation

E：评估与修订 Evaluate and revise

ASSURE 是对教学设计过程主要步骤的导引，同时它也能确保（ASSURE）在教学中运用教学媒体的良好效果。

2.1.4 教学设计的基本过程

从教学过程看，无论哪一种设计模式，都需要考虑学习者、目标、策略和评价这四个基本要素，教学设计主要是对四个要素之间的相互联系和相互制约进行分析的基础上完成的。主要分为前期分析、学习目标制定、教学策略与教学媒体选择、评价四个过程。

1. 前期分析

前期分析(前端分析)是美国学者哈里斯(J. Harless)1968 年提出的一项技术，即在教学设计过程的开端分析教学中存在的问题，以避免后续工作无的放矢。教学设计的前期分析主要包括学习需求分析、学习者分析和学习内容分析。

（1）学习需求分析

教学设计是一个问题解决的过程，只有发现了问题、认清问题的本质才能解决问题，而对问题的鉴别与分析通常也称学习需要分析。

学习需求分析主要解决的问题是：为什么要开展某一教学(有关教师"为何教"、学习者"为何学"的问题)；教学系统的目标是什么；建立教学系统需具备什么条件等。

（2）教学对象分析

教学对象分析或称学习者分析，是教学设计前期的一项分析工作，目的是了解学习者的学习准备情况及其学习能力与学习风格。我们应该充分注意确定每个学习者在参加学习时所具有的一般特点和起点能力，应根据学习者的起点能力进行切合实际的设计。

在对教学对象进行分析时，要对学习者的一般心理、生理和社会背景等方面的特点，以及从事某项特定学习任务的基础知识与技能等进行细致的分析。

（3）教学内容分析

教学内容分析又称学习内容分析。根据课程目标，确定内容、大纲，并科学地加以组织、确立知识结构，把课程总目标分解为一系列子目标，即单元目标。进而根据单元目标进行学习任务分析，确定单元目标所需的从属知识与技能。

教学内容分析所要解决的是教师要向学习者"教什么"，以及学习者"学什么"的问题。因而教学内容分析与教学对象分析有着密切的关系，两者常常是同时进行的。

2. 制定学习目标

学习目标是教师和教学人员对要求学习者达到的学习成果或最终行为的阐述。教学内容分析表明：单元教学目标要求掌握的各项从属知识与技能及其相互关系。学习目标是评价教学效果的标准，也是选用教学方法和媒体的重要依据之一。

在教学设计中，学习目标应该预先确定。学习目标应该说明学习的结果，要以明确、具体的术语加以描述。在教学活动开始以前应把学习目标告诉学习者，使学习者的学习活动做到有的放矢。

(1) 教学目标阐明的依据

美国著名的教育心理学家布卢姆(1956)立足于教育目标的完整性，把教育目标分为认知、情感和动作技能三个目标领域，并按照由低到高、由简到繁的顺序把每个目标领域再细分为多个层次和水平，见表 2-1-1。

表 2-1-1　布卢姆的教育目标分类

目标领域	层次（由低到高）
认知	1. 知识是指对先前所学内容的回忆，包括对具体事实、方法、过程、理论等的回忆； 2. 领会是指能把握所学内容的意义，具体表现为能用自己的话表述、能加以说明、能进行简单地推断； 3. 应用是指能将所学内容运用于新的具体情境，包括概念、方法、理论的应用； 4. 分析是指能分析所学内容的结构； 5. 综合是指能创建新的知识结构，比如说拟订一项操作计划或概括出一组关系等； 6. 评价是指能依据内在、外在标准对所学内容进行价值判断，这是最高水平的认知学习结果。
情感	1. 接受是指注意某种现象； 2. 反应是指主动参与； 3. 价值化是指接受某种价值标准、偏爱某种价值标准和愿意为某种价值标准作奉献； 4. 组织是指能对不同的价值标准进行比较，建立内在一致的价值体系； 5. 价值或价值体系的性格化是指能运用价值体系长时期地控制自己的行为。

目标领域	层次（由低到高）
动作技能	1. 知觉是指运用感官获得以后可用于指导动作的相关信息； 2. 定向是指从生理、心理和情绪等方面做好活动的准备； 3. 有指导的反应是指对某一动作技能的模仿和尝试； 4. 机械动作是指能以某种熟练和自信水平完成动作； 5. 复杂的外显反应是指能熟练操作复杂的动作； 6. 适应是指技能的高度发展水平，即学生能根据具体情境修正自己的动作； 7. 创新是指根据具体情境的需要创造出新的动作，强调以高度发展的技能为基础的创造能力。

为了体现目标的衔接性和整合性，我国在当前的基础教育课程改革中，从知识与技能、过程与方法、情感态度与价值观三方面给出了每一门课程的总体目标与学段目标，见表 2-1-2。知识领域和技能领域主要是用于明确阐明学生的学习结果，可归类为结果性目标；而过程与方法、情感态度与价值观领域，是描述学生自己的心理感受、体验或明确安排学生表现的机会，可归类为体验性或表现性目标。

表 2-1-2　基础教育课程改革中的目标分类

目标领域	水平（由低到高）
知识	1. 了解：包括再认或回忆知识；识别、辨认事实或证据；举例；描述对象的基本特征等。 2. 理解：包括把握内在逻辑联系；与已有知识建立联系；进行解释、推断、区分、扩展提供证据；收集、整理信息等。 3. 应用：包括在新的情境中使用抽象的概念、原则；进行总结、推广；建立不同情境下的合理联系等。
技能	1. 模仿：包括在原型示范和具体指导下完成操作；对所提供的对象进行模拟、修改等。 2. 独立操作：包括独立完成操作；进行调整与改进；尝试与已有技能建立联系等。 3. 迁移：包括在新的情境下运用已有技能；理解同一技能在不同情境中的适用性。
过程与方法 情感态度与 价值观	1. 经历（感受）：包括独立从事或合作参与相关活动，建立感性认识等。 2. 反应（认同）：包括在经历基础上表达感受、态度和价值判断；做出相应的反应等。 3. 领悟（内化）：包括具有相对稳定的态度；表现出持续的行为；具有个性化的价值观念等。

（2）教学目标编写的方法

方法一：ABCD 编写法

ABCD 编写方法基本上反映了行为主义的观点，强调用行为术语来描述学习目标。下面是依据 ABCD 法编写的实例，并用符号标明了它的构成要素：

初中二年级学生，在观察各种云的图片时，应能将卷云、层云和雨云分别标
　　A　　　　　　　　C　　　　　　　　　　B

记出来，准确率达 90%。
　D　　　　D

① 对象 A(Audience)

即指需要完成行为的学生、学习者或教学对象，如上例中的"初中二年级学生"。

② 行为 B(Behavior)

在教学目标的构成要素中，实际的行为及其结果是一个最基本的要素。它说明了学生通过学习所能够完成的特定而可观察的行为及其内容。描述行为及其结果的基本方法是使用一个动宾结构的短语，其中表述行为的动词说明学习的类型，宾语则用来说明学生的行为结果或学生所做的事情。上面例子中"将卷云、层云和雨云分别标记出来"中的"标记"就是动宾结构短语中的行为动词，而"卷云、层云和雨云"则是动宾结构短语中的宾语。

③ 条件 C(Condition)

学生在证实其相应的行为及其结果时，总是在一定的情境条件下进行的，也就是说，在学生证实其终点行为时，我们常提出相应的限制条件。例如，"可以借助字典""通过小组讨论"等都包含有相关条件。行为的条件一般包括以下因素：

环境因素：气温、光线、地点、噪音等；

人的因素：在教师的指导下进行、小组合作进行、学生独自完成等；

设备因素：设备、工具、图纸、计算器、说明书等；

信息因素：教科书、笔记、资料、图表、词典等。

问题明确性的因素：为证实学生的行为表现，提供什么刺激条件以及刺激的数量如何等。

编写良好的教学目标应尽可能地包含实际的有关条件，以使学生能在适当的环境中证实其行为结果。

④ 行为的标准 D(Degree)

行为的标准是指行为完成质量的、可接受的最低衡量依据。为了使教学目标具有可测量性，应该对学生行为的标准进行具体的描述。学生行为表现的熟练程度一般而言是具有差异的，而且幅度可能很大。在教学目标编写时，采用什么程度的标准要依据教学内容的实际要求，应当以大多数学生在经过必要的努力之后，都能做到的事情作为行为的标准。行为的标准一般从行为的速度和准确性等方面进行描述。例如，"在 5 分钟以内""误差在 1mm 以内""准确率达 90%"都包

含了教学目标中的有关标准。

在一个学习目标中，行为的表述是基本部分，不能省略。相对而言，条件和标准是两个可选的部分，目标编写中，如不提标准，一般就是认为要求学生达到100％的正确率。

方法二：内部过程和外显行为相结合的编写方法

教育心理学家格朗伦 1978 年就指出，在编写教学目标时，应首先明确陈述如理解、记忆、欣赏、掌握等内在的心理变化，然后再列举反映这些内部变化的行为表现样例。

例如，理解杠杆的原理：

能举出三种生活中采用杠杆原理的实例；

能用自己的语言说明杠杆的平衡条件；

能写出杠杆实例中的力臂和力矩的关系式。

这里"理解杠杆的原理"是教学目标的一般陈述，旨在理解。而理解是一个内部的心理过程，不能直接测量和观察。例子中为了使"理解"能够得到测量和观察，利用了三个能证明学生是否具备"理解"能力的行为实例进行描述。值得注意的是，这里利用内部过程和外显行为相结合描述的教学目标强调的"理解"，而不是表明"理解"的具体行为样例。格朗伦的方法强调列举能力的例证，既避免了用内部心理过程表述目标的抽象性，也避免了行为目标的局限性。

3. 教学策略与教学媒体的选择

教学策略是实现教学目标的手段，对教学策略的设计主要解决教师"如何教"和学习者"如何学"的问题。教学策略设计常常要从四个具体方面着手：课的划分、教学顺序的设计、教学活动设计及教学组织形式的确定。

（1）教学策略设计

教学策略设计既要符合教学内容、教学目标的要求，适合学习对象的特点，又要考虑实际教学条件的可能性。因此，对教学设计者来说，教学策略的设计需要系统考虑诸多因素，我们必须能够创造性地开展教学设计工作，灵活地安排教学活动，巧妙地设计各个环节，合理地安排各有关因素，使之成为一个能够发挥整体功能的优化结构。

（2）教学媒体选择与设计

在进行教学媒体选择时，要注意根据编写学习目标、教学策略设计中所做出的决定和各种教学媒体所具有的教学功能和特性加以选择。教学媒体选择的好与坏直接影响学习目标的达成，以及教学策略的实施。关于教学媒体的研究已反复证明：各种教学媒体各有所长，不存在对所有教学内容和教学情境都适用的或最佳的媒体。

4. 开展教学评价

教学评价是教学设计过程中贯穿始终的环节，是教师在教学开始之前、教学进行期间、教学结束之后都要做的重要工作。

　　教学设计的评价主要是采用形成性评价，即在设计成果推广之前，先在一定范围内进行试用，以了解教学系统的试用效果，获知其可行性、可用性和有效性等。总结性评价对教学成果可以做出较全面的、综合的总结和评定，也是整体、全面研究所设计的教学系统的有效性评定，是教学设计的最后阶段。

2.2　信息化教学设计

2.2.1　信息化教学设计概述

　　所谓信息化教学设计是在综合把握现代教育教学理念的基础上，充分利用现代信息技术和信息资源，科学安排教、学过程的各个环节和要素，为学习者提供良好的信息化学习条件，实现教学过程最优化的系统方法。其目的在于培养学生的信息素养、创新精神、实践能力和综合能力，从而增强其学习能力，提高学业成就，并使他们最终成为具有信息处理能力的、主动的终身学习者。

　　信息化教学设计是以建构主义学习理论为指导，它与传统的学习方法、行为主义的教学设计以及经典的计算机辅助教学(CAI)有很大的不同。它具有自身的设计基本原则和评价标准，如表 2-2-1 所示。

表 2-2-1　信息化教学设计的基本原则和评价标准

信息化教学设计的基本原则		(1)以学为中心，注重学习者学习能力的培养。教师是作为学习的促进者，引导、监控和评价学生的学习进程。 (2)充分利用各种信息资源来支持学。 (3)以"任务驱动"和"问题解决"作为学习和研究活动的主线，在相关的有具体意义的情境中确定和教授学习策略与技能。 (4)强调"协作学习"。这种协作学习不仅指学生之间、师生之间的协作，也包括教师之间的协作，如实施跨年级和跨学科的基于资源的学习等。 (5)强调针对学习过程和学习资源的评价(见第 3 章)。
信息化教学设计的评价标准	(1)是否有利于提高学生的学习效果	① 学习目标是否明确，表述是否清楚。 ② 是否所有的学习目标都符合相关的教学大纲要求。 ③ 教学设计中是否考虑到学生的个体差异，并明确说明如何调整成效标准以适合不同的学习者。 ④ 教学设计是否能激发学生的兴趣，符合学生的年龄特征，并有利于学生的学习以及高级思维能力的培养，是否有利于学生在信息处理能力方面的培养。

续表

信息化教学设计的评价标准	（2）技术与教学的融合是否合理	① 技术的应用和学生的学习之间是否有明显的关联。 ② 技术是否是使教学计划成功的必不可少的一部分。 ③ 把计算机作为研究、发布和交流的工具是否有助于教学计划的实施。 ④ 教学计划的实施是否简单易行。 ⑤ 教学计划是否可以根据具体教学情况的差异很容易地进行修改，以便应用到不同的班级。 ⑥ 教师是否可以比较轻松地应用教学计划中所涉及的技术，并获得相应的软硬件支持。
	（3）是否能够有效评价学生的学习	① 教学计划中是否包括一些评价工具，用于务实的评价和评估。 ② 学生的学习目标和学习成果评估标准之间是否有明确的关系。

2.2.2 信息化教学设计的过程

信息化教学设计的宗旨是通过设计建构主义学习环境，创设适应学习者内在学习需求的外部条件，以促进学习者有意义学习的发展。这种设计要求掌握建构主义学习环境的基本构成要素，体现有意义学习的基本精神，把教师的主导作用和学习者的主体作用有机地结合起来。

1. 建构主义学习环境的设计

信息化教学设计，实际上就是要为学习者创设一个建构主义学习环境。国际上非常有影响力的建构主义代表人物乔纳森（David Jonassen，1999）提出了建构主义学习环境模式，该模式分析和阐述了学习环境设计的 6 大组成部分。

（1）问题/项目

任何建构主义学习环境关注的焦点都是问题/项目，这也是学习者解决问题的目标。问题驱动学习，构成了建构主义学习环境与客观主义学习环境的根本区别。

（2）相关的案例

为学习者提供与学习任务相关的经验（案例），以此作为参考的途径。理解问题需要经验，这也正是初学者最缺乏的（如基于案例的学习和认知弹性理论）。

（3）信息资源

学习者在进行问题研究的过程中，需要利用信息来构建他们的智力模式，形成问题解决的假设，从而驱动问题解决活动。

（4）认知工具

在建构主义的学习环境中，需要提供综合的、新颖的和真实的任务，学习者在完成这些任务的过程中需要支持，因此，要为学习者提供认知工具，以拓展学习者的能力，从而使学习者完成这些任务（如视觉化工具、静态知识呈现工具、造型工具、建构工具、绩效支持工具、信息收集工具）。

（5）交流/协作工具

通过使用以计算机为媒介的交流工具来支持协作和交流，建构主义学习环境能培养和支持学习共同体，或者建立知识共同体。

（6）社会/情境支持

提供适宜的环境和情境支持，从而保障建构主义学习环境的有效性。为了有效地支持学习，在建构主义学习环境中，教学支持（如示范、指导和支架）是必需的。

2. 信息化教学设计的过程

根据已有的信息化教学实践，结合建构主义所倡导的有意义的学习理论和建构主义学习环境设计思想，可以形成一种具有普遍指导意义的信息化教学设计过程，如表 2-2-2 所示。

表 2-2-2　信息化教学设计的过程

序号	基本过程	基本内容/要求
1	分析/确定单元目标	1. 分析学生、课程学习的特点； 2. 确定单元学习目标。
2	界定问题/主题	1. 问题/主题/项目的确定应与单元目标一致，具有趣味性、吸引力和挑战性； 2. 应当反映学科的基本概念、原理、规律/法则； 3. 充分描述其产生的情境、恰当地呈现/模拟、描述对问题的可操控方面； 4. 使学生进入问题情境，拥有问题意识或问题的主人翁感； 5. 对于研究型学习来说，在围绕问题资源浏览的基础上，提出假设。
3	提供案例/范例	1. 为拓展学生的学习经验，提供与主题学习任务有内在联系的案例； 2. 学生学习案例，考查其与主题学习任务之间的异同； 3. 案例要有益于唤醒学生已有的知识经验，并与学生已有的知识经验相关联； 4. 案例必须能描述问题的复杂性，不能以简单化替代复杂化。

续表

序号	基本过程	基本内容/要求
4	选择/创建量规	1. 根据预期的学习结果形式，选择/创建科学的评价量规； 2. 量规的选择/创建要符合学习目标、主题任务、学习者心理特点的需求； 3. 量规应当建立在教师和学生共识的基础上，并且事先要告诉学生。
5	准备资源/技术	1. 围绕学习任务，匹配信息化学习资源/技术支持(结合传统学习资源/技术)； 2. 确定资源获取方式，是由教师提供，还是学生根据任务自行查找？如果教师提供，则教师先要寻找并认真评价相关资源，以确保学生获得可靠的、有用的信息；如果学生自行查找，教师则要设计好查找目的、要求、策略，以免学生漫无目的浪费时间； 3. 确定技术的工具作用，特别是认知工具的作用。
6	设计活动过程	1. 告知学生需要怎么做，需要遵循哪些步骤才能完成任务； 2. 围绕学习需求，设计多种多样的学习活动形式； 3. 把个性化学习、小组协作/交流学习和班级学习有机结合起来。
7	组织实施	1. 学生在具体的学习过程中进行有效的自我管理； 2. 在实施的过程中经常反思学习活动的进展； 3. 对学生提供学习建议、咨询帮助和心理激励。
8	评价反思	1. 学生展示学习结果(作品)，并说明结果产生的过程； 2. 按预定的量规进行自我评价、同伴评价、教师评价或外部评价； 3. 创建一个自我评价表，反思自己的学习过程； 4. 根据评价结果反思学习过程的得失，并提出改进策略。

2.3 信息技术与课程整合的教学设计

在世界教育改革的风浪中，信息技术与课程整合已经成为最重要的议题。我国高度重视信息技术与课程的整合，在新课程中明确了信息技术与课程整合的目标与内容。教育部在《基础教育课程改革纲要(试行)》中提出:"大力推进信息技术在教学过程中的普遍应用,促进信息技术与学科课程的整合,逐步实现教学内容的呈现方式、学生的学习方式、教师的教学方式和师生互动方式的变革,充分发挥信息技术的优势,为学生的学习和发展提供丰富多彩的教育环境和有力的学习工具。"

2.3.1　信息技术与课程整合概述

1. 信息技术与课程整合的内涵

信息技术与课程整合是我国 21 世纪基础教育教学改革的一个新途径,与学科教学有着密切的联系和继承性。信息技术与课程整合,不是把信息技术仅仅作为辅助教或辅助学的工具,而是强调要把信息技术作为促进学生自主学习的认知工具和情感激励工具。

信息技术与课程整合是指"信息技术"与"课程"的整合,而不是指"信息技术"与"课程整合",这是我们理解其含义的关键。在系统科学的方法论中,"整合"表示为由两个或两个以上较小部分的事物、现象、过程、物质属性、关系、信息、能量等在符合具体客观规律或一定条件的前提下,凝聚成较大整体的过程及结果。

我国教育技术界权威专家李克东教授认为:信息技术与课程整合是指在教学过程中把信息技术、信息资源、信息方法、人力资源和课程内容有机结合,共同完成课程教学任务的一种新型的教学方式。整合的三个基本点是:①在多媒体和网络为基础的信息化环境中实施课程教学活动。②对课程教学内容进行信息化处理后成为学习者的学习资源。③利用信息化加工工具让学生进行知识重构。

何克抗教授认为:所谓信息技术与学科课程的整合,就是通过将信息技术有效融合于各学科的教学过程来营造一种新型教学环境,实现一种既能发挥教师主导作用又能充分体现学生主体地位的以"自主、探究、合作"为特征的教与学方式,从而把学生的主动性、积极性、创造性充分地发挥出来,使传统的以教师为中心的课堂教学结构发生根本性变革,从而使学生的创造精神与实践能力的培养真正落到实处。整合的三个基本属性:营造新型教学环境、实现新的教与学方式和变革传统教学结构。

2. 信息技术与课程整合的基本特征

信息技术与课程整合的最基本特征是:有先进的教育思想、教学理论的指导、学科交叉性和立足于能力的培养。具体表现在以下几个方面:

(1)任务驱动式的教学过程。

(2)信息技术作为教师、学生的基本认知工具。

(3)能力培养和知识学习相结合的教学目标。

(4)"教师为主导、学生为主体"的教学结构。

(5)个别化学习和协作学习的和谐统一。

2.3.2 信息技术与文史类课程整合的教学设计

1. 信息技术与文史类课程整合概述

信息技术与文史类学科教学进行整合，就是充分地利用现有信息资源，发挥设备的最大潜力，在有限的物质基础上，结合文史类学科特点，实施高质量和高效益的教育。在教学中，学生对相关信息进行提炼、加工，对知识进行意义建构；教师组织、指导教学过程，是意义建构的帮助者、促进者；教材中包含的文史类学科内容成为学生主动建构意义的对象；媒体用来创设情境、进行协作学习、讨论交流，即作为学生自主学习和协作式探索的认知工具与情感激励工具。

我国信息技术与文史类课程的整合，早在90年代初已经开始，并已取得了相当大的成效。1994年，由原国家教委基础教育司立项，全国中小学计算机教育研究中心领导，由何克抗教授、李克东教授牵头组织了"小学语文四结合"教学模式改革试验课题，经过几年的试验探索，取得了不错的成效。

小学语文"四结合"教学改革试验研究是指以计算机技术为手段，适用现代教育理论和认知学习理论，探讨深化基础教育改革的途径，把小学语文教育与计算机教育融为一体，做到"识字教学、编码打字、阅读理解、作文训练"四者结合，改变传统的以教师为中心的教学模式，建构一种既能发挥教师的主导作用又能充分体现学生认知主体作用的新型教学模式（双主模式），在此基础上，实现教学内容、教学手段和教学方法的全面改革。

2. 信息技术与文史类课程整合的教学设计

信息技术与文史类课程整合的教学设计主要体现在以下几个方面：

（1）再现情境

文史类课程中再现情境可以培养学生的形象思维能力。信息技术的运用，有利于激发学生的求知欲，启发学生的创造性想象和联想，强化形象思维。

譬如，在英语教学中，利用多媒体技术，创设丰富的人文情景和引发思考的问题情景，激发、培养学生的观察、思考能力，以及发现问题、探索问题和解决问题的能力。主要用于课前准备阶段、复习阶段、词汇学习阶段、阅读导入阶段和略读阶段。在美术教学中，以动听的音乐渲染情景，学生在欣赏教学中伴随着音乐的渲染，能增强学生对作品的理解。

（2）增强记忆

文史类课程中的很多知识点都需要学生进行记忆。譬如，在历史学科中，古今中外的历史，学生往往是听得懂，记不住。让学生孤立地去记忆一些历史事件、人物、时间等，大脑容易生产疲劳，达不到预期的教学目的。运用幻灯片教学，让学生从整体联系上把握历史知识，效果则大不相同。讲《美国内战》一课，美国领土扩张是重点，比较复杂，教师播放组合幻灯片，让学生对美国今天的版图有个初步了解，边讲边播放，使学生看到美国一步步地自东向西扩张领土的全过程。当打出美国国旗的幻灯片，指出美国第一面国旗是由7道红色6条白色相间的彩条和 13 颗五角星构成；当 1959 年夏威夷群岛正式加入联邦时，国旗上的五角星已增加到 50 颗，代表美国拥有 50 个州。这样使学生加深了印象，加强了理解，增强了记忆。

(3)拓展思维空间

学生获取知识信息的意义构建全过程包含着一系列的思维活动。在语文教学中，低年级学生无论解词、造句、阅读或说话，都包含着"直观"的因素。教师应根据学生的思维特点，努力启发学生的形象思维，重视形象感染，使形象思维和抽象思维发挥协同作用。而多媒体技术以其直观、动态和演示效果，能刺激学生的感官，启迪学生积极思维和创造，不断提高学生的思维水平。如在教学《秋天到了》一课中，有这样一句"一片片叶子从树上落下来"，恰如其分地描绘了初秋景象，凉风一吹树叶纷纷落下，地上散落着几片树叶，为了区别"一片片"和"一片"，除了在数量上对比，更不能忽略本课中"一片片"所蕴含的情感因素。但仅仅凭文字激活的表象毕竟是模糊的，通过软件的动画演示，形象、具体地展示了在秋风的轻轻吹拂下，一片又一片的树叶从树上慢慢地飘落的情景，增强了美感。

具体实例参见本书第 11 章中的技能训练 1。

2.3.3　信息技术与数理类课程整合的教学设计

1. 信息技术与数理类课程整合概述

信息技术与数理类学科教学进行整合，就是充分地利用现有信息资源，发挥设备的最大潜力，在有限的物质基础上，结合数理类学科特点，实施高质量和高效益的教育。在教学中，将信息技术运用于数理类教学弥补了传统教学的不足，在整合中信息技术有效地发挥其模拟情境、转换观察空间、转换变化速度、展现思维过程等功能优势，提高了教学效率，同时也培养了学生的信息技术技能和发现问题、解决问题的能力。

2. 信息技术与数理类课程整合的教学设计

信息技术与数理类课程整合的教学设计主要体现在以下几个方面：

(1)模拟情境

数理类学科的知识是抽象的，所用的术语也很抽象，像数学中的"对称""异面"等关系，物理中的"力""场"等概念，化学中的"反应""平衡"等过程都是抽象难懂的。信息技术的运用可帮助教师和学生解决这些重点、难点问题。

譬如，使用"几何画板"这个数学教学软件。该软件功能强大，能方便地用动态方式表现对象之间的关系，既能创设情境又能让学生主动参与，所以能有效地激发学生的学习兴趣，使抽象、枯燥的数学概念变得直观、形象，使学生从害怕、厌恶数学变成喜爱数学并乐意学数学。让学生通过做"数学实验"去主动发现、主动探索，不仅使学生的逻辑思维能力、空间想象能力和数学运算能力得到较好的训练，而且还有效地培养了学生的发散思维和直觉思维，是目前数学教学中最为流行的辅助软件，并且被越来越多地运用到中学物理和化学教学中。

（2）转换观察空间

中学物理研究的对象大到宇宙天体，小到原子电子，都是学生不能直接感知的，因而学习起来有困难。借助信息技术，我们可以将宏观的天体微观化，也可以将微观的原子、电子宏观化，在多媒体计算机上模拟其运行的过程从而增强学生的感知能力，促进理解。

化学是一门通过宏观现象来研究微观世界的自然科学。微观世界中的原子、分子等微粒看不见、摸不着，传统的教学手段难以使之具体化、形象化，学生理解和接受起来有很大困难。应用计算机动画技术，能很好地使微观粒子宏观化，生动具体地展现微观粒子的形象，特别是参与变化的微观过程，为学生探讨微观知识架设桥梁，巧妙地引导学生分析理解其本质，也培养了学生的微观想象能力。如氯化钠的形成过程，非常形象地向学生展示了化学变化的微观过程，从而有助于学生的理解。

（3）转换变化速度

很多物理运动过程和化学变化现象瞬间发生、稍纵即逝，学生对实验现象的观察很难细致而全面。计算机动画技术能很好地重现某些物理和化学现象，且可按需要随时进行控制，或化快速为慢速或暂停，使实验清楚地、直观地呈现于学生面前。例如，"足球运动员将迎面而来的球反向踢出（假设运动员用的是恒力）"这个运动过程对初学加速度的学生来讲是难以分析清楚的，原因就是球的运动变化太快。但是用计算机将球的运动过程用"慢镜头"模拟出来，则学生很容易发现足球是经过一个恒力下的匀减速运动，速度减至零后又作初速为零的匀加速运动。

许多化学反应都是在瞬间完成的，像盐酸和氢氧化钠的中和反应，很难引导学生想象酸碱之间的"相互作用"。借助计算机动画技术，通过慢放演示氢氧化钠与盐酸相互交换离子的微观过程，通过定格观察动态中的某一特定状态，引导学生观察揭示这一反应的本质特点，自然而然地建立起中和反应的概念。

（4）展现思维空间

数学教学是思维过程的教学，但在传统教学中教师并不能把握每个学生的思维过程，从而不能给予及时反馈。信息技术的交互功能则能很好地解决这个问题。如小学数学中"常用的计量单位"的教学，可利用网络教学，要求小组合作，把常用的计量单位分类整理，比一比哪个小组整理得既清楚又完整，并且有特色，从而改变以往运用传统的教学手段，学生在练习纸上整理数据，教师很难了解到学生整理数据的全过程，教学的实效性很难把握。而网络环境的互动性，大信息量传载功能正可以解决这个问题，使师生及时掌握各小组整理的全过程，有利于学生在自己探索的过程中真正理解和掌握基本的数学知识与技能、数学思想和方法，同时获得广泛的数学活动经验。

有很多物理方法、物理思维存在于人的头脑中，不能用实验演示，仅用语言又难以描述，可以用多媒体来辅助表达。如平抛运动一节，用计算机多媒体将平抛运动向水平方向和竖直方向投影，就可以说明平抛运动等效于一个匀速运动和自由落体运动的合成，这样就将抽象的思维方法和思维过程以生动形象的过程描述出来，学生容易接受。

具体实例参见本书第 11 章中的技能训练 1。

2.3.4　信息技术与课程整合的典型教学设计模式

关于信息技术与课程整合的教学设计，华南师大的李克东教授和谢幼如教授将其分为五个专题来简述，分别是：多媒体教学设计；网络教学设计；网络时代教学模式与教学设计的研究策略；网络环境中基于问题的学习和信息技术与课程整合的教学策略。针对不同的教学模式，教学设计也会呈现不同的特点。现代信息技术环境下具有几个典型的教学模式："探究—发现""协作学习""问题解决教学""自主学习"。本节主要从"探究—发现"教学模式来探讨信息技术与课程整合的教学设计，即 WebQuest 网络探究教学模式的教学设计。

1. WebQuest 网络探究的内涵及构成

WebQuest 是美国圣地哥州大学的道奇（B. Dodge）和马驰（T. March）等人于 1995 年开发的一种课程计划。"Web"是"网络"的意思，"quest"是"寻求""调查"的意思，而"WebQuest"在汉语中则还没有一个与之相匹配的词汇。从构词意义上看，WebQuest 是一种"专题调查"活动。国内很多学者都把 WebQuest 译为"网络专题调查"或"网络探究"。

WebQuest 网络探究，是"探究—发现"教学的一种具体形式。它主要依托互联网的强大信息资源优势来训练学习者的探究能力，培养学生发现问题、解决问题的能力。在网络探究中，教师给学习者创设与学习任务相关的情境，学习者可以最大限度地利用网络资源，通过合作学习，通过对信息的分析和综合来得出创造性的解决方案。由此可见，WebQuest 是一种基于问题解决的网络探究活动。

一个 WebQuest 必须包括简介、任务、过程、资源、评估、结论六个部分。

简介：WebQuest 简介部分主要包括两个方面：给学习者指定方向和通过各种方式提高学习者的学习兴趣。为达到这两个目标，应力图使学习或研究的主题与学习者过去的经验相关，与学习者未来的目标相关，具有吸引力且生动有趣，很重要且与实际相联系，急切需要解决且紧迫，学习者将进行角色扮演或有成果展示而产生趣味感和成就感。

任务：为了给学习者描述将完成的所有事情，WebQuest 的任务形式可以是一件作品（如 PowerPoint 演示文稿），也可以是一个能够对一特定的主题进行解释的口头陈述等。

过程：教师勾勒学习者完成任务所要经历的若干步骤，并就每个步骤向学习者提出短小清晰的建议，让学习者知道完成任务的过程。教师还应为学习和交互过程提出建议或指导，比如如何组织头脑风暴活动等。

资源：资源主要是一个有助于学习者完成任务的网站清单。资源必须经过预选，以便于学习者能集中注意力，避免学习者漫无目的地进行网上冲浪。需要指出的是，给学习者提供的资源并非全是网络资源，非网络资源也可以使用。资源包括百科全书、录像、录音带、海报、地图、模型等。

评估：评估的目的是要检验学习者进行网络探究学习的效率和效果。对于基于因特网的研究性学习这样一种较高水平的学习形式，WebQuest采用评价测评表来考查学习者作品的不同方面。评价人员既可以是教师，也可以是家长或同学。评价的方式可以采取师生评价或生生评价等多种形式。

结论：WebQuest的结论部分包括总结学习内容和经验，反思和体验学习过程，拓展和概括所学的知识，形成知识的迁移。在结论部分，教师应针对学生在学习过程中出现的状况提出问题，这些问题可能对全班讨论有帮助。

2. WebQuest 教学设计的步骤

(1)恰当的学习主题的设计

WebQuest仅仅是教学方式中的一种，它并不是对所有类型的知识都适用，对于既成的事实性知识，并不适合使用WebQuest的方式来组织讲授。因此选题时，应该遵循一定的原则：① 主题的答案不是唯一的，学生可以通过不同的途径来完成任务。学习结果是开放的，不同的学生可以形成个性化的学习结果。② 选题要有价值。实现知识掌握和技能发展同步进行，不能发展技能就忽视知识的筛选。③ 体现学科的综合。由于这种模式本身的探究性，以及各类学科之间的自然交叉会最终形成学科的综合。为了保证问题研究的完整性，可能选择覆盖多个学科的主题更有意义。

(2)问题情境的设计

情境创设是为了巧妙地向学习者提供探究的背景信息，要将学生引入探究学习，要注意以下方面：① 与主题相关：可以采用类比、对比的方法。例如可以用日常病毒性感冒中的病毒类比电脑病毒。② 与学习者的经验相关。③ 应用多种形式刺激：引发学生探究的动机。我们可以充分发挥多媒体的功能，使用图文声像并茂，刺激学习者的感官。④ 刺激方式具有新颖性和趣味性。

(3)对任务进行描述设计

"任务"模块对学习者将要完成的事项进行描述，体现学习结果。因此在设计时，要结合以下原则来确定任务：① 科学性、知识性：体现教学目标。② 趣味性：引发学习者探索的积极性。③ 可操作性：任务要具体，一般要形成一定的产品。④ 开放性：任务完成可以采取不同的途径，任务解决没有固定答案。⑤ 伸缩性：可以把任务分为基本题目和扩展性题目，满足能力较强的学生。依据以上原则，任务的最终结果可以是一篇论文、一份调查分析或者是一份口头报告。

(4)探究学习过程的设计

在"过程"模块中，细化探究学习的步骤，最终达到任务完成，从而形成探究学习的过程，在分解得到的不同"过程"中，应提供相应的相关资源。① 循序渐进的分解过程，如出发—深入探索—创作交流—汇报答辩。② 过程描述要解决的是具体问题，如阅读课文两遍或者搜集有关蓝牙技术应用的案例。③ 过程描述应提供清晰的教师指导，可以包括对学习者扮演角色或看问题的视角的描述、学习建议及人际关系建议等。④ 保持一定的开放性。

(5)搜集组织资源的设计

"资源"模块提供的资源展示了 WebQuest 设计者为学习者搜索、筛选而提取出来的信息资源大多是与主题相关的网络资源，因此既避免了学习者盲目地网上冲浪，同时又兼顾了开放性的原则。但纵观目前的 WebQuest 案例，其"资源"模块普遍存在资源描述不清、数量过多和组织无序的问题，因此对教师们有如下建议：① 对资源进行简要概括的描述和分类，方便学习者进一步选择信息，如对网站简单描述，学习者就可以不用进入网站而了解其基本内容。② 资源和过程相结合，不同的过程或者任务，应提供与之相对应的资源而不是把所有相关的资源一并罗列，不加区分。③ 尽可能地扩充资源。目前，大多数 WebQuest 仅仅提供一些网站，再加上描述不具体，很难达到实用目的。因此建议教师们在资源模块中除了网站，还应包括传统印刷的书籍和文献、实际的参考资料、领域专家。④ 保证资源的开放性、可扩展性。实际探究的过程本身就具有开放性。因此资源的提供也应该是一个开放的系统。一些阶段性成果或者加工过的资源，都可以作为后续探究的资源。

(6)评价量规的设计

评价是对探究学习效果与可行性的评定评价。应注意将过程评价和结果评价相结合，学生自评、互评与教师评价相结合。WebQuest 通常采用评价方式来考查学生作品的不同方面(包括过程、结果、态度、情感等)。根据任务的差异，评价的对象可表现为书面作业、学生的作品、创作的网页或其他内容。WebQuest 的评价量规设计是通过二维的矩阵形式进行的，一般横维是对于评价等级的描述，纵维是对学生在完成学习任务过程中的主要表现、学习结果的描述，将一些主要的环节加以罗列，在纵横的交叉点上视为一种行为表现的评分等级。

具体实例参见本书第 11 章中的技能训练 1。

思考与练习

1. 什么是教学设计？教学设计有哪些基本过程？有哪些应用层次？
2. 阐述教学设计的一般模式和 ASSURE 模式。
3. 什么是信息化教学设计？信息化教学设计过程是怎样的？
4. 什么是信息技术与课程整合？
5. 阐述网络探究教学设计模式过程。

第3章　信息化教学评价

内容提要

教师、学生家长和学校的管理人员要知道教学工作是否圆满完成，学生要知道自己是否达到了学习目标，必须制定可靠的评价标准和科学的评价方法。本章需要了解教学评价的概念、功能及类型，以及信息化教学评价中的学习过程和学习资源的评价方法。

3.1　教学评价概述

所谓教学评价，是指运用一系列可行的评价技术和手段评量教学过程和效果的活动，以期确定教学状况与教学期望的差距，确定教学问题的解决对策。教学评价的目的是确保改善学与教的效果。

3.1.1　教学评价的功能

教学评价对提高教学效果具有明显的促进作用，可以概括为以下五个方面。

1. 反馈调节功能

通过教学评价提供有关教学进程的反馈信息，以便师生调节教学活动，确保教学的有效性。这种信息反馈包括两大类：一是以指导教学为目的对教师教学工作的评价，通过这种评价可以调节教师的教学工作；二是以自我调控为目的的自我评价，即学生通过自我评价，使学生深化自我认识，提高元认知意识和能力，有效运用学习策略和方法，增强学习的自主性。

2. 诊断指导功能

教学评价是对教学效果及其成因的分析过程，借此可以了解到教学各个方面的情况，以此判断它的成效、缺陷、矛盾或问题。全面的教学评价工作，不仅可以测量学生在多大程度上实现了教学目标，而且可以解释没有实现的原因，是由于教学方法的原因还是学习策略的问题，是教师的原因还是学生的原因等。根据这些分析，可以为进一步的教学决策提供可靠的依据或线索。

3. 强化激励功能

科学合理的教学评价可以调动教师教学工作的积极性，激发学生学习的内部动机，使教师和学生都把注意力集中在教学任务的某些重要部分。对教师来说，适时而客观的教学评价，可以使教师明确教学工作中需努力的方向；对学生来说，教师的表扬和奖励、学习成绩测验等，可以提高学习的积极性和学习效果。

4. 教学提高功能

教学评价本身也是一种教学活动。比如，测验本身就是一种重要的学习经验，它要求学生在测验前复习所学内容，在测验过程中对材料进行比较和分析；而通过考试的反馈，可以明确、澄清和校正一些观念，并清楚地认识到要进一步努力的领域。此外，教师可以在估计学生水平的前提下，将有关学习内容用测试题的形式呈现，使题目包含某些有意义的启示，让学生自己探索和领悟，获得新的学习经验或达到更高的学习目标。

5. 目标导向功能

如果在进行教学评价之前，将评价的依据或条目公布给被评价人（教师/学生），将对被评价人下一步的教/学目标起到导向作用。

3.1.2　教学评价的类型

在长期的教学实践中，已经产生了多种不同的评价标准和评价方法。依据不同的分类标准，教学评价的种类可作不同的划分。如按评价基准的不同，教学评价可分为相对评价和绝对评价；按评价功能的不同，教学评价可分为诊断性评价、形成性评价和总结性评价；按评价表达的不同，教学评价又可分为定性评价和定量评价等。

1. 按评价基准分

按评价基准分，教学评价可分为相对评价和绝对评价。

（1）相对评价

相对评价是在被评价对象的集合中选取一个或若干个个体为基准，然后把各个评价对象与基准进行比较，确定每个评价对象在集合中所处的相对位置。

为相对评价而进行的测验一般称为常模参照测验。它的试题取样范围广泛，测验成绩表明了学生学习的相对等级。由于所谓的常模实际上近似学生群体的平均水平，所以这种测验的成绩分布符合正态分布规律。

利用相对评价来了解学生的总体表现和学生之间的差异，或比较不同群体间学习成绩的优劣是一种有效的方法。它的缺点是基准会随着群体的不同而发生变化，因而易使评价标准偏离教学目标，不能充分反映教学上的缺点。

（2）绝对评价

绝对评价是在被评价对象的集合之外确定一个标准，这个标准被称为客观标准。评价时把评价对象与客观标准进行比较，从而判断其优劣。评价标准一般是教学大纲以及由此确定的评判细则。

为绝对评价而进行的测验一般称为标准参照测验。它的试题取样就是预先规定的教学目标，测验成绩主要表明教学目标的达到程度，所以这种测验的成绩分布通常是偏态的。低分多高分少，为正偏态；低分少高分多，为负偏态。

绝对评价的标准比较客观。如果评价是准确的，那么评价之后每个被评价者都可以明确自己与客观标准的差距，从而可以激励被评价者积极上进。但是绝对评价也有缺点，最主要的缺点是客观标准很难做到客观，容易受评价者的原有经验和主观意愿的影响。

2. 按评价功能分

按评价功能分，教学评价可分为诊断性评价、形成性评价和总结性评价。

（1）诊断性评价

诊断性评价是在教学活动开始之前，为收集信息和设计一种可以排除学习障碍的教学方案而进行评价。进行这种评价，是为了使教学适合学习者的需要和背景。以确定教学方案的可行性，了解学生的知识基础和学习能力基础，以保证教学活动能有效地得以展开。

（2）形成性评价

形成性评价是在教学过程中，对教学方案实施的情况，以及学生学习情况的评价，依靠反馈信息，并对此做出纠正，以明确下一步如何调节教与学的活动，使教学活动的效果更好，最终达到教学目标。形成性评价的目的是为了控制教学过程。

（3）总结性评价

总结性评价是在教学活动结束后，对教与学的成果进行评价，从而确定完成目标的程度。

上述三种类型的评价有各自的特点，如表 3-1-1 所示。

表 3-1-1　诊断性评价、形成性评价和总结性评价的比较

	诊断性评价	形成性评价	总结性评价
实施时	教学之间	教学过程中	教学之后
评价目的	摸清学生底细以便安排学习	了解学习过程，调整教学方案	检验学习结果，评定学习成绩
评价方法	观察、调查、作业分析、测验	经常性测验、作业分析、日常观察	考试或考查
作用	查明学习准备情况和不利因素	确定学习效果	评定学业成绩

诊断性评价、形成性评价和总结性评价都是相对某一个教学阶段、某一种教学活动的评价。对整个教学过程来说，总结性评价也可以看作下一教学阶段的诊断性评价和形成性评价。而诊断性评价和形成性评价，也可以看作是即时的或前一阶段的总结性评价。

教学设计方案的评价主要是形成性评价。重视形成性评价是现代教育评价的

发展趋势。自其产生至目前,形成性评价与质性评价、定性评价的运用相结合,其运用类型逐渐丰富并发展为真实性评价、表现性评价和发展性评价等几种。

①真实性评价

真实性评价(Authentic Assessment)指的是在真实的生活环境中评价学生的表现。真实性评价任务都是学习过程中有意义、有价值的重要经历。例如,在真实性评价中,一名学生为了解释发动机的零件,可能需要重新组装一个发动机;相反,传统的评价方法强调的是对发动机零件的记忆。真实性评价暗含的含义是:评价是学习的一部分,是不断发展变化的,成功或失败只能用学生在新的环境中应用知识和技能的能力的具体事实说明。

②表现性评价

表现性评价(Performance Assessment)关注"我们怎么知道学生知道了什么",要求定期观察和评价学生的表现。学生应该知道评价的标准,明确的标准不仅可以使学生知道关键信息,也可以给学生确立一个奋斗的目标。

表现性评价常常与真实性评价一起运用,并且与真实性评价一样有着以下的评价任务特征和评价要求。真实性评价和表现性评价的任务特征是:情景化、整体化、元认知化(需要学生反思他们的思考过程)、与所教的课程内容相关、灵活性(可以以多种方式展示知识和技能)。真实性评价与表现性评价的要求是:多种形式、自我评价、同伴评价、具体的标准、常规的学习结果和自我反思与个人内心反省。

③发展性评价

发展性评价(Development Assessment)是一种形成性教学评价,它是针对以分等和奖惩为目的的终结性评价的弊端而提出来,主张面向未来、面向评价对象的发展。

发展性教学评价着力于人的内在情感、意志和态度的激发,着力于促进人的完美和发展,是以人为本的思想指导下的教学评价。

发展性教学评价强调评价主体多元化,主张使更多的人成为评价主体,特别是使评价对象成为评价主体,重视评价对象自我反馈、自我调控、自我完善和自我认识的作用。

发展性教学评价在重视施教过程中静态常态因素的同时,更加关注施教过程中的动态变化因素。

发展性教学评价更加强调个性化和差异性评价。要求评价指标和标准是多元的、开放的和具有差异性的,对信息的收集应当是多样的、全面的和丰富的,对评价对象的价值判断应关注评价对象的差异性。

发展性教学评价强调定性评价和定量评价的结合运用。认为过于强调细化和量化指标,往往忽视了情感、态度和其他一些无法量化而对评价对象的发展影响较大的因素的作用。

3. 按评价表达分

按评价表达分，教学评价可分为定性评价和定量评价。

（1）定性评价

定性评价是对评价资料作"质"的分析，是运用分析/综合、比较/分类、归纳/演绎等逻辑分析方法，对评价所获得的数据和资料进行加工。定性评价的结果有两种：一是描述性材料，数量化水平较低甚至毫无数量概念；另一种是与定量分析相结合而产生的，包含数量化但以描述性为主的材料。

（2）定量评价

定量评价则是从"量"的角度，运用统计分析、多元分析等数学方法，在复杂纷乱的评价数据中，总结出规律性的结论。由于教学涉及人的因素，各种变量及其相互作用关系是比较复杂的，因此为了提示数据的特征和规律性，定量评价的方向、范围必须由定性评价来规定。

定性评价和定量评价是密不可分的，两者互为补充，相得益彰，不能扬此抑彼。

总体来说，任何一种高质量的评价模式，都应当满足下面十个关键条件（赫尔曼（Herman，1992）、阿斯科贝克（Aschbacher，1992）和温特（Winter，1992）：

①评价必须与教学目标一致；

②评价应该包括对学习过程和结果的测查；

③表现性评价活动不是评价本身；

④认知学习理论及其知识习得的建构方法都认为，应该将评价方法与教学结果、课程内容整合到一起；

⑤学生学习的整合和活动观要求评价综合化和复杂化；

⑥评价方案的设计取决于评价的目的，用于评分和监控学生进步的方案与用于诊断和提高的方案之间存在一定区别；

⑦一次有效评价的关键是任务和预期的学生学习结果之间的匹配；

⑧评价学生表现的标准很重要，没有了标准，评价仍将是孤立的和插曲式的活动；

⑨良好的评价能够为学生的学习情况提供大量的反馈信息，教师可以根据这些信息做出决策；

⑩最能反馈学生情况的评价系统包括过去一直使用的多种方法。

3.2 信息化教学评价

3.2.1 信息化教学评价与传统教学评价比较

为了达到信息化教育的培养目标，培养具有处理信息能力的和独立的终身学习者，信息化教学评价必须要与各种相关的教学要素相适应，从而也必然与传统的教学评价迥然不同，其区别可以概括为以下五点：

1. 评价目的不同

传统的教学评价侧重于评价学习结果，以便给学生定级或分类。评价通常包含根据外部标准对某种努力的价值、重要性和优点的判断，并依据这种标准对学生所学到的与没有学到的进行判断。为了评价学习结果，传统的评价往往是正规的和判断性的。而在信息化教学中，评价是基于学生表现和过程的，用于评价学生应用知识的能力。关注的重点不再是学到了什么知识，而是在学习过程中获得了什么技能。这时的评价通常是不正规的和建议性的。

2. 评价标准的制定者不同

传统评价的标准是根据教学大纲或教师、课程编制者等的意图制定的，因而对团体学生的评价标准是相对固定且统一的；而信息化教学强调学生的个别化学习，学生在如何学和学什么等方面有一定的控制权，教师则起到督促和引导的作用。为此，在信息化教学中，评价的标准往往是由教师和学生根据实际问题和学生先前的知识、兴趣和经验共同制定的。

3. 对学习资源的关注不同

在传统教学中，学习资源往往是相对固定的教材和辅导材料，因而对于学习资源的评价相对忽视，往往只是在教材和辅导材料等成为产品前，才有由特定学生与教师所实施的检验或实验性质的评价出现。而在信息化教学中，学习资源的来源十分广泛，特别是互联网在学习中的介入，更使学习资源呈现了取之不竭之势。因而，在信息化教学评价中，对学习资源的评价受到更广泛的重视。

4. 学生所获得的能力不同

在传统的教学评价中，学生的角色是被动的。他们通过教师的评价被定级或分类，并从评价的反馈中认识自己的学习是否达到预期。然而，在信息化社会中，面对不断更新的知识，指望他人像传统教学中的教师一样适时地对自己的学习提供评价是不可能的。因而，作为一个合格的终身学习者，自我评价将是一个必备的技能，培养学生的这种技能本身就是信息化教学的目标之一，也是评价工作的任务之一。

5. 评价与教学过程的整合性不同

在传统教学中，评价往往是在教学之后进行的一种孤立的和终结性的活动，目的在于对学习结果进行判断（见图 3-2-1）。而在信息化教学中，培养自我评价的能力和技术本身就是教学的目标之一，评价具有指导学习方向、在教学过程中给予激励的作用。因此，评价是镶嵌在真实任务之中的，评价的出现是自然而然的，是一个进行之中的、嵌入的过程，是整个学习中不可分割的一部分（见图 3-2-2）。

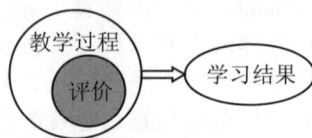

图 3-2-1 评价在传统教学中的位置　　图 3-2-2 评价在信息化教学中的位置

3.2.2 信息化教学评价的原则

在信息化教学中，以下一些评价原则将有助于达到评价目的，进而实现整个教学的目标。

1. 在教学进行前提出预期

在信息化教学中，学习的任务往往是真实的，而学生又具有较大的自主权和控制权。为避免学生在学习过程中迷惑，在教学进行前，预先通过提供范例、制定量规、签订契约等方式使学生对自己要达到的结果有一个明确的认识将是非常有效的。这样一来，学生们就会主动地使自己的学习与任务的预期要求看齐。

2. 评价要基于学生在实际任务中的表现

在信息化教学中，教学的组织者要尽可能地从"真实的世界"中选择挑战和问题，并在评价时关注学生在实际任务中所表现出来的提问的能力、寻求答案的能力、理解的能力、合作的能力、创新的能力、交流的能力和评价的能力。评价的重点要放在如何使学生的这些能力得到发展和提高上，而不仅仅是放在判断学生的能力如何上。

3. 评价是随时并频繁进行的

既然信息化教学中的评价是一个进行中的、嵌入的过程，那么它也应该是随时并频繁进行的，目的是衡量学生的表现与教学目标之间的差距，进而及时改变教学策略，或者要求学生改变他们的学习方法及努力方向。事实上，评价是促进整个学习发展的主要工具。

4. 学生对评价进程和质量承担责任

要发展自我评价能力，学生需要有机会制定和使用评价的标准，使他们在思考和反思中发展自身的技能。学生应该知道如何回答和解决诸如"需要解决的问题是什么？""我们怎样才能知道自己已经取得了进步？""我们如何才能得到提高？""我们怎样才能达到优秀？"之类的问题。因此，只要有可能，就要尽量鼓励学生进行自评或互评，并使他们对评价的进程和质量承担责任。

3.2.3 信息化教学评价方法

1. 面向学习过程的评价方式

（1）传统评价方法

传统评价所借助的方法通常有测验、调查和观察几种。虽然这几种评价方法已经发展得比较成熟，但随着信息化教育的发展，对教学过程的关注越来越广泛，这就要求对传统的评价方法进行一定的改造，尽可能使之适应信息化教学评价的特点和原则。

① 测验

测验是了解学生认知目标达标程度的最常用的方法。试卷是实现测验这种评价方法的主要工具之一。试卷中的题目通常可分为两大类，即构答题和选答题。所谓构答题，指的是要求学生用文字、算式等对给定的题目提供正确答案的试题，具体包括作文题、算术题和填充题等。所谓选答题，指的是要求学生在题目所附带的两个以上的答案中选择正确答案的试题，具体包括是非选择、多项选择、配对、组合等类型。这两大类试题各有利弊。所以，较好的做法是将这两类试题相互结合、融为一体，放在一张试卷中同时使用。

② 调查

调查是通过预先设计问题，请有关人员进行口述或笔答，从而获取所需要的资料。作为教学评价的重要手段，它可以了解学生的学习兴趣和态度、学习习惯和意向。通过了解各方面对教学过程和教学效果的意见以及学习资源对学生产生的效果等，从而判断教学或学习资源的有效程度，为改进教学或学习资源提供依据。

调查的主要形式有问卷和面谈两种。在调查过程中，将有很多相关因素相互作用，以面谈为例，谈话时的气氛、谈话人的态度、谈话人的身份、谈话的时间、问题的表述及敏感性等都会影响调查的结果。为此，为保证评价的合理真实，必须事先对即将付诸实施的调查进行精心的设计。

问卷调查表是进行调查的工具之一，它的设计将直接影响到调查的结果。在设计问卷调查表时，首先要明确调查目标，并根据调查目标设计表述简单明了、没有歧义的问题，同时也要考虑调查结束后，这些问题在进行整理评价时的意义；其次，为被调查者的方便起见（也是为了避免草率的问卷填写），应使问卷填写工作尽可能地简单。为此，最好将每个问题的答案都设计成选择题的形式，并提供尽可能多的答案，同时在必要的地方也不要忘了设置"其他"项收集意料之外的答案。最后，还要考虑问卷调查表的表现形式。最基本的要求是简洁大方、便于理解、方便填写。

在信息化教学评价中，可以通过问卷调查表发现学习资源对学生的作用，引导学生有目的地进行反思，还可以让学生自行制作问卷调查表，以培养他们收集和处理信息的能力等。

③ 观察

观察是在自然的教育场景下了解观察对象。观察与测验、调查不同的是：被观察者像往常一样地学习和活动，不会产生或感到任何的压迫感。所有收集的资料自始至终都是被观察者的常态表现，都是自然的、真实的。观察一般要在事前确定观察目的、观察范围，并明确对将观察的某现象需设置哪些变化的情况或场景，使被观察者在这种特定条件下进行活动，以获得合乎实际目的的材料。观察在情境化教学中的评价作用应该引起重视，但需要注意运用量规等评价工具，以便使观察更具目的性，观察结果更具客观性。

(2) 信息化评价方式

在信息化教学评价中，除了要根据教学目标的不同对传统评价方法进行改造外，还要发展一些新的评价方法(工具)。

① 学习档案

学习档案也可称之为"档案袋评价"或"学生成长记录袋评价"，是按一定目的收集的、反映学生学习过程，以及最终产品的一整套材料。这种学习档案在客观上可有助于促进个人的成长，而学生也能在自我评价中逐渐变得积极起来。学习档案中可包含各种形式的学习材料，如录像带、书面文章、图画、计算机编程等。例如，一个艺术家的评定包可包含使用一系列艺术媒体和技术所创造的艺术作品、不断进步的作品、最初的草图和已完成的作品，还有报刊上刊登的教师、学生和同行的评论。学习档案能使学生成为一个更有见识、更善思索/反思的自我评估者。凭借学习档案所提供的具体参考资料，教师能有效地辅导和支持学习者达到学习目的。

在信息化教学中，学习档案的建立和维持可以自动进行，成为电子学习档案，电子学习档案是利用网络和数据库技术，根据一定的学习目的，由学习者负责对学习过程中关于学习目的、学习活动、学习进步、学习成果等情况的记录，以及学生或他人关于学习过程和学习结果的反思及评价的集合体。其要素包括目标、读者、体现能力的证据、测评的标准和反思等，反思是电子学习档案袋必不可少的组成部分，否则学习档案袋就成了作品集。

电子学习档案占有较少的存储空间并可长时间保存，且易于备份，通过网络和其中的超文本链接可以方便地浏览、更新、评价其中的内容。最方便的方法是使用 Blog(博客)技术平台建立电子档案袋。利用电子学习档案进行发展性评价一方面可以弥补考试机制偏重记忆的弊病；另一方面也可让学生通过持续不断的努力累积建立自我能力，还可以让外界更客观地评估学生的能力。

② 学习契约

学习契约也称为学习合同，这种评价方法来源于真正意义上的契约或合同。例如，当建筑设计师承担一项设计时，委托人通常要就这项设计的具体要求及交会日期进行详细的说明，并与设计师签订合约。待设计完成后，评价设计是否合格(设计师是否能拿到酬金)的主要依据将是这纸合约。

学习契约的意义和实施方法与上例中所说的合约相差无几。在信息化教学中，其基本原则就包括以"学"为主，以"任务驱动"和"问题解决"作为学习和研究活动的主线。为了能够让学生在完成任务和解决问题时有一个具体的目标或依据，也为了客观合理的评价，学习契约这种评价方式是应该得到足够重视的。

例如，契约学习在小学数学教学上的应用：

A. 暖身运动

新接班级(或新学年)的第一节课通常不正式上课，而是先玩一两场数学游戏。游戏教学法是让学生在游戏中练习应用数学知识，以避免枯燥无味的反复运算或解题的活动。

B. 交心时刻

师生以自由发言的方式说出自己对数学的看法和期望，通过这样的发表过程，可以看出学生对数学的认知程度、学习态度，甚至发现学生数学学习的障碍等，其实通过大家的经验分享之后，有些数学学习上的恐惧感可能不药而愈呢！

C. 定出"挑战分数"

为了解学生实际的学科能力，在第二次上课之前编一些评量试题，以确立学生的起点能力，并求出学生前一学期数学科学习成绩的平均分数，再与前一年的数学任课教师交换意见，综合这两项成绩及任课教师的意见，教师给每个学生订一个"教师的理想分数"。在第二次上课下课前要学生为自己订一个"数学期望分数"，即自己认为下次定期考查中可以得几分(也可以和家长共同商讨)，并要说出是怎么订出这个分数的。然后，利用课余时间分别和学生一对一共同商讨与确认：下次学校的定期考查中数学科的"挑战分数"是多少，接着讨论要达到"挑战分数"所应有的努力。

D. 爱的约定

当师生在确认个别的"挑战分数"之后，第三次上课时老师则宣布"挑战成功"者酬赏办法的草案，经大家一一"审查"后定案，并将这些约定分别编制成一张张"数学学科学习契约书"，师生分别在学习契约书上签名后，再请家长签名见证；这张学习契约有效期是到学校的第一次定期考查结束为止。定期考查结束后，师生分别比对学习契约书的挑战分数，挑战成功者老师则依约给予奖励，而对于挑战失败者，不处罚他，因为没有人愿意创造失败。关于酬赏，学生们比较喜欢的方式有：到老师家包水饺、郊外野餐、请看电影、买点心饮料、开"庆功宴"等。当欢乐结束后，师生就开始第二回合的挑战作业，关于学习标准的拟定，当然要参考第一回合的战果，对于达成学习目标者，其第二回合的挑战分数依学生自己的意思提高门槛，而对于未达目标者，则分别检讨失败的原因，若发现是因为标准过高的话，则调降挑战分数，若是其他因素则协助学生一一排除困难，大家欢欢喜喜地向第二目标迈进。

契约学习法的特色在于：学生主控整个学习活动，从学习目标的选择、学习计划的拟订，到执行学习活动、评量学习结果等，都由学生担负大部分的责任。它充分提供学生思考的空间，适应个别学生的学习步调，让学生依其喜欢的方式从事学习。

③ 概念地图

概念地图是一种图表，可用于指示课、单元或知识领域的组织形态。在确定与某一课题有关的概念后，例如，学生可通过沿着空间等级层次或时间先后顺序的维度，创建心智/思维模式，如图 3-2-3 所示，以此来确定/建立概念间的相互关系。学生可通过手绘或电子工具的方式将概念联系起来，形成他们对光合作用概念关系的理解，如图 3-2-4 所示。

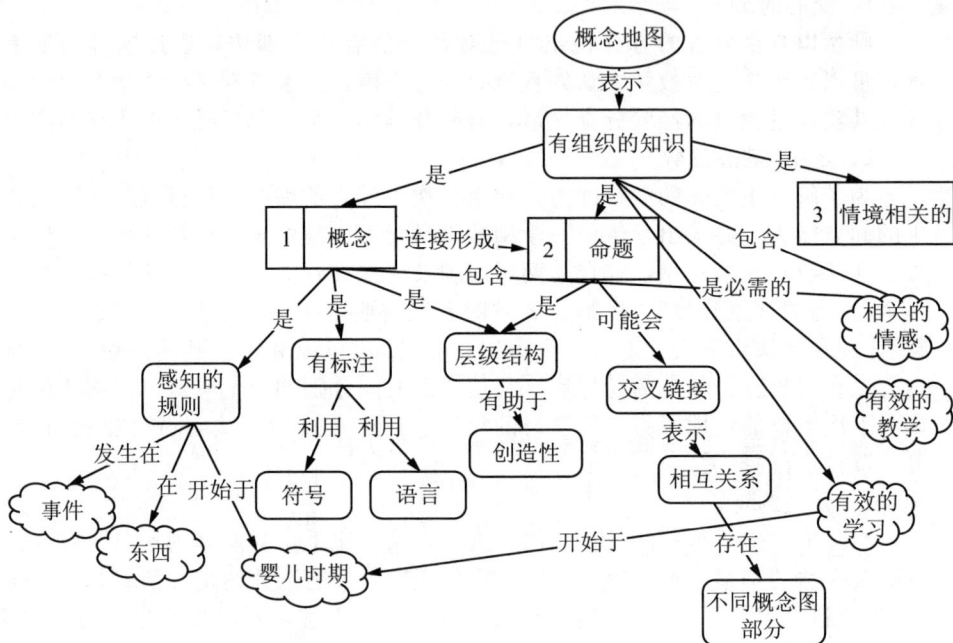

图 3-2-3　概念地图的关系

概念地图中概念关系的判断可以测量学习者有关知识命题的网络特征，因为知识网络中节点或节点多少和节点的关系反映了学习者在一定知识背景或学习环境下对知识重点和疑点的把握。概念地图的建构反映了概念关系的功能作用和它们之间的联想能力，也是学习者对有关知识融会贯通的表征能力。

概念地图能评定学生对某个领域知识的理解，探查学生的内部认知结构。在教学时，可评定学生的预备知识、确认学生知识的裂缝，可以反映出学生头脑中的误解、错误观念，还能帮助教师确定学生经过教学后所建立的概念联系的广度与质量等。概念地图注重知识结构和其成长过程的评价，其作为一种评价工具，符合素质教育要求、符合国家课程改革的需要，是一种新型的评价方式。

④ 绩效评估

在信息化教学中，学生个人或小组针对某一主题，独立完成任务，并以成果

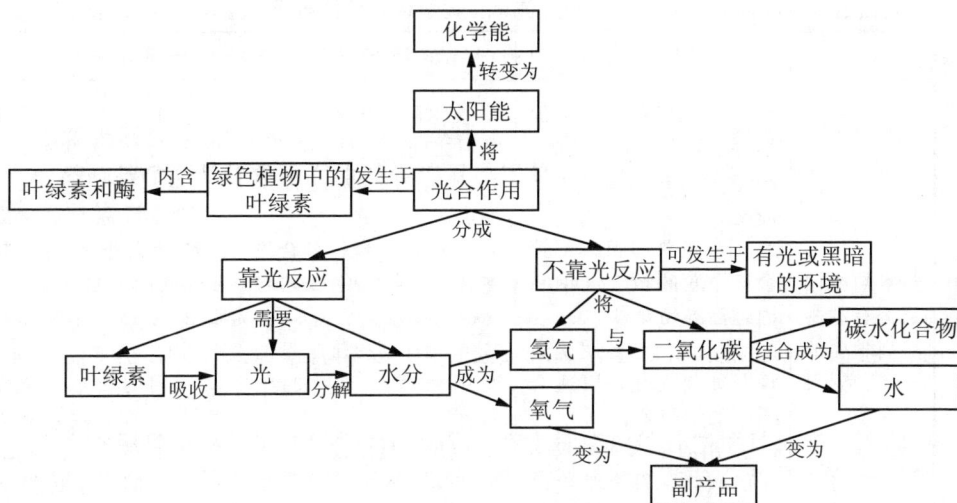

图 3-2-4 光合作用的概念地图

（如电子作品、解决方案、研究报告等）方式来展示绩效，已成为一种普遍接受的学习模式。在这种学习模式中，绩效评估这种评价方法显得尤为重要。绩效评估涉及学生创造成果或完成所要求的既定任务的过程。并且需要一整套的辅助工作，如学生作业的观察、展现、陈述、访问、学生生成的计划、模仿以及角色游戏等。为了绩效的真实性，它们应与真实世界密切联系起来，即要重视知识的应用，而不只是对知识的回忆。好的绩效评估反映了真实世界的复杂性并同时对多方面进行测量。在绩效评估中，学生有机会显示广泛的才能。

⑤ 量规

量规是一种结构化的定量评价标准。它通常是从与评价目标相关的多个方面详细规定评级指标，具有操作性好、准确性高的特点。虽然从字面上看量规是一个全新的名词，但从内涵上讲并不是全新的。

在评价学生的学习时，应用量规可以有效降低评价的主观随意性，不仅教师可以评，而且可以让学生自评或同伴互评。如果事先公布量规，还可以对学生学习起到导向作用。此外，让学生学习自己制定量规也是很重要的一个评价方法。随着教育信息化的发展，越来越多的学习任务是以非客观性的方式呈现的。传统的客观性评价方法已被证明具有较大的局限性，因而，量规的应用逐渐受到重视。

如下列表 3-2-1，表 3-2-2，表 3-2-3，表 3-2-4 分别介绍了不同类型的评价量规。

表 3-2-1　信息化教学设计评价量规

	优（40—32 分）	良（31—16 分）	一般（15—0 分）
技术的应用是否有利于提高学生的学习效果（40 分）	1. 技术的应用和学生的学习之间有明显的关联。 2. 学习目标明确，表述清楚。 3. 所有的学习目标都符合该主题的教学大纲和内容标准的要求。 4. 单元计划已经明确地说明如何变化，以适合不同的学习者。 5. 应用的技术能激发学生的兴趣，符合学生的年龄特征，有利于学生的学习以及高级思维能力的培养。	1. 技术的应用和学生的学习之间有一些关联。 2. 对学习目标进行了界定。 3. 一些学习目标符合该主题的教学大纲和内容标准的要求。 4. 单元计划提供少量的变化来适应不同的学习者。 5. 应用的技术能激发学生的学习兴趣，符合学生的年龄特征，但对于其如何才能提高学生的学习不清楚。	1. 应用的技术与学生的学习之间关联不大。 2. 学习目标不明确。 3. 学习目标与该主题的教学大纲和内容标准之间的关系模糊。 4. 单元计划不能适应不同的学习者。 5. 应用的技术不能激发学生的兴趣，不符合学生的年龄特征，不能提高学生的学习效果。
	优（20—16 分）	良（15—8 分）	一般（7—0 分）
技术与教学的整合是否合理（20 分）	1. 技术是使单元计划成功的必不可少的一部分。 2. 把计算机作为研究、出版和交流的工具对单元计划的实施很有帮助。	1. 技术是很重要，但还没有成为单元计划必不可少的一部分。 2. 单元计划中包括了将计算机作为调查、发布和交流工具等条目。	1. 技术在单元计划中的重要性不明显。 2. 单元计划中很少利用计算机进行调查、发布和交流。 3. 单元计划包括较少或不包括评价工具。
	优（20—16 分）	良（15—8 分）	一般（7—0 分）
单元计划的实施是否简单易行（20 分）	1. 单元计划可以很容易地进行修改，以便应用到不同的班级。 2. 为单元计划的重复使用提供了一个完善的模式及原则。	1. 单元计划可以应用到其他班级。 2. 提供了一个可以重复使用的模式，但该模式的原则需要完善。	1. 单元计划仅适用于一个班级。 2. 单元计划未能提供一个可供重复使用的模式及原则。

续表

	优（20—16 分）	良（15—8 分）	一般（7—0 分）
是否能够有效评价学生的学习（20 分）	1. 单元计划讲解了与教学大纲相适应的知识，并且对学生的成果评估有明确的标准。 2. 学生的学习目标和学习成果评估标准之间有明确关系。 3. 单元计划中包括一些评价工具，用于进行务实的评价和评估。	1. 单元计划中所讲解的知识比较符合教学大纲的要求，并对学生的学习成果有比较明确的评估标准。 2. 目标与评价之间有一些关系。 3. 单元计划包括一些评价工具，可以进行一些评价和评估。	1. 单元计划中所讲解的知识比较符合教学大纲的要求，但对学生的学习成果没有明确的评估标准。 2. 目标与评价之间的联系不明确。

表 3-2-2　教学资源设计评价量规

结构指标	单项指标	评价等级				得分
		优 90 分以上	良 75—90 分	一般 60—75 分	差 60 分以下	
选题 （20 分）	新颖独特，体现创新性（10 分）					
	具有现实意义与价值（10 分）					
内容 （60 分）	内容完备，包含课程（专题）内容、系统结构、功能特色等方面的设计（12 分）					
	课程（专题）内容设计合理，其体系结构科学、具体（16 分）					
	系统结构描述清晰，包括结构图、主要模块说明等（16 分）					
	功能特色定位准确，有创新（16 分）					
表达 （20 分）	思路清晰明确，体现教学设计的基本思想（7 分）					
	结构组织合理，具有逻辑性与层次性（7 分）					
	语句表述科学、准确，符合规范（6 分）					
总　分						

表 3-2-3　电子学档评价量规

指标	优	良	中	差
技术的创造性使用	图形、声音、电子邮件、软件、网络资源的创造性地使用；表达出色	仅有几处声音、图形和超链接的创造性地使用；表达具有吸引力	使用了一些有趣的声音和图形；表达的内容具有可预见性	缺少个性化的资源；表达单调
内容选择	所选择的样本表现了学生学习的进步和知识的增加	所选择的样本表现了学生学习的进步和部分知识的增加	所选择的样本表现了学生学习的部分进步和知识的部分增加	只是对样本进行了随机的选择，丝毫表现不出学生知识的增加
文字的组织	没有语法和标点符号错误；布局合理，导航正确	存在极少数的语法和标点错误；导航正确	存在少数语法和标点错误；布局不合理，有时容易造成访问者迷航	存在几处语法和标点错误；布局不合理，导航不正确
自我评价	能进行极好的自我评价	自我评价正确	自我评价显得稍微有些肤浅	对自己作品的好坏不关心

表 3-2-4　作品集评价量规

指标	优	良	差
技术整合	·拟采取的技术用法能很好吸引学生注意力，符合学生年龄特点，有利于学生的学习，能促进高级思维技巧的培养。 ·技术是本单元计划成功的不可或缺因素。 ·学生范例明显地体现了技术使用和学生学习之间的联系。 ·把计算机当作研究工具、发布工具和交流工具来使用，这种技术用法确实增强了单元计划。	·拟采取的技术用法能吸引学生注意力，符合学生年龄特点，但是对于如何增进学生的学习不是很清楚。 ·技术是重要的，但对本单元来说并非不可或缺。 ·学生范例展示的技术使用与学生学习之间有一定联系。	·拟采取的技术用法不能吸引学生注意力，不符合学生年龄特点，不能增进学生的学习。 ·技术的重要性对项目来说不明显。 ·学生范例不能表现技术使用和学生学习之间的联系。单元计划未能利用计算机。

指标	优	良	差
学生学习	·单元计划要求学生解释、评价、推理和/或综合信息。 ·学习目标定义清楚，条理清晰，而且以基本问题和单元问题为支持。 ·学生范例讨论单元问题的方式有新意。所有学习目标与相关学科课程标准/教学大纲有明显关联。 ·单元计划有精心设计的、适应不同学习者的调整措施。	·单元计划要求学生分析和应用信息、解决问题和/或做出结论。 ·较好地定义了学习目标，而基本问题和单元问题的支持程度属于一般。 ·学生范例讨论单元问题的方式平凡。 ·部分学习目标与课程标准/教学大纲有关联。单元计划提供了较少的适应不同学习者的调整措施。	·单元计划要求学生定义、鉴别、描述/概述。很少用到高级思维。 ·学习目标模糊，基本问题和单元问题的支持不明显。 ·范例讨论单元问题的方式缺乏智慧。 ·学习目标与课程标准/教学大纲几无关联。单元计划无法适应不同学习者。
实施	·单元计划提供了精心设计的范例和实施指南。 ·单元计划容易修改，能够在各类教室中实施。	·单元计划有示范意义，但实施指南欠完整。 ·单元计划或可在其他教室实施。	·单元计划模型和实施指南均欠示范意义。 ·单元计划只能在教师本人的教室中实施。

2. 面向学习资源的评价方法

随着科学技术的普及和发展，学习资源，尤其是教学软件和网上学习资源随处可见，甚至到了泛滥的程度。虽然这些资源都声称是依据合理的教学原则设计的，但显然其中许多资源还有待改进。网上的学习资源更是如此，由于任何人或组织都可以在网上发布自己的作品，因而网上学习资源的质量良莠不齐。目前，教师和学生面临的主要问题就是，如何在资源的海洋中通过有效的评价挑选出有助于师生学习的、高质量的学习资源。

在实际的教学评价中，评价和选择学习资源的任务通常是由教师担当的。同时值得注意的是，信息化教育也要求学生具有评价学习资源的能力，因此教师不仅自己要学会评价学习资源，还要引导学生学会正确地评价资源。由此看来，评价时依据相应的标准是非常必要的。目前教育技术界比较关注的是音像教材和教学软件及网上资源的设计、编制和选用，并总结出"五性"的原则，这实际上也是评价这类学习资源的基本标准。

教育性：看其是否能用来向学生传递教学大纲所规定的教学内容，为实现预期的教学目标服务。

科学性：看其是否正确地反映了学科的基础知识或先进水平。

技术性：看其传递的教学信息是否达到了一定的技术质量。

艺术性：看其是否具有较强的表现力和感染力。

经济性：看其是否以较小的代价获得了较大效益。

下列表 3-2-5、表 3-2-6、表 3-2-7、表 3-2-8 分别介绍了具体体现上述"五性"的录音教材、影视教材、教学软件和网上资源的基本评价标准。

表 3-2-5　录音教材的评价标准

序号	评价指标	评价内容
1	选题	针对性、目的性强，发挥媒体特长。
2	朗读	读音规范流利，节奏和重复适度，朗读情绪符合教学内容的基调。
3	音乐	音乐和音响不过荷、不失真，音乐带要双声道，无背景噪声。

表 3-2-6　影视教材的评价标准

序号	评价指标	评价内容
1	教学目的	选题紧扣教学大纲、目标明确，针对教学重点、难点，发挥了媒体的特长，有推广使用价值和保留价值。
2	教学内容	选用的例证资料符合科学性，对问题的分析、综合、判断、推理符合逻辑性，实验演示、操作规范符合规范性。
3	教学方法	内容的组织结构和表现风格符合学生的心理特点和认知规律，画面生动活泼、有吸引力，解说词简明扼要、有启发性，节奏适宜课堂插播或个别自学。
4	制作技巧	画面主体突出，镜头组接流畅，图像色调纯正、清晰稳定，图像和字幕工整、大小恰当，解说语词清楚、语调亲切，声画同步，动画、特技运用合理，音乐、音响恰到好处。

表 3-2-7　教学软件的评价标准

序号	评价指标	评价内容
1	功能性	教学目标适当，内容具有科学性；符合教学规律和因材施教原则；体现计算机特点，发挥其特长；激发学生的学习兴趣和主动性、积极性。
2	可靠性	不受错误操作影响，并给予学生友好的提示和提正；判断出学生答案正误，并对答案分析处理，使学生可校对自己的答案。

续表

序号	评价指标	评价内容
3	方便性	操作键较少且统一，输入操作简单；随时进入和退出，任意选择章节，自由控制内容在屏幕上的停留时间；屏幕上的操作提示简单明了。
4	技巧性	综合利用文字、声音、图像，并彼此协调；画面美观，图像有动态效果；算法优化，程序效率高。
5	商品化	有比较详细的功能说明、使用说明和必要的维护说明。

表 3-2-8　网上学习资源的评价标准

序号	评价指标	评价内容
1	可靠性	网站所提供的信息正确、完整、有用、及时且有意义，没有拼写和语法错误。
2	友好性	网站的界面友好(即易于理解和使用)，主要标题清晰易懂；包括有效且相关的链接，并且链接格式统一、有逻辑、易跟随；下载和浏览的速度较快；用户易于理解网站的信息分类及按钮图标的意义，这包括：信息分类合理；相关按钮附有提示菜单(如文本方式)；相关的图标用意义相符的图形表示；按钮和图标的格式和位置统一等。
3	美观性	图片与内容相关，能够快速下载且有吸引力；图片格式恰当(如.gif，.jpg)。图片位置合适，不影响内容的表现；文本通俗易懂；背景的颜色与文本和图片颜色相辅相成；列表和表格结构合理，位置适当。
4	适用性	写作风格适合学生的阅读和理解水平；网站作者能从用户角度出发考虑问题，深入浅出地解释复杂概念。

思考与练习

1. 什么是教学评价？教学评价的功能有哪些？
2. 教学评价有哪些主要的类型？
3. 教学评价与信息化教学评价有何不同？信息化教学评价方式有哪些？
4. 阐述学习档案袋的运用及其作用。
5. 阐述评价量规的作用及其在教学中的应用。

第 4 章　现代教学媒体与应用

内容提要

在现代信息社会中，信息的传递是十分普遍与重要的，这些信息的传递都必须依赖媒体这个中介物。在教学过程中，应该有效地选择教育教学媒体来进行教学活动。因此，了解各种教育教学媒体的一般概念和特点，熟悉各种教育教学媒体的基本知识与功能，掌握它们的选择、使用技术与技能，是教师基本的职业素质要求。本章主要介绍了教学媒体的特性，列出了常见的教学媒体设备，具体介绍了它们在教学中的应用及发展趋势。

4.1　教学媒体概述

4.1.1　教学媒体的定义

1. 媒体

媒体一词来源于拉丁语"medium"，是人与人之间实现信息交流的中介，也称为媒介。它是指信息在传递过程中，从信息源到受信者之间承载并传递信息的载体和工具。也可以把媒体看作为实现信息从信息源传递到受信者的一切技术手段。媒体有两层含义，一是承载信息的直接载体，语言、文字、符号、音响和图像等；二是指储存、呈现、处理和传递信息的实体，如黑板、教材、挂图、照片、杂志、报纸、电视、电影、录音机、录像机、书本、挂图、磁盘、光盘、磁带和计算机设备等。

2. 教学媒体

所谓教学媒体是指直接加入教学活动，在教学过程中传输信息的手段。我们把在教与学活动过程中所采用的、用于教学目的的媒体，称之为教学媒体。教学媒体是教育者进行教育与教学活动的中介手段，是受教育者或任何个体学习的基本条件。

教学媒体的选用是教学设计的核心。一般的媒体要成为教学媒体，往往要解决两个关键问题：一是硬件设备的选择与改制，使它能满足教学活动要求，方便教师与学生使用；二是软件的选用与编制，使该软件媒体所存储与传递的信息是教育信息，并且编制的方法与原则符合教学活动的要求。像黑板、教材、投影仪、幻灯、录音机、录像、电视、广播和计算机等都属于教学媒体。

教学媒体的正常运用，在教学过程中不仅可以开发学生智力，激发学生的积极性，而且还可以给学生提供各种仿真的教学环境，帮助学生形象、感性地学习，大大地提高教学效果。

多媒体教学是指在教学过程中，根据教学目标和教学对象的特点，通过教学设计，合理选择和运用现代教学媒体，并与传统教学手段有机组合，共同参与教学全过程，以多种媒体信息作用于学生，形成合理的教学过程结构，达到最优化的教学效果。

4.1.2　教学媒体的功能

教学媒体应用于教学活动中，能够使教学信息传递更加标准化，教学过程更加生动有趣，从而提高学习者的学习效率。教学媒体在教育传播中的功能通常有以下几点。

(1)传递信息：老师通过媒体向学生呈现信息，学生通过教学媒体来获取、接收和反馈信息，媒体是教育信息传播的中介。

(2)存储信息：为了更有效地利用教育信息，经常需要将信息存储，媒体具有存储信息的功能，如教育信息以文字、图片、图像或声音等形式进行存储。

(3)控制过程：各种信息的传播是一个老师与学生共同活动的过程，这个过程的进行状况，经常对教学的效果产生影响，需要通过媒体加以有效地控制。

4.1.3　教学媒体的特性

各类教学媒体刺激接受者不同的感官，使其所表现的教学功能与特性各不相同。因此，在编制与运用各类教学媒体时，应分析每种媒体的教学功能和特性。根据需要，取长补短，综合运用。以下是教学媒体的特性，当然不是每种媒体都具备这些特性，而是各有其特点。

1. 表现力

表现力是指教学媒体表现事物空间、时间和运动特征的能力。信息不是事物本身而是事物的表征，它通常用不同的符号去表征或描述的，从而决定了各种媒体有不同的表现能力。表现力由以下诸多特性决定：

空间特性：用来表现事物的形状、大小、距离、方位等。

时间特性：用来表现事物出现的先后顺序、持续时间、出现频率、节奏快慢等。

声音特性：用来表现事物的声音与音效属性。

运动特性：用来表现事物的运动形式、空间位移、形状变换等。

颜色特性：用来表现事物的颜色与色调属性。

各类媒体表现事物的各种特性的能力不同，表明了各类媒体表征事物运动状态与规律的能力是不同的。电视与电影等能够以活动的彩色的图像和同步的声音去呈现事物的运动状态与规律，它能全面呈现事物的空间、时间、运动、颜色与声音特征，因此，它具有极强的信息呈现力。但由于它瞬间即逝，不利于学习者细心观察与思考。

幻灯、投影一类媒体，在呈现事物空间与颜色特征方面有较强的能力，而且能放映出较大的清晰的彩色图像。但在呈现时间、运动特征方面却比不上电影与电视。然而，正因为它是静止的图像，才能够让学习者详细地、有目的和长时间地观察事物的细微部分。

无线电广播与录音是借助语言、音乐与事物实际音响来呈现事物运动状态与规律的，它具有声音与时间的特征。但它们对语言描述的空间与颜色特征，则是抽象的、不具体的，需要学习者自己去想象。

2. 重现力

重现力是指教学媒体不受时间、空间限制，把记录、储存的信息内容重新再现的能力。

例如，教材是最便于重现的媒体，它可以反复阅读；录音、录像、幻灯片可以反复重放，但正在收听收看的广播与电视瞬间即逝，则受实时性的限制，重现困难；而计算机课件可按学习者的需求重现内容。

3. 传播力

传播力是指媒体把信息同时传送到接受者的空间范围。例如广播与电视能将信号传送到十分广阔的范围；计算机网络系统和有线电视播放系统，也能将信号传送至所有终端，有很强的传送能力；至于幻灯、投影、电影、录音、录像等只能在某些特定的教学场所进行信息传送。

4. 参与性

参与性是指利用媒体开展教学活动时，学习者参与活动的机会。它可分为行为参与和感情参与。

模型、录音和录像等可提供学生自己动手操作的可能，使学生可随时中断使用而进行提问、思考和讨论等其他学习活动，行为参与的机会较多。

电影、电视、广播等媒体，其播放不方便中断，行为参与性少，但有较强的表现力与感染力，容易引起学习者感情上的反应，从而激发学习者感情上的参与。

交互式的计算机媒体，使学习者能根据本人的需要和学习程度去控制学习的内容，是一种行为与感情参与程度较高的媒体。师生能以面对面的方式呈现材料、进行学习和讨论，使学习者在行为上能积极参与。教师可以一边了解学习者的反应，及时得到反馈信息；一边适应学习者的学习进程，逐步呈现材料，组织教学活动。学习者独立选择各类媒体进行自学，是行为参与程度较高的一种学习活动。

5. 可控性

可控性是指使用者对媒体操纵控制的难易程度。幻灯、投影、录音、录像和计算机都比较容易操纵，并适用于个别化学习。对于广播和电视，使用者只能按电台播出的时间去视听，难以控制。

4.1.4　教学媒体的分类

教学媒体在现在来说，应用已十分广泛，其种类也很多。为了使用和研究的方便，我们将它们进行分类。目前，对教学媒体的分类方法有很多，下面来介绍几种常用的分类方法。

1. 按媒体发展先后分类

按教学媒体发展的先后，通常把以前传统课堂教学中使用的媒体称为传统教学媒体，而将近一个世纪以来利用科技成果发展起来的电子传播媒体称为现代教学媒体。

(1)传统教学媒体

传统教学媒体通常指教学中常用的语言、文字、教科书、黑板、粉笔、挂图、模型、实物、实验演示装置及教师的各种表情、教态等教学媒体。这些媒体的应用历史悠久，使用简单方便，在过去和现在的教育教学活动中，一直担当着传递教育教学信息的主要或重要媒体的角色，在将来的教育教学活动中，仍然是传递教育教学信息的重要媒体，是人类教学不可或缺的工具。

(2)现代教学媒体

一般来说，凡是使用时不需要使用电源的称为"传统教学媒体"，凡是使用时需要使用电源的称为"现代教学媒体"，也正是如此，在 20 世纪 90 年代以前，我国一直把教育技术称为"电化教育"，现在有的专家仍钟爱于这个名称，尽管它的内涵已经发生了较大的变化。

现代教学媒体在我国也称为电化教育媒体，主要包括幻灯、投影、录音、电影、电视、录像、计算机等教学媒体，以及由它们组合成的教学媒体系统，如语言实验室、视听阅览室、微格教学训练系统、闭路电视系统、多媒体综合教室、计算机网络教室、校园计算机网络系统等。

2. 按照作用于人的感官分类

按学习者使用媒体的感官分类，教学媒体可分为以下几种：

(1)听觉媒体

呈现听觉信息的媒体，如广播、录音、唱片、音乐、MP3、复读机、点读机等。

(2)视觉媒体

呈现视觉信息的媒体，如教材、教学挂图、模型、标本、幻灯机、投影器、投影仪等。

(3)视听媒体

呈现视觉与听觉信息的媒体，如电视、电影、录像和可视电话等。

(4)综合媒体

使用者视听触觉可同时参与的媒体，如多媒体课件、语言实验室系统、微格教学系统、三维或四维影院系统等。

3. 按媒体的物理性质分类

根据媒体的物理性质，教学媒体可分为四类：

(1)光学投影教学媒体

包括幻灯机和幻灯片、投影器和投影片、电影机和电影片等。这类媒体主要是通过光学投影，把小的透明或不透明的图片、标本、实物投影到屏幕上，呈现所有教学需要的信息，包括静止图像和活动图像。

(2)电声教学媒体

包括电唱机、扩音机、收音机、语言实验室以及唱片、录音带等。它们的主要特点是存储与传送活动的声音信息。

(3)电视教学媒体

包括电视机、录放像机、影碟机、录像带、学校闭路电视系统、微格教学系统、LD、VCD、DVD光盘等。它们的主要特点是存储与传送活动的声音与图像信息。

(4)计算机教学媒体

包括计算机、计算机网络教室、计算机多媒体教室、校园网系统以及多媒体辅助教学软件、虚拟现实技术系统等。它们能在各种教学活动中实现文字、图表、图像、音频、视频甚至其他触觉、味觉等教学信息的传送和存储与加工处理。

4.2 视听媒体及其教学应用

4.2.1 视觉媒体及其教学应用

心理学和人体生理科学的研究表明，人的视觉具有认识能力、理解能力和把握本质的能力。视觉媒体是指用文字符号、图像符号等呈现型信息供学习者的视觉感官来感知、接受的媒体。例如，教材、图表、照片、标本、实物、模型、幻灯片、投影等都是视觉教学媒体。一般来说，载有教学信息的一切视觉材料都是视觉教学媒体。

1. 视觉媒体的基本特性

(1)视觉媒体能直观、形象地再现客观事物或现象的静止、放大的图形或图像。

(2)视觉媒体的放映，不受时间的限制，完全由教师根据不同内容与对象，在课堂上灵活操作和讲解，画面可大可小、播放时间可长可短。

(3)幻灯、投影媒体制作简单，成本低、操作方便，价格低廉，教师能自行设计与制作，容易普及推广。

2. 常用投影视觉媒体

常见的视觉媒体有很多，如黑板是使用率最高的一种教学媒体，虽然十分古老，但却非常实用和经济。黑板常用于板书，板书可分为主体板书和辅助板书，主体板书可安排在黑板的左边，包括公式、定理、教学纲目等。辅助板书在黑板的右边，包括讲课时的重要提示、辅助内容、重要人名等，可以随时擦除。

视觉媒体可分为非投影型视觉媒体和投影型视觉媒体类。非投影型视觉媒体包括粉笔、黑板、印刷的文字材料、图示材料、图片、实物教具与模型等，投影型视觉媒体包括幻灯、投影等。投影视觉媒体通过光学系统把需要展示的视觉材料放大投影到屏幕上，使学习者能够仔细地观察和学习。

（1）幻灯机与幻灯片

幻灯机与幻灯片是最早应用于教学且使用最为普遍的投影型视觉媒体。幻灯机是将光学胶片上的影像通过光路系统放大投射到银幕上的一种光学装置，幻灯机由光源、反光镜、聚光镜、镜头组成，幻灯片置于由凸透镜组成的聚光镜前，实物如图 4-2-1 所示。

其主要优点是：在短时间内提供多个高质量展示静止视觉画面，教师可自己制作幻灯片，使用方便，容易掌握，可遥控翻页操作。能部分替代板书、板图，可提前准备好，节约课堂时间。它的缺点是：信息形式单一，只有视觉方面的刺激，对外部环境（如灯光等）要求高。现在较少采用这种设备。

（2）投影器与投影片

投影器也是早期学校教学中常用的一种教学媒体。它在普通的教室内就可以获得高质量的图像。投影器是在幻灯机的基础上发展起来的，其光学工作原理与幻灯机相似，只是其光路为反射式的。投影器的优点是：结构简单，使用方便，容易操作，使用方式灵活。投影片易于携带、保存，资料来源广泛，可通过打印机、复印机来进行制作，价格便宜。投影器的缺点是：信息表现形式比较单调，不能连续放映，仅局限于课堂使用，如图 4-2-2 所示。现在也较少采用这种设备。

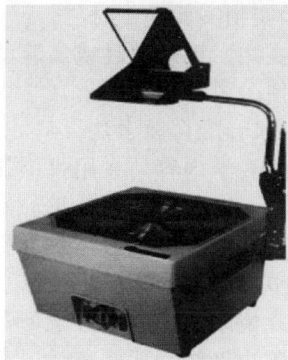

图 4-2-1　幻灯机　　　　　　　　　图 4-2-2　投影器

投影器较之幻灯机最大的优点在于它可以采用透明涤纶片，且投影片的尺寸要比幻灯片大得多（如 50cm×50cm），可以用油性笔随意在上面书写、绘画或者用其他方法制作教学投影片。使用时对环境光线的要求也没有幻灯那么严格，这就给使用者带来极大的方便。

投影器的使用方法可以概括为以下三种：

（1）写消法。类似黑板板书，书写内容提示和重点问题，随写随擦。

（2）教材提示法。呈现教学提纲、主要教学内容及图表等。采用这种方法时应注意将后续内容遮挡起来，以集中学生的注意力。为引起学生对某部分的注意，还可以使用油性笔进行某部分的提示，也可用彩色区分重点。

（3）合成分解法。将两张以上的投影片重叠起来，用于表现内容的变化和相互关系，也使得理解整体和部分的关系。

3. 视觉媒体的教学应用

由于在学习过程中，人的视觉感受能力最强，所以投影视觉媒体在教育技术中的使用最为普遍。教学使用过程中教师要着重引导学习者观察投射画面中传递的教学信息，最大限度地理解画面内容，并启发学习者思考画面蕴含的内涵。

利用投影片等视觉媒体进行辅助教学，能将复杂、真实、重要的图形、图片在课堂中直观形象地展现给学生，有利于细致、长久地观察事物现象，对于突破教学中的重点、难点是非常有益的。

利用视觉媒体辅助教学常用的方式有：

（1）图示讲授法

利用投影片讲授教学内容，是最基本的一种教学形式，它可以代替黑板和挂图的部分作用。上课时，教师可以利用课前制作的投影片，边讲解边放映，既可节约板书时间，又容易把问题讲清楚，便于学生接受。同时，在讲授过程中，还可以采用遮盖住投影片部分幅面的方法，根据教学需要逐步显示文字和图像，引导学生由局部到整体理解教材内容，掌握知识。

（2）实物实验演示法

把实物、投影教具或实验演示器件等投影到屏幕上，可以扩大演示物体的可见度，便于教师演示讲解，学生观察。

（3）录音配合教学法

有些教学内容，在用投影显示画面的同时，运用录音机配以语音解说，做到声画同步，以增强教学效果。

投影视觉媒体是通过仪器投射画面传递信息的，因此，在教学使用中要注意对放映节奏的控制，防止因信息量大而导致刺激强度过大，引起学习者的疲劳和产生急躁情绪而影响有效学习；对画面中的光、形、色等要给予充分的考虑并协调好，防止这些要素影响学习者注意力的集中、保持和转移。

4.2.2　听觉媒体及其教学应用

为了扩大教学规模，在大教室教学或进行远距离教学、语言学习和个别化学习时，人们经常使用扩音机、录音机、CD 唱机、MP3 播放器等听觉媒体辅助教学或自学，促进了教学方式的改进，提高了学习效率。

1. 听觉媒体的基本特性

(1)听觉媒体是比较便宜的教学媒体。就录音磁带而言，一旦磁带和设备买下来之后，就不再需要额外的费用了。磁带用完后可以洗掉，可以重录。

(2)取材方便，使用简单。可以改编，可用于小组或个别教学。

(3)听觉媒体可以提供比印刷材料更富戏剧性的口头信息，教师方面稍微发挥一点创造力，听觉材料就可制作得非常丰富多彩。

(4)便于复制，需要多少就可以复制多少。

(5)听觉材料的表述顺序基本上是固定的。要改变原来的顺序只能重新录音，这将耗费时间和经费。

(6)单纯听录音，但没有视觉材料相配合不容易使学生较长时间集中注意力。

2. 常用听觉媒体

(1)话筒和扬声器

话筒是一种电声器材，属传声器，是把声音波(机械能)转换成电能的一种器件。通过声音波作用到电声元件上产生电压，再转为电能。话筒根据使用方式，传声器还可分为有线式和无线式两种，如图 4-2-3 所示。当然对话筒最通用的分类法，把传声器可分为动圈式、电容式、晶体式等多种；在教学中常用的传声器有动圈式和电容式两种。

图 4-2-3　有线话筒与无线话筒

动圈话筒：由磁场中运动的导体产生电信号的话筒。是由振膜带动线圈振动，从而使在磁场中的线圈感应出电压。

电容话筒：这类话筒的振膜就是电容器的一个电极，当振膜振动，振膜和固定的后极板间的距离跟着变化，就产生了可变电容量，这个可变电容量和话筒本身所带的前置放大器一起产生了信号电压。电容话筒中有前置放大器，当然就得有一个电源，由于体积关系，这个电源一般是放在话筒之外的。除了供给电容器振膜的极化电压外，也为前置放大器的电子管或晶体管供给必要的电压。

话筒的指向：一般分为心形、超心形、8字形、枪式、全指向等。使用高质量的传声器时，应选用以双绞线为芯线的金属屏蔽线，一般传声器可以使用单芯金属屏蔽线，避免用普通导线。使用多只传声器时，应配备调音台，每一路传声器信号单独放大，再混合到一起。为了防止说话时发出气流声，要在传声器上套上话筒罩。

扬声器(俗称喇叭)是把电信号转换成声信号的一种器件。根据构造不同，扬声器可分为电动式、电磁式、压电式等几种，教学中最常使用的是电动式扬声器。

(2)录音机与录音带

录音机与录音磁带仍然是教学特别是外语和音乐教学常用的媒体。它的录放音过程是一个声→电→磁→电→声的转换过程。录音时，其信号源可以来自话筒，也可以来自其他录音机(带)、CD等。录音带的最大优点是可以根据自己的意愿和需要进行反复、方便地制作，使用也很方便，特别适合个别化学习。在现在，数字化的MP3、MP4已取代录音机与录音带了。

(3)CD机与CD光盘

CD(Compact Disc)与传统的激光唱盘(LD，Laser Disc)相比，体积小，其直径最大为120mm。它的音频信号采用数字处理方式，即脉冲编码调制方式，因而又称之为CD-DA(DA即Digital Audio，数字音频)。这种读取信息的方式，具有极好的音质、信噪比高、动态范围宽、失真度小、无抖晃、自动化程度高等特点。由于CD光盘用激光进行非接触式读取信息，无机械磨损，便于长久保存和使用，这些是普通录音带及唱片系统所无法比拟的。

(4)MP3

MP3最早起源于1987年德国一家公司的EU147数字传输计划，它利用MPEGAudioLayer3的技术，将声音文件用1∶12左右的压缩率压缩，变成容量较小的音乐文件，使传输和储存更为便捷，更利于互联网用户在网上试听或下载到个人计算机。它是一种新型的播放音乐节目的数字音频系统，是目前应用最广泛的有损压缩编码的音乐格式，它基本上拥有近CD的音质。MP3随身听的使用分为准备MP3音乐节目和播放两个过程。为将MP3音乐文件由PC机下载到MP3随身听中，通常利用USB接口与计算机相连，支持即插即用。

MP3播放器体积小，重量轻，不怕震动，便于携带，而且功耗低，连续播放时间长(甚至一节五号电池可播放十多个小时)，它没有机械元件，全部是电子元件组成，也就不会机械磨损，也不存在防震问题。同时，可以随心所欲编辑自己喜爱的音乐，反复录入、编辑、收听。

（5）点读机

点读机（又称为智能电脑读书机、英语互动电子课本、同步读书机、英语智能点读机、电子书、电子课本等）是现代数码信息技术与最新教学需求完美结合的一种有声互动学习产品，如图 4-2-4 所示。

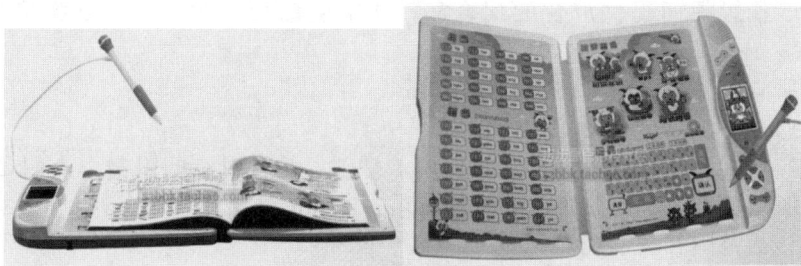

图 4-2-4　点读机

点读机产品最早出现在美国，该产品一经上市后就迅速风靡全美国。随后，此产品又很快开始风行于日本、东南亚等国家，成为这些国家少年儿童最为喜爱的教学工具之一。这种貌似电脑的教具就是点读机。它通过万点电磁感应定位系统与无线传感点击技术等高科技手段，将文字化的书本教材变成能按学习需要任意发声的有声教材。通俗而言，它就是能让课本开口说话的一个神奇教育产品。

点读机由点读笔等组成，是常见的幼教、小学、中学教育的学习电子产品，早期多适用于英语、语文课程教学，到现在数字等各科的课程均可以点读学习。点读笔是利用在书本上加印二维码的技术，将声音文件植入书本中，使用者在使用过程中选择要点读的某一页，随便点击该页上的图案、文字、数字等内容，点读笔都能通过笔头上装配的高速摄像头识别书本上的二维码而读出对应内容的声音文件，识别准确率可达 99.8％以上。

点读机使用的原理是在制作发音文件过程中，给发音文件预先设置好对应书本内容的"坐标位置"。使用者将课本置于机器平板上，用专用的笔点书本上的文字、图画、数字等内容，机器就会发出相对应的声音。

比如，"China"在小学英语的第 N 页从左上角起(X，Y)处，那么选中这一本书这一页后，平板感知到所配备的笔对(X，Y)这一点的点触，就能收到指令，从而读出关于这一点相对应的声音文件，即念出"China"的英文发声。

3. 录音教材的制作

录音教材的制作过程比较简单，一般要经过编写稿本、收集整理素材、编辑合成等几个步骤。编写稿本是根据教学大纲的要求和教学需要，分析具体的教学内容，设计编写稿本；收集整理素材是根据设计的稿本内容和录制的方案去收集素材和资料，如收集电台广播、现有的录音带和唱片等资料，或现场录制素材；编辑合成是录音教材最后的工作，将各种素材经过编辑，合成复制在一盘录音带或 CD 上。

4. 听觉媒体的教学应用

听觉媒体辅助教学法，一般应用于中文、外语、音乐、语音教学或渲染情感气氛方面，常采用的方式有：课堂教学中穿插播放教学录音资料的辅助法；配合幻灯、投影画面提供声音的配合法；让学生课后自我练习、自我检查用的自学法。

听觉媒体辅助教学的主要作用是：

（1）扩大教育规模和范围

广播、录音、扩音等设备的使用，打破了教育时空的限制，人们足不出户，就能听取优秀教师的演讲、优美的音乐、准确的外语等声音资料，扩大了教育信息的传播范围和教学规模。

（2）提供标准典型的声音示范

在语言、音乐课的教学中，经常要求提供标准的发音和发声。利用录音教材不失原始声音的特征，可多次反复播放标准录音，最大限度地发挥学生的模仿能力，常用于听力、语音训练、示范朗读、教唱欣赏、模拟音响等。

（3）提供个别化学习的听觉自学材料

学生的外语听、说水平，可以在课后通过听录音带自学来提高。声乐的发声训练也可通过反复听、录磁带来进行模仿等。录音为这些课程的个别化学习提供了可能。

4.2.3 视听媒体及其教学应用

1. 视听媒体的基本特性

（1）声画结合呈现知识点

视听媒体既能提供图像、文字、图表、符号等视觉信息，同时又能传递言语、音乐和其他音响等听觉信息，图文声并茂，有较强的艺术感染力。

（2）画面以活动图像为主

视听媒体是一种形象化的教学媒体，它能真实地再现客观事物，能以形象的方式展示客观事物，即使是非常抽象的内容，视听教学媒体也可以采用动画的形式来表示。

（3）能记录储存音像信息，操作形式灵活多样

可以根据教学的需要进行重放、慢放、快放、静止画面等，特别是一些激光影碟机可以定点寻找节目内容和进行人机间的交互学习活动。

（4）擅长表现复杂的教学内容

可以表观运动状态、运动过程、与时空间有关的、抽象的教学内容，可以演示实验情境，向学生提供各种案例学习材料。在某些情况下视听媒体还可以代替教师的教学，提供学生不能直接观察和感知的内容。

2. 常用视听媒体

常用的视听教学媒体有电影、电视、录像机、摄像机、VCD、DVD、MP4、投影仪等。

（1）电影

电影是最早出现的视听媒体。通常有普通银幕电影、宽银幕电影、立体电影、全息电影、4D 电影等种类。电影在认识和鉴别有关动态变化的教学内容和运动技能训练方面具有特殊的效果，是促进学生形成概念、转变态度和培养情感的较好的媒体之一。

电影教学媒体是常规教学媒体中的一个重要组成部分。电影教学是指运用电影进行教学的一种教学方式。实际上，人们正是从电影教学的实际效果中开始认识到电化教育的重大意义。从 20 世纪初开始，无声电影就应用于教育，20 世纪 20 年代末，有声电影刚刚发明，16mm 电影片就已经用来作为标准教学影片了。几十年来，电影教学一直作为一种重要的教育教学手段，得到了广泛的应用。

电影在今天的教育中能成为一种重要的数字媒体得到普遍的重视，原因在于：电影可以表现各种"动"的事物；电影可以控制各种事物的动作、速度和时间；电影可以把过去和远处的事物搬到教室里来；电影可以提供不易重现的事物记录；电影是对学生进行思想教育的有力手段；电影有观看清晰、表现效果好等功能特点。

但电影存在着制作费用高、周期长，电影放映设备连接与操作复杂，对场地、环境要求较高，对电脑胶片保存困难等局限性。

（2）电视

电视是运用电子技术传送活动图像与声音信息的通信方式，整个电视系统通常由发送、传输、接收三部分组成。

根据视频信号的高频调制方式不同，目前世界上有 NTSC、PAL、SECAM 三种彩色电视制式同时使用：美国、日本、加拿大等国采用 NTSC 制；苏联、法国和东欧一些国家采用 SECAM 制；我国（包括香港）和德国、英国及非洲一些国家采用 PAL 制。

电视机大小按其屏幕对角线长度来区分，如 21 英寸、29 英寸、43 英寸等，教学上常用 21 英寸以上的普通电视机或大屏幕电视投影机，监视器则多用于电视节目制作及闭路电视系统控制室作为监视设备。电视机的外部控制主要有频道调节、图声质量及信号出入控制两大部分。电视机使用时应放在合适的观看位置上，收看距离通常为屏幕高度的 4—6 倍。

电视是一种独特的学习资源，其优势在于：

可以演示实验或实验场景，展示过程，提供视听资料，表现时空变化。无论是学校教育还是非学校教育，电视都已成为必要的教学手段。

可以将信息及时、远距离、大范围地传播，这可以扩大教育规模，是重要的远距离教育媒体。

可以有效地引起学生态度和情感方面的变化，是表达情感信息的有效工具，并可以演示基本原理在实际工作、生活中的运用，使学习者能较好地理解这些原理。

但电视单向传递信息，学习者在学习中不能及时提问。利用电视进行的教学，仍然是以教师为中心，对学习者的接受能力的判断是建立在假定的基础上的，学习者比较被动地接受知识。

运用电视进行教育称为电视教育，用来进行教育的电视称为教育电视。电视具有视听兼备、不受时空限制等特点，因而它给传统的课堂教学带来了蓬勃生机。目前，电视教育已经成为世界上普遍采用的一种教学方式。它比函授教育、广播教育更为完善，效果也更好。

（3）录像机

录像机主要早期以 DV 磁带为主，近年来都是以光盘、硬盘、闪存为载体的记录载体。

录像媒体体积小、重量轻、使用方便，具有常速录放、倍速重放、变速重放、逐帧重放和静止画面等功能，在教学中使用极为方便。

录像可以对电视节目进行记录、存储、重放。学习者可以方便地控制操作录像机，按照自己确定的时间、步调进行学习，适合于个别化教学或集体学习。录像带和录音带一样，可以消去已经录制的节目内容，反复重录使用。录像容易因其特殊的视听效果而成为娱乐品，降低了教学功能。

录像被广泛用于广播、工业、教育、医疗卫生、军事和科学研究等领域，既能用于录制、编辑与播放电视教材，也能用于教育训练等教育活动。通过编辑，它还能将这些内容按需要组合在一起，并利用其他辅助设备对各种图像进行转换和加工处理，使录像画面具有特殊的视觉效果。

录像机主要分为以下几类：

① 磁带录像机

磁带录像机是电视节目制作中记录信号的重要设备，准确地说，它是把电信号转换成磁信号，将信号记录在磁带上，放像时，再把磁信号转换成电信号的记录、播放装置。磁带录像通过磁头把视频（电）信号变成相应的磁信号，记录在磁带上。

② 光盘录像机 VDR

光盘录像机集录像与播放功能于一体，采用 MPEG-II 数字视频实时编、解码技术，既可以把需要的各式各样的模拟音视频信号通过 MPEG-II 编码技术以数字信号的格式记录在光盘上，也可以通过 MPEG-II 解码技术还原为模拟信号播放出来，简单地说，光盘录像机就是一台具有刻录功能的超级 VCD。

光盘录像机相对影碟机和录像机具备以下优点：

　　光盘的价格比录像带低,使光盘录像机的大力推广成为现实;同时,光盘保存图像的安全性也远高于磁带,图像不会因为气候潮湿发生衰变,可以永久保持图像质量;另外,光盘录像机独特的产品功能可以更好地适应不同领域的需求。它的放、录一体的功能代表了信息家电未来的发展趋势。

　　光盘录像机的标准录制时间:使用 CD 音乐光盘时,可录制时间为 70 分钟;使用 VCD 视频光盘时,可以录制时间为 68 分钟;使用 SVCD 视频光盘时,可以录制时间为 34 分钟;使用 DVD+R(w)/DVD-R(w)时可录长达六小时。

　　③硬盘录像机(DVR)

　　硬盘录像机(DVR)的基本功能是将模拟的音视频信号转变为 MPEG 数字信号存储在硬盘(HDD)上,并提供与录制、播放和管理节目相对应的功能。

　　其突出特性体现在以下几个方面:

　　·实现了模拟节目的数字化高保真存储,能够将广为传播和个人收集的模拟音视频节目以先进的数字化方式录制和存储,一次录制,反复多次播放也不会使质量有任何下降。

　　·多种可选图像录制等级对于同一个节目源,提供了高、中、低三个图像质量录制等级。选用最高等级时,录制的图像质量接近于 DVD 的图像质量。

　　·大容量长时间节目存储,可扩展性强,用户可选用 40GB、80GB 或更大容量的硬盘用于节目存储。

　　·强大的网络信息家电中心　用户通过网络通信接口,使用 DVR 度身定制的网络浏览器,配备相应的网络资源,将可以享用丰富的网络在线信息。

　　·提供随心所欲的播放方式　由于硬盘快速、随机存储的特点,欣赏录制好的和正在录制的节目时,都可以用比当前 DVD 播放机更多种、更灵活的方式进行特技播放,快速播放时图像更加平滑,慢速播放时具有更高的细节分辨率。

　　(4)摄像机

　　摄像机是摄取景物及其运动或变化,并将光信号转换成电信号(视频信号)的光电转换装置。摄像机是制作电视节目的关键设备,它的技术性能、功能调整和操作使用对电视节目的图像质量起决定性的作用。

　　摄像机按记录信号的方式可分为数码机和模拟机两类。随着信息技术的发展,数码摄像机目前已经越来越多地得到应用。DVC Digital Video 格式的数码摄像机让人们能够更加简单地进行摄像操作,并以其与专业级水平的图像、接近激光唱盘的音质和能够与计算机联机并进行编辑的特性受到使用者的好评。

　　数码摄像机记录视频不是采用模拟信号,而是采用数码信号的方式。简单地说,就是将光信号通过电荷耦合器件(CCD)转换成电信号,再经过模拟数字转换,以数字格式将信号存储在数码摄像带、刻录光盘或者存储卡上,从而提高了录制图像的清晰度,使图像质量可以达到 500 线以上。

　　(5)MP4

MP4 是 MPEG 格式的一种，是活动图像的一种压缩方式。通过这种压缩，可以使用较小的文件提供较高的图像质量，是目前最流行（尤其是在网络中）的视频文件格式之一。

MP4 播放器又称 PVP（Personal Video Player，个人视频播放器），也有人叫做便携式媒体播放器，外形如图 4-2-5 所示，它是一种很方便随身携带的设备，通过 USB 接口与电脑相连接，很方便地将各种流媒体下载到 MP4 播放器中，并可以流畅地播放视频、观看图像和欣赏音乐。可以说，MP4 播放器是 MP3 播放器的发展方向，在增加了动态/静态图像的播放功能之后，是一种理想影音播放终端。

图 4-2-5　MP4 播放器

（6）多媒体投影仪与投影屏幕

多媒体投影仪是一种可以将视频信号与计算机信号等进行显示的大屏幕投影系统设备。它可以同步显示高分辨率的计算机和工作站的图像，又能接录像机、电视机、影碟机、VCD 和 DVD 以及视频展示台等视频图像信号的输入，已广泛地应用于教育、办公领域，其外形如图 4-2-6 所示。

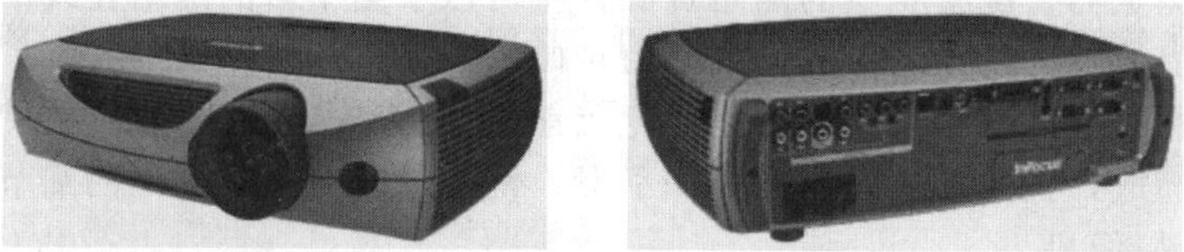

图 4-2-6　多媒体投影仪

多媒体投影仪目前主要通过两种显示技术实现，即 LCD 投影技术、DLP 投影技术。

① 液晶投影仪

LCD（Liquid Crystal Display，液晶显示）是液晶显示技术与投影技术相结合的产物，它利用液晶的电光效应，即液晶分子的排列在电场作用下发生变化，通过电路控制液晶单元的透射率及反射率，从而影响它的光学性质，产生不同灰度的层次及色彩丰富的图像。LCD 投影仪分为液晶光阀和液晶板两种。

② DLP 投影仪

DLP 译作数字光处理器，这一新的投影技术的诞生，使我们在拥有捕捉、接收、存储数字信息的能力后，终于实现了数字信息显示。DLP 技术是显示领域划时代的革命，正如 CD 在音频领域产生的巨大影响一样，DLP 将为视频投影显示翻开新的一页。它以 DMD(Digital Micromirror Device)数字微反射器作为光阀成像器件。DLP 投影仪的技术关键点如下：首先是数字优势。数字技术的采用，使图像灰度等级达 256—1024 级，色彩达 2563—10243 种，图像噪声消失，画面质量稳定，精确的数字图像可不断再现，而且历久弥新。其次是反射优势。反射式 DMD 器件的应用，使成像器件的总光效率达 60％以上，对比度和亮度的均匀性都非常出色。

投影屏幕是投影机周边设备中最常使用的产品之一，投影屏幕如果与投影机搭配得当，可以得到优质的投影效果。

投影幕一般可分为反射式、透射式两类：反射式用于正投，透射式用于背投；正投幕又分为平面幕、弧形幕；平面幕从质地上可分为玻珠幕、金属幕、压纹塑料幕、弹性幕等(压纹塑料分为白塑、灰塑、银塑等)。

一般多媒体教室选择 100 寸(203mm×153mm)与 150 寸(304mm×224mm)投影屏幕较常见，为节省教室空间，一般采用正投的方式。

3. 电视教学片的制作

电视教学片用电视的艺术手法来表现教学内容。电视教学片的主要类型包括讲授型、图解型、表演型等几类，制作方法与编制电视艺术片有所不同，一般包括选题、稿本编写、素材拍摄、后期编辑、配音合成等几个步骤。

(1)选题

电视教学片的编制应选择那些口授困难、需要形象化、无法直接在教室观察或展示、奇特罕见的事例等，选题时还应考虑到现有的技术力量和设备条件。

(2)稿本编写

稿本编写包括文字稿本和分镜头制作稿本编写。

讲授型的文字稿本可用讲稿式或教案式，其中需插入模型、图片、标本或外景的，在稿本的有关部分进行说明。图解型、演示型的文字稿本通常写成对应式，即左边写画面，右边写解说词。需加入动画的地方，还应画出基本图形，写明该动画设计的基本要求和动作过程。表演型的文字稿本可用对应式，也可用画面、解说词前后穿插的混合式。一部完整的电视教学片的文字稿本，大体可分为开头、中间、结尾三部分。

分镜头制作稿本编写，指的是根据创作的总体构思，将电视教学片文字稿本按摄像场景、教学需要、视觉心理、蒙太奇艺术手法，划分成许多一个个可供拍摄的镜头。每个镜头除了用文字阐明所拍摄的具体内容外，还要标明每个镜头的电视艺术处理手法，从而将电视教学片文字稿本创作成为电视教学片分镜头制作稿本。

电视教学片分镜头制作稿本格式，包括镜号、机号、景别、技巧、时间、画面、解说词、音乐、效果声、备注等栏目。

（3）素材拍摄

素材拍摄就是把分镜头制作稿本变成图像画面，按照"平、稳、匀、准"的要求摄像，即画面要平、画面要稳、摄速要匀、摄像要准。素材镜头的拍摄，首先要做好拍摄计划、拍摄场地、拍摄道具、拍摄器材等各种准备工作。素材镜头的拍摄技巧常有推、拉、摇、移、跟等。"推"是指拍摄时摄像机不断移近被摄物，画面效果是由整体引向局部，突出介绍重点。"拉"的操作与"推"相反，画面效果是由局部引向整体，突出介绍整体。"摇"是在水平或垂直等轴线上改变镜头的拍摄方向，用以展示环境或多个景物之间的关系。"移"是移动摄像机的机位进行拍摄，主体距离不变，背景变化。"跟"是摄像机镜头跟随主体进行拍摄，常用于表现事物的运动过程。

（4）后期编辑

后期编辑是利用后期编辑软件，如 Premier、大洋、会声会影等把素材镜头组接成连贯教材的过程。为使编辑工作进行得顺利，编辑前要先对所有素材镜头检视一遍，并做好时间标记，若有缺失的镜头，还必须先补拍好。编辑制作时要根据教材内容需要，按照分镜头稿本的要求进行。电视教学片的镜头在组接时，要注意连贯流畅，特技、动画要运用恰当，同时注意"动接动""静接静""方位一致"等原则，在不同场景内容切换和添加字幕处，尚要注意留足时间，以利于声音或字幕插入。

（5）配音合成

清楚的解说、优美的音乐、恰当的效果声可使整个电视教学片增色不少。配音工作的具体做法是：将筹备就绪的解说词、乐曲和效果声等事先按分镜头稿本的要求，通过声音处理软件如 SoundForge 等混录合成，再通过后期编辑软件加入到视频文件中，使解说词与画面同步。需注意的是：乐曲声与解说词同时出现的情况下，注意两者的轻重比例，一定要保证解说词的清晰度。在配音时还应注意"对口形"。配字幕一般通过字幕机操作来完成。

4. 视听媒体的教学应用

视听媒体表现手法丰富多样，不受时空限制。视听媒体在教学中应用的主要方式有：

（1）主体式教学

视听媒体应用于教学实践，可在一门课程或课堂教学中，作为主体手段运用，组织学生利用各种开路或闭路教育电视系统，播放或收视视听教材，按照事先排定的授课时间表进行教学活动。教师作为教学工作的管理者，主要完成组织、辅导答疑、实验指导及批改作业等工作。这种形式较适用于远距离教学和缺少教师的偏远地区、函授等形式的教学活动，如广播电视大学、函授教学等。这种形式的视听媒体教学，要求配有高质量的视听媒体教材和认真负责的教学管理工作人员，能收到低投资、高效益的效果。

（2）补充式教学

视听媒体教学应用在常规学校教育或课堂教学中，主要以补充教学活动的形式来运用。教师在课堂讲解中，可适时插入一段视听媒体教材，以补充表现教师讲解中较难以其他形式表现的知识重点、难点，如学生平时缺乏感性认识的宏观知识、微观内容；言语等其他手段难以描述的情感教学内容；短时间内难有明确效果的自然科学实验内容；远距离、跨国度难以见到的风土习俗等人文社科教学内容等，都可采用视听媒体补充教育手段来完成，提高教学信息传播容量和速度，提高教学效率与质量。

（3）示范式教学

视听媒体教材可以提供规范标准的行为模式，供学生观摩仿效，如实验操作过程、生产流程教学、行为动作规范技能等方面，学生可通过接收视听信息来指导自己的学习。这对于师资力量缺乏和实验条件欠缺的教学单位尤其重要，可避免教学过程中对学习者的误导，从而提高教学质量。

（4）个别化教学

视听媒体教学手段除了适合集体教学外，还十分适合于自学方式的个别化教学。电视相当于物化了的教师，学习者利用视听教学手段，不但可以提取丰富的教学信息，还可获得具体的教学指导，十分方便学习者自定步调、因需求学、因材选学的个别化学习方式，有利于发挥各种层次学习者的学习积极性和个体素质优势，适合自学式继续学习。

4.3　新媒体技术在现代教育技术中的应用

进入 21 世纪，"新媒体"这个词的使用频率越来越高。人们将所有新的信息传播工具和信息接收工具统统称为新媒体。新媒体是新的技术支撑体系下出现的媒体形态，如数字杂志、数字报纸、数字广播、手机短信、移动电视、网络、桌面视窗、数字电视、数字电影、触摸媒体等。

"新媒体"是建立在网络技术和数字技术的基础之上延伸出来的各种媒体形式。"新"最根本体现在技术上，也同时会体现在形式上，有些新媒体是崭新的，比如互联网；而有些是在旧媒体的基础上引进新技术后，新旧结合的媒体形式，比如电子报纸。

相对于报刊、户外、广播、电视四大传统意义上的媒体，新媒体被形象地称为"第五媒体"。

4.3.1　流媒体技术

随着互联网的普及，利用网络传输声音与视频信号的需求也越来越大。广播电视等媒体上网后，也都希望通过互联网来发布自己的音视频节目。但是，音视频在存储时文件的体积一般都十分庞大。在网络带宽还很有限的情况下，花几十分钟甚至更长的时间等待一个音视频文件的传输，这是非常麻烦的事。流媒体技术的出现，在一定程度上使互联网传输音视频难的局面得到改善。

1. 流媒体技术概述

流媒体技术也称流式媒体技术，起源于美国。

传统的网络传输音视频等多媒体信息的方式是完全下载后再播放，下载常常要花数分钟甚至数小时。而采用流媒体技术，就可实现流式传输，将声音、影像或动画由服务器向用户计算机进行连续、不间断传送，用户不必等到整个文件全部下载完毕，而只需经过几秒或十几秒的启动延时即可进行观看。该技术先在使用者端的计算机上创建一个缓冲区，在播放前预先下一段数据作为缓冲，在网络实际连线速度小于播放所耗的速度时，播放程序就会取用一小段缓冲区内的数据，这样可以避免播放的中断，也使得播放品质得以保证。当声音视频等在用户的机器上播放时，文件的剩余部分还会从服务器上继续下载。

流媒体技术又分两种，一种是顺序流式传输，另一种是实时流式传输。

顺序流式传输是顺序下载，在下载文件的同时用户可以观看，但是，用户的观看与服务器上的传输并不是同步进行的，用户是在一段延时后才能看到服务器上传出来的信息，也就是说用户看到的总是服务器在若干时间以前传出来的信息。在这过程中，用户只能观看已下载的那部分，而不能要求跳到还未下载的部分。顺序流式传输比较适合高质量的短片段，因为它可以较好地保证节目播放的最终质量。它适合于在网站上发布的供用户点播的音视频节目。

在实时流式传输中，音视频信息可被实时观看到。在观看过程中用户可快进或后退以观看前面或后面的内容，但是在这种传输方式中，如果网络传输状况不理想，则收到的信号效果比较差。

目前，常常采用流媒体技术的音视频文件主要有三种。

① 微软的 ASF（Advanced Stream Format）。这类文件的后缀是 .asf 和 .wmv。用户可以将图形、声音和动画数据组合成一个 ASF 格式的文件，也可以将其他格式的视频和音频转换为 ASF 格式，而且用户还可以通过声卡和视频捕获卡将诸如麦克风、录像机等外设的数据保存为 ASF 格式。

② RealNetworks 公司的 RealMedia，它包括 RealAudio、RealVideo 和 RealFlash 三类文件，其中 RealAudio 用来传输接近 CD 音质的音频数据，RealVideo 用来传输不间断的视频数据，RealFlash 则是 RealNetworks 公司与 Macromedia 公司联合推出的一种高压缩比的动画格式，这类文件的后缀是 .rm。

③ 苹果公司的 QuickTime。这类文件扩展名通常是 .mov，它所对应的播放器是"QuickTime"。

此外，MPEG、AVI、DVI、SWF 等都是适用于流媒体技术的文件格式。

由于流媒体技术在一定程度上突破了网络带宽对多媒体信息传输的限制，因此被广泛运用于网上直播、网络广告、视频点播、远程教育、远程医疗、视频会议、企业培训、电子商务等多种领域。

2. 流媒体技术在教学中的应用

随着社会发展，科学技术的引用，采用流媒体技术为主要实现方式的网络教育，作为远程教育的一种形式，被寄予厚望。

目前，流媒体技术应用于网络教育上，表现为视频点播和视频直播两种主要方式。视频直播和点播的传播方式，使得传统意义上的课本式的教学方式转变为生动形象的影音模式，广播教学、语音教学、教学示范、消息发送、网络影院、远程管理、教学点播等模式通过互联网传播开来。

4.3.2　虚拟现实技术

1. 虚拟现实技术概述

虚拟现实技术又称"虚拟环境""赛伯空间"等。是目前在计算机领域中一项发展最快的多学科的综合技术。它已成为计算机相关领域中继多媒体技术、网络技术之后广泛关注及研究、开发与应用的热点。作为一种新技术，在教育领域中应用也变得十分广泛。

它通常以计算机技术为主，利用计算机及一些特殊设备营建一个"看起来像真的、听起来像真的、摸起来像真的、闻起来像真的"三维虚拟世界，在这个虚拟世界中，人们感受到与虚拟世界融为一体，能实时产生与真实世界相同的感觉，也可以与虚拟世界中的物体之间进行自然交互，即人们可以通过说话、走动、转动头等来改变并影响这个虚拟的世界。

图 4-3-1　基于头盔式显示器的典型虚拟现实系统

图 4-3-1 所示是基于头盔式显示器的典型虚拟现实系统，由计算机、头盔式显示器、数据手套、力反馈装置、话筒、耳机等设备组成。该系统首先由计算机生成一个虚拟世界，由头盔式显示器输出一个立体的显示，用户可以采用头的转动、手的移动、语音等与虚拟世界进行自然交互，计算机能根据用户输入的各种信息实时进行计算，即对交互行为进行反馈，由头盔式显示器更新相应的场景显示，由耳机输出虚拟立体声音、由力反馈装置产生触觉（力觉）反馈。

　　虚拟现实系统提供了一种先进的人机界面，它通过为用户提供视觉、听觉、触觉等多种直观而自然的实时感知交互的方法与手段，最大程度地方便了用户的操作，从而减轻了用户的负担，提高了系统的工作效率，虚拟现实技术具有的三个突出特征：沉浸性、交互性和想象性。

　　在实际应用系统中，根据对"沉浸性"程度的高低和交互程度的不同，划分了四种典型类型：沉浸式虚拟现实系统、桌面式虚拟现实系统、增强式虚拟现实系统、分布式虚拟现实系统，如图 4-3-2 所示。在这四种典型类型中，其中桌面式虚拟现实系统因其技术非常简单，实用性强，需投入的成本也不高，在目前教学应用中较广泛。

桌面式虚拟现实系统 　　　　　　沉浸式虚拟现实系统

增强式虚拟现实系统 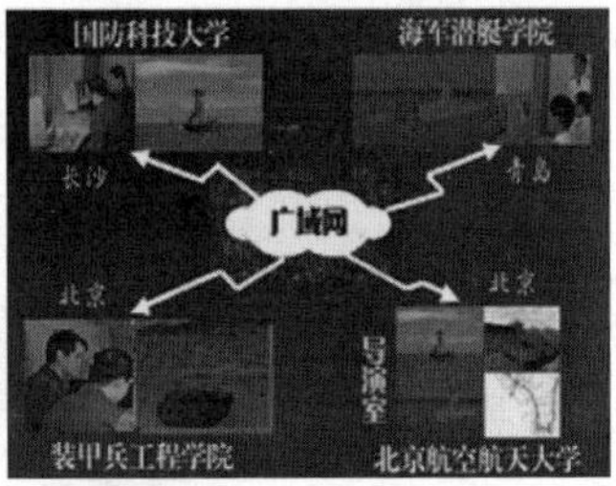　　　　　　分布式虚拟现实系统

图 4-3-2　虚拟现实系统的四种类型

2. 虚拟现实技术在教育中的应用

（1）虚拟校园

　　虚拟校园是指从因特网、VR 技术、网上虚拟社区和 3S 技术的发展角度，对现实大学三维景观和教学环境的虚拟化和数字化，是基于现实大学的一个三维虚拟环境，用于支持对现实大学的资源管理、环境规划和学校发展。

　　大学校园对每个人来说都是有特殊感情的，大学校园的学习氛围、校园文化对我们具有深远的影响，教师、同学、教室、实验室以及校园的一草一木无不潜移默化地影响着我们，大学校园赋予我们的教益从某种程度来说，远远超出书本所给予我们的。因此虚拟校园成了 VR 技术与网络、教育最早的具体应用。先后有浙江大学、清华大学、北京大学、中国人民大学等高校，都采用 VR 技术构建了虚拟校园。

（2）虚拟演示课堂教学与实验

在学校教育中，虚拟现实技术在教学中应用较多，特别是对于理工科类课程的教学，尤其在建筑、机械、物理、生物、化学等学科有着质的突破。它不仅适用于课堂教学，使之更形象生动，也适用于互动性实验中，很多大学都有虚拟现实技术研究中心或实验室。

（3）远程教育

在远程教育中，VR 技术能辅助继续教育学习远程教育，主要体现在以下几个方面：

①提供了全新的教学手段和学习场景。主要有 3 个部分：由教师和其他专业人员协作开发的多媒体网络学习资源；教室、图书馆、学术报告厅共同组成的虚拟学习社区；“虚拟教师”或“虚拟同学”。

②VR 技术支持的交互式合作学习使学习成为乐趣。学生可以在网络虚拟学习社区中找到“虚拟教师”，并与之交流，如同课堂上真实的面对面交流一样，从而极大地提高了学习的质量。同时，也可以与“虚拟同学”结成学习伙伴，实现协作式学习。

（4）技能培训

将 VR 技术应用于技能培训可以使培训工作更加安全，并节约了成本。比较典型的应用是训练飞行员的模拟器及用于汽车驾驶的培训系统，交互式飞机模拟驾驶器是一种小型的动感模拟设备。舱体内前面是显示屏幕，配备飞行手柄和战斗手柄。在虚拟的飞机驾驶训练系统中，学员可以反复操作控制设备，学习在各种天气情况下驾驶飞机起飞、降落，通过反复训练，达到熟练掌握驾驶技术的目的。

4.3.3　云计算

1. 云计算概述

云计算（Cloud Computing），是一种基于互联网的计算方式，通过这种方式，共享的软硬件资源和信息可以按需提供给计算机和其他设备。

云计算在当前是一个热门的技术名词，很多专家认为，云计算会改变互联网的技术基础，甚至会影响整个产业的格局。正因为如此，很多大型企业都在研究云计算技术和基于云计算的服务，亚马逊、谷歌、微软、戴尔、IBM、SUN 等IT 巨头都在其中。几年之内，云计算已从新兴技术发展成为当今的热点技术。

通过使计算分布在大量的分布式计算机上，而非本地计算机或远程服务器中，企业数据中心的运行将与互联网更相似。这使得企业能够将资源切换到需要的应用上，根据需求访问计算机和存储系统。

好比是从古老的单台发电机模式转向了电厂集中供电的模式。它意味着计算能力也可以作为一种商品进行流通，就像煤气、水、电一样，取用方便，费用低廉。最大的不同在于，它是通过互联网进行传输的。

云计算具有以下几个主要特征：

（1）资源配置动态化。根据消费者的需求动态划分或释放不同的物理和虚拟资源，当增加一个需求时，可通过增加可用的资源进行匹配，实现资源的快速弹性提供；如果用户不再使用这部分资源时，可释放这些资源。云计算为客户提供的这种能力是无限的，实现了 IT 资源利用的可扩展性。

（2）需求服务自助化。云计算为客户提供自助化的资源服务，用户无须同提供商交互就可自动得到自助的计算资源能力。同时云系统为客户提供一定的应用服务目录，客户可采用自助方式选择满足自身需求的服务项目和内容。

（3）网络访问便捷化。客户可借助不同的终端设备，通过标准的应用实现对网络访问的可用能力，使对网络的访问无处不在。

（4）服务可计量化。在提供云服务过程中，针对客户不同的服务类型，通过计量的方法来自动控制和优化资源配置。即资源的使用可被监测和控制，是一种即付即用的服务模式。

（5）资源的虚拟化。借助于虚拟化技术，将分布在不同地区的计算资源进行整合，实现基础设施资源的共享。

2. 云计算在教育中的应用

云计算对用户端的设备要求很低，这一特点决定了云计算将会在学校大受欢迎。云计算能把分布在大量的分布式计算机上的内存、存储和计算能力集中起来成为一个虚拟的资源池，并通过网络为用户提供实用计算服务。为了满足越来越多的计算需求，学校不得不经常更新电脑设备。而在云计算背景下，绝大部分计算任务将交给云端（分布式计算机服务器）来完成，只需让电脑接入互联网即可，学校师生可以使用原有的旧电脑，或采用性能一般的低价笔记本电脑以及智能手机接入云服务，从而享受云计算提供的虚拟桌面带来的乐趣。可见，使用云计算服务，学校能极大地节约计算机硬件购买和维护的成本。

云计算为学校提供经济的应用软件定制服务。软件即服务（SAAS）是云服务的一种类型。学校接入这类云计算服务后，无须再花费大量资金购买商业软件授权，一些常用的应用软件如 Office 系列，云服务已经提供，收费低廉，有的甚至免费。作为客户端的本地电脑只需运行图形界面的 Linux 操作系统和浏览器即可享受云服务，不用担心应用软件是否是最新版本，这也极大地减少了学校为维护和升级操作系统、应用软件所投入的费用。

云计算能为学校提供可靠和安全的数据存储中心。在病毒猖獗的互联网时代，数据存储的安全可靠越显重要。而信息安全的问题在专业人员欠缺的学校特别突出。学校使用云计算服务，数据储存在云端，因此无须担心病毒的入侵和硬件的损坏导致数据丢失。

采用开源云计算项目，布置校园网中的云计算服务。目前有很多云计算项目是开源的，比如，想构建类似与 Googleapps 的云平台，可以采用 AppDrop 或 10gen 开源云计算项目。许多学校都有大量接近淘汰的旧电脑，这类电脑有些只是硬件配置问题无法升级到新的操作系统或安装新的应用软件而被淘汰，硬件本身还可以正常工作，这类电脑除了可以作为客户端接入云计算服务继续使用外，还可以选择使用开源云计算项目在此类电脑上布置学校自己的云计算服务。

思考与练习

1. 什么是教学媒体？列举六种不同类型的现代教学媒体。
2. 按照学习者使用媒体的感知器官，教学媒体有哪些种类？
3. 教学媒体的功能有哪些？
4. 举例说明教学媒体的主要特性。
5. 常见视觉媒体有哪些？简述其教学应用。
6. 常见听觉媒体有哪些？简述其教学应用。
7. 常见视听媒体有哪些？简述其教学应用。
8. 常见新媒体有哪些？简述其教学应用。

第 5 章　现代远程教育

内容提要

现代远程教育，对于推动教育信息化、深化教学改革和构建终身学习体系具有举足轻重的作用。本章主要介绍什么是远程教育、现代远程教育及其特征，要求学生理解现代远程教育的重要意义，现代远程教育与终身教育的关系及网络课程开发的一般过程。

5.1　远程教育概述

5.1.1　远程教育的定义

远程教育也称为远距离教育，是相对于近距离教育而言的，也就是相对于传统的学校教育而言的，从字面上，可以将远程教育理解为非面对面的、有空间距离的教育活动。远程教育是现代教育发展的一种新模式，是信息技术、媒体在教育中运用的另一种典型形式。

广义的远程教育是指通过远程教学或远程学习实现的教育（包括各类学校和其他社会机构组成的教育和社会生活情境中的教育）的总称。包括在师生时空分离或学习者独立自主的各种情境（包括传统学校校园情境和社会生活情境）中，作为方法或手段的技术在教育和学习中的应用。

狭义的远程教育是指通过远程教学或远程学习实现的各类学校和其他机构组织的教育，也可以成为机构远程教育或学校远程教育。"学校远程教育是对教师和学生在时空上相对分离，学生自学为主、教师助学为辅，教与学的行为通过各种教育技术和媒体资源实现联系、交互和整合的各类学校或社会机构组织的教育的总称"。

5.1.2　远程教育的发展

远程教育从 19 世纪中叶产生以来，主要经历了以下三个阶段：

第一阶段：印刷教材为主要媒体的函授教育

函授教育为远程教育的第一阶段，有人也称之为第一代远程教育，它起源于 19 世纪的英国，是现代教育中最初的远程教育形式，师生之间主要依据函授材料、信件和面授辅导组织教学。

1840 年，英国人伊萨克·皮特曼（Issac Peterman）把速记教程通过邮局寄给学生，他被世界教育界公认为使函授教育的创始人。1849 年，英国伦敦大学首创校外学位制，允许英国和英联邦各国任何高等学校的学生报考伦敦大学的学位课程，并为注册报考者提供函授教学。因此，人们把 1849 年看作是世界远程教育的诞生年。

第二阶段：视听媒体为主的广播电视教育

进入 20 世纪后，随着电子信息技术的发展、视听技术的广泛应用和大众媒体的大规模发展，使幻灯、录音、电话、电影逐步介入到教学领域，即广播电视教育。它与函授教育相比，加入了声音和视频图像等新媒体，从而扩大了教育规模，并保留了函授教育的优点。1969 年，英国开放大学的创建是第二代远程教育的重要里程碑。之后，各国也相继掀起了兴办远程教育的热潮，中国也在此影响下，经批准成立了中央广播电视大学。

第三阶段：多媒体和网络通信技术为核心媒体的现代远程教育

20 世纪 90 年代以来，随着计算机多媒体和网络技术的发展，现代远程教育得到了跨越式的发展。除传统的媒体外，现代远程教育的通信媒体或传播媒体主要是因特网、多媒体个人电脑、通信软件和教学软件、光盘、电视和使用光缆的有线电视、录音机和录像机、微波通信、数字电话、通信卫星等，允许教师和学生之间同步（实时）或异步（非实时）地以文本、图形、图像、声音和视频等多媒体形式进行交互式教学活动。现代远程教育是容面授、函授和自学等教学形式于一体，多种媒体优化、有机组合的教育方式。它继承了传统远程教育的优点，并充分发挥各种教育资源的优势以及网络的强大交互功能，为各种社会成员学习提供更加方便、广泛的教育服务。

天网（卫星电视网络）、地网（因特网）的结合使得现代远程教育体现出了交互性、网络化、实时性、综合性和适应性等特征，从而使学习和教育更具有个性，因此，从某种意义上说，现代远程教育是"网络教育"的同义语。现代信息技术的出现给远程教育带来了极大的变革，更加方便了师生之间的信息传递和交流，还把学校教育的功能和资源延伸到了全社会，为构筑终身教育、学习型社会创造了良好的条件。1998 年，教育部《面向 21 世纪教育振兴行动计划》中提到，现代远程教育是随着现代信息技术的发展而产生的一种新型教育方式。它是构筑知识经济时代人们终身学习体系的主要手段。因此，在我国教育界，第三代远程教育被称为"现代远程教育"。

5.2 现代远程教育的特征及分类

5.2.1 现代远程教育的特征

1. 远程教育的特征

远程教育有这样几个显著的特征：在整个学习期间，师生准永久性地分离；教育机构或组织通过学习材料和支持服务两方面对学生的学习施加影响；利用各种技术媒体联系师生并承载课程内容；提供双向通信交流；在整个学习期间，准永久性地不设学习集体，学生主要是作为个人在学习，为了社交和教学目的进行必要的会面。世界著名远程教育专家基根在 20 世纪 80 年代，曾总结了远程教育的 5 个特征，并以此作为远程教育的一般定义和要素：

(1)教师与学生的地理位置相互分离；

(2)受到某个教育机构的指导和影响；

(3)应用各种通信媒体来传播教育内容；

(4)提供教师与学生的双向通信交流；

(5)对学生的教学很少集体进行，没有或基本没有学习团体。

2. 现代远程教育的主要特征

随着远程教育的发展，信息技术媒体突破了时空的局限，突破了传统教学媒体的局限，调动多媒体手段为教学服务。

现代远程教育的新特征主要体现在以下几个方面：

(1)交互方式的多样性

学生和教师处于时空上的准分离状态是现代远程教育的基本特征之一，现代远程教育有了现代信息技术的支持，教育活动得到了极大的延伸和扩展。学生上课不再受时间的限制，也不再受教室、学校、地域甚至国家的限制。教学活动可以同步进行，也可以异步进行；可以实时进行，也可以非实时进行，彻底打破了传统课堂讲授的单一模式。学生可以自己决定在何时、何地、以何种进度和何种方式，进行什么内容的学习。在现代远程教育中，只有教师和学生、学生和学生在地理位置上的分隔，没有学习上的距离差别。

(2)师生的双向交流性更强

在现代远程教育中，教师通过计算机网络等向学生传送远程教育的多媒体教学信息，充分发挥视频流媒体的优势；而学生则可以通过 QQ、BBS、电子邮件等方式向教师提出学习上所遇到的问题，得到来自教师的反馈。

(3)虚拟学习团体

以计算机网络和多种信息网络作为主要传播载体的现代远程教育，使学生在远程学习的过程中，不再是孤单的学习个体，而是在网络教育学院、校外学习中心、现代远程教育教师以及其他参加现代远程教育学习的学生紧密联系在一起的学习共同体。

（4）学习的个性化

学生是学习的主体，学习的过程是学生通过主动探索、发现问题、意义建构的过程。在现代远程教育阶段，网络技术的发展，学生不再是依赖单一的学习资源，而是通过多种渠道和途径，获取自己需要的学习资源；不是被动地接受知识，而是主动探究知识、建构知识。学生可以选择与教师交流进行学习，选择和同学讨论进行学习，也可以自己浏览学习资源进行自主学习。总之，学生可以根据个人的需求来进行学习，使得学习的个性化更加突出。

（5）教学资源丰富、高度共享

突破了教育教学信念传播形式上的单一性，有利于教育资源的共享，提高教育的效率和效益。现代远程教育利用各种网络给学习者提供了丰富的信息，实现了各种教育资源的优化和共享，打破了资源的地域和属性特征，以满足学习者自主选择信息的需要，提高了教育资源使用效率，降低了教学成本。因特网对于现代远程教育来说，不仅是传播载体，更是共享教学资源的所在地，目前，世界各国都很重视把各自优秀的文化成果放在因特网上，现代远程教育机构通过建立网上分布式资源库，向学生提供系统、翔实、优秀的超文本和超媒体学习资料。

5.2.2　现代远程教育的分类

1. 远程教育的分类

远程教育是一种新型的教学形式，这种形式随着媒体和社会的发展变化而产生了多种多样的模式。从不同的研究角度出发，可以将远程教育划分成不同的教学模式。

（1）从教学媒体角度划分

从教学媒体角度划分，可分为函授教学模式、无线电广播教学模式、电视教学模式和计算机网络教学模式。

（2）从感觉通道角度划分

按照感觉通道的表现形式可以将远程教育模式划分为以下四类：

阅读型远程教育模式。以印刷媒体为主要信息源的函授学校主要采用该种类型的教育模式。

听觉型远程教育模式。以无线电广播为主要信息源的广播学校主要采用该种类型的教育模式。

视听型远程教育模式。以广播电视、卫星电视和闭路电视为主要信息源的广播电视学校和教育电视台主要采用该种类型的教育模式。

交互型远程教育模式。这是一种以多媒体计算机网络为主要信息源的个别化学习模式。

（3）从办学和管理的角度划分

基根曾经从办学方式和教学管理的角度对远程教育机构的特征进行分析，并在他的《远程教育基础》（*Foundations of Distance Education* 1991 年第 2 版）一书中提出一种远程教育系统的分类方法，他将远程教育系统分为两种不同的大类，即独立的远程教育机构和常规院校中的远程教育部门。

2. 现代远程教育的分类

对于以现代信息网络技术与多媒体为主要技术手段的现代远程教育，人们通常从实现技术、信息传输通道、教学形式、传输时效等角度划分类型。但是，这些划分只是相对的。

（1）按实现技术分

通常可以分成以下四种类型：利用 www 技术的网络教学、窄频带的视频会议系统、宽频带的实时群播系统、交互式视频点播系统（VOD）。

（2）按照信息传输通道划分

通常可以分为以下两类方式："天网"，即利用卫星地面站，通过卫星传输信息，该方式适合实时的单向视频传输。"地网"，即通过因特网或各类专用线路传送信息。

（3）按照教学形式划分

通常可以分为三种常见类型：实时群播教学系统、虚拟教室教学系统、课程随选教学系统。

（4）按照信息的传输时效划分

通常可以分为同步传输方式（Synchronous Delivery）和异步传输方式（Asynchronous Delivery）两类。

5.3　现代远程教育与终身学习

现代远程教育，对于推动教育信息化、深化教学改革和构建终身学习体系具有举足轻重的作用。信息化时代的来临，终身学习已经被越来越多的人接受，人们也逐渐意识到"活到老，学到老"的更深层次内涵。

5.3.1　终身学习

终身学习（Lifelong Learning）是指社会每个成员为适应社会发展和实现个体发展的需要，贯穿于人的一生的、持续的学习过程。古人云：吾生而有涯，而知也无涯。当今时代，知识更新的速度大大加快。人们要适应不断发展变化的客观世界，就必须把学习从单纯的求知变为生活的方式，努力做到活到老、学到老，终身学习。"终身教育"这一术语自 1965 年在联合国教科文组织主持召开的成人教育促进国际会议期间，由联合国教科文组织成人教育局局长法国的保罗·朗格朗(Parl Lengrand)正式提出以来，短短数年，已经在世界各国广泛传播。20 世纪 60 年代中期以来，在联合国教科文组织及其他有关国际机构的大力提倡、推广和普及下，1994 年，"首届世界终身学习会议"在罗马隆重举行，终身学习在世界范围内达成共识。

现代远程教育是随着现代信息技术的发展而发生的一种新型教育形式，是构筑知识经济时代人们终身学习体系的主要手段。但是目前仍然停留在学历教育的阶段，还没有真正转变为提高国民素质的终身教育。现代远程教育将由适应经济和社会发展转变为拉动和推动社会经济发展，成为知识经济时代国民经济增长的持续增长点和亮点，成为全民素质教育和终身教育的有效途径和重要手段。

5.3.2　学习方式的革命

终身学习理念逐渐渗透到人们的日常生活和工作中，在此背景下，新型的学习方式也应运而生。随着科技的进步，学习方式也发生了翻天覆地的变化。下面介绍几种新型方式。

1. E-learning

E-learning(Electronic Learning 的简称)，直译为"电子(化)学习"，也可意译为"数字(化)学习""网络(化)学习"等。强调的都是数字技术，强调用技术来改造和引导教育，强调要把数字化内容与网络资源结合起来。在网络学习环境中，汇集了大量数据、档案资料、程序、教学软件、兴趣讨论组、新闻组等学习资源，形成了一个高度综合集成的资源库。

美国 E-learning 专家罗森伯格认为，E-learning 是利用网络技术传送强化知识和工作绩效的一系列解决方案。他指出 E-learning 要基于三大基本标准：

(1)互联成网，能即时更新、储存、利用、分配和分享教学内容或信息；

(2)利用标准的网络技术，通过电脑传送给终端学员；

(3)注重的是最宏观的学习，是超越传统培训典范的学习解决方案。

E-learning 并不只是意味着远距离的教育，在线教学同样可以在传统校园教学中发挥重要的作用，同样，在远程网络教育中，一些常规的教学手段与教学方法同样是非常重要的。但是 E-learning 不能完全取代面授学习。

基于新技术和互联网的发展，传统的企业培训方式正面临着各种冲击和挑战。应用 E-learning 进行企业培训，解决了很多培训难题。E-learning 在世界上取得了令人瞩目的成就，英国的开放大学、中国的电视大学，都取得了很好的教学效果。E-Learning 已经占美国企业教育培训市场的三分之一，达到数百亿美元的市场规模。国内企业培训方面，E-Learning 应用较早的行业，包括政府、银

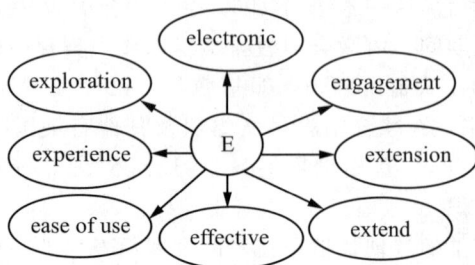

图 5-3-1　E-learning 的解读

行、保险、电信等，虽然也投入了大量的资金、人力，但因为所应用的单位多为国有企业，所以在实际应用中还是存在诸多问题。

2. M-learning

M-learning(Mobile Learning 的简称)，通常被翻译成移动学习。它是指在终身学习的思想指导下，利用现代通信终端，如手机、PDA 等设备(通常不包括具备无线上网功能的笔记本电脑)进行远程学习。

M-learning 研究领域人数正在迅速增多，还未形成完整的理论体系，经典专著比较稀少。其中比较著名的是，爱尔兰教育技术专家"基更"(Desmond Keegan)了。他的"*From d-learning，to e-learning，to m-learning*"一文，得到众多学者的支持，我国著名远程教育专家丁兴富翻译成中文《从远程学习到电子学习再到移动学习》。

Keegan 根据学习的形式与手段的不同，把远程学习分为三个阶段：

(1)D-learning(Distance Learning，远程学习)。一般可以通过邮件、电话进行师生间的联系。

(2)E-learning(Electronic Learning，电子学习)。主要使用卫星电视、视频会议系统、计算机网络等技术。

(3)M-learning(Mobile Learning，移动学习)。这是远程教育的新的发展阶段。特点是可以随时、随地进行自由的学习。它采用的技术是移动通信装备和BlueTooth，IEEE802.11 等无线通信协议。

3. B-learning

B-learning(Blending Learning 或 Blended Learning 的简称)，翻译成混合式学习或结合式学习，即把传统学习方式的优势和 E-learning 的优势结合起来，使二者优势互补，从而获得最佳的学习效果，这是国际教育技术界在教育思想与教学观念上的一次重大提升。B-learning 还强调自主学习与协作学习相结合，使学习方式更加灵活，它将成为网络教育发展的未来。

5.4　网络课程的开发

随着现代远程教育，尤其是网络远程教育的发展，对于推动教育信息化、深化教学改革和构建终身学习体系具有举足轻重的作用。在现代远程教育工程中，网络课程的开发是基础，是网络教学的基本保障，更是目前大力发展网络学院的重要支撑条件。

5.4.1　网络课程简介

1. 网络课程定义

我国教育部现代远程教育资源建设委员会在《现代远程教育资源建设技术规范》中对网络课程做了如下定义：网络课程是通过网络来表现的某门学科的教学内容及实施教学活动的总和。

2. 网络课程结构

它包括两个组成部分：

(1)按一定的教学目标、教学策略组织起来的教学内容。网络课程的教学内容以知识点为基本教学单元，进行教学内容呈现。

(2)网络教学支撑环境，特指支持网络教学的软件工具、教学平台、教学资源以及在网络教学平台上实施的教学活动。

网络教学平台是指支持网络课程教学活动各个环节的网络教学支持系统，为学生和教师在网络环境下完成教学活动的各个环节提供技术支持。软件工具一般集成在教学平台中。

网络课程的教学资源特指与网络课程相关的媒体素材、试题库、多媒体 CAI 课件、试卷、教学案例、文献资料、常见问题解答库、资源目录索引和网络课程等资源。

在网络教学平台上实施的教学活动一般包括：实时讲座、实时答疑、分组讨论、布置作业、作业讲评、协作学习、探索式解决问题等。

3. 网络课程与传统课程的差别

网络课程与传统课程有着极大的差别，它的突出优势在于：

(1)开放性。学生参与的开放性；网络课程平台的开放性；教学内容的开放性。

(2)交互性。网络课程不仅可以进行人机交互，更重要的是教师与学生之间、学生与学生之间也可以通过网络实现人与人之间的交互。

(3)共享性。网络课程通过链接等多种方式引入丰富的动态学习资源，从而可实现最大范围内的、跨时空的资源共享。

(4)协作性。网络课程可以让教师、学生通过讨论、合作、竞争和角色扮演等多种形式完成一个确定的学习任务。

(5)自主性。自主性是指网络课程以学生自主学习、自主探索为主，这样有助于学生在学习过程中根据自己的需要和实际情况，自主地选择学习内容、学习方式、学习地点和学习时间。

5.4.2 网络课程开发平台

下面，介绍几个常用的网络课程开发平台。

(1)WebCT

WebCT 十分有利于教师本人作为网络课程"建造者"来组织教学材料，其他各种课程工具和构件也能较为方便地附加到该课程中去。例如，会议系统、在线聊天室、学习进程追踪、群组项目组织、学生自我评价、阶段保持和分类、许可控制、导航工具、测验生成、E-mail、自动搜索引擎、课程表、学生主页、调查研究等，教师在设计建造用户界面时有很大的弹性。

(2)Web-Course-in-a-Box

Web-Course-in-a-Box 软件能够帮助开发经验不多的教师来建立一门相对简单的网络课程。其中，课程信息(Course Information)可以显示课程的教学目的、目标、课程内容和相关网页链接地址；课堂公告(Class Annouecment)用来发布和保存教师的通告；课程计划(Class Schedule)列出课程活动和具体的任务；学生名录(Student Directory)用于存放学生的 E-mail 地址和个人主页等信息；学习链(Learning Links)则允许教师投递课程参考资料，建立主题讨论组。最后，帮助工具(Help Utilities)允许学生更改密码，生成或编辑自己的主页。

Web-Course-in-a-Box 由 MadDuck Technologies，Virginia Commonwealty University 开发(http://www.webinfo.com/)。它的服务器运行环境为：Mac OS 7.1 或 MS Windows；在客户端则直接运行 Web 浏览器。

(3)LearningSpace

LearningSpace(http://www.lotus.com/home.Nsf/tabs/learnspace)是 Lotus 公司基于知识管理理论推出的网上课程开发平台，旨在提供一个可进行协作学习、便于指导、分布式的网上教学环境。它在企业培训、学院教学和远程教育方面将有着极其广阔的应用前景。

目前，Lotus LearningSpace 软件系列还推出其他一些软件，它们包括：①用于实时在线教育的 BeamDataServer；②用于实现同步、异步、自我安排教育计划的 Anytime Education Solution；③专门用于大学、学院远程教育或 ISP/NSP 构建网上教育平台的 LearningSpace Campus Solution。

(4)WebCL 平台

在这个学习平台中，所有的用户被分为三类：教师、学习者、管理员，他们通过平台界面(见图 5-4-1)进行注册/登录。教师可以将所教的课程相关信息添加到平台中，学生通过网络课程平台进行学习，此外，平台还具有协作学习、学习

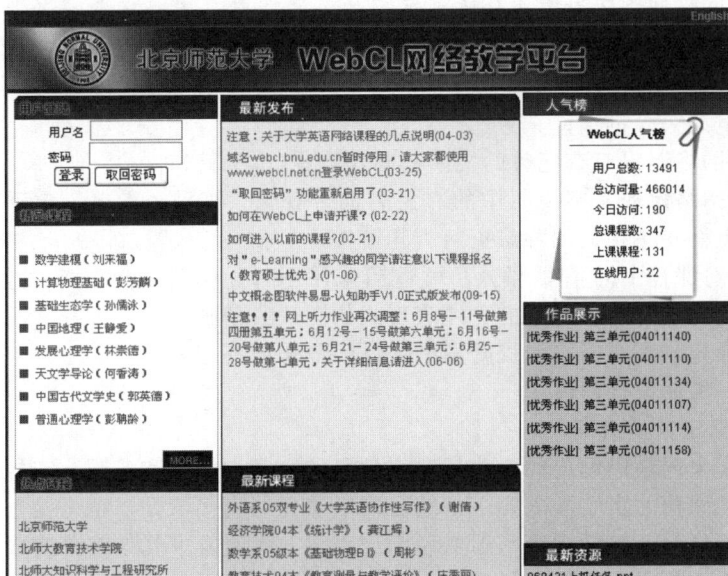

图 5-4-1　WebCL 网络教学平台界面

作业提交等功能模块，教师可以根据课程的需要来进行选择。

5.4.3　网络课程的开发步骤

网络课程的开发步骤大致可以划分为两大阶段：前期设计阶段和开发实施阶段，分为 9 个步骤，图 5-4-2 所示的虚线框中我们可以看成是前期设计阶段，其余部分为开发实施阶段。

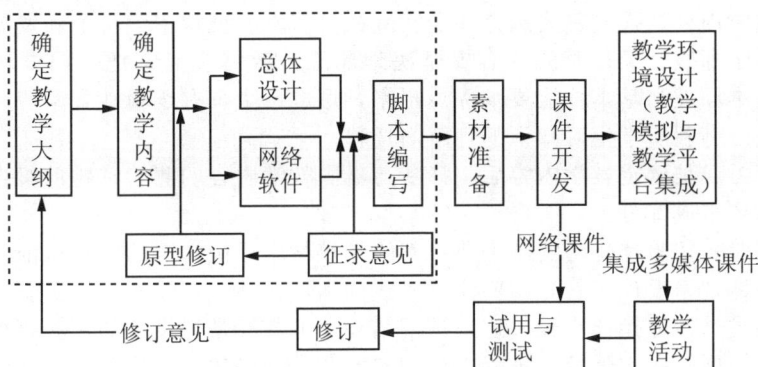

图 5-4-2　网络课程开发的基本流程

网络课程的具体开发应满足如下基本要求：

（1）网络课程建设要充分体现远程教育的特点，能提高学习者学习兴趣与自觉性；

（2）网络课程必须满足在互联网上运行的基本条件，还应具备安全、稳定、可靠、下载快等特点；

（3）网络课程应有完整的文字与制作脚本（电子稿）；

（4）网络课程文字说明中的有关名词、概念、符号、人名、定理、定律和重要知识点都要与相关的背景资料类相链接。

（5）对课程中的重要部分，可适当采用图片、配音或动画来强化学习效果，但要避免与教学内容无关的、纯表现式的图片或动画。

下面，分别对网络课程开发的关键环节作简要介绍。

——前期设计阶段

1. 确定教学大纲

教学大纲是以纲要的形式规定出学科的内容、体系和范围，它规定课程的教学目标和课程的实质性内容，是编写网络课程的直接依据，也是检查网络教学质量的直接尺度。教学大纲一般由说明、正文、实施要求几个部分构成。

说明：扼要介绍本学科的目的和任务，选材的主要依据，以及有教学与学习的原则性建议。

正文：列出按层次结构自治的知识点条目（一般是编章节目），知识点的简要说明，知识点的教学要求、教学时数、教学活动及其所用时间说明。

实施要求：列出编写教材的参考书目，教学环境要求，教学仪器设备，辅助教学手段、说明等。

2. 确定教学内容

根据教学大纲，编写教材、配套的练习册、实验手册。

教学内容选择时，要选择切合实际社会需求、反映本学科最新发展动态的教材，对于那些已经过时的内容要坚决地删除。教材应能够把一门学科的基本概念、基本原理和基本技能要求提炼出来，形成一个具有逻辑性、系统性的知识系统，使之有利于学生对知识的理解与迁移。

练习册是选定教学内容后，诊断与巩固教学内容的测验试题的集合，它是教材的重要组成部分。

实验、实验环境与实验手册：实验是教材中理论知识的实践认证，技能知识的具体体现。设计实验时，要注意实践性和可行性，实践性是指实验在理论指导下，通过具体的操作步骤，达到预期结果；可行性是指设计的实验要求的条件不能太高，要能在实际教学过程中得到实施，在网络教学环境下，尤其要注意实验的可行性。

3. 总体设计与原型实现

选择一个相对完整的教学单元，设计出一个教学单元的网络课件原型，通过原型设计，确定网络课件的总体风格、界面、导航风格、素材的规格以及脚本编写的内容。总体设计部分主要包括教学设计、内容组织、内容表现、内容导航。

(1)教学设计：设计网络课程时，要遵循如下教学设计原则：注重教学目标及教学内容的分析；设计教学活动时要注重情境创设；注重用信息资源来支持"学"；强调以学生为中心，注重自主学习策略设计；注重协作学习环境的设计。

(2)内容组织：课程内容采用模块化的组织方法，模块的划分应具有相对的独立性，基本以知识点或教学单元为依据。

每一个教学单元的内容都有如下几个部分：学习目标、教学内容、练习题、测试题(每一章)、参考的教学资源、课时安排、学习进度和学习方法说明等。

在关键知识点上提供多种形式和多层次的学习内容。根据不同的学习层次设置不同的知识单元体系结构。

模块组织结构应具有开放性和可扩充性，课程结构应为动态层次结构，而且要建立起相关知识点间的关联，确保用户在学习或教学过程中可根据需要跳转。

(3)内容表现：内容的表现形式主要有：文字说明、背景资料支持、配音阐述、重点过程动画表现以及小画面的教师讲授录像播放等形式相结合。在具体的开发过程中，要注意以下几个方面：

①描述性文字要精练、准确。

②在画质上，应要求构图合理、美观，画面清晰、稳定，色彩分明、色调悦目，动画、影像播放流畅、具有真实感。图形图像应有足够的清晰度。

③色彩的选择应清晰、明快、简洁，颜色搭配合理。

④构图的基本要求是设计好屏幕的空间关系，使画面新颖简洁、主体突出，具有艺术感染力。

⑤动画的造型要合乎教学内容的要求，比喻和夸张要合理，动作应尽量逼真，动画要尽可能接近事实。

⑥由于动态影像的信息量大，受网络带宽的限制，播放可能会出现停顿现象，这时应适当减小影像的播放窗口，尽可能采用流媒体技术。

⑦在声音质量上，要求解说准确无误，通俗生动，流畅清晰；音响时机恰当，效果逼真，配乐紧扣主题，有利于激发感情，增强记忆。

⑧在内容结构上，同一网页中不宜同时出现过多动态区域。

每门课程的网页应保持统一的风格和操作界面；控制功能、操作方法符合常规习惯。

(4)内容导航：由于网络课程的信息量很大，没有内容导航，学习者容易迷失方向，无法进行有效地学习，因此有必要对内容导航进行精心的设计。网络课程可以提供的导航方法有：列出课程结构说明、网络课程的文件结构、页面结构、直接导航、浏览历史记录、检索表单、帮助、导航条、演示控制、书签、框架结构等。

4. 脚本编写

脚本描述了学生将要在计算机上看到的细节，例如，用各种媒体展示的教学信息；计算机提出的问题；计算机对学习者各种回答（正确的或错误的）的反馈；在不同的情况下，学生应进行的正确操作等。这个步骤起着承上启下的作用，它既是设计阶段的成果，又是开发和实施阶段的依据。注意脚本编写不是课本或教案的简单复制，而是网络课件中教学内容和教学方法的体现。它主要分为文字脚本的编写和制作脚本的编写两大部分。

（1）文字脚本的编写

文字脚本是按照教学过程的先后顺序，描述每一个环节教学内容及其呈现方式的一种形式，其主要目的是规划教学软件中知识内容的组织结构，帮助教学软件开发者将所要传授的知识清晰化，并对软件的总体框架有一个明确的认识。

① 使用对象与使用方式的说明：阐明教学软件的教学对象，软件的教学功能与特点以及软件的适用范围与使用方式。

② 教学内容与教学目标的描述：阐明教学软件的知识结构，以及组成知识结构的知识单元和知识点，并详细介绍教学的目标和要求。

③ 网络课件的总体结构：根据教学大纲和总体教学目标，确定网络课件的总体体系结构，划分软件的基本组成模块，并确定各模块间的联结与导航关系。

④ 知识单元的教学结构：表述一个知识单元的教学结构，它是文字脚本设计的主体，一般都由多个文字卡片组成，每个卡片一般都有序号、具体的教学内容、教学媒体类型、教学模式、教学内容的呈现方式、教学方法、教学活动以及教学的组织结构等。

（2）制作脚本的编写

制作脚本包含学习者将要在计算机屏幕上看到的细节，例如，用各种媒体展示的教学信息；计算机提出的问题；计算机对学习者各种回答（正确的或错误的）的反馈；在不同情况下，学生应进行的正确操作等。制作脚本一般采用卡片式格式，在卡体部分将这些信息的内容及显示的位置描述出来，同时用相应的符号表示这些信息的类型。在卡体的注释部分，详细地说明卡体中各种信息显示的逻辑关系，即先显示什么内容，后显示什么内容；后来的内容显示时，先前的内容是否还保留；操作信息的作用等。

——开发和实施阶段

5. 素材准备

素材准备。根据脚本的要求，准备所需要的素材，包括文字、图片、声音、动画、视频、案例等，通过课件原型的设计和脚本的编写，可明确素材的规格、数量、种类和具体内容，便于进行批量制作，可大大降低开发的时间与成本。

素材采集。通过扫描仪扫描图形，把准备好的音频和视频素材，通过声卡和视频采集卡，转换为计算机可识别的数据文件。

素材整理。制作好素材后，要根据《现代远程教育资源建设技术规范》对素材进行属性标注，纳入到网络课程的素材库中，供学生学习和教师在学习和教学中参考。

6. 课件开发

集成课程内容。根据脚本的要求和建议，并参考开发的软件原型，利用课件开发工具（FrontPage、Dremweaver、Flash、Shockwave、Mediatools、Visual J＋＋等）集成课程内容，形成网络课件。

界面设计和制作。对屏幕上将要显示的信息的布局进行设计，包括主菜单、不同级别的操作按钮、教学信息的显示背景、翻页和清屏方式等。

编写文字材料。完成软件的制作之后，还要编写相应的文字材料，例如，软件的内容适合何种程度的学生使用，软件的使用环境，使用的机型、软件的使用方法以及其他的配套使用的文字材料等。

7. 教学环境设计

这里的教学环境设计主要指在统一的教学支持平台下的自主学习资源设计，而不是网络教学软件的设计，教师只需关注如何在网络平台设计具体的学习支持资源，而无须关注具体的程序设计，比如与网络课程学习直接有关的课程简介、课程大纲、课程公告、教师个人信息、设计讨论论题及内容、设计课程疑问及解答、计划在线交谈话题、设计课程资源、设计测验试题等，所有内容直接在统一的网络教学平台界面中录入，或通过标准的 TXT 或 RTF 文件提供。平台开发的程序设计交由教育技术学专业人员和程序开发人员来完成。

网上学习强调以学为中心，强调学生的自主学习，在网络课程设计过程中应注意设计大量帮助学生进行自主学习的资源，促进学生的自主思维，促进学生的思维深度，促进学生学习的参与度。在一个典型的网络教学系统中，促进学生自主学习的课程资源有：讨论论题、疑问及解答、课程辅助资源、测验试题、自主学习活动等。这些资源都应该在统一的网络教学环境下管理与使用，自主学习资源、自主学习活动设计是网上课程设计与传统基于教科书的课程设计的基本区别之一。

8. 教学活动设计

教学活动是网络课程的核心内容。在一门完整的网络课程中，教师至少需要设计如下教学活动：实时讲座、实时答疑、分组讨论、布置作业、作业讲评、协作学习、探索式解决问题等。因此，在网络课程平台的开发过程中，必须具有支持这些教学活动的系统功能模块。教师在网络课程中从事的教学活动可以用下图5-4-3 来表示。

学生的学习活动同样在网络课程平台上进行，如图 5-4-4 所示：

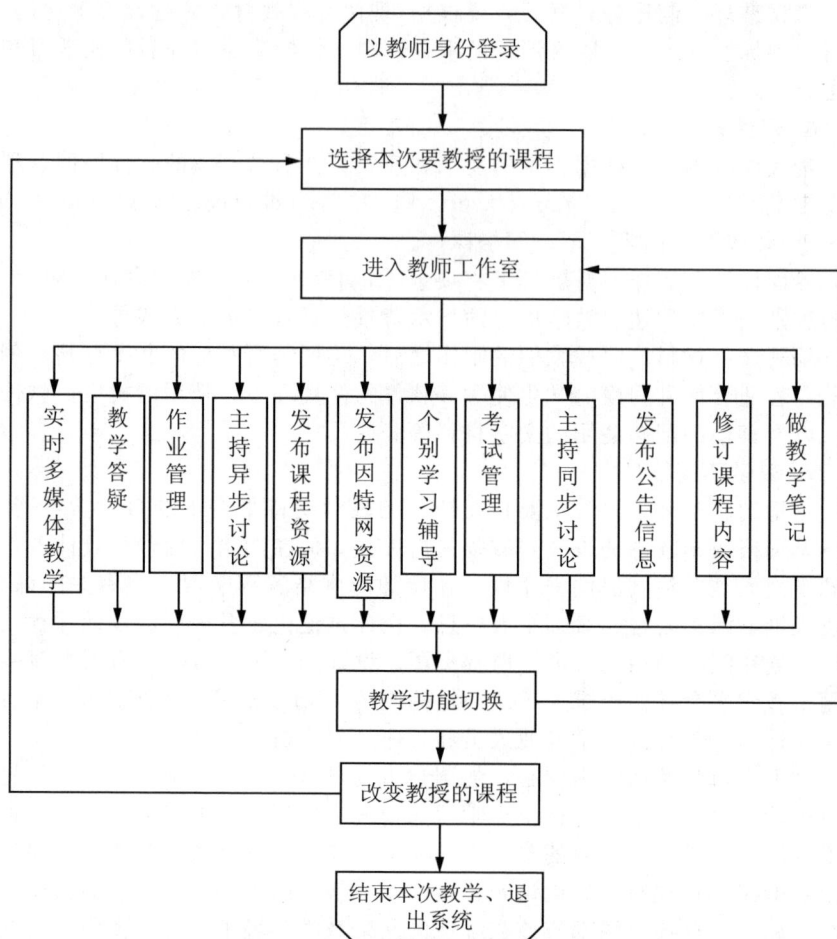

图 5-4-3　教师在网络课程平台中的教学活动

9. 运行维护与评价

　　网络课程与传统的课程内容不同，支持它的网络教学环境是动态的、开放的，在网络课程的运行过程中，会产生很多有价值的教学资源，这些教学资源通过相应的管理系统的管理，本身就可以纳入网络课程中并成为网络课程的重要组成部分。

　　网络课程的设计也不可能一步到位，需要在网络课程的运行过程中，不断收集教师与学生的反馈意见及实际的教学数据，根据这些数据再对网络课程的设计做进一步修订。

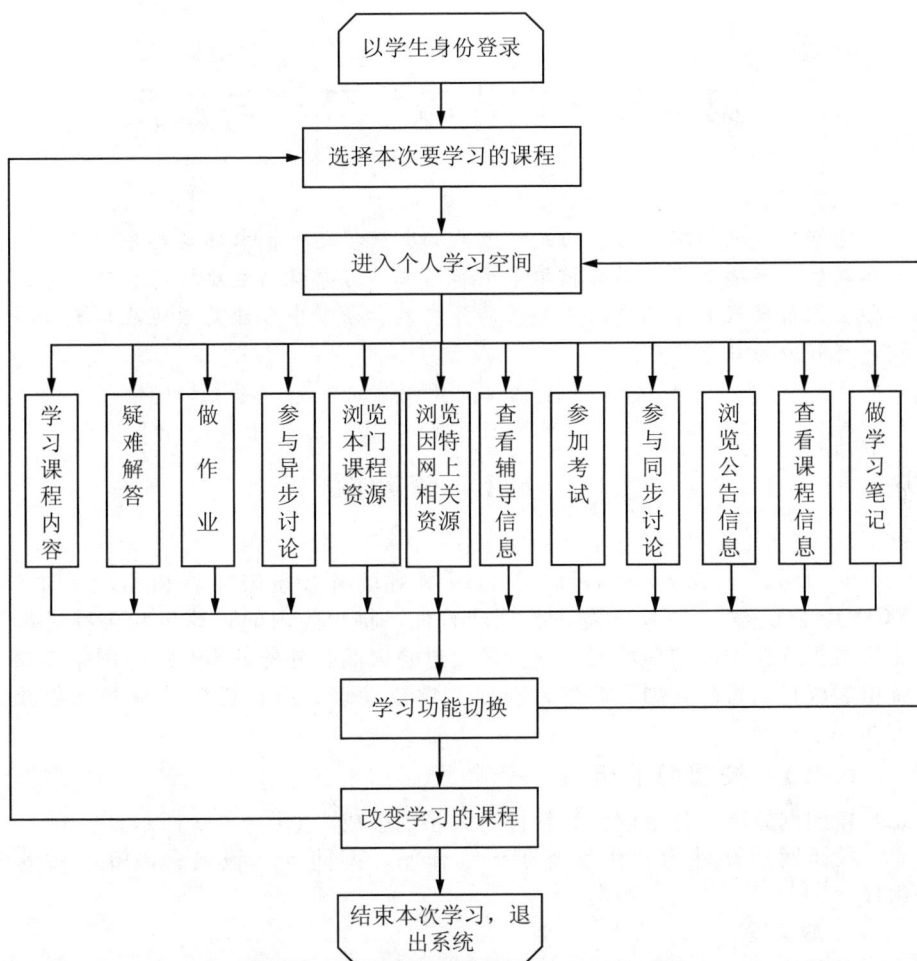

图 5-4-4　学生在网络课程平台中的学习活动

思考与练习

1. 什么是远程教育？经历了哪几个阶段？
2. 什么是现代远程教育？
3. 试述对现代远程教育进行分类的基本思路。
4. 你如何理解现代远程教育与终身教育的关系？
5. 网络课程的开发分为哪些基本步骤？

第6章 现代教学环境与应用

内容提要

掌握现代教学环境与应用是师范生必备技能之一。本章主要介绍校园网、多媒体教室、网络教室、微格教学系统和语言学习系统的主要功能和使用方法，要求学生理解现代教学环境的重要性，并在教学活动中合理灵活地应用现代教学环境，更好地为教学服务。

6.1 校园网

校园网（Campus Network）是利用网络设备、通信媒体和相应的协议（如TCP/IP协议等），以及各类系统管理软件，将校园内的计算机和各种终端设备有机地集成在一起的局域网。一般是通过防火墙与外部的 Internet 网络连接，通常由学校自己管理，用于教学、科研、学校管理、信息资源共享和远程教育等方面。

6.1.1 校园网的组成

校园网总体上是由硬件和软件两大系统组成，如图 6-1-1 所示。

校园网的硬件通常由服务器、工作站、网间互联设备、传输媒质等部分组成。

1. 服务器

服务器（Server）是网络上一种为客户端计算机提供各种服务的高性能的计算机。由于服务器是针对具体的网络应用而特别制定的，所以在处理能力、稳定性、可靠性、安全性、可扩展性、可管理性等方面比普通计算机要强。服务器根据其在网络中所执行的任务不同可分为：Web 服务器、数据库服务器、视频服务器、FTP 服务器、Mail 服务器、打印服务器、网关服务器、域名服务器等。上述服务器既可以安装在同一台物理服务器上，也可以分别安装在多台物理服务器上。对于小型的校园网络，往往把 Web 服务、FTP 服务、数据库服务等集于一台服务器上。

2. 工作站

在校园网中，工作站（Workstation）是一台客户机，即网络服务的一个用户。但有时也将工作站当作一台特殊应用的服务器使用，如打印机或备份磁带机的专

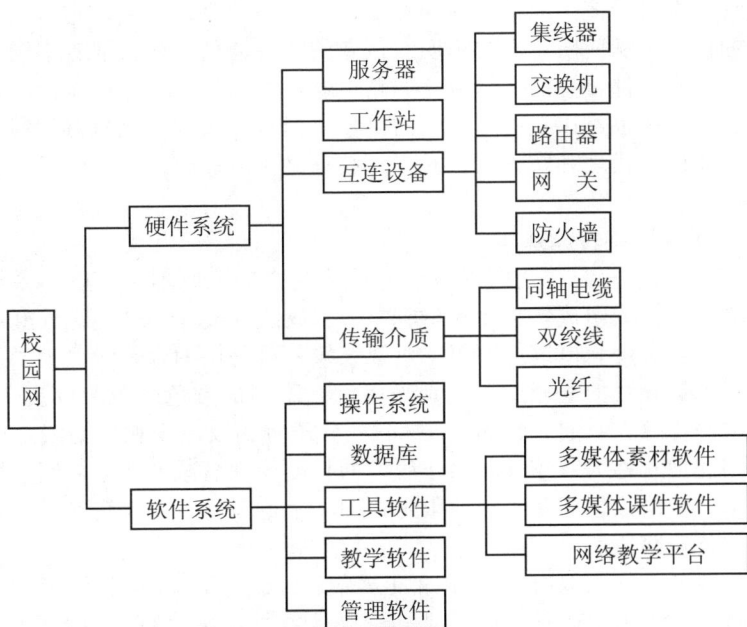

图 6-1-1　校园网示意图

用工作站。工作站一般通过网卡连接网络，并需安装相关的程序与协议才可以访问网络资源。

3. 网络互联设备

(1)交换机(Switch)：交换机是一种用于电信号转发的网络设备。它可以为接入交换机的任意两个网络节点提供独享的电信号通路。

(2)路由器(Router)：路由器是连接多个网络或网段的网络设备，它能将不同网络或网段之间的数据信息进行"翻译"，以使它们能够相互"读"懂对方的数据，从而构成一个更大的网络。通常路由器有两大典型功能，即数据通道功能和控制功能，数据通道功能一般由硬件来完成，控制功能一般用软件来实现。

(3)网关(Gateway)：网关是网络连接设备的重要组成部分，它不仅具有路由的功能，而且能对两个网络段中使用不同传输协议的数据进行互相的翻译转换，从而使不同的网络之间能进行互联。网关一般是一台专用的计算机，该机器上配置有实现网关功能的软件，这些软件具有网络协议转换、数据格式转换等功能。

(4)防火墙(Firewall)：是指一种将内部网和公众访问网(如 Internet)分开的硬件或软件技术。防火墙对流经它的网络通信进行扫描，这样能够过滤掉一些攻击，以免其在目标计算机上被执行。防火墙还可以关闭不使用的端口，而且它还能禁止特定端口的流出通信，封锁特洛伊木马等程序。最后，它可以禁止来自特殊站点的访问，从而防止来自不明入侵者的所有通信。防火墙有不同类型，一个防火墙可以是硬件自身的一部分，如路由器，可以将 Internet 连接和计算机都插入其中。防火墙也可以在一个独立的机器上运行的软件，该机器作为它背后网络中所有计算机的代理和防火墙。对于直接连在 Internet 的 PC 机可以使用个人防火墙软件。

4. 常用的网络传输媒体

(1) 双绞线：双绞线是应用最普遍的传输介质，原本用于电话系统。它由两条互相绝缘的铜线组成，将 4 对(共 8 根)双绞线封装在一个绝缘外套中，为了降低信号的干扰程度，电缆中的每一对双绞线一般是由两根绝缘的铜导线相互扭绕而成，每根铜导线的绝缘层上分别采用涂有不同的颜色的包装胶皮，以示区别。并像螺纹一样拧在一起，犹如一条 DNA 分子链，以减少相邻铜线之间的电气干扰，也因此把它称为双绞线，由于线缆的长度受到衰减的严重限制，所以在当前的技术下，传输数据的距离一般限定在 100 米范围内，双绞线是目前校园网中使用最多的传输媒质。

双绞线分为屏蔽双绞线 STP 和非屏蔽双绞线 UTP。其中 STP 能防止信息被窃听，抗干扰能力也较强，同时具有较高的数据传输速率。但 STP 电缆的价格相对较高，安装时要比 UTP 电缆困难。与 STP 相比，UTP 重量轻、易弯曲、易安装，组网灵活，非常适用于结构化布线，所以一般在无特殊要求的计算机网络布线中，常使用非屏蔽双绞线电缆。

(2) 光纤：光纤是以光脉冲的形式来传输信号，材质以玻璃或有机玻璃为主的网络传输介质。光纤按其传输方式可分为单模光纤(直线传播)和多模光纤(折射传播)。单模光纤较多模光纤具有更高的容量和更大的传输距离，但价格比较昂贵。光纤具有极高的传输带宽，目前技术可以 1000Mbps 以上的速率进行传输。光纤的衰减极低，抗电磁干扰能力很强，所以传输距离可达 20 公里以上。在实际应用中，光缆的两端都应安装有光纤收发器，光纤收发器集成了光发送机和光接收机的功能，既负责光的发送也负责光的接收。

光纤的外形如图 6-1-2 所示。由芯、封套及外套组成，芯由玻璃或塑料做成，封套是玻璃做成的，外套则由塑料做成的。

校园网最初的概念是以硬件集成为主，即只是一个硬件平台，到第二阶段又有人提出以教学应用软件集成为主、软件建网的校园网概念，这也是当今大多数校园网所采用的模式。现在，越来越多的人发现，硬件加软件的模式还远不能发挥出校园网的优势，校园网应该建构在全新的教育模式上，而不应依附于传统的教学模式，所以诞生了"硬件＋软件＋现代教育"模式的新一代校园网概念。因此建设校园网的真正目的在于为学校师生提供教学、科研和综合信息服务的高速多媒体网络。

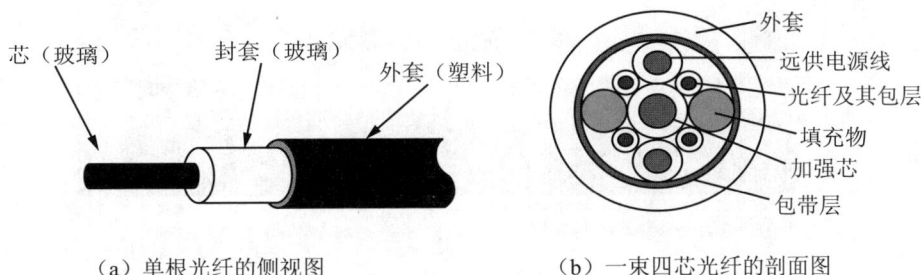

芯（玻璃）　封套（玻璃）　外套（塑料）

外套
远供电源线
光纤及其包层
填充物
加强芯
包带层

（a）单根光纤的侧视图　　　（b）一束四芯光纤的剖面图

图 6-1-2　光纤

6.1.2　校园网的主要功能

1. 信息发布

一个学校的 Web 主页犹如学校的一个宣传窗口，学校可以通过这扇窗口向世界各地的人们充分展示学校的形象。一般说来，学校主页的主要内容应包括：学校概况、机构设置、教育教学、科学研究、招生就业、图书馆藏、校园文化、网络服务等。学校主页上可以发布学校的各种重大事件新闻、通知通告、会议安排等，也可以发布各种公文，这样既节省了时间和费用，又增强了公示的效果。

2. 教学应用

校园网的主要功能就是教学应用，通常由学校教务处来组织实施，如图 6-1-3 所示为学校教务处的相关网页。它可以由网络教学平台提供支持，以网络教学信息资源库作为信息来源，运用多种网络工具完成网络教学任务。

（1）网络教学平台：网络教学平台是学校开展网络教学活动的支撑系统，它可以包括网络备课、网络授课、网上课程学习、网上练习、在线考试、虚拟实验室、网络教学评价、作业递交与批改、课程辅导答疑、师生交流、教学管理等模块。因此一个完整的网络教学平台应具备以下功能：

具备支持教师备课、授课、提问答疑与讨论、作业布置与批改、题库维护、组织考试与活动、试卷分析等功能。

具备支持学生选课、学习、递交作业、提问、讨论、实验、资料查阅、考试等功能。

具备支持基于流媒体的网络实时与非实时授课系统。

具备支持教务人员进行学生管理、课程管理、资料管理、教学质量分析等功能。

具备支持教师通过各种网络工具，相互之间或与外校的教师之间进行教学方法、教学艺术的交流与探讨。

具备支持连接 Internet，实现远程教育。利用远程教学方式，使得那些受客观条件限制的学校的学生学习别的学校的课程成为可能。

图 6-1-3　江西科技师范大学教务处网站首页

（2）教学信息资源库：教学信息资源库是学校进行网络教学的重要组成部分，它包括多媒体素材库、教案库、课件库、试题库、学科资料库等。同时资源库还应师生提供全文检索、属性检索，提供资源的增减与归类，还可以提供压缩打包下载等功能。

3. 管理应用

建立在校园网络基础上的学校管理信息系统（MIS）可以为学校在人事、教务、财务、日程安排、后勤管理等方面提供一个先进的分布式管理系统，将会使原有的管理模式从纵向、单通道的、主要依靠个人的经验、判断和决策的简单模式，发展成为现代的多向的、多通道的网络状的复杂模式，从而提高管理效率，达到事半功倍的效果。

基于校园网络的信息管理系统将大大提高原有人工管理或单机管理系统的效率，扩大管理系统的应用领域；能更加及时地收集、统计、分析学校的各种信息，有利于学校的行政管理和教学管理，充分发挥学校的整体功能，更好地为教育工作服务。

基于校园网络的计算机管理信息系统，在功能上具有以下一些特点：

（1）共享数据库资源。可以避免同样的数据在多处重复存贮的浪费现象，如全校学生、教职工的基本信息就可以为校内各个管理部门所共享。

（2）共享软硬件资源。可以在本系统没有相应资源或本系统负载已满时，将新任务交给其他系统处理，并且避免了某些软件研制上的重复劳动。

（3）提高系统可靠性。当某个计算机系统因故障停止工作时，可由别处的计算机系统代为处理。

（4）提高办公效率。校园网络还给学校建立办公自动化提供了技术基础，可以通过校园网络迅速地传递、复制或保存各类信息，将大大节约人力、时间、纸张印刷或交通差旅费用。

学校通过校园网络可以建立一个集中和分散相结合的分级、分布式数据库管理系统，既实现学校各部门之间大量数据的共享，同时也为管理人员及时提供数据、快速作出决策提供了帮助。

利用校园网络提供的通信功能，可以为教职工和管理人员提供较完善的多媒体电子邮件（E-mail）功能，能向各部门和管理人员发送各类通知、布告等消息。学校还可以利用校园网络召开电子会议。

4. 科研应用

校园网络一方面可以使用户共享各类计算机软、硬件资源及学术信息资源，从而提高科研的效率；另一方面，校园网络还可以降低科研的成本。科研人员可以通过校园网络形成一个工作小组，在不同办公室里的科研人员可以很方便地通过网络与其他学生交流设计思想和设计方案。同时，人们还可利用校园网络的对外联网，检索世界各地的信息资料，也可以使用电子公告栏（BBS）与世界各地的专家探讨最新的思想，发表、交流学术观点，交换论文等。

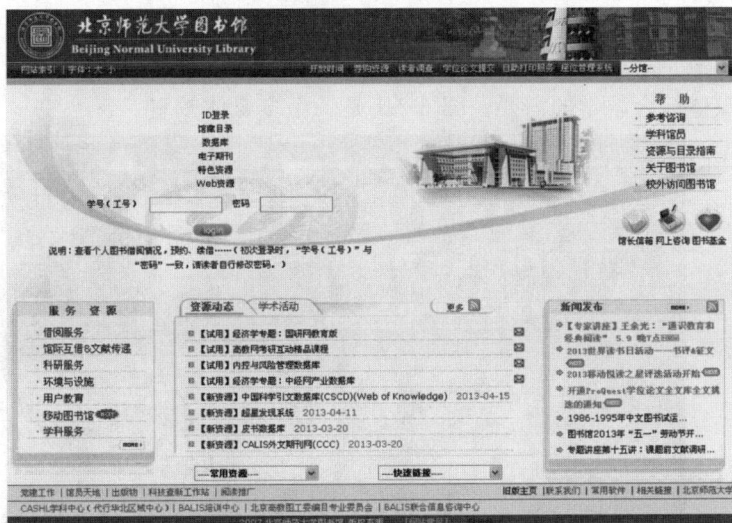

图 6-1-4　北京师范大学数字化图书馆

5. 数字化图书馆

校园网络的建设对数字化图书馆的建设与应用有着巨大影响。数字图书馆是以数字化格式存储海量的多媒体信息并能对这些信息资源进行高效的操作，它的资源数字化、联系网络化、获取自主化等优点是传统图书馆无法比拟的。数字图书馆对于教育的支持服务是全方位和个性化的，可以及时响应远程用户的需求。不仅可以联机查询、借阅，还可为管理人员提供业务数据，及时分析研究，加强宏观管理。更为重要的是，每个用户都可以通过校园网络方便地对图书馆的图书、文献信息进行检索与阅读，读者可以访问图书馆的联机数据库，可以在自己家中或者办公室里通过校园网络阅读报刊或检索资料，如图6-1-4为北京师范大学数字化图书馆。

6.2　多媒体教室

多媒体教室是信息化教学环境的重要组成部分，可以通过大屏幕投影展示多媒体教学内容，为教学提供丰富而生动的知识表现形式，扩大课堂教学信息量，提高教学质量。利用多媒体教室上课是每位教师应必备的素质，为此必须了解多媒体教室的组成、功能和教学应用，掌握多媒体教室的操作和使用。

6.2.1　多媒体教室的组成

多媒体教室也称为多媒体综合电教室，是由多种媒体设备组合而成的综合教学系统，能够清晰地显示计算机或其他媒体设备(如录像机、DVD)传输的文字、图形、图像、动画、视频等多媒体信息，同时具有高质量的声音放大系统，能够满足多媒体组合教学的需要。图6-2-1是一个多媒体教室。

图 6-2-1　多媒体教室

常见多媒体教室由以下系统组成：

① 计算机系统，主要功能是运行多媒体教学课件，共享网络资源。相应的设备有多媒体计算机、校园网连接线、笔记本电脑接入线等。

② 视频图像系统，主要是能够对静态或动态视频图像进行播放展示，组成设备有影碟机、录像机、视频展示台、投影机和电动屏幕。

③ 声音系统，对各种设备产生的声音信号进行放大输出，保证室内范围能够清晰听到。主要设备有音箱、功放机、无线话筒、无线接收器和有线话筒。

④ 控制系统，对多媒体教室的各种设备、环境条件进行集中控制。设备包括多媒体中央控制系统和控制面板。

下面，分别介绍多媒体教室中的主要设备，如图 6-2-2 所示：

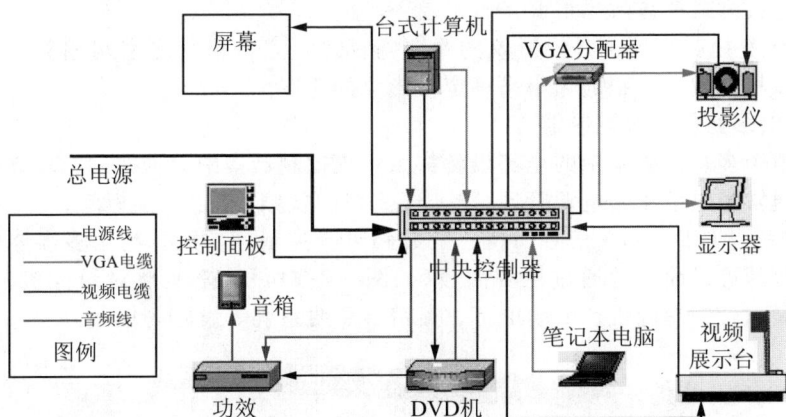

图 6-2-2　多媒体教室中的主要设备

（1）投影仪

投影仪是整个多媒体教室中最重要、最昂贵的设备，负责把计算机多媒体系统和视频图像系统的信号放大显现在大屏幕上。从技术角度看，投影机分为液晶显示投影仪（简称 LCD）、数字光路投影仪（简称 DLP）和阴极射线管投影仪（简称 CRT）。

液晶显示投影仪是目前投影仪市场上的主要产品，该产品不但色彩还原较好、分辨率高、体积小，而且重量轻、操作携带方便，价格也比较低廉；缺点是需要良好的散热条件。

数字光路投影仪是一种应用反射式投影技术的产品，其特点是图像灰度等级高，对比度出色，色彩锐利，体积小巧，可以胜任长时间连续工作，对散热的要求不高，画面对比度高；缺点是色彩不够丰富。

阴极射线管投影仪的优点是图像色彩丰富，还原性好，具有较强的几何失真调整能力。缺点是亮度低，操作复杂，体积庞大，对安装环境要求较高，目前基本退出了市场。

在选用投影仪时，主要考虑以下几点：

① 信号源接口类型：一般多媒体教室使用的投影仪应具备 Video，S-Video，Audio 及 1 台至 2 台计算机 VGA，显示绘图阵列接口。

② 分辨率：投影仪的常见分辨率标准主要有 SVGA(800×600)，XGA(1024×768)，SXGA(1280×1024)和 UXGA(1600×1200)。一般多媒体教室只要选择 XGA 标准就可以了。

③ 安置方式：投影仪的安置方式分为桌式正投、吊顶正投、桌式背投、吊顶背投等几种。正投方式是投影仪与观众在同一侧，背投方式是投影仪与观众分别在屏幕两端(需背投幕)。如固定使用，可选择吊顶方式。如果有足够的空间，选择背投方式整体效果最好。

④ 亮度：亮度也是投影仪的重要指标之一，价格与之密切相关。一般情况下可以根据教室面积的大小来确定投影仪的亮度。

(2)多媒体中央控制器

整个多媒体教室中的全部设备都由中央控制器集中管理控制。多媒体中央控制器通常集成了多路电源管理，6-8 选 2 路的视频/音频切换矩阵、6-8 路红外遥控、2 路计算机 VGA 信号切换、全数码声音控制等功能。利用多媒体中央控制器，教师可以简单地通过控制面板(如图 6-2-3 所示)来实现对录像机、投影仪、视频展示台、影碟机、电动屏幕、窗帘、照明系统等设施的控制。

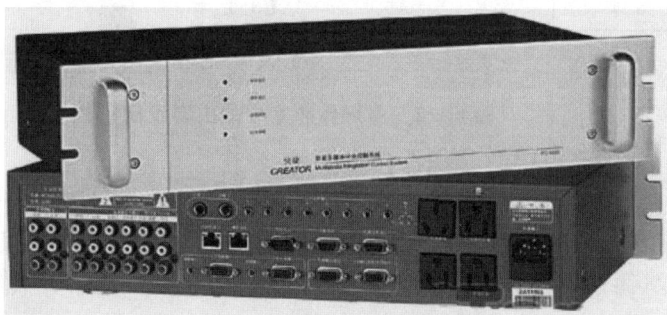

图 6-2-3 多媒体中央控制器

(3)扩音系统

多媒体教室的扩音系统主要是让每个座位都能听清楚教师讲课的声音以及录音、录像等其他媒体的声音。它包括无线话筒、功放、音箱等。应选择频响宽、保真度高的系统，同时应具有话筒混响功能，使教师能在播放媒体内容的同时进行点评和讲解。

（4）多媒体计算机

多媒体计算机一般使用台式计算机，通常与校园网连接，为教师调用校园网等网络资源提供方便。另外，在多媒体教室中还需要提供笔记本电脑连接线，这样教师可以用自己的笔记本电脑上课。在软件配置上，要兼顾到不同课程的需求。

（5）视频展示台

视频展示台也叫实物展示台，如图 6-2-4 所示。利用视频展示台可以把文字讲稿、书籍、图片、实物、模型、道具或者是投影片、幻灯片、底片等通过顶部的摄像头拍摄下来，再通过投影仪显示出来。视频展示台的两侧和底部都装有照明灯，必要时可以打开，提高实物的亮度，从而提高画面显示的清晰度。

视频展示台的主要技术指标是拍摄图像分辨率，目前主流分辨率为 40 多万像素，450 线左右，像素越高清晰度越高。其他指标包括：正负片反转（能使视频展示台直接呈现负片）、黑白彩色反转、辅助灯源的数量和质量，输入/输出口的数量，是否具有 RS-2 串口，是否具有红外线遥控功能等。

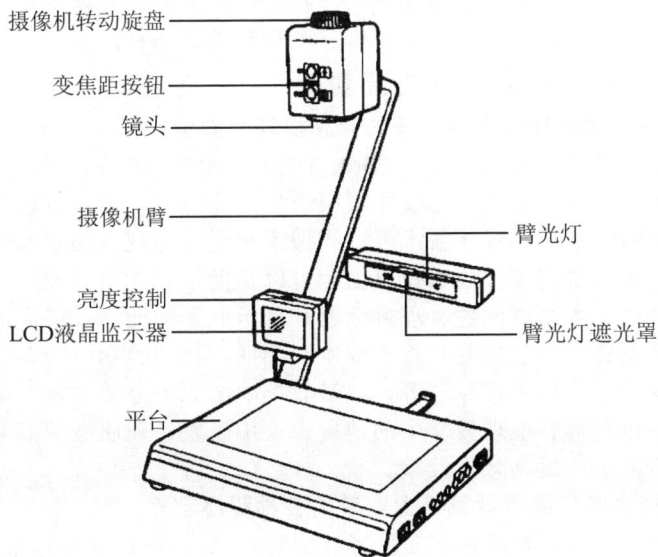

摄像机转动旋盘

变焦距按钮

镜头

摄像机臂

臂光灯

亮度控制

LCD液晶监示器

臂光灯遮光罩

平台

图 6-2-4　视频展示台

（6）音像媒体

为满足不同的教学需要，可选用多种音像媒体，如录音机、录像机、VCD、DVD 等的视频信号由多媒体投影仪投影到银幕上。

（7）投影屏幕

投影屏幕是和投影仪搭配使用的产品，主要有软屏幕和硬屏幕两种。软屏幕根据制作工艺及表面涂料的不同一般分为普通白色屏幕和玻珠屏幕。普通白色屏幕是在专用织物上喷涂白色涂料，并做简单处理后制成的，具有价格便宜、视角广泛、视觉效果柔和的优点。但由于白色普通屏幕对光线的增益小，因此仅适合在中小型教室内使用，或配合高亮度投影仪使用。玻珠屏幕是在专用织物上喷涂微小玻璃粉末制成的，具有价格适中、视角广泛、增益较高的优点，缺点是不宜反复多次卷起，否则玻珠易脱落，影响使用效果。软屏幕根据使用方式的不同可以分为支架屏幕(二角支架/双干支架)、挂屏幕、电动屏幕、遥控电动屏幕、背投屏幕等。

硬屏幕的一种是金属屏幕，在配合低亮度投影仪使用的时候，可以提高视觉效果。硬屏幕的缺点有价格昂贵、有视角的问题、笨重、较易氧化等。值得注意的是：高亮度投影仪在普通白墙上的投影效果也很好，因此只要平时注意保持墙面干净洁白，也可以不购买屏幕，同样可以获得较好的投影效果。

(8)多媒体教室窗帘

窗帘的作用是用来遮挡光线的。虽然现在多媒体投影仪的亮度很高，但外界光线较强时投影图像可能也不够清晰，在门窗上安装遮光窗帘是必需的。窗帘布料应选颜色较深、较厚的面料。窗帘有电动和手动两种。

6.2.2 多媒体教室的主要功能

1. 利用多媒体教学课件，开展计算机辅助教学

多媒体课件是指利用文本、图形、图像、动画、影像和视频等多种媒体组合起来呈现教学内容的软件，不仅能吸引学生的注意力，而且可以从视听觉刺激学生感官。另外，利用多媒体技术可以模拟宏观世界的现实场景和微观世界的事物运动，通过大屏幕把课件画面投出去，可以帮助学生学习和理解一些抽象的原理和概念，增强学生观察问题、理解问题和分析问题的能力，极大地提高学生的学习兴趣，从而提高教学质量和教学效率。例如，物理教学中的布朗运动、电子运动、天体运动、机械工作原理等；化学教学中的原子分子结构、晶体结构、有害的化学反应过程等；地理教学中的地震、火山爆发、地质地貌等都可以利用多媒体教室进行展示，提高教学效率。

2. 直接讲解多媒体计算机上安装的各种程序软件

目前，许多计算机软件都是图形化界面，如 Windows 操作系统软件、Office 办公软件、VB 程序设计软件等，用传统黑板加粉笔的方式很难想象如何对这些软件进行讲解。有了多媒体教室，教师可以把每一步操作和结果，通过投影仪在大屏幕上直观形象地展示出来，这是传统的板书、口述的教学方式无论如何也无法实现的。

3. 利用展台进行实物展示教学

利用实物展台，可以将书本图文、电子元件和实物图片以及生物标本、小型家用电器、机器零件、机器结构等通过大屏幕展示在学生的面前，进行实物投影

教学。

4. 播放录像、VCD、DVD 等视频节目进行教学

录像、VCD、DVD 等视频节目图文并茂，视听兼备，能够产生良好的教学效果。在多媒体教室中，可以利用录像机、VCD/DVD 机把教师选好的录像带、VCD/DVD 碟片的教学内容，通过投影仪投在大屏幕上，利用扩音系统把声音清晰洪亮地播放出来。教师还可以通过录像机、影碟播放机的播放键、快速搜索键、暂停键等对录像带、影碟片的节目进行控制播放，实现边播放边讲解的效果。

5. 利用网络资源进行教学

一般的多媒体教室都能与校园网或 Internet 连接，教师在上课过程中可以很方便地调用网络信息资源，实现网络联机教学。

6.2.3　多媒体教室的教学应用

对学生来说，兴趣将直接影响学习效果。因此，教师在课堂上能否调动学生学习的积极性，能否使学生对学习产生浓厚的兴趣，是教学成功的关键。基于多媒体教室的课堂教学模式，常常能使教学内容的表现形式变得新颖而引人入胜。在多媒体教室上课过程中，各种教学媒体主要由教师控制，教师通过常规媒体、多媒体教学课件及教师口头讲解等与学生进行教学互动。

下面，以英语课堂教学为例，来体会多媒体教室在具体教学过程中的应用。在传统的英语教学中，教师在整个教学过程中就是灌输抽象、刻板的"语法"，用"条款化的语言"来描述具有审美载体的、形象生动的语言，使学生感觉枯燥乏味。然而利用多媒体教室，则可以通过以下方法来实施教学。

1. 预习—讨论—讲解

该方法较适合英语课文教学。首先预习，在计算机上显示与课文有关的背景材料和有关提示（如生词、语法等），然后提出若干个问题，在教师的提示下引导学生讨论，最后由教师精讲课文。

2. 讲解—演示—测试

该方法适合生词、语法教学。教师讲解教学内容，大屏幕在教师的操作下显示提纲性的内容。测试是教师了解学生掌握教学目标的手段之一，可以在同一堂课中进行，也可以在以后的课中进行，这要根据教学目标所规定的内容决定。测试的方法如下：在屏幕上显示与教学内容有关的若干个题目，学生通过举手或按应答键答题，教师可得到即时的反馈，以便决定下一个教学步骤。

3. 提问—求答—评价

该方法较适用于习题课。首先提出要求回答的问题，先由学生独立完成，师生共同检测。对于疑难问题，在教师的提示和帮助下，由学生找出答案，并在大屏幕上显示，最后师生共同评价，并得出结论。

4. 演示—举例—归纳

该方法适合于复习课教学。首先由教师操作计算机演示前一阶段已学过的内容，教师作简要的讲解，然后通过若干个例子说明，最后由师生共同归纳得出结论。

6.3 网络教室

多媒体网络教室简称网络教室，是在计算机机房的基础上，通过安装教学控制系统来实现教师机与学生机之间的连接控制和对各计算机屏幕的交互切换，是开展合作学习和探究性学习的重要场所。

6.3.1 网络教室的组成

现在，不论是高等院校还是中等学校，都配置了很多网络教室。网络教室一般是在计算机机房基础上加装多媒体教学控制系统而成，同时具有计算机机房、语音室、视听室和多媒体演示室的功能。网络教室一般包含如下组成部分。

1. 计算机网络系统

网络教室中的计算机网络系统是局域网，硬件上由学生计算机、教师计算机、服务器、交换机或集线器等设备组成，并通过双绞线连接。该网络可以通过代理服务器与校园网或 Internet 连接。服务器可用高性能的 PC 机承担，也可用普通的 PC 服务器承担。学生用计算机除常规的 PC 配置外还需配网卡、耳机和话筒。由于教师机经常处于多任务工作状态，所以教师机在 CPU、内存等方面的配置应高些。有条件的机房还可以配置功放、投影仪等多媒体演示设备。软件上，师生计算机可以选用 Windows XP 操作系统，服务器可以选用 Windows 2000 Server/Windows 2003 操作系统。服务器除存放本地的一些教学资源外，还可提供简单的 WWW、FTP、E-mail 等常见的 Internet 应用服务。此外，服务器还应安装代理软件，使学生机用户可以通过服务器访问校园网或 Internet，这样既可增强网络的安全性能，同时还可以实现数据流监控、过滤、记录和报告等网络管理职能。另外，一般还需要安装各种应用软件，如 Office 办公软件、声音播放软件、图片浏览编辑软件等。

2. 多媒体教学控制系统

多媒体教学控制系统就是以计算机网络系统为基础，在教师机和学生机上增加相应的硬件或软件，来调配计算机信号的传输和控制学生机器的使用，使多媒体网络教室的功能得以实现。网络教室的这种控制系统大致分为纯硬件型、纯软件型和软硬结合型。

（1）纯硬件型：需要给每台计算机安装多媒体传输卡，且教师机与学生机的多媒体传输卡是不同的。在各计算机之间直接铺设专用线路传输影音信号和控制信息，另外还需配置专用的控制面板，用于教学控制。

(2)纯软件型：它是在每台计算机上安装专用软件进行教学控制和数据传输，该方式无需额外的硬件设备，成本低、容易升级。由于系统太依赖操作系统及网络性能，因此稳定性差，系统维护比较麻烦。

(3)软硬结合型：软硬件结合型介于上述两者之间，其特点是把音频、视频信号的传输和教学控制信息分开传输，音频、视频信号通过专门的硬件(如影音传输卡)传输，其他信息的传输则通过软件实现。因此，软件部分设计相对简单，免去了具体处理音频、视频信号的麻烦。

3. 教学资源系统

教学资源系统是网络教室系统的重要组成部分之一。按功能可分为三部分：辅助备课资料库、网络学习资源库和网络教学管理系统。

辅助备课资料库包括多媒体教学资料库和微教学单元库。多媒体教学资料库主要由文、图、声、像等资料组成，是以知识点为基础，按一定检索和分类规则组织的素材材料。微教学单元库是由许多微教学单元组成，每个教学单元又包含一定的过程和结构。

网络学习资源库供学生在自学、复习时使用。学生利用交互式的多媒体教学终端，不仅可以查询、补课、自学、复习，而且还可以利用各学科专用软件配上相应的设备开辟第二课堂，进行教学模拟仿真训练，提高了学生分析问题和解决问题的能力。学生可以登录到校园网、Internet，访问或下载相关资源。

网络教学管理系统直接支持网络教室的教学活动。如网络考试系统、集成学习系统等。网络考试系统包括试卷自动生成、自动发卷收卷、计算机自动阅卷、考试成绩统计等功能，教师在考试过程中可对学生进行灵活有效的控制。集成学习系统是个别化教学模式的典型应用，一般提供数门功课的成套学习资源，能够提供个别指导、操作与练习以及联机测试。有的还具备辅助教学管理功能，完成如学习任务分配，学生学习进程监测等功能。

4. 其他设备

(1)推拉升降黑板组：通常采用两块黑板分别左右移动。适合宽度较大教室，配合投影幕使用效果最佳，避免了放下的投影屏挡住黑板。也有的采用单体升降组合板，此由多块均可以上下单独升降的黑板组成。便于教师讲课过程中更好更多地书写板书。

(2)电子白板：目前，一些学校已经开始使用电子白板(如图 6-3-1 所示)，它是具备电子书写板和触控功能的大型触摸屏。电子白板是电子感应白板及感应笔等附件与白板操作系统的集成。简单地讲，它是计算机的一个外围设备或终端，它既可像传统黑板一样地使用，又可作为投影仪的幕布，同时它还是一个大型的电脑触摸屏。它融合了计算机技术、微电子技术与电子通讯技术，成为计算机的一种输入输出设备，成为人(用户)与计算机进行交互的智能平台。我们可以将它看作是一种数字化聚合的产品，既具有普通黑板的功能，又具有网络多媒体电脑的功能，真正实现了数字化技术的有效整合，可以实现无纸化办公及教学。

一个电子白板不单单是一块白色的板，它由三部分构成：微型计算机、投影仪、交互白板。三者的结合将电子白板变成一个超大的计算机屏幕，使用电子白板笔(有些压感式电子白板可以利用手指)，用户可以在白板上书写或者控制计算机程序。电子白板非常适合于教学、培训、会议使用，避免了很多人围在计算机屏幕前讨论的现象。

虽然电子白板是一项比较新的设备，但是它的使用却远非想象的那么复杂，只要用户能够熟练操作个人计算机，就会发现使用电子白板也同样简单。例如，在计算机上双击鼠标启动某个程序的动作，在电子白板上只要用电子白板笔双击程序图标一样可以实现。电子白板由普通白板发展而来，最早出现的电子白板为复印型电子白板，随着技术的发展及市场的需要，出现了交互式的电子白板。

图 6-3-1　电子白板及应用

电子白板主要是基于压感原理，如图 6-3-2 所示。使用压感原理的触摸式白板相当于计算机的一个触摸屏，是一种用手指或笔触及屏幕上所显示的选项来完成指定工作的人机互动式输入设备。这种电子白板内部有两层感压膜，当白板表面某一点受到压力时，两层膜在这点上造成短路，电子白板的控制器检测出受压点的坐标值(手指或笔触及的位置)，经通讯接口送入计算机。

(3)录像机：直接播放电视录像教材，穿插在课堂教学中。

(4)视频展示台：通过投影展示文稿资料、图片照片、标本模型、实验器皿等。

(5)无线话筒及音响设备：帮助教师授课扩音，扩放电视录像、多媒体课件、视频点播的声音信号。

(6)投影仪和电动升降幕布、窗帘等。

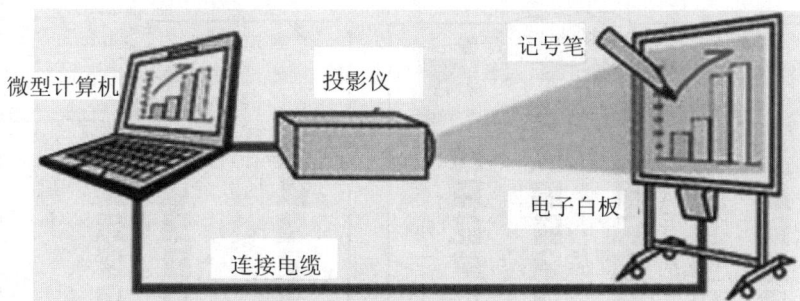

图 6-3-2　电子白板原理图

6.3.2　网络教室的类型

1. 根据布局划分

根据布局，网络教室可以分为并列形、U 字形、环形和树形四种，如图 6-3-3 所示。

2. 根据连接介质划分

根据使用的连接介质，网络教室可以分为有线网络教室和无线网络教室。目前，大部分网络教室还是有线的，通过双绞线把各个计算机分别与集线器或交换机连接起来。有线网络教室的优点是信号传输稳定、价格相对便宜，缺点是大量的连接线需要占用一定空间，布线麻烦，显得凌乱，上课时易拉扯。

无线网络教室是各计算机和设备之间，不再使用通信电缆，而采用无线信号的通信方式。其特点是安装工作非常简单，节约了布线空间，且设备可以任意放置，但有时候容易受到外界干扰，信号传输不太稳定，成本较高。组建无线网络教室除了需要计算机外，还需要无线网卡和无线访问接入点 AP。在无线局域网中，无线网卡是操作系统与无线产品之间的接口，用来创建透明的网络连接，其功能与有线网卡差不多。无线访问接入点 AP 的作用相当于局域网集线器，可以在无线局域网和有线网络之间接收、缓冲存储和传输数据，以支持一组无线用户设备。

6.3.3　网络教室的主要功能

网络教室的组建，现在有很多的方案，我们以凌波多媒体教学网为例来进行介绍，读者可到其相关的网站下载试用版本。网络教室的工作界面如图 6-3-4 所示。

1. 屏幕广播

传送教师或某个学生的屏幕画面到本组其他学生。教师可以用这个功能进行多媒体课件的教学，演示 Word、FrontPage 等软件的操作；也可以把某个学生的屏幕画面传送到本组其他学生。教师在屏幕广播的同时，还可以打开电子画板

（a）并列形网络教室　　　　　　　　　　（b）U字形网络教室

（c）环形网络教室　　　　　　　　　　（d）树形网络教室

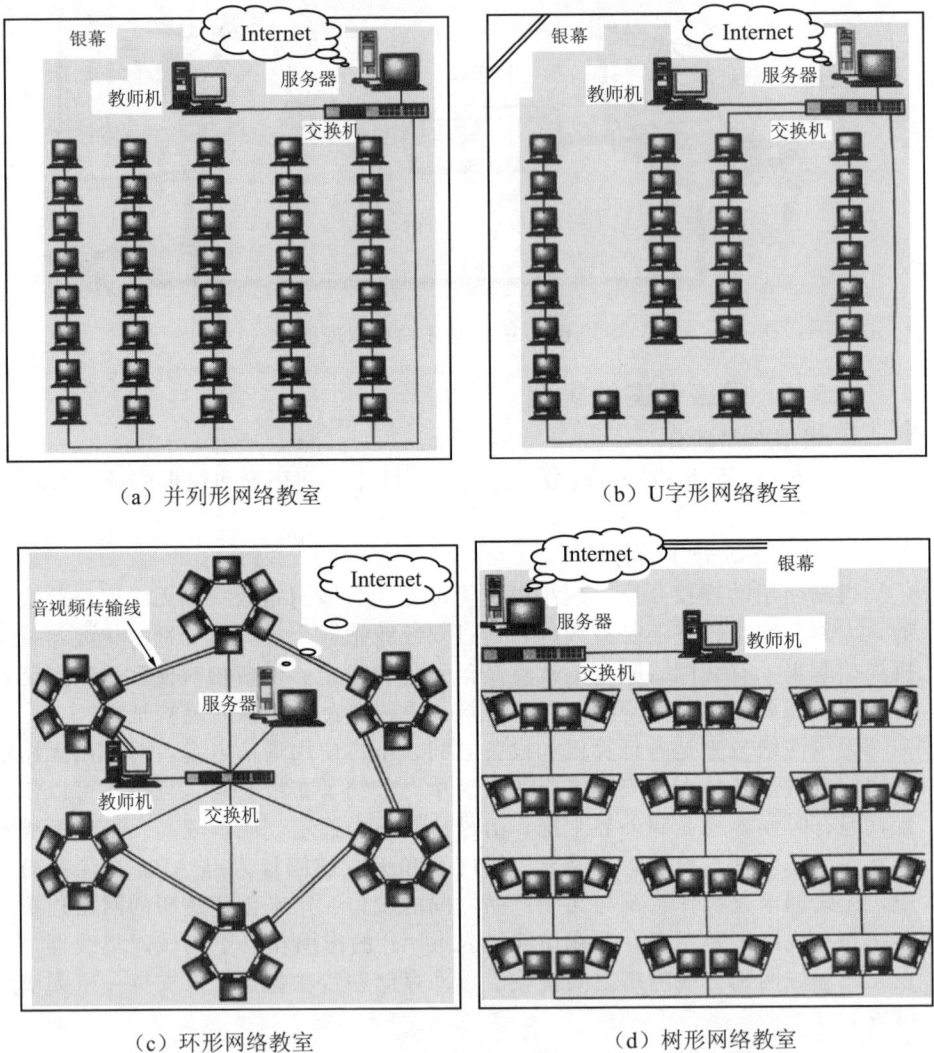

图 6-3-3　网络教室的类型

功能，在屏幕上写写画画，把屏幕作为黑板使用。

2. 远程遥控

让一个学生遥控操作另一个学生的电脑。使用该功能，教师不用离开座位，就可操纵任意一个学生的电脑；也可以让一个学生操纵另一个学生（或教师）的电脑。

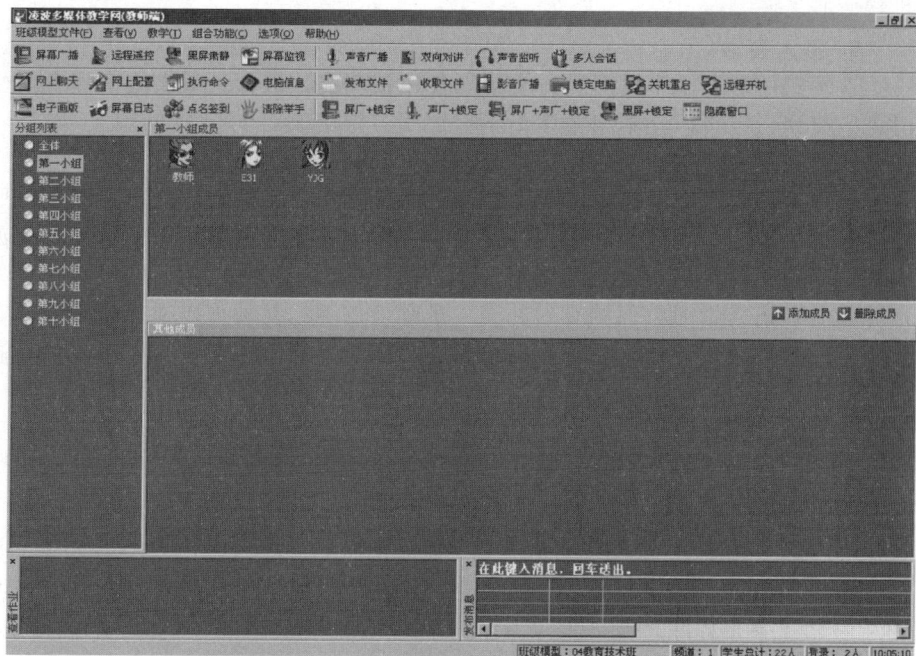

图 6-3-4　凌波多媒体教学网教师端工作界面

3. 黑屏肃静

在当前组中所有学生的电脑上显示黑屏肃静画面。教师还可以自己定义肃静画面的内容，以及是否显示文字，文字的大小、颜色、位置等。

4. 屏幕监视

让某个学生实时地监视本组中其他学生的电脑屏幕。使用该功能，教师可以实时监看学生的电脑使用情况，也可以指定一个学生端对本组中的其他学生端进行监视。

5. 声音广播

传送某个学生的声音到本组中其他学生。教师可以用这个功能进行语音教学；也可以把某个学生的声音传送到本组其他学生。使用声音广播的同时还可以使用其他各种教学功能，如屏幕广播等。

6. 双向对讲

让一个学生与另一个学生进行交谈。使用该功能，教师可同本组中任意一个学生进行交谈；也可以让本组中任意两个学生进行交谈。

7. 声音监听

让某个学生实时地监听本组中其他学生电脑的声音。使用该功能，教师可以实时监听本组中学生电脑的声音，也可以指定一个学生端对本组中的其他学生端进行监听。

8. 多人会话

让本组中多个学生同时进行交谈。使用该功能，教师可与本组中多个学生同时进行交谈；也可以让本组中多个学生之间进行交谈。

9. 网络复读

网络复读是一个网络语言学习工具。老师使用该软件，可以培养学生的听说读等方面的能力。它既能利用现有音频、视频文件作为教材，也能从其他音源即时录取一段教材，对学生进行网路复读、跟读训练。网络复读是网络教室软件在培养学生在语言学习方面的有效补充。教师使用网络复读可以播放多种音频、视频格式的文件，创建适合教学用的语言学习素材，并对学生进行网络复读、跟读教学。

10. 网上聊天

让本组中所有的学生用文字进行交流，类似于 QQ 聊天。

11. 网上配置

对当前组中所有学生的注册表进行配置，可以限制学生使用电脑的权限，包括隐藏硬盘、只允许运行某些程序、禁止使用注册表、禁止使用控制面板等上百项权限，注意该功能只适用于学生电脑是 Win9X 的情况。

12. 执行命令

对当前组中所有的学生同时运行某个程序。

13. 电脑信息

查看当前组中某个学生的电脑信息，包括系统、内存、驱动器、进程等信息。

14. 发布文件

可以把文件发送到当前组全体学生电脑的指定文件夹。

15. 收取文件

可以把学生电脑中的文件传输到教师的电脑中。

16. 影音广播

让某个学生向本组中其他学生广播 MPEG、AVI、VCD、MP3、WAV 等格式的影音文件。

17. 锁定电脑

禁止当前组中所有学生使用键盘、鼠标操作电脑。

18. 关机重启

对当前组中所有的学生电脑进行关闭计算机或者重新启动计算机。

19. 电子画板

把电脑屏幕当作黑板使用，直接在屏幕上绘画各种图形标记，书写文字，任意写写画画，配合屏幕广播功能，就可以让学生看到教师写画的内容。可以通过相关热键随时打开/关闭电子画板。

20. 屏幕日志

每隔一定的时间，自动把全体学生的电脑屏幕画面，以 jpeg 图片文件格式，保存到教师机指定的文件夹中，便于无人值守或事后查看学生电脑的使用情况。

21. 点名签到

教师可以通过让学生签到来实现对学生进行考勤，并进行记录，可大大提高点名效率，节省大量的课堂时间。

22. 清除举手

清除教师端、学生端图标上的举手标志。

6.3.4　网络教室的教学应用

根据网络教室在教学中的功能，可把网络教室的教学应用模式分为授课模式、自学模式、练习模式和讨论模式。

开始上课时，教师可采用电子点名功能检查上课学生的人数情况。

1. 授课模式

在授课模式下，由授课教师进行讲授，学生听课。为达到教学目的，应保证师生之间的同步，教师进行屏幕广播，边讲课，边操作，学生只要观看自己的屏幕，并观察教师的操作步骤，教师结束屏幕广播后，学生可以立即在自己的计算机上操作相关内容。如果使用网络教室的投影仪教学，老师可关闭学生电脑或使其处于黑屏状态，防止学生操作。

2. 自学模式

在自学模式下，学生也可以通过网络，调出教师的多媒体教学课件，打开后自己观看。为了加强教师对学生自学过程的监督，可以通过教师计算机上的监控软件，随时了解每个学生的学习动态。

3. 练习模式

练习模式是学生通过练习，巩固所学的知识，同时学生的练习情况能及时反馈给教师，教师可以根据学生的掌握情况，随时调整自己的教学进度。练习模式可以分为自由练习和指导练习。自由练习就是学生利用服务器上的题库资源，调出题目，自己练习，题库可以自动组题，也可以自主选题。指导练习则是由教师选题或命题，学生参与练习，把答案反馈给教师，教师可以查询这些信息，从而了解学生的学习情况。

4. 讨论模式

在讨论模式下，师生之间、学生之间可以交流信息，学生经老师允许可以发言，也可以分成若干小组自由讨论，教师为了回答学生的提问，可以采用电子举手、电子点名、电子白板等方案。电子举手是由学生在自己的计算机上向教师发出申请，得到老师批准后学生可以发言。电子点名则由教师指出发言的学生，学生在自己的计算机上发表见解。该模式将学生的学习由被动变成主动，提高了学生的学习积极性。

6.4　微格教学系统

6.4.1　微格教学系统概述

微格教学，曾被译为"微型教学""微观教学""小型教学"等。对其表述也有多种。如微格教学的创始人之一阿伦说它是"一个有控制的实习系统，它使师范生有可能集中解决某一特定的教学行为，或在有控制的条件下进行学习。"麦克里斯和恩文说它是"一个缩减的教学实践，它在班级大小，课程长度和教学复杂程度上都被缩减了"。也有学者认为，微格教学是针对师范教育的特点，以教学控制论、教育目标分类学和教育评价学为理论依据，在现代化教学理论指导下，利用视听技术进行实践活动，使师范生有可能集中解决某一特定的教学行为，并在有控制的条件下进行学习和训练，从而达到提高教学技能的目标。简单说来，就是利用电影、电视摄录像设备和技术培养学生教学技能的一种方法。

微格教学系统是一个集微格教学、多媒体存储、视频点播、数字化现场直播为一体的数字化网络系统。观摩和评价系统均采用计算机设备，并通过交换机连接校园网或 Internet。信息记录方式采用硬盘存储或刻录成光盘，广大师生可以随时、随地通过网络或光盘进行点播、测评与观摩。

1. 微格教学系统的主要功能

（1）训练教学功能

教室教学的基本功能包括导入教学技能、讲解教学技能、板书板画教学技能、媒体演示操作教学技能、提问教学技能、反馈强化教学技能、归纳总结教学技能、课堂组织教学技能。

（2）示范观摩功能

教学观摩是教师们进行教学经验、教学技巧交流的有效方式，或组织学生观看优秀教师课堂录像，给受训学生或老师提供示范。同时也可以举办师范生技能大赛，赛后，便于观众和选手观摩上课录像。

（3）反馈评价功能

教学训练重播自己训练的录像，分析优点和不足，进行自我纠正和评价，指导教师也可以根据录像进行点评和指导。

2. 微格教学系统的组成

微格教学系统一般由主控室，一间或多间微格教室和观摩室几个部分组成。

（1）主控室

主控室配置录像控制系统、监视系统、电视特技切换设备、调音台、实时编辑系统、录制系统、信号切换分配系统，可以同时观看和监视并录制多个微格教室的教学信号。如图 6-4-1 所示。

图 6-4-1　微格教学系统的主控室

（2）微格教室和观摩室

① 微格教室

微格教室是开展模拟训练的场所，是缩小的课堂教学教室，可以根据人数和微格实训的需要分为大微格和小微格教室。一般来说，大微格教室可以容纳50—60 人，小微格教室可以容纳 10—15 人，如图 6-4-2 所示。微格教室主要承担师范类学生和在职教师教学技能训练的模拟教学活动，同时也可以举办教师技能大赛。微格教室配置了进行模拟教学的各种教学设备，供训练者使用，同时配置了微格教学设备，如话筒、摄像头用于拾取模拟教学过程中的声音和画面，摄像头由主控室进行控制。投影仪或电视机用于重放已录信号，供同步评价分析使用。

图 6-4-2　微格教学系统的大〔左〕、小微格教室〔右〕

② 观摩室

观摩室主要用于教师现场评述，或让较多的学生同时观摩、学习和分析，也可以作为教学实况录像的场所。观摩活动一般可以在大微格教室进行，也可以单独设立一间教室作为观摩室。

6.4.2　数字化微格教学系统

数字化微格教学系统由一个主控室和多个微格教室组成，微格教室中的摄像头拍摄现场图像，拾音器(话筒、红外跟踪麦克风)拾取现场声音，信号通过网络传送到主控室的录播服务器和电视墙，微格控制系统可以对各个微格教室的摄像头进行操控，精品课程录制系统进行课程录制，视频录播服务器将每间教室的实时视音频信号进行处理后，广播到网络上，各个终端计算机可以通过视频点播系统的专用客户端软件或 IE 浏览器收看直播和点播。

微格教学系统包括以下设备，如表 6-4-1 所示。

表 6-4-1　数字化微格教学系统的设备组成

设备名称	主要性能指标/可实现的功能
微格摄像设备	可实现课堂的即时录制，视频刻录，视频回放，视频管理
微格控制系统	微格电源主控，视频摄像头控制，视频广播
精品课程录制系统	多画面录制，摄像头红外跟踪，精品课程
视频点播系统	视频上传至中心服务器，视频下载与在线点播

数字化微格教学系统可以实现以下功能：

(1)教学现场录制和精品课程录制功能

可以将受训者授课、板书、教态、语言、多媒体计算机屏幕的视频与音频信号进行同时组合，实现将视频、音频、VGA 信息同屏多画面同步实时录制成流媒体的课件，保存到系统的视频服务器，并能对录制好的课件添加索引和目录，方便课后的检索和查找。同时也可以作为精品课程的录制，将微格教室内的教学情境，以上述方式录制下来。

(2)网络现场直播功能

校园网内的任何计算机，通过视频点播服务器，既可以收看直播也可以视频点播，也可以将其下载到本机，供全校师生随时随地进行学习。

(3)监视、控制教学进程功能

在主控室中配备了监视的电视墙，可以同步实时监听监视各微格教室教学现场的主画面，以及正在录制中的流媒体课件画面。

6.4.3　微格教学的实施

微格教学的实施是以微格教学理论为指导，以训练教学技能为目标的教学实践过程。微格教学一般包括以下几个步骤。

1. 理论指导

进行微格教学前，首先要使受训练者了解微格教学的基本理论、微格教学的训练方法、各项教学技能的教育理论基础、教学技能和行为模式。

2. 观摩示范

首先观摩微格教学示范录像。遵循两条原则，一是水平要高，二是针对性要强。示范的水平越高，学习的起点就越高；针对性越强，该技能的展现就越具体、越明确。在观看示范录像的时候，指导教师应首先要提出具体要求，明确目标突出重点、边观看边提示。提示时要画龙点睛，以免影响学生观察和思考。然后组织学习、讨论、谈观后感，哪些方面做得好，值得学习，提示自己在教学中应注意的问题。示范的目的是为了使受训者进行模仿，对受训者理解教学技能都会起到十分重要的作用。通过大家相互交流、沟通，酝酿在这一课题教学中应用该教学技能的最佳方案，为下一步编写教案做准备。

3. 确定培训技能和编写教案

当被培训的教学技能和教学课题确定之后，受培训者根据教学目标、教学内容、教学对象、教学条件进行教学设计，编写详细的教案。每次训练只集中培训一两项技能，以便使师范生容易掌握这种技能；指导教师要引导学习者钻研教学技能的理论，在熟悉教材的基础上，重点考虑教学技能的运用，根据要求由学员自己备课，编写出教案在指导教师的指导下，学员交流备课情况，取人之长，补己之短。

4. 角色扮演

角色扮演是微格教学的中心环节，是受训者训练教学技能的具体教学实践活动，在活动中每个受训者都要扮演一个角色，进行模拟教学。在微型课堂中，十几名师范生或进修教师，轮流扮演教师角色、学生角色和评价员角色。由微格教学系统的课程录制系统将此过程记录下来。

5. 反馈评价

扮演教师角色的学员通过观看自己的教学录像，进行自我分析、评价教学技能应用的方式和效果，是否达到了预期目标，再由指导教师和其他学员一起组织讨论评议。学习者对指导教师的评价是十分看重的，指导教师的意见举足轻重。因此，指导教师的评价应尽量客观、全面、准确。对于扮演者的成绩和优点要给予肯定，缺点和不足之处讲主要的，要注意保护学习者的自尊心和积极性。要以讨论者的身份出现，讨论"应该怎样做和怎样做更好"，效果会更好。

6. 修改方案再实践

根据指导教师的反馈评价和意见，对教学方案进行修改，并再次进行教学实践，逐步得到提高。

6.5 语言学习系统

6.5.1 语音实验室的使用

语音实验室是学生进行口语训练和听力训练的场所。在语音实验室学生通过听标准的读音，可以跟读并将自己的读音录制下来，与标准读音进行比对，进行模仿纠正，以达到读音准确的目的；同时也可以训练听力，将听到的内容记录下来，达到听写的目的。

1. 语音实验室的分类

语音实验室按照承载的媒体分，可以分为传统语音实验室、数字化语音实验室。语音实验室的基本结构包括教师控制台和学生座位两部分组成。教师控制台主要用于向学生座位输送各种音视频信号和实现各种控制功能。学生座位通过线路传输接受来自教师主控台输出的教学信息。

传统语音实验室主要采用磁带录音的方式进行语音学习；数字化语音实验室是将音频全部采用数字信号传输的语音实验室，并配备高清晰度的液晶显示器，各种教学材料被高质量地传输到每台显示器和耳机，学生可以利用逼真清晰的影像和优质的语音材料进行跟读和听力等练习。

图 6-5-1 数字化语音室

2. 数字化语音室的功能

数字化语音实验室囊括了传统语音实验室的功能，除此之外还具备以下功能：

（1）授课功能

音频广播；视频广播；平面广播；屏幕监看；网上影院；语音对讲；分组讨论；电子白板；作业提交；电子抢答；数字课件制作；电子举手。

（2）自主学习功能

音频点播；文本点播；IP 电话；电子词典；变速不变速播放；声文同步播放；录音跟读；中英文自动领读；同声传（翻）译；学习交流。

（3）考试功能

自主考试与评估；考试模式与试卷发送；学生答题；试卷制作。

（4）管理功能

远程遥控；黑屏肃静；教师锁定；系统设置；学生耳麦自动检测；远程委托管理；远程备课、资源共享；网络监控与控制；电子点名；个性化教学设置。

数字化语音实验室，教师在上课前用电脑把上课的内容全部准备好，上课可以直接从电脑中选用音、视频同步的资料进行教学，同时，可控制音频文件的语速。学生则可以实现自主学习，可以点播各种学习材料。

网络化语音实验室是从数字化语音实验室的基础上，加入了计算机网络技术，其最大特点是实现资源共享、信息量大而齐全。教师不再为收集和保存资料而苦恼，学生也可以实现自由点播、自主学习等方式共享校园上的丰富资源。

6.5.2　同声传译实训室的使用

同声传译（Simultaneous Interpretation）是译员在不打断讲话者演讲的情况下，不停地将其讲话内容传译给听众的一种口译方式，最大优点是效率高，可以保证讲话者做连贯发言，不影响或中断讲话者的思路，有利于听众对发言全文的通篇理解。译者仅利用讲者两句之间稍歇的空隙完成翻译工作，对译员素质要求非常高。

图 6-5-2　同声传译实训室

　　同声传译实训室一般设有同声传译译员间(译员席)、主控台、代表席、旁听席、发言席,可面向外语及导游等专业的本专科学生,主要承担"同声传译""交替传译""高级口译"和高年级"口语"等课程的实战训练,同时还可以举办中、小型会议和模拟会议。

　　同声传译实训室为师生提供模拟同声传译情景,使学生对同声传译有一个身临其境的感受,在观摩模拟情景的同时受到良好的熏陶和锻炼,提高学生应用所学外语知识的能力,以及提高学生综合素质。

　　同声传译实训室主要设备如下:

表 6-5-1　同声传译系统组成

设备名称	主要性能指标/可实现的功能
同声传译会议系统	支持远程会议功能
同声传译系统	模拟专业数字答疑系统控制操作界面
视频跟读系统	替换视频中的原音
数字化录音系统	译员席和代表席的录音
可视分组会话系统	支持 4 画面的可视分组讨论

6.6　微　课

6.6.1　微课的定义

　　2008 年秋,美国新墨西哥州圣胡安学院的高级教学设计师、学院在线服务经理戴维·彭罗斯(David Penrose)提出微课程(Microlecture)的概念,目前已经在该学院得到应用。微课程是以在线学习或移动学习为目的教学内容,一般 1—3 分钟,突出关键的概念、主题和活动,引导学生利用网络这个强大的工具,根据所提供的资源和活动,建构自己需要的知识。

　　国内率先提出"微课"这个概念的是广东佛山教育局的胡铁生,这是国内研究者对微课程这一术语的新解读,使其更加的本土化,为国内教育教学所接受。同时,也满足了移动学习的需求。"微课"是指按照新课程标准及教学实践要求,以视频为主要载体,记录教师在课堂内外教育教学过程中围绕某个知识点(重点、难点)或教学环节而开展的精彩教与学活动的全过程。"微课"的核心组成内容是课堂教学视频(课例片段),同时还包含与该教学主题相关的教学设计、素材课件、教学反思、练习测试及学生反馈、教师点评等辅助性教学资源,它们以一定的组织关系和呈现方式共同"营造"了一个半结构化、主题式的资源单元应用"小环境"。

因此,"微课"既有别于传统单一资源类型的教学课例、教学课件、教学设计、教学反思等教学资源,又是在其基础上继承和发展起来的一种新型教学资源。

6.6.2 微课的特点

1. 教学时间较短

教学视频是微课的核心组成内容。根据中小学生的认知特点和学习规律,"微课"的时长一般为5—8分钟左右,最长不宜超过10分钟。因此,相对于传统的40分钟或45分钟的一节课的教学课例来说,"微课"可以称之为"课例片段"或"微课例"。

2. 教学内容较少

相对于较宽泛的传统课堂,"微课"的问题聚集,主题突出,更适合教师的需要:"微课"主要是为了突出课堂教学中某个学科知识点(如教学中重点、难点、疑点内容)的教学,或是反映课堂中某个教学环节、教学主题的教与学活动,相对于传统一节课要完成的复杂众多的教学内容,"微课"的内容更加精简,因此又可以称为"微课堂"。

3. 资源容量较小

从大小上来说,"微课"视频及配套辅助资源的总容量一般在几十兆左右,视频格式须是支持网络在线播放的流媒体格式(如mpg、rm、wmv、flv等),师生可流畅地在线观摩课例,查看教案、课件等辅助资源;也可灵活方便地将其下载保存到终端设备(如笔记本电脑、平板电脑、手机、MP4等)上实现移动学习、"泛在学习",非常适合于教师的观摩、评课、反思和研究。

4. 资源组成/结构/构成"情景化"

资源使用方便。"微课"选取的教学内容一般要求主题突出、指向明确、相对完整。它以教学视频片段为主线"统整"教学设计(包括教案或学案)、课堂教学时使用到的多媒体素材和课件、教师课后的教学反思、学生的反馈意见及学科专家的文字点评等相关教学资源,构成了一个主题鲜明、类型多样、结构紧凑的"主题单元资源包",营造了一个真实的"微教学资源环境"。这使得"微课"资源具有视频教学案例的特征。广大教师和学生在这种真实的、具体的、典型案例化的教与学情景中可易于实现"隐性知识""默会知识"等高阶思维能力的学习并实现教学观念、技能、风格的模仿、迁移和提升,从而迅速提升教师的课堂教学水平、促进教师的专业成长,提高学生学业水平。

5. 微评审

传统教学中要听一节课的课,才能评价这个教师的教学水平等,时间长,特别对于大中型教师比赛工作量大,效率低。通过微课的观看,评审专家可以很快从微课中看出这个教师的教学设计,讲解技能等,效率更高,评审更客观准确。

同时，微课在网络上的传播应用，改变传统评审方式，提供网络实时在线关注的机会，使评审更具公平性、透明性与互动性。

6.6.3 微课的分类

1. 按照课堂教学方法来分类

根据李秉德教授对我国中小学教学活动中常用的教学方法的分类总结，同时也为便于一线教师对微课分类的理解和实践开发的可操作性，很多学者将微课划分为 11 类，分别为讲授类、问答类、启发类、讨论类、演示类、练习类、实验类、表演类、自主学习类、合作学习类、探究学习类（如表 6-6-1 所示）。

表 6-6-1　微课的分类及适用范围

分类依据	常用教学方法	微课类型	适用范围
以语言传递信息为主的方法	讲授法	讲授类	适用于教师运用口头语言向学生传授知识（如描绘情境、叙述事实、解释概念、论证原理和阐明规律）。这是中小学最常见、最主要的一种微课类型。
	谈话法（问答法）	问答类	适用于教师按一定的教学要求向学生提出问题，要求学生回答，并通过问答的形式来引导学生获取或巩固检查知识。
	启发法	启发类	适用于教师在教学过程中根据教学任务和学习的客观规律，从学生的实际出发，采用多种方式，以启发学生的思维为核心，调动学生的学习主动性和积极性，促使他们生动活泼地学习。
	讨论法	讨论类	适用于在教师指导下，由全班或小组围绕某一种中心问题通过发表各自意见和看法，共同研讨，相互启发，集思广益地进行学习。
以直接感知为主的方法	演示法	演示类	适用于教师在课堂教学时，把实物或直观教具展示给学生看，或者作示范性的实验，或通过现代教学手段，通过实际观察获得感性知识以说明和印证所传授知识。

以实际训练为主的方法	练习法	练习类	适用于学生在教师的指导下，依靠自觉的控制和校正，反复地完成一定动作或活动方式，借以形成技能、技巧或行为习惯。尤其适合工具性学科（如语文、外语、数学等）和技能性学科（如体育、音乐、美术等）。
	实验法	实验类	适用于学生在教师的指导下，使用一定的设备和材料，通过控制条件的操作过程，引起实验对象的某些变化，从观察这些现象的变化中获取新知识或验证知识。在物理、化学、生物、地理和自然常识等学科的教学中，实验类微课较为常见。
以欣赏活动为主的教学方法	表演法	表演类	适用于在教师的引导下，组织学生对教学内容进行戏剧化的模仿表演和再现，以达到学习交流和娱乐的目的，促进审美感受和提高学习兴趣。一般分为教师的示范表演和学生的自我表演两种。
以引导探究为主的方法	自主学习法	自主学习类	适用于以学生作为学习的主体，通过学生独立的分析、探索、实践、质疑、创造等方法来实现学习目标。
	合作学习法	合作学习类	合作学习是一种通过小组或团队的形式组织学生进行学习的一种策略。
	探究学习法	探究学习类	适用于学生在主动参与的前提下，根据自己的猜想或假设，运用科学的方法对问题进行研究，在研究过程中获得创新实践能力、获得思维发展，自主构建知识体系的一种学习方式。

一个微课作品一般只对应于某一种微课类型，但也可以同时属于二种或二种以上的微课类型的组合（如提问讲授类、合作探究类等），其分类不是唯一的，应该保留一定的开放性。同时，由于现代教育教学理论的不断发展，教学方法和手

段的不断创新，微课类型也不是一成不变的，需要教师在教学实践中不断发展和完善。

2. 按课堂教学主要环节(进程)来分类

微课类型可分为课前复习类、新课导入类、知识理解类、练习巩固类、小结拓展类。其他与教育教学相关的微课类型有：说课类、班会课类、实践课类、活动类等。

6.6.4 微课的开发步骤

1. 脚本的开发

(1)确定选题

在微课选题时，知识点必须足够细，要选择 10 分钟内能够讲解透彻；一节微课只讲解一个特定的知识点或典型问题，如果该知识点涉及另一个知识点，详细讲解时需另设一节"微课"。根据所要讲述的知识点，构思要讲什么、怎么讲，结合微课要求、自己专业及当前热点，选定、熟悉所讲内容选题。

(2)寻找素材

从自己的经历中，寻找有价值的素材。所谓"价值"包括下面的特点：① 教师在以前感觉中认为感觉难忘的、有效果的；② 学生在学习班中容易出问题的点；③ 符合教育规律，操作有创新。

(3)梳理价值点

① 主线梳理：文章信息多、容量大，所以要抽出主线，将一切与主题无关的内容删除或精减。如果是故事，只选择一个；如果是策略，选择一个主题的。

② 内容删减：文章中的繁杂的信息过多，需要删减，主要有下面两点：A. 基本删除：如关于"理论"的叙述、背景的过多的描述、情感化的语言、成绩与荣誉；B. 内容删减：不论什么，都要选择有创意、易操作的素材，删掉大家都在知道的或都已使用过的。

(4)形成脚本

最终的删减后的字数在 $300-500$ 之间，进行课程化开发，形成了有价值的故事，做成脚本。

2. PPT 制作

微课程基于 PPT 技术，这个 PPT 需要在课堂上展示，也需要在微课视频中出现，能看到教师头像。通常是"PPT＋视频"的录制模式下，头像不遮挡教学内容。因此，微课视频中对 PPT 的要求有所不同：

(1)模板与背景

一般情况下，采用纯白底黑字或黑底白字；特殊时，可用红色、黄色等，但不做主体色。

(2)图画与布局

微课程可分为下面三种布局，风格尽可能统一。

① 画图版：画为主；绘本版：画中加字，画中套字，适合于经典故事；小人书版：字画分离，上图下字或上字下图，图画占 80%，字占 20%，适合于电影、经典故事。同一页一般不出现两幅图。

② 文字版：字为主；字画板：以字为主，有图做点缀。

③ 混合板：介于上述两者之间。

(3)字号

基本字号：40±6：用于正文基本叙述。突出字号：需要重点强调的字或句，可大也可小。如果同页出现大小不同的字，反差控制在±20 以内，比如小的 40，最大不得超出 60，防止反差过大。

(4)字体

醒目，字体粗，教室的最后一排的同学能看得清。

尽量采用黑体、方正超粗黑简体、方正综艺体等，少用宋体、隶书、行书等字体。

(5)字数与速度

教师的讲解课程，每页最多字数 35 字，如字数较多时，可以分批动画呈现或明暗呈现。

播放速度(每秒字)为 5—6 字，思考页面一般采用 3—5 秒，过渡页面一般采用 1—2 秒。

(6)音乐

一般选择轻音乐或不采用背景音乐。

3. 教学录像的录制

教学录像过程，可以采用专业摄像机、摄像头，或基于手机、平板电脑等设备来录制。

解决的方案有：摄像机＋白板(黑板)；手机＋白纸；录屏软件＋PPT；手写板＋录屏软件等方法。

(1)摄像机拍摄[摄像机(DV 录像机)＋白板(黑板)]

①工具与软件：便携式录像机、黑板、粉笔、其他教学演示工具。

②方法：对教学过程摄像。

③过程简述：第一步，针对微课主题，进行详细的教学设计，形成教案；第二步，利用黑板展开教学过程，利用便携式录像机将整个过程拍摄下来；第三步，对视频进行简单的后期制作，可以进行必要的编辑和美化。

(2)数码手机拍摄(手机＋白纸)

①工具与软件：可进行视频摄像的手机、一叠白纸、几只不同颜色的笔、相关主题的教案。

②方法：使用便携摄像工具(手机等)对纸笔结合演算、书写的教学过程进行录制。

③过程简述：第一步，针对微课主题，进行详细的教学设计，形成教案；第二步，用笔在白纸上展现出教学过程，可以画图、书写、标记等行为，在他人的帮助下，用手机将教学过程拍摄下来。尽量保证语音清晰、画面稳定、演算过程逻辑性强，解答或教授过程明了易懂；第三步，可以进行必要的编辑和美化。

（3）录屏软件录制（屏幕录制软件＋PPT）

①常见的工具与软件：电脑、耳麦（附带话筒）、视频录像软件（Camtasia Studio 或 Snagit 或 CyberLink YouCam）、PPT 软件。

②方法：对 PPT 演示进行屏幕录制，辅以录音和字幕。

③过程简述：第一步，针对所选定的教学主题，搜集教学材料和媒体素材，制作 PPT 课件；第二步，在电脑屏幕上同时打开视频录像软件和教学 PPT，授课教师戴好耳麦，调整好话筒的位置和音量，并调整好 PPT 界面和录屏界面的位置后，单击"录制桌面"按钮，开始录制，教师一边演示一边讲解，可以配合标记工具或其他多媒体软件或素材，尽量使教学过程生动有趣；第三步，对录制完成后的教学视频进行必要的处理和美化。

（4）录屏软件＋手写板（屏幕录制软件＋手写板＋画图工具）

①工具与软件：屏幕录制软件，如 Camtasia Studio、Snagit 或 CyberLink YouCam 等，手写板、麦克风、画图工具，如 Windows 自带绘图工具。

②方法：通过手写板和画图工具对教学过程进行讲解演示，并使用屏幕录像软件录制。

③过程简述：第一步，针对微课主题，进行详细的教学设计，形成教案；第二步，安装手写板、麦克风等工具，使用手写板和绘图工具，对教学过程进行演示；第三步，通过屏幕录像软件录制教学过程并配音；第四步，可以进行必要的编辑和美化。

4. 后期制作

（1）简单后期制作，可采用 Camtasia Studio、会声会影等软件，如将录制不好部分剪切，加一些片头、字幕等。

（2）生成所需要的格式，一般建议采用 FLV、MP4、WMV 等流媒体格式。

（3）保存或在网络上的发布。

思考与练习

1. 校园网的基本功能有哪些？

2. 多媒体教室的特点有哪些？

3. 网络教室的功能有哪些？

4. 数字化微格教学系统具备哪些功能？

5. 同声传译系统包括哪些设备？

6. 微课的主要特点有哪些？

第 7 章　网络教育资源的利用

内容提要

在现代教育体系中，网络教育资源作为教育资源中不可或缺的一部分，为教育教学及学生的学习活动提供了有力的资源支持。本章主要介绍网络教育资源的概念及分类，要求学生掌握网络信息检索技术，合理利用网络教育资源，学会使用社会性软件。

7.1　因特网教育资源概述

因特网(Internet)是个开放的信息传播平台，任何机构、任何人都可以将自己拥有的且愿意让他人共享的信息上网。因特网是一个遵从 TCP/IP 协议的，将大大小小的计算机网络互联起来的计算机网络。因特网波及人类社会的各个层面，当然教育也不例外。因特网上的教育资源非常丰富，而这些丰富的教育资源是可以在教育教学以及学生学习的过程中被利用的。首先，来了解一下什么是教育资源。

7.1.1　教育资源

教育资源指教育系统中支持整个教育过程达到一定的教育目的，实现一定的教育教学功能的各种资源。它包括物质资源(各种设备、媒体、器材、工具)、人力资源(教学科研人员、教学管理人员、教学支持人员及学生)、信息资源(包括教学内容以及伴随教学内容产生的其他信息)。

7.1.2　网络教育资源

网络资源中与教育相关的部分都称为网络教育资源。网络教育资源可以分为以下几类，如表 7-1-1 所示。

表 7-1-1　网络教育资源的分类

分类	内容
物质资源	指构成网络物理空间的各种硬件设备，如计算机设备、网络设备、通信设备等，以及形成网络正常运行空间的各类系统软件、应用软件、工具软件和教学软件等。
信息资源	指在网络中蕴藏着的各种形式的、能够为教育过程所用的知识、资料、情报、消息等的集合。

分类	内容
人力资源	包括网上教育教学机构人员、任课教师、教辅人员、行政管理者，以及能通过因特网联系到的各个领域的专家、学者。

7.1.3 因特网教育资源

1. 因特网教育资源

在网络教育资源中，虽然信息资源只占了其中的一部分，但是它是核心，因为其他两部分(环境资源、人力资源)是为信息资源的建立、传播和利用服务的。而信息资源主要是在因特网上获取的，因此，这种基于网络的教育信息资源称为因特网教育资源，如图 7-1-1 所示，也就是说，这里所指的因特网教育资源就是网络教育资源中的信息资源。

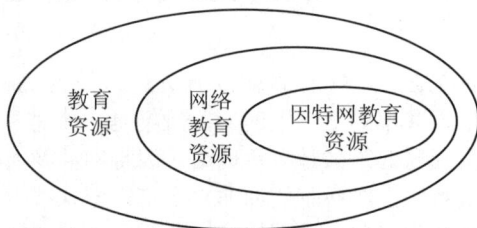

图 7-1-1　教育资源、网络教育资源、因特网教育资源三者关系图

2. 因特网教育资源按照不同的标准分类

(1)分类标准一：按教育信息资源的存在形式分类(如图 7-1-2 所示)

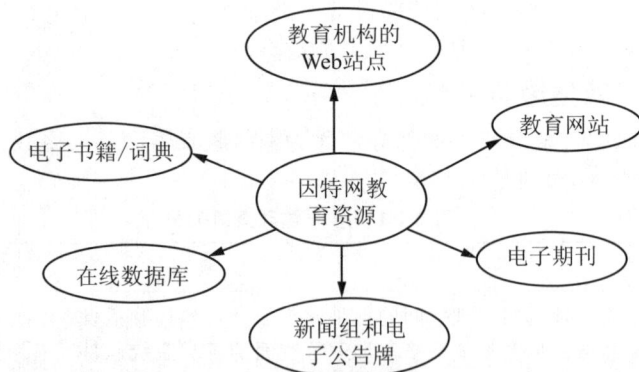

图 7-1-2　因特网教育资源的组成

① 电子书籍/词典：以电子为载体的书籍/词典/百科全书。

② 教育网站：以教育为目的开发的网站。可分为教学类、教育类、研究类、资源类和综合类。

③ 教育机构的 Web 站点：用户存放自己的数据资料：如课程的参考资料、学生考试试题、甚至完整的在线课程。美国学校机构网站上的资料覆盖面很广，几乎涉及了 K-12 和高等教育的所有方面。其中，K-12 中的 k 是指 kindergarde（幼儿园），"12"代表从小学一年级到高中三年级，12 年的中小学教育，K-12 是国际上对基础教育的统称。虽然有些资源主要是为本地学生所使用，但是有时候也允许其他用户访问。

④ 电子期刊：以电子为载体的期刊杂志，分别由电子报纸、电子杂志和期刊、电子新闻和信息服务组成。在线电子期刊是通过计算机网络定期分发给订户的期刊。此外，一些专业组织和研究机构都有自己的网上发行物，这些网上发行物储存历史会议文献，提供本学科当前的研究动态、研究成果等最新信息。这些发行物既包括全文的网上期刊，也包括对印刷出版物进行介绍的内容概要。中国信息管理中心的网站（http：//www. chinafo. gov/periodical/index. htm）提供了数十种中文电子期刊。

⑤ 新闻组和电子公告牌（BBS）：新闻组是一个用户提供专题讨论的服务，讨论主题涉及面非常广，可以说是应有尽有。每一个专题讨论组都有一个反映其讨论内容的固定名称，用户可根据自己的需要参加相应的讨论组。网上的专题讨论组可以就某一个专题与世界各国的人进行交流和探讨，尤其是这方面的专家，这样有助于了解更加专业的业内信息。电子公告牌，可以张贴文章或进行实时讨论，各种资源都按照主题内容分门别类进行整理，查找起来非常方便。BBS 电子公告牌：BBS 规模较小，大都是地区性的，仅提供一个信息交流、经验交流的园地。每个讨论主题称为一个公告牌。目前国内各大专院校几乎都有自己的 BBS 站，可从这些 BBS 站获得一些校园信息、公告事项、马路消息、电脑知识等。

⑥ 在线数据库：有组织的数据集合，通常包括图书馆目录和各种专门用途的数据库，科技论文数据库/会议文献数据库/专利文献数据库/学位论文数据库等，使用有专门用途的数据库，用户一般需要付费。在许多数据库检索服务中心，可通过因特网访问的在线数据库的目录就有几十页之长，如 ERIC 教育资源信息中心（http：//eric. syr. edu），该数据库是由美国教育部资助的世界上最全面、最权威的教育文献数据库，其中收录了世界各国教育期刊上的论文以及各种会议论文、科技报告和专著等；此外，还有 NASW（社会工作摘要）、社会学工作摘要、心理信息、护理和婚姻健康等著名的数据库。这些库按照一定规则进行分类编目，有的用超文本建立索引，有的用关键词检索。

（2）分类标准二：按照网站的建设单位、教学功能和对象性质等综合性因素分类

目前我国的教育类网站发展迅速，各种教育网站如雨后春笋般涌现，在各级

各类教育中发挥着越来越显著的作用。一般来说，可以按照网站的建设单位、教学功能和对象性质等综合性因素，将它们分为以下几类：

① 普通高校开设的学历教育类网站

早在 1997 年教育部就批准了清华大学、北京邮电大学、浙江大学、湖南大学 4 所重点大学作为中国首批开展高等远程教育的试点院校。我国开展学历远程教育的高校也日益增多。此类高校都专门成立了网络教育学院，制定了整套的招生、教学与管理制度，所开展的都是各种层次的学历教育。

② 独立远程教育院校开设的学历教育类网站

建于 1979 年的我国中央广播电视大学（http://www.crtvu.edu.cn）简称中央电大，是采用广播、电视、文字和音像教材、计算机网络等多种媒体，面向全国进行远程开放教育的中国教育部直属高等学校。中央电大和 44 所省、自治区、直辖市、计划单列市及独立设置的广播电视大学，841 所地（市）级电大分校，1742 个县级工作站，组成了统筹规划、分级办学、分级管理的现代远程开放教育教学系统。中央电大开放教育"电大在线"的网址为 http://www.open.com.cn。

③ 普通中小学校开设的同步式教育网站

该类网站主要以学校课堂同步教育为特色，是基础教育中课堂教学的延伸，其中包括教案、习题解答等，内容与学校教学同步。例如，北大附中远程教育网（http://pkuschool.fm375.com/index.asp）、科利华公司和北京师大附中联合开设的网上联合中学站点（http://www.cleverschool.com）、北京 101 中学开设的 101 远程教育网（http://www.chinaedu.com）等都属于该类网站，它们只是传统的课堂教学手段的一种补充。

④ 由 ICP 开设的培训类网站

ICP（Internet Content Privder，即因特网内容提供商）开设的培训类网站中，所提供的通常是继续教育或技术培训类的课程。例如，洪恩在线（http://www.hongen.com）、天极网（http://www.yesky.com/）等。

⑤ 其他远程教育网站

例如，作为中小学教师现代远程继续教育的平台和窗口，"浙江教师远程教育网"（http://www.ZJTDE.net）由浙江师大现代教育技术中心开发，该网站与"全国中小学教师继续教育"网（http://www.chinaTDE.net）链接，开设有继续教育新闻、学科中心、视频点播、交流园地、综合服务等栏目。

3. 因特网教育资源特点

因特网上的信息浩瀚无边，变化多端，几乎涵盖了人文科学与自然科学的各个学科领域。同时，网络上多媒体信息的超级链接功能又把网络信息连接成一条无穷的链，这就构成了网络信息的以下基本特点：

① 广泛与无序性。这是因特网教育资源的最大特点：信息容量的无限性和

信息组织的无序性。一方面，因特网上的信息内容十分广泛，真可谓有限网络无限信息。因特网扩大了人际交流的范围，提供了更多的直接交流机会，信息的互动性加强；另一方面，由于提供网上信息的机构数不胜数，且信息的格式没有统一规范，信息就显得分散无序。

② 丰富与新颖性。由于网络信息的存贮与表现采用了超文本、超媒体技术，使网络资源不仅仅局限于文本信息，还可以包括图形、视频、声音、动画、图表等。

③ 廉价性。目前网络信息大多是免费提供或者十分便宜的。

信息的时效性、信息获取的便捷性、信息的共享性。

因特网教育资源的局限性：（1）信息资源分散，数量庞大，有价值的信息不免费；（2）信息加工深度不够、实质性信息少。

4. 因特网教学应用

随着因特网技术的迅速发展，它的应用领域和服务项目也在不断发展，因特网在教育领域的主要应用可以归纳为以下几类：

（1）网上交流。支持因特网上通信的人际交流工具有同步与异步之分。同步通信工具如网络电话、聊天室、QQ、MSN 等；异步通信工具如 E-mail、留言板等。

（2）信息搜索。环球信息网（WWW）是为了方便用户查寻或获取因特网中信息的一种信息组织方式，WWW 浏览器是一种用于访问因特网信息资源的工具软件。

（3）资源共享。因特网上还有大量的、相互独立的公共文件服务器，存贮着各种各样的文本、图像、语音信息和计算机程序等资源，供人们通过文件传输（FTP）功能进行获取。

需要指出的是，网络信息资源不是传统信息资源的简单翻版，也不可能取代传统的信息资源，它是传统信息资源和信息交流的最令人振奋、最有力的一个补充。

7.2　网络信息检索技术

因特网上的信息资源广泛地分布在整个网络中，如果单纯靠漫游式的网页浏览来获取信息是非常困难的，在因特网上，有一些特殊的网站叫做搜索引擎，用户连接到这些网站以后，可以按照一定的规则进行检索，很快地找到所需资源存放的位置，并连接到相应的网站进行浏览、下载。因此，有必要掌握网络信息检索技术，懂得如何使用搜索引擎。网络信息资源按照它们所采用的网络传输协议的不同可以划分为万维网（World Wide Web，简称 www）和非万维网两种类型的资源。不同的资源具有不同的检索方法。

7.2.1 万维网信息资源的检索

1. 万维网信息资源的检索工具——搜索引擎

搜索引擎实际上是因特网的服务站点，有免费为公众提供服务的，也有进行收费服务的。不同的检索服务可能会有不同的界面，不同的侧重内容，但有一点是共同的，就是都有一个庞大的索引数据库。这个索引库是向用户提供检索结果的依据，其中收集了 Internet 上数百万甚至数千万主页信息，包括该主页的主题、地址，包含于其中的被链接文档主题，以及每个文档中出现的单词的频率、位置等。

当用户输入关键词（Keyword）查询时，该搜索引擎会告诉用户包含该关键词信息的所有网址，并提供通向该网络的链接。搜索引擎既是用于检索的软件又是提供查询、检索的网站。所以，搜索引擎也可称为 Internet 上具有检索功能的网页。其工作原理是由网上机器人（Spider 或 Robot）自动在网页上按某种策略进行远程数据的搜索与获取，并生成本地索引。Spider 或 Robot 是一种软件，它沿着 WWW 文件的链接在网上漫游，记录 URL（标识网页的地址）、文件的简明摘要、关键字或索引，形成一个很大的数据库，这种数据库包括标题、摘要、关键词和 URL、文件的大小、语种以及词出现的频率。

搜索引擎的主要任务包括以下几个部分：

（1）信息搜集

各个搜索引擎都派出绰号为蜘蛛（Spider）或机器人（Robots）的"网页搜索软件"，在各网页中爬行，访问网络中公开区域的每一个站点并记录其网址，将它们带回搜索引擎，从而创建出一个详尽的网络目录。由于网络文档的不断变化，机器人也不断地把以前已经分类组织的目录更新。

（2）信息处理

将"网页搜索软件"带回的信息进行分类整理，建立搜索引擎数据库，并定时更新数据库内容。

在进行信息分类整理阶段，不同的搜索引擎会在搜索结果的数量和质量上产生明显的差异。有的搜索引擎把"网页搜索软件"发往每一个站点，记录下每一页的所有文本内容，并收入到数据库中从而形成全文搜索引擎；而另一些搜索引擎只记录网页的地址、篇名、特点的段落和重要的词。故有的搜索引擎数据库很大，而有的则较小。当然，最重要的是数据库的内容必须经常更新、重建，以保持与信息世界的同步发展。

（3）信息查询

每个搜索引擎都必须向用户提供一个良好的信息查询界面，一般包括分类目录及关键词两种信息查询途径。

分类目录查询是以资源结构为线索，将网上的信息资源按内容进行层次分类，使用户能依线性结构逐层逐类检索信息。

关键词查询是利用建立的网络资源索引数据库向网上用户提供查询"引擎"。用户只要把想要查找的关键词或短语输入查询框中，并按"Search"按钮，搜索引擎就会根据输入的提问，在索引数据库中查找相应的词语，并进行必要的逻辑运算，最后给出查询的命中结果(均为超文本链接形式)。用户只要通过搜索引擎提供的链接，就可以立刻访问到相关信息。

2. 搜索引擎的分类

国内一般把搜索引擎分为"分类搜索引擎"和"关键词搜索引擎"，国外则分别称其为"Directory"和"Search engine"。Directory 是指一种主题分类目录，由人工对网站进行标引和组织(hand-picked web sites organized into categories)，提供分类检索；Search engine 是基于"蜘蛛"程序的搜索引擎(Spider-Based Search Engine)，由程序自动索引网页建立数据库，提供关键词搜索。搜索引擎是工具性实体，分类搜索和关键词搜索是搜索引擎的功能特征和网络信息的检索方法。

(1)分类搜索引擎

分类搜索引擎是指将信息系统分门归类，经过人工整理后形成庞大而有序的分类目录体系，用户可以在目录体系的导引下通过逐级浏览，发现、检索到有关的信息，是基于人工标引的检索方法。简言之，就是通过目录进行检索，因此分类搜索也可称为目录检索。

它以科学、实用的分类目录为工具，以规范化的自然语言为类名，在对网络信息归纳、概括的基础上，以网站为单元，提供经过专家评价和人工整序的网络信息。分类搜索是突出族性特征的检索方法。由于分类目录已按照学科或主题对网络信息进行了标引，所有网站在分类体系中同聚异分，各有所属，"纵向成枝，横向成网"，只需"按图索骥"，同一类属或相关主题的信息即可"循类以求"，适用于查询具有同一特征的多个目标和主题范围广、概念宽泛的问题。

主要优点：所收录的资源经过人工组织，可以保证质量，减少了检索中的"噪声"，从而提高检索准确性。

局限性：花费大量的人力和时间，难以跟上网络信息的迅速发展，所涉及信息的范围有限，其数据库的规模也相对较小。

Yahoo! 就是一个非常著名的基于目录帮助的网址，其目录按照一般主题组织，顶层按经济、计算机、教育、政治、新闻、科学等分成 14 大类目录，每一大类又分成若干子类，层层递进，就好比在书库中一个一个书架地找书。

(2)关键词搜索引擎

它使用自动索引软件来发现、收集并标引网页，建立数据库，并以 Web 形式让用户找到所需信息资源。比较著名的有：AltaVista、Google、天网、百度、悠游等。用户可以在搜索引擎的界面上输入关键词来进行搜索，关键词一般是与要检索的内容相关的单词或者词组。检索得到的信息资源与用户所需检索的主题匹配程度取决于所输入的关键词，因此在选择关键词的时候要尽量选择与主题匹配精确的词，否则会因为关键词涉及的范围过大而返回大量的检索结果。

主要优点：收录信息范围广、速度快；可直接输入关键词或词组、短语，而无须判断类目、归属，使用方便。

局限性：人工干预过少而使其准确性较差；检索结果中可能会有很多冗余信息。

（3）分类搜索引擎与关键词搜索引擎的混合应用

现在，分类搜索引擎与关键词搜索引擎之间的界线越来越模糊，目前大部分的搜索引擎网站兼具分类搜索和关键词搜索两种功能，我们将这类搜索引擎称为综合型搜索引擎。比如，Yahoo、Google、新浪、搜狐、网易、中华等门户网站。HotBot(http://www.hotbot.com)是美国享有盛誉的综合型、混合型搜索引擎。

（4）多元搜索引擎

还有的搜索引擎将多个搜索引擎集成在一起，通过统一的检索界面进行网络信息多元搜索的检索，这种引擎称为多元搜索引擎或集合型搜索引擎。著名的有：Dogpile、Mamma 和万维搜索（Http：//www.widewaysearch.com）等。网络灯塔(http://www.haiyan.com/steelk/navigator/gbindex.htm)集成了 50 多个中文搜索引擎，分别提供简繁体中文网站、网页和新闻的多元信息搜索服务。

3. 几种典型的搜索引擎介绍

（1）Google 搜索（www.google.com）

Google 是目前世界上最大的搜索引擎，它提供 70 多种界面语言和 35 种检索语言，有分类查询和关键词检索两种检索功能。在需要输入多个关键词进行检索时，词与词之间留一个空格，如图 7-2-1 所示。

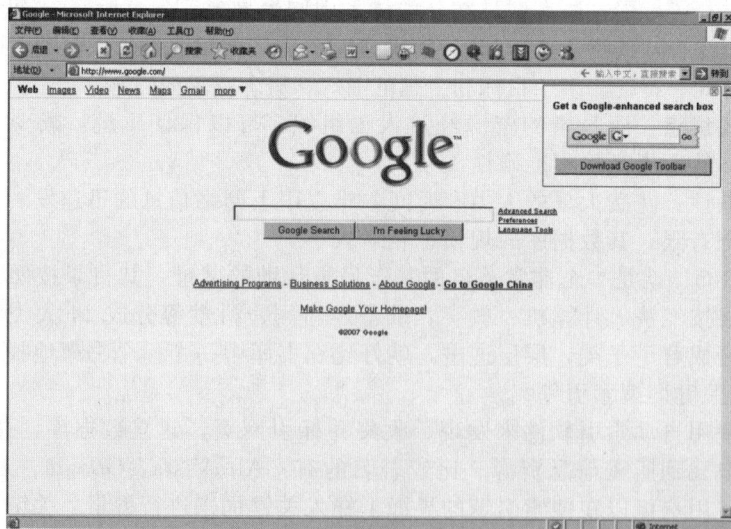

图 7-2-1　google 主页

（2）百度搜索（www. baidu. com）

百度搜索引擎是目前最有影响的中文网络信息检索系统。它的检索词可以是中文、英文、数字，或中英文数字的混合体。

百度提供逻辑与、或、非检索，多个关键词之间必须留一个空格，系统默认为逻辑"与"检索，其他同 Google 的检索方法。百度的字段限定检索同 Google，如图 7-2-2 所示。

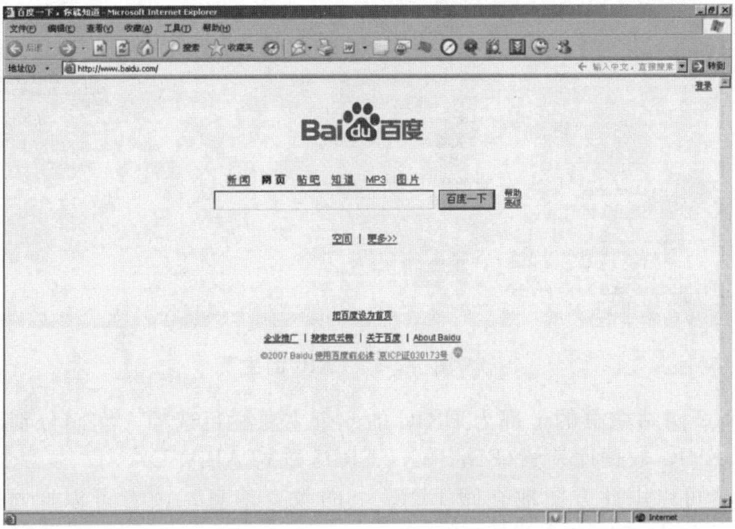

图 7-2-2　百度主页

（3）Yahoo！（http：//www. yahoo. com）

Yahoo！是因特网上历史最悠久、用户数最多的综合型、混合型搜索引擎，是分类式搜索引擎的典范。它拥有 10 余种语言版本，且各版本的内容互不相同。

（4）专题型（专业学科）网络检索工具

专题型检索工具专门提供某一学科/主题范围的网络信息资源导航系统。如中国学术期刊网、中国知网（http：//www. cnki. net/index. htm）、万方系统电子期刊、超星数字图书馆等。

（5）美国教育资源信息中心

美国教育资源信息中心（Educational Resources Information Center，简称 ERIC）成立于 1966 年，目前是世界上规模最大的网上教育资源数据库，其网址为 http：//www. eric. ed. gov/。

ERIC 的核心是 ERIC 教育资源数据库，它包含了超过 100 万条的教育书籍、杂志、会议论文、研究报告、课程和教学指导的记录。下面对图 7-2-3 所示的 ERIC 网站主页的主要栏目进行介绍。

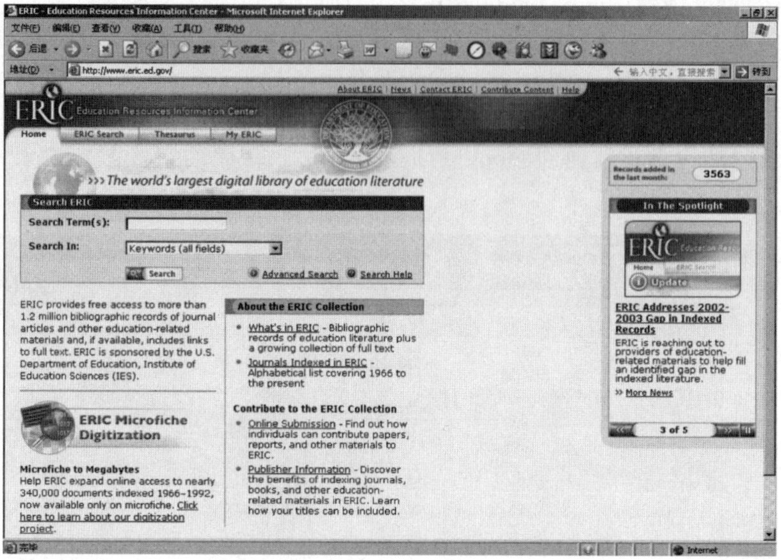

图 7-2-3　ERIC 的主页

ERIC 网站主页的上部为 ERIC 的 6 个主要栏目选项，它们分别是：

① ERIC 数据库检索(SEARCH ERIC DATABASE)

读者可以由此方便地查阅 ERIC 上的教育信息。读者可以通过网址http://www.eric.ed.gov/点击进入该网页。

② ERIC 资源(RESOURCES)

这是 ERIC 的主体部分。读者也可以通过网址 http://www.eric.ed.gov/resources/resources.html 直接进入该网页。

③ ERIC 出版物(PUBLICATIONS)

读者也可以通过网址 http://www.eric.ed.gov/pubs/pubs.html 直接进入该网页。

④ ERIC 教育资源索引(Ask ERIC)

该栏目包括 ERIC 教育资源的 13 个分类，读者也可以通过网址 http://www.askeric.org/直接进入这个网页。

⑤ ERIC 摘要(ERIC DIGESTS)

可以查看 ERIC 数据库中已更新的数据资源。读者也可以通过网址 http://www.ed.gov/databases/ERIC_Digests/index/直接进入该网页。

⑥ 关于 ERIC(ABOUT ERIC)

ERIC 网站主页的左边所列是 ERIC 资源的信息交换站目录。信息交换站中，所有的教育资源被分为成人、生计和职业教育(Adult, Career, and Vocational

Education)；测量和评估（Assessment and Evaluation）、社区学院（Community Colleges）、信息与技术（Information & Technology）、教学和教师教育（Teaching and Teacher Education)等 16 类。

　　下面，给出利用 ERIC 进行信息查询的一个实例。例如，从 ERIC"信息交换站"栏目的"信息与技术"类中查询同时包含 Internet、network（网络）、education（教育)关键词的资料，输入内容的屏幕情况如图 7-2-4 所示。ERIC 返回的信息显示，已查询到的相关资料有 1605 条，每条资料的反馈信息包括：该条资料的数据库代码（CLEARINGHOUSE_NO）、标题（TITLE）、作者（AUTHOR）、关键词（DESCRIPTORS）、摘要（ABSTRACT）、资料日期（PUBLICATION_DATE)等内容。在 ERIC 中，数据库中的文档被保存为 PDF 格式，读者可以通过 Acrobat Reader 等工具软件进行阅读。

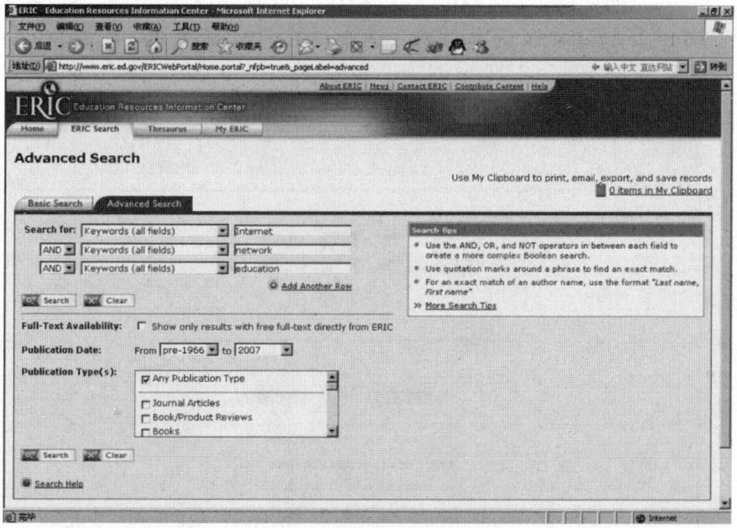

图 7-2-4　ERIC 进行信息查询

7.2.2　非万维网信息资源的检索

　　非万维网信息资源包括：FTP 资源、USENET/Newsgroup（新闻组）、LI-STSERV（电子邮件群)/Mailing List（用户邮件组）、Telnet 资源、Gopher 资源、WAIS（Wide Area Information Server，广域信息服务器)资源。

1. FTP 文件的检索工具

（1）FTP

　　FTP 是文件传输协议（File Transfer Protocal）的缩写，它是目前用在因特网上的 TCP/IP 协议组的一部分，是一种主要的文件传输手段。通过 FTP，可以在因特网上任意两台计算机之间互传文件，而不管这两台计算机的硬件及操作系统平台是否相同，从而大大节省用户的联机通信费用。人们习惯把从远程计算机（FTP 服务器）向本地计算机（客户机）传输即复制文件的过程称为"下载"（download），把从本地计算机向远程计算机传输文件的过程称为"上传"（upload）。

FTP 主要用于传送程序软件和多媒体信息。它采用万维网作为用户界面，运作以大容量和高速度为特点，是获取免费软件和共享软件资源必不可少的工具。它有两种不同的工作方式：一种是在 Internet 任意两个账户之间传送文件，这要求知道两个账户的口令；另一种是匿名 FTP，匿名 FTP 网点允许任何人连入此系统并下载文件，在匿名 FTP 中包含了庞大的有用信息，从中可以找到研究论文、免费软件、会议记录及其他信息。FTP 信息资源是指利用文件传输协议 FTP 可以获取的信息资源。但信息定位比较困难，可用专门的检索工具帮助定位，例如，Archieplex（http://www.lerc.nasa.gov/archieplex）、Filez（http://www.filez.com）、Tile.net（http://tile.net/ftp）等。对于中文 FTP 信息的搜索可用北京大学的"天网搜索"中的"FTP 搜索"（http://e.pku.edu.cn）。如图 7-2-5 所示。

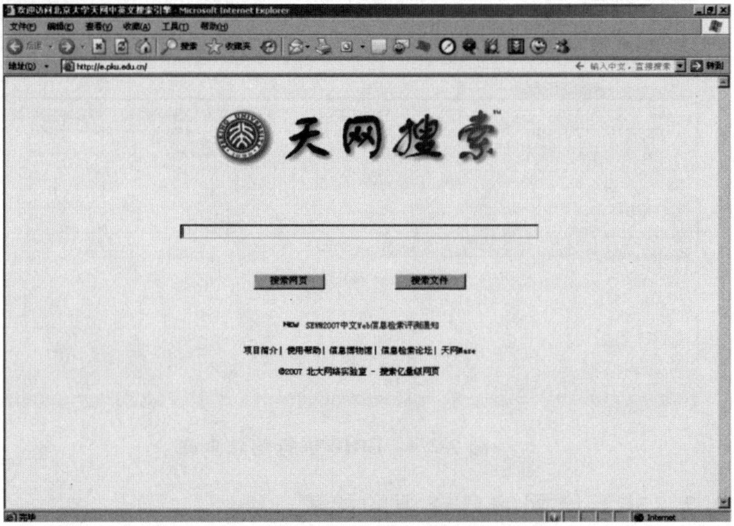

图 7-2-5　天网搜索主页

（2）P2P

P2P 是"peer-to-peer"的缩写，peer 在英语里有"（地位、能力等）同等者""同事"和"伙伴"等意义。这样一来，P2P 也就可以理解为"伙伴对伙伴"的意思，或称为对等联网。

P2P 就是人可以直接连接到其他用户的计算机、交换文件，而不是像过去那样连接到服务器去浏览与下载。下载完成后，还可以将文件作为资源供其他人下载。

P2P 另一个重要特点是改变互联网现在的以大网站为中心的状态，重返"非中心化"，并把权力交还给用户。简单地说，P2P 直接将人们联系起来，让人们通过互联网直接交互。P2P 使得网络上的沟通变得更容易、更直接共享和交互，真正地消除中间商。

P2P 看起来似乎很新，但是 P2P 并不是什么新东西，在现实生活中我们每天都按照 P2P 模式面对面地或者通过电话交流和沟通。事实上，网络上现有的许多服务可以归入 P2P 的行列。即时讯息系统譬如 ICQ、AOL Instant Messenger、Yahoo Pager、微软的 MSN Messenger 以及国内的腾讯 QQ 都是最流行的 P2P 应用。它们允许用户互相沟通和交换信息、交换文件。用户之间的信息交流不是直接的，需要有位于中心的服务器来协调，但这些系统并没有诸如搜索功能，这个特征的缺乏使得它的影响不如 Napster 大。

EMule(电驴)就是一种非常典型的 P2P 下载工具。电驴的宗旨是"我为人人、人人为我"，同一个文件共享、下载的人越多，大家的速度就越快。这点和 FTP 有本质区别。下载文件的同时你也在提供别人下载，下载完的朋友，如果还想帮助别人下载，可以将文件更名，但不要在你的下载目录或者共享目录中删除，这样可以保证大家下载速度越来越快。电驴支持多文件下载，一般同时下载 20 个左右为宜。下载文件的大小建议都选择 600M 以上的，文件太小不光画质不好，共享的人也越少，下载速度反而不快。

2. 用户服务组信息资源

Internet 上各种各样的用户通信或服务组是最受欢迎的信息交流形式，包括：新闻组(Usenet News Group)、邮件列表(Mailing List)、专题讨论组(Discussion Group)、兴趣组(Interest Group)等。这些讨论组都是由一组对某一特定主题有共同兴趣的网络用户组成的电子论坛，在电子论坛中所传递与交流的信息就构成了 Internet 上最流行的一种信息资源。

3. 查询 Telnet 的检索工具

Telnet 远程登录：允许用户从一台计算机登录到远程的另一台计算机上并使用其资源。

Telnet 信息资源：指借助远程登录(remote login)，在网络通信协议 Telnet(telecommunication network protocol)的支持下，登录远程计算机，可以访问、共享远程系统中对外开放的资源。Telnet 系统虽然已呈逐步被 www 系统所取代的趋势，但作为网络信息资源的一个历史悠久的部分，仍具有了解和使用的意义。特别是许多公共性质的信息检索系统，如图书馆系统、BBS 等。Telnet 的主要检索工具是 Hytelnet(http://galaxy.einet.net/hytelnet/START.TXT.html)。

Telnet 远程登录的使用主要有两种情况：

第一种是用户在远程主机上有自己的账号，即用户拥有注册的用户名和口令；

第二种是许多 Internet 主机为用户提供了某种形式的公共 Telnet 信息资源，这种资源对于每一个 Internet 用户都是开放的。

4. 查询 Gopher 的检索工具

Gopher 是一种基于菜单的网络服务，它为用户提供了丰富的信息，并允许用户以一种简单的、一致的方法快速找到并访问所需的网络资源。全部操作是在一级级菜单的指引下，用户只需在菜单中选择项目和浏览相关内容，就可完成 Internet 上远程联机信息系统的访问，无须知道信息的存放位置和掌握有关的操作命令。

Gopher 是一种简单的网络服务，提供丰富的信息，允许用户以一种简单、一致的方式快速找到并访问所需的网络资源。查询 Gopher 资源可用 Jughead（gopher://logic. uc. wlu. edu： 3002/7）、Veronica（gopher://Veronica. scs. unr. edu/11/veronica）等。

5. 查询 WAIS 的检索工具

WAIS 是一个分布式信息检索系统，可检索 500 多个索引数据库，涉及的内容范围极大，适合检索文本文件，阅读世界各地的报纸，扫描各种专业数据库。查询 Internet 的 WAIS 资源可用 WAIS Search Directory（wais://cnidr. org：210/directory-of-servers）等。

WAIS（文档检索）：这是一种基于关键词的文档检索工具。通过将网络上的文献、数据做成索引，用户只要在 WAIS 给出的信息资源列表中用光标选取希望查询的信息资源名称并键入关键字，系统就能自动进行远程查询。

7. 2. 3　网络信息检索策略

通过前面的介绍，已经了解了有哪些检索技术，那么如何才能更好地利用这些技术来检索自己需要的信息呢？因此掌握一定的检索策略是非常必要的。

怎样利用因特网强大的数据检索功能以及计算机的高速运算和交互功能，在因特网上获取有关的资料需要掌握一些网络信息检索策略。

信息检索策略，是为实现检索目标所制定的对检索全过程具有指导作用的整体计划、方案和安排，其中包括提问式分析、检索词及其关系的确定、检索步骤安排等。检索策略对整个检索过程会产生重要影响，并直接决定检索效率和检索质量。无论是普通用户，还是专业用户，掌握并运用网络信息检索策略，将花费最少的时间、精力、金钱，获取最有用的信息。

网络信息检索策略的制定可遵循以下步骤。

1. 确定检索目标

网络信息的查询应该具有明确的查询目的、对象，目的不同、查询对象不同，往往需要选择不同的检索工具和检索方法。只有更多地分析并了解检索对象，明确检索目标，才能更好地确定所需信息的类型、学科范围、内容特征、查询方式、查询范围、查询时间及采用何种限制条件、使用何种检索提问方式等。

2. 选择检索途径

通过对检索对象的分析，具有了非常明确的检索目标，就可以选择以下的一种或综合使用几种检索途径来获取所需信息。

（1）直接访问相关站点

在平时上网的过程中注意收集一些专业性网站的网址，在需要时直接进入网站查询。

（2）使用网络资源指南（resource guide）

网络资源指南是基于专业人员对网络信息资源的产生、传递与利用机制的了解，对网络信息资源分布状况的熟悉，以及对各种网络信息资源的采集、组织、评价、过滤、控制和检索等手段的全面把握而开发出的可供浏览和检索的网络资源主题指南。综合性的主题分类树体系的网络资源指南，如 Yahoo 等是广为人知的，还有 The WWW Virtual Library，The Argus Clearinghouse 等都具有广泛影响，并受到普遍欢迎。而专业性的网络资源指南就更多了，几乎每一个学科专业、重要课题、研究领域的网络资源指南都可在 Internet 上找到。

（3）使用搜索引擎

这是较为常规、普遍的网络信息检索方法。为用户提供的关键词、词组或自然语言检索，根据用户提出的检索要求，搜索引擎代替用户在数据库中进行检索，并将检索结果提供给用户。

（4）使用非万维网检索工具

对同一查询目标，尽量选择多种检索工具，从不同的角度去检索。例如用北大的"天网搜索"直接进行"FTP 文件搜索"，也是较好的方法。

（5）使用光盘数据库检索和国际联机检索

光盘数据库国内的有《中国学术期刊（光盘版）》《万方数据库》《人大复印资料系列光盘数据库》等，可供查找较专业性的资料；国际联机检索 DILOG 系统，无论数据量还是使用频率均居世界各检索系统的首位，其检索软件成熟、学科范围广、数据质量可靠、权威性高。对专业信息的查询使用光盘数据库和国际联机检索可以获得较为准确而且全面的信息。

3. 运用检索技巧

无论使用搜索引擎还是非万维网检索工具进行信息检索，运用一定的检索技巧是非常必要的。注意：每个搜索引擎的特点都是不同的，因此有必要在开始查找前先看下搜索引擎的帮助页面。

（1）选择合适的检索词有利于提高检索的精确度、准确性，例如，专指词、学科词汇、特定概念或专业术语等。

（2）使用高级搜索

在进入搜索引擎的首页后，点击主页上的"高级搜索"就可以进行高级搜索了。高级搜索中，可以对文件类型（.pdf、.xls、.doc、.txt、.ppt 等）、语言、日期、字词位置（关键词位于网页的标题、内文、链接等位置）等进行限定，再进行精确查找。

（3）构造恰当的检索表达式

如何在搜索引擎中，输入恰当的检索表达式，将影响到检索结果是否与预期的相符。为了使输入的检索表达式更加精确，可以用到以下技巧。

例如，使用布尔逻辑运算中的"AND、OR、NOT"或使用双引号将需要检索的词组或短语标出：AND 表示返回的结果满足每个条件；OR 表示返回的结果满足其中一个条件；NOT 表示返回的结果排除条件所要求的记录。

当然也可以使用简化的逻辑运算符，使用"需要""排除"等概念，一些搜索引擎允许你在搜索时指定多个重要的关键词。在关键词前面加入"＋"，表示在返回结果时需要此条件；在关键词前面加入"－"，表示返回的结果时排除此条件。例如，＋现代教育技术＋学习资源－电化教育，表明返回的网站内容中包含"现代教育技术"与"学习资源"，但是不包含"电化教育"。

如果需要寻找完整的短语，可以将这些短语放在双引号中，比如，需要搜索"网络教育"，这样搜索到的内容就不会是包含"网络"和"教育"两个独立词的信息，而是包含"网络教育"这个完整短语的信息。

如果想要的搜索结果包括不同的拼写或者单词结尾，可输入关键词的一个部分并插入一个符号，通常使用 * 。如：输入 information * 可得到包含 informational 等词的相关信息。

（4）利用同义词、近义词进行扩检

比如：想检索"教学交互"相关信息，除可以输入"教学交互"进行检索外，还可以输入"教学交流""教学互动"等词进行扩检。

（5）中文信息检索使用中文搜索引擎

如：天网搜索，侧重于学术信息；中经网导航是较系统全面的经济、法规搜索引擎；中国网友—— Chinapartner 提供中文、经济、娱乐方面的导航；百度提供新闻、网页、mp3、图片和网站等。这些都是较好的中文信息检索工具。

（6）尽量使查询条件具体化，根据需要选择网页搜索，网站搜索等

（7）寻求网上帮助

使用 BBS 电子公告牌、E-mail、QQ，或者访问专门回答问题的网站，如：http://www.findout.com，百度知道等（对具体的问题，提供快速、免费回答）。

7.3　社会性软件在网络教育中的应用

7.3.1　什么是社会性软件

　　网络软件也属于网络资源的一部分，下面对相关网络软件进行介绍。社会性软件就是其中一类。

　　Social Software 常常被译作社会软件，Meatball 这样解释社会软件：它代表支持全体交互的一类软件。互联网密切了人们的联系，拉近了人与人之间的距离，它的使用模式也逐渐从传统的"人机对话"转变为"人与人对话"。"人机对话"模式下的个人软件主要是让机器完成文档处理或者获取信息，比如办公软件、浏览器等，这些属于传统软件；而社会软件的功能主要是为了网络中的人与人之间进行对话，人们在使用社会性软件的过程中，感受到的是计算机另外一端的人在与自己对话，这就是社会性软件的本质特征。

　　社会性软件反映人们社会存在和社会关系，是建立在这些特性上的信息交换软件，其内涵包括以下三点：（1）社会性软件首先是个人软件，是个人网络化的工具；（2）社会性软件构建的是社会网络，这个社会网络包括弱链接、中链接和强链接；（3）社会性软件是个人性和社会性的统一。

　　而网络的四大交流媒体 E-mail、BBS、IM（如 QQ）、Blog 都属于典型的社会性软件，它们在网络教育中都有着极为重要的支持性作用。那么在日常所见到的软件中哪些属于社会性软件，哪些不属于社会性软件呢，见表 7-3-1。

表 7-3-1　社会性软件与非社会性软件

社会性软件	非社会性软件
Blog/Wiki/Hydra/Messenger	对等文件共享网络
E-mail（电子邮件）	FTP archives
NNTP（网络新闻传输协议）	DNS（域名服务器）
IM（即时通讯软件）	Search Engines（搜索引擎）
IRC（在线聊天系统）	CRM Systems（客户关系管理）
WEB BBS（互联网）	电子商务站点推荐引擎
SMS（无线短信服务）	协同式垃圾邮件过滤器

7.3.2　社会性软件的类型

　　社会性软件大致可以分为以下几类。

1. 显式的社会性软件

此类社会性软件就是要简单地建立社会关联，尤其是强/弱链接。例如Friendster(http://www.friendster.com/，见图 7-3-1)，它是一家以交朋友为目的的网站。会员之间可通过电子邮件相互查阅照片、资料和兴趣等个人信息，如果进一步交往的话，则可以邀请对方约会。Friendster 的秘诀是"通过朋友来找朋友"，换言之，"你可以和朋友的朋友、朋友的朋友的朋友……快速成为朋友"。举例而言，甲和乙是好友，乙和丙也是好友，那么甲与丙之间通过乙的介绍，也有可能成为好友，而且由于乙的存在，使得甲和丙之间能够迅速认识并且关系能够快速契合。正是按照这一原理，像"滚雪球"一样，使注册会员越来越多。在Friendster 所勾画的朋友圈中，每个会员的社交圈都是树状结构，并且随着朋友级数的增加，其结识的朋友数目也呈几何级数增长。关键是，每个会员所结识的新朋友都不是毫无关系的陌生人，而是存在某种千丝万缕的关联。创办于2003年 3 月的 Friendster 网站又创造了一个互联网的奇迹，它在半年内发展会员 200万，到如今已经突破 400 万，其会员数目还在呈几何级数急剧增长。在硅谷，每3 个人就有 1 个人使用"Friendster"的交友服务。

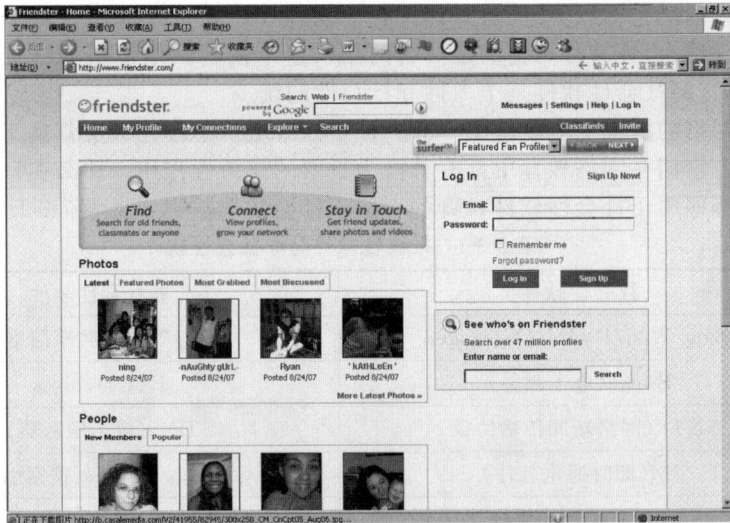

图 7-3-1　Friendster 主页

2. 协作和通信工具

此类工具通常包括了各种支持 CoP(Community of Practice，实践共同体)的工具，例如 Groove 和 Instant Message。人们通过此类工具来相互交流、协作，可以分为实时交流工具(即时通讯，简称 IM)和异时交流工具，实时交流工具比如 MSN、QQ、ICQ、阿里旺旺、飞信等，异时交流工具包括 E-mail、BBS 等，以及各种支持 CoP 的工具，例如 Groove。

按照交互对象的多少可以分为：一对一、一对多、多对多。有些社会性软件可以同时具有一对一、多对多的功能，比如：QQ 可以两个用户单独聊天，也可以在 QQ 群内进行多对多的交互；E-mail 则具备一对一和一对多的交互功能；Usenet(新闻组)、Mailing Lists(邮件列表)、MUDs and MOOs(多用户网络游戏)等则侧重多对多的交互。

3. 个人出版和聚合工具

Blog 全名 Web log，中文意思是"网络日志"，后来缩写为 Blog。它是继 E-mail、BBS、IM 之后出现的第四种网络交流方式，产生于 90 年代末的美国，2002 年开始在中国出现，最近两年在中国取得了长足的发展并为人们所认可，是一种比较典型和成功的社会软件。相对于前面的协作和通信工具的社会性软件，Blog 属于个人出版和聚合类型的社会软件，它将人们的个性展现到了极致。

微博，即微博客(MicroBlog)的简称，是一个基于用户关系的信息分享、传播以及获取平台，用户可以通过 WEB、WAP 以及各种客户端组件个人社区，以 140 字左右的文字更新信息，并实现即时分享，与其他网络软件相比，具有短小精悍、交互性强、话题汇聚、信息同步等显著优势。最早也是最著名的微博是美国的 twitter(如图 7-3-2 所示)，根据相关公开数据，截至 2010 年 1 月份，该产品在全球已经拥有 7500 万注册用户。2009 年 8 月份中国最大的门户网站新浪网推出"新浪微博"内测版，成为门户网站中第一家提供微博服务的网站，微博正式进入中文上网主流人群视野。

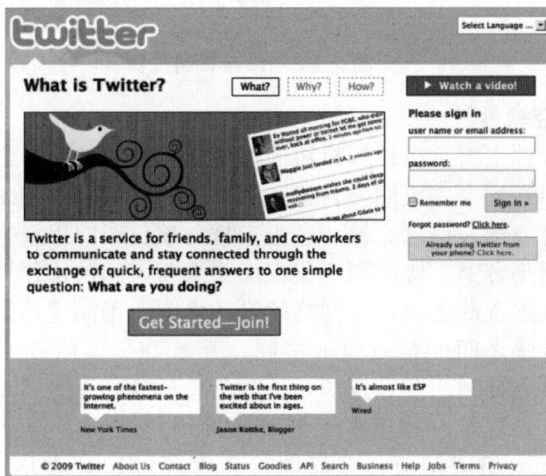

图 7-3-2　twitter 主页

Wiki 也属于此类工具，是一种多人协作的写作工具。Wiki(维客)一词来源于夏威夷语的"wee kee wee kee",原本是"快点快点"(quick)的意思,Wiki 站点可以由多人(甚至任何访问者)维护,每个人都可以发表自己的意见,或者对共同的主题进行扩展或者探讨。Wikipedia(维基百科,http://www.wikipedia.org/,见图 7-3-3)是目前世界上最大的 Wiki 系统,它是一个基于 Wiki 和 GNU FDL 的百科全书网站系统。该系统于 2001 年 1 月投入运行,2001 年 2 月超过 1000 条条目,2001 年 7 月超过 10000 条条目,截止到 2003 年 10 月,40 个语言版本的维基百科总文章数超过 30 万条,而且非英语版本的总文章数首次超过英语版本。截止到 2012 年 3 月,英语、日语、法语、中文等 10 种语言,总文章数达到 11975000。

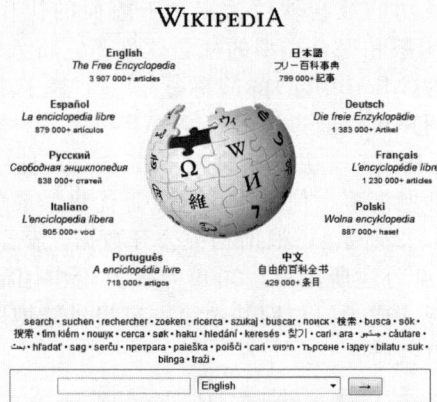

图 7-3-3　维基百科主页

4. 智能社会软件

智能社会软件主要是指计算机协同工作软件,"协同"的最基本含义是协同工作,就是多人相互配合完成同一目标。"协同软件"的基本要求是支持为群组协作的目的而进行的通讯、信息交换、进程安排与项目跟踪以及人员管理等工作。而在竞争协同应用平台上,协同则不仅仅反映人与人间的协作,还包括不同应用系统之间、不同数据资源之间、不同终端设备之间、不同应用情景之间、人与机器之间、科技与传统之间的全方位的协同,其核心是以用户为中心,以业务为目标,有效组织与充分利用各种资源,消除信息孤岛的思想体系。

比如群件工具就是一种用来促进不同的用户之间进行协同工作的计算机软件,主要包括五大组成部分:多媒体信息管理(Multimedia Document Management)、工作流程(Work Flow)、电子邮件(E-mail)、小组会议(Group Conferencing)、小组日程安排(Group Scheduling)。常见的群件工具有 Lotus Notes 和 Microsoft Exchange。各部分介绍见表 7-3-2。

表 7-3-2　群件的各组成部分简介

组成部分	简　介
多媒体信息管理	主要原理是将 SQL 数据库与文件系统结合起来，支持小组工作和文件共享。 包括多种文件的共享，如图片、文本、音/视频剪辑。不同用户拥有不同的权限，可以对文件进行编辑，修改再上传。
工作流程	根据固定工作流程设计的一种程序，能自动执行一系列工作。工作流程系统是一个复合体、是一种刚性结构，制作费用昂贵，对设计者的要求较高。
电子邮件	镶嵌在群件中，扩大了客户机/服务器的服务范围。
小组会议	支持实时的交互与协作，异时的各种讨论和决策，共享应用程序和桌面，工具包括即时通讯系统(如 AOL 即时通讯)、电子白板、决策支持系统。
小组日程安排	可以用项目管理软件来支持资源和时间的管理和分配。比如，开会时间的确定，整个工作框架的确定，对整个项目的发展进行监控等。

群件工具按照功能可分为三类：基于计算机的交流，可通过 E-mail，BBS，视频会议实现；会议和决策支持系统，可通过会议室，决策工具来实现；程序共享，可通过共同编辑系统和数据库来实现。

有人也把网络游戏划分为社会性软件，因为网络游戏是多人互动，且模拟社会分工。网络游戏虽然带有较多的社会性的特点，但网络游戏的最主要特点并不是交友(交往)，而是游戏，分工合作也是为了游戏而存在的，而并不是纯粹为了建立社会体制而分工，所以在此不把网络游戏看作是社会性软件。

7.3.3　社会性软件在网络教育中的应用

从因特网教育资源的定义来看，社会性软件并不是为教育专门开发的，只是被教育所应用，以 QQ、MSN、E-mail、BBS、Blog 等社会性软件构成了新一代互联网模式的核心，在 Web2.0 环境下这些社会性软件在网络教育中发挥着关键的作用。

1. 即时通讯软件在网络教育中的应用

QQ、MSN 等即时通讯软件作为使用频率最高的网络软件，已经突破了作为技术工具的极限，被认为是现代交流方式的象征，并构建起一种新的社会关系。它是迄今为止对人类社会生活和学习改变最为深刻的一种网络新形态，可以使得师生或生生等协作者之间即使不在同一个地方也能进行同步交流，即时反馈。同步通信工具不但可以传送文字信息，而且还可以传送语音甚至视频信息。所以

QQ、MSN 等即时通讯软件是师生或生生进行 P2P 交流沟通的一种绝好方式。

2. 异步通讯工具在网络教育中的应用

E-mail、BBS 等异步通讯工具是以网络和计算机为核心的现代信息技术导入教学，使课堂教学的结束成为另一种学习活动的开始。如：应用基于 Web 的 BBS（电子布告牌）系统进行异步教学讨论。它是以发表文章为基本的讨论交流形式，它的交流不受时间限制，参与讨论的学习者可以对讨论问题进行充分的思考。通过不同观点和立场的碰撞与交流，可以大大促进学生对某些复杂事物的认识深度以及自主思维的深度。同时，学生可通过 E-mail 及附件提交作业或提出在学习过程中碰到的困惑，教师则通过 E-mail 回复学生并可以同学生对问题进行共同的探讨。同样，学生们在网络学习的过程中同样也可以就问题或疑惑展开探讨，最终达成一致观点。

同步通讯便于信息的及时互通，但通讯双方必须在同一时间进行，但相对来说灵活性显得不够。异步通讯虽有信息延迟的缺点，但有更大的灵活性，同时也没有书写或表达上的紧迫感。一般说来，在一个网络学习环境下，同步和异步要相互结合使用，共同帮助学习者进行协作学习。通过这些交互、合作、沟通，学生可以看到问题的不同侧面和解决途径，从而培养思考问题、解决问题的全面性；培养创新精神，增加对知识的新的洞察力。通过这些交流，教师可了解学生的学习情况，对共性的重点、难点和疑点可在面授时作为辅导内容，做到有的放矢。

3. 博客（Blog）与微博（Microblog）在网络教育中的应用

网络学习者在 Blog 环境下的交流主要是通过回溯引用（TrackBack）和回响/留言/评论（comment）的方式来进行。它能很好地支持网络学习并且是一种很有前景的网络环境支持下协作学习的社会软件，Blog 在支持网络协作学习的优势特点主要有以下几个方面：

（1）零技术特性，降低了基于网络环境协作学习的门槛。即使没有专业化的协作学习平台，也能进行协作学习。各协作组织只要拥有自己的 Blog 空间就可以方便地进行基于网络的协作学习。

（2）Blog 个性化的共享，提高了协作成员的个体自觉性和整体的合作性。个性化激励着每个成员在撰写学习日志时充满了高度的自觉性、责任感和成就感。它的共享性保证各成员间深度的交流，将成员间的隐性知识转化为显性知识，通过友情 Blog，各成员能及时了解其他成员的学习动态、互通有无、互相竞争、互相协作。

（3）时间为序的组织方式体现了协作学习的过程。记录了成员学习和思考的过程，便于成员对自己学习全过程进行反思、总结和提炼出成果；便于协作成员对细节话题进行深度讨论和交流；便于教师及时全面地掌握学生学习中反馈的问题，给以帮助和指导；便于实现过程性的多元评价，从技术角度支持了学习文件夹的评价方法，支持自我评价、相互评价，支持了教师对学生的评价，也支持了协作组织间的互评和自评。

（4）Blog 个性化的收藏夹为知识管理提供了方便。协作成员从互联网上获得的资源十分便利地呈现出来，形成一个有序和松散的大型资源宝库。对于主题学习的进一步深入提供了资源保障，使每一位成员真正成为资源的管理者和消费者。

基于微博（Microblog）的教育应用研究和实践，是当前现代教育技术领域的热点之一。2009 年 5 月，美国得克萨斯大学历史学教授 Monica Rankin 在 Youtube 上发布了在课堂使用 Twitter 微博平台的视频，引起了关注。她要求学生通过手机参与微博线上讨论及互动，教室设有大屏幕，可以实时显示互动状况，教师及助教也即时回复及评论学生的疑问，大大调动了学生的积极性，并能畅所欲言、交流思想、产生新的想法。

相对而言，国内微博教育起步较晚，有郝兆杰等学者将微博分别引入教育技术学专业的"C 程序设计""大众传播学""大学英语"教学中，在提升师生交流、知识点学习、学习兴趣等方面效果显著，并能有效促进协作学习及团队协作精神的培养。

7.4　版权保护与因特网信息资源的合理利用

现在，及时获取信息、利用信息成为人们生活、工作和学习的基本需求。人类获取信息的手段越来越多，如电视、电话、广播、报纸以及越来越普及的因特网。

因特网已成为教育教学的一个主要信息来源。教育已经不再是仅仅把过去的人类文明传递给下一代，而是为未来社会培养人才。教师必须了解和掌握人类社会最前沿、最先进的东西，并通过交流提高自己的教学科研水平。在制作演示文稿或其他课件时，必然要用到大量的素材资源。除了自己创作一些素材以外，可能要引用大量别人创作的素材。

但因特网信息资源的免费性和高度共享性并不意味着人们的版权意识越发淡薄，相反对于知识产权的保护也日见受到人们的重视。因此，对于如何合理合法地利用网络信息资源也是需要大家学习的。如何合理合法地利用这些素材资源呢？下面就这方面的问题进行一些探讨。首先来了解一下版权的概念。

7.4.1　版权的基本概念

版权是指作者或出版者对作品享有的出版或作别种处置的权利。版权由多种不同的权利构成，并且在不同的国家关于版权的规定也有所不同。在《保护版权伯尔尼公约》和其他一些国家的法律条文中，都对版权的组成部分做过分析，其中有两项是每种版权都具有的成分，即道德权利和经济权利。道德权利涉及是否尊重作者权利；经济权利则主要是指复制权、公开发行权和适当修改权等。可以看出，电子版权管理应更多考虑经济因素。在涉及经济的一定因素时，"合理使用"与"合理处理"往往被限制在一个有限的范围。特别是向公众播放的信息，要考虑的版权难度就更多。

因特网信息资源十分丰富，它主要包括两大类信息：一类是随意共享的公众信息；另一类是受到版权保护的作品。由于因特网是一个极为松散的组织体系，它没有专门的中央机构对其进行集中管理和统一规划，其特点是自由连接、自由发布信息、自由扩展、自由增加添加服务方式和服务内容。

因特网信息资源的最大特点就是共享性和免费性，而对于该信息是不是受到版权保护则是许多人不愿意触及的问题。然而，作为信息用户尊重版权人的劳动和劳动成果是十分必要的。因为，信息用户自己的劳动成果也有可能会转化为受到版权保护的信息。要回报作者们的劳动，但这还不是版权法的首要目的，其首要目的是要促进科学和有用艺术的进步。所以，版权法一方面保障作者们对其创造成果所拥有的权利；另一方面也鼓励其他人不受限制地在此著作所表达的思想基础上进行再创作。因此，对教育工作者而言，如何寻找信息共享与尊重版权之间的平衡点就显得尤为重要。

7.4.2 因特网信息资源的优势

因特网是目前世界上最大的一个计算机网络，其各种资源极其丰富。它作为一种信息公开、资源共享、交流广泛和不受国界限制的信息资源库，其优越性是其他媒体所无法比拟的，同传统媒体相比，它的优势主要体现在：因特网上的信息有巨大的容量；因特网缩小了科学交流的空间距离，提高了交流的速度和效率，为用户提供了不受时空限制的信息自由交流的环境；能兼容正式交流和非正式交流方式，为保存科学成果提供了一种世界性的文献库，也为知识生产和消费双方更加经济、有效和快捷地进行非正式交流找到了替代途径。

正因为因特网有着如此快捷的信息流通能力，使得人们获取信息资源也更加容易，但是与此同时，知识产权的保护难度也加大了。版权人经常无法从巨大的网络传输市场中获得应得的利益，版权很容易受到损害，从某种程度上来讲挫伤了他们的工作积极性，使他们不得不花费精力、时间和金钱打官司以维护自己的权益，从而间接阻碍了人类文明的进步。国际版权界在1996年底出台的《世界知识产权组织（WIPO）版权条约》和《世界知识产权组织（WIPO）表演和唱片条约》中对因特网环境下的版权保护提供了国际依据。当前，教育界作为因特网信息资源的受益者，也必须遵守一定的版权要求。但鉴于教育对人类社会进步贡献的特殊性，以及教育界使用信息资源的特殊性，所以电子知识产权对教育界有一些特殊的优待条件。

7.4.3　合理使用的原则

在充分考虑教育界使用版权信息的特殊性后，"合理使用原则"成为目前各国版权法普遍承认的原则和现行的一条非常重要的版权原则，对于教育和学术研究有着特殊的价值。虽然各个国家对版权有不同的要求，但对"合理使用原则"的解释基本相同，通常是指为了学习、引用、评论、注释、新闻报道、教学、科学研究、执行公务、陈列、保存版本、免费表演等目的，可以不向版权人支付报酬而使用其作品。"合理使用原则"是教育界使用教育资源的基本原则。教育工作者包括学校里的教师、工作人员、图书馆员、档案馆员和其他从事与教学、教育科研、社会教育、学术活动的相关工作人员。教育界也包括各类学生，他们是教学活动的对象和教育科研的参与者。

美国在 1976 年修订的版权法对"合理使用"有如下定义：使用任何方法复制各种材料，将这些材料用批评、评论、消息报道、教学、科学（包括用于教室内使用的多本复印件）、学术及科学研究不得违背版权法。它允许教师、学生、学者及艺术家使用持有版权法的各种资料，不必取得作者和出版商的许可，也不必付任何使用费，这对促进知识的进步和提高教育质量是至关重要的。

7.4.4　合理利用的方法

一般说来，在教育界，获得知识产权保护信息有以下三条途径：

(1)向信息部门索取有关知识产权和版权法的法律法规及相关文献，以切实了解有关文献的浏览、借阅和复制等版权要求。

(2)利用网络检索有关知识产权保护的信息。当前绝大多数网页在提供信息的同时也会提供关于使用这些网页的版权要求。

(3)向信息咨询服务机构索取知识产权保护信息。

到目前为止，虽然还没有具体和完善的国际通用的因特网资源利用标准，但专家对利用资源的具体方法还是提出了一些合理化建议。特别是美国在 1998 年 10 月由总统克林顿签署了"数字千年法案"(The Digital Millemimn Copyright Act of 1998)，这个法案是迄今为止比较具体的规定利用因特网资源的方法的一个法案。

对于合理利用因特网教育资源的方法主要注意以下几点：

(1)合法进入因特网，即通过正常途径建立计算机与因特网的联系。

(2)建立个人账户，设置密码，以保证自己的网上权益不被侵犯。

(3)不要有意探求、浏览、复制和修改他人的文件或密码。更不能不经他人允许而使用其账号。

(4)如果遇到某份文件无法确认是公共信息还是受版权保护的信息，应推断其为受版权保护的信息。

(5)不要试图解除或破译受到版权保护材料的密码或侵入不允许进入的系统，

特别是不能破坏计算机的管理和账户系统。

（6）在共享状态下，不在计算机上展示令他人不安或尴尬的图像、声音、文字或其他材料。

（7）对于不允许复制、收集、修改和编辑的网上材料，除浏览外，不允许违背其使用要求。如果不能确认是否可以采取浏览之外的行动，应认定为不可以。

（8）如果认为自己建立或创造的数据库对教学、科研工作有益，则个人有义务维护它。

（9）个人可以在网上发布自己对某些问题的意见或展示自己的成果，但必须学会对其负责，不得随意修改网上信息。不得传播和散布计算机病毒。

思考与练习

1. 网络教育资源包括哪几个方面的内容？

2. 你经常使用的是什么搜索引擎工具？请列举三个网站，并说明它们分别属于哪种类型的引擎。

3. 通过美国教育资源信息中心（ERIC）网站查找你所熟悉学科的教学资源。

4. 请尝试用三种以上的方法下载你所需要的因特网教育资源。

5. 列举你常用的几种社会性软件，并阐述其对你的工作学习生活的影响及作用。

6. 阐述合理利用因特网信息资源的原则。

第8章　多媒体开发基础

内容提要

通过本章的学习，了解计算机辅助教学的产生与发展、多媒体课件的开发工具，并掌握多媒体素材采集与制作的方法，熟悉多媒体课件制作基本流程，将多媒体课件应用于教学。

8.1　计算机辅助教学概述

8.1.1　计算机辅助教学的产生与发展

1. 计算机辅助教学的产生与发展

计算机辅助教学的研究始于美国，第一个教学系统于 1958 年产生。1958 年美国 IBM 公司沃斯顿研究中心设计了世界上第一个计算机教学系统，CAI 以此为起点逐渐发展起来。计算机辅助教学的产生与发展主要有其物质基础、理论基础和社会基础。计算机辅助教学的发展大体经历了以下阶段：发展的初期阶段（1958 年到 1975 年）、普及阶段（1976 年到 20 世纪 80 年代末）、全新发展阶段（1990 年以后）。

我国计算机辅助教学起步较晚，20 世纪 90 年代的发展有了更大的进步，与国际的差距缩小。

2. 计算机辅助教学的基本概念

（1）计算机辅助教育（CBE）

计算机辅助教育，简称 CBE（Computer Based Education）。指以计算机为主要媒介所进行的教育活动。也就是使用计算机来帮助教师教学，帮助学生学习，帮助教师管理教学活动和组织教学等。

计算机辅助教育主要包括以下两个方面：计算机辅助教学，简称为 CAI（Computer Assisted Instruction）；计算机管理教学，简称为 CMI（Computer Managed Instruction）。

（2）计算机辅助教学（CAI）

计算机辅助教学是在计算机辅助下进行的各种教学活动，以对话方式与学生讨论教学内容、安排教学进程、进行教学训练的方法与技术。是用计算机帮助教师进行教学或用计算机进行教学的广阔应用领域。它既是计算机在教育中的一个重要应用领域，又代表一种新的教育技术和教学方式。CAI 为学生提供一个良好的个人化学习环境。综合应用多媒体、超文本、人工智能和知识库等计算机技术，克服了传统教学方式上单一、片面的缺点。它的使用能有效地缩短学习时间、提高教学质量和教学效率，实现最优化的教学目标。

作为一种教学媒体，计算机可以起到与其他传播媒体一样的呈现知识、给予反馈作用，但是由于其有着存贮信息、处理信息、工作自动化等功能，因此 CAI 具有如下特点：

① 大容量的非顺序式信息呈现。计算机可存贮相当丰富的信息量，可包括一门课程或与某个对象有关的全部知识。学习者既可以浏览所有知识，也可以按需要获取其中任意所感兴趣的一部分，而不仅是按顺序阅读，或是按教师所给出的那一部分的内容进行阅读。

② 学生可以控制学习内容和学习进度。通常的 CAI 系统都允许学生选择学习内容，也设置一些同步措施，仅当学生学习了前一部分知识后才进入下一步的学习。这样，学生的学习进展不受时间与地点的限制，可以取得最佳的学习速度。

③ CAI 系统可以通过提问、判断、转移等交互活动，分析学生的能力和学习状况，调节学习过程，实现因人施教的教学原则和及时的反馈原则。

④ 因为教学进度由学生控制和连续的提问—反馈或是操作—反应刺激等交互活动，学生在 CAI 活动中处于一种积极、主动的精神状态，不像被动受教时那么容易疲劳和受干扰，教师从而可以取得较好的教学效果。

⑤ 计算机可保留各个学生的学习进展记录，并进行各个学生的学习进程分析和群体学习分析，对教师或软件开发者提供了教学决策支持。

⑥ 目前的网络技术使 CAI 可获得群体的支持，解决个别化学习与群体学习的矛盾。

(3)计算机管理教学(CMI)

CMI 是 CBE 的一个重要组成部分，是利用计算机来管理、指导和研究教学的自动化教学管理技术。其特征是：计算机管理教学过程中，所存储和提供的是学生档案和学习情况的信息而不是学科知识；计算机管理教学的对象是教师而不是学生，其主要目的是帮助教师对教学进行决策和管理。

8.1.2 计算机辅助教学的基本模式

1. 传统的教学模式

教学过程是教师根据教学目的、任务和学生身心发展的特点，通过指导学生有目的、有计划地掌握系统的文化科学基础知识和基本技能，发展学生智力和体力，形成科学世界观及培养道德品质、发展个性的过程。

2. 计算机辅助教学(CAI)模式

计算机辅助教学模式是指利用计算机进行教学活动的交互方式，也称教学策略。

常见的 CAI 教学模式：

(1)操作练习(Drill and Practice)

(2)个别辅导(Tutorial)

(3)咨询方式(Consultation Mode)

(4)模拟演示(Simulation and Demonstration)

(5)问题求解(Problem Solving)

(6)教学游戏(Instruction Game)

8.1.3　计算机辅助教学系统的组成

狭义的 CAI 系统由计算机硬件(Hardware)、系统软件(System software)和课件组成。

1.CAI 系统的硬件。硬件是 CAI 系统的物质基础。

2.CAI 系统的软件。PC 机操作系统目前使用 Windows 的居多，也有使用 Linux 的。对于局域网，目前常见的操作系统有 Netware、Windows XP 和 Unix。常用的高级语言有 Visual Basic、Visual C 等。

3.课件即教学软件。

8.1.4　常见的课件类型

1.按课件的结构类型分类

可以分为以下几种类型：

固定型课件，其特点是结构固定。

生成型课件，其特点是节省 CAI 的存储空间。

数据库型课件，其特点是容易做到数据与控制分离。咨询型课件通常属于这种类型。

智能型课件，该类课件目前还处于探索和研究阶段。

2.按课件的教学类型分类

可以把课件分为个别辅导型、操练与练习型、模拟型、游戏型、咨询型等。

(1)个别辅导型课件

个别辅导型课件的教学过程是：将教学内容划分为一个个小的教学单元，每一个单元只教授一个概念或一个知识点，完成教学目标的一部分。对于每个单元的教学都是先由计算机在屏幕上以各种方式显示教学内容，使学生对新知识有一定的认识和了解。然后，围绕所传授的知识提出若干问题，让学生回答。根据学生的回答，计算机判断学生是否掌握了这一单元的知识。如果这种教学评估的结论是没有达到预期目标，则返回到本单元开头重新学习，或诊断原因后提供有针对性的补救教学内容，进行补充学习，以加强学生的理解，然后重新作教学评估。如果已经达到预期目标，则进入新单元进行学习。这样，当所有的单元全部学完后，即可达到总体的教学目标。

个别辅导型课件具有个别化教学、学生参与学习的教学特点，如图 8-1-1 所示。

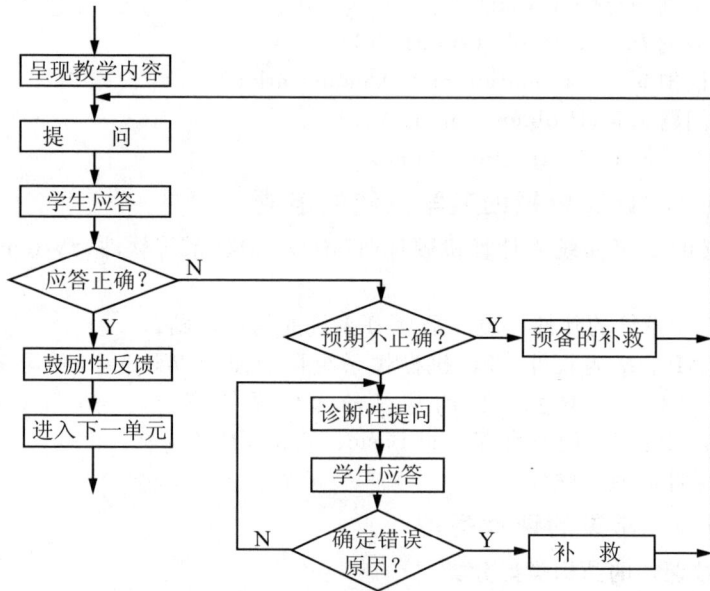

图 8-1-1　个别辅导型课件结构

最常见的个别辅导型软件实例是 Windows 操作系统及其应用软件系统中带有的联机帮助模块。

(2)操练与练习型课件

操练与练习型课件的教学过程是按照一定的规则向学生提出问题，当学生回答完毕后，计算机判断其答案是否正确，并根据学生回答的情况给予相应反馈，以促进学生掌握某种知识与技能技巧。接着，计算机提出下一个问题。这个过程一直重复下去，直到达到预期的要求或预先设定的时间或次数用完后结束，操练与练习型课件具有如下特点：反馈及时；能够激发学生的学习动机；能够提供学生操练与练习的成绩记录。

操练与练习型课件的基本结构是一个典型的循环结构，如图 8-1-2 所示。

下面是一个小学数学四则混合运算练习型课件的实例：

指出下列选项中，哪个是算式"$(3+6)\div3=?$"的正确答案？

A. 5　　　　　　　B. 4　　　　　　C. 9　　　　　　D. 3

答：D

很好，答对了。

指出下列选项中，哪个是算式"$1+3\times4=?$"的正确答案？

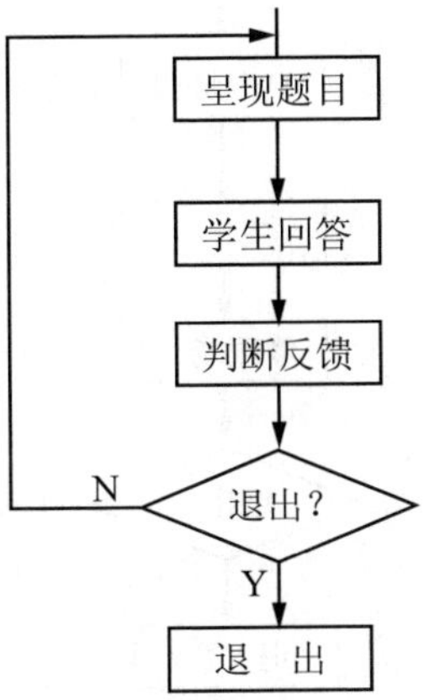

图 8-1-2　操练与练习型课件结构

A. 20　　　　　　B. 1　　　　　　C. 8　　　　　　D. 13

答：A

错了。请注意四则混合运算要先算乘除，后算加减。正确答案是 D。

（3）模拟型课件

模拟（Simulation）型课件是利用计算机来模拟某种真实的实验现象、自然现象或社会现象，学生通过观察、操作与思考，自己总结出结论，或通过操作熟练某种操作技巧。

模拟型课件的教学方式可分为：

·演示模拟：这种课件常用于演示模拟某种事物动态变化的过程

·操作模拟：这种模拟是在操作训练的教学活动中，模拟操作，使学生熟练掌握某些操作技巧

·实验模拟：这种模拟是用计算机来构造一个虚拟的实验环境

·管理模拟：这种模拟是用计算机来构造一个虚拟的管理环境，学生模拟这个环境中的一个管理者

模拟型课件具有生动、形象、直观；经济、安全；缩短实验周期等特点。

它的主体是计算机呈现给学生的"场景"（Scenario）的变换与学生作出相应反应之间的互动过程。这里所说的场景可以是被模拟的对象所处的状态，可以是有待解决的问题的情景，也可以是有待操作执行的实验及其环境条件。学生动作可以是确定系统参数，作出一项决策，或执行一项操作。修改场景是对学生动作的响应，系统根据学生的反应提供反馈信息，调整或更换场景。

模拟型课件如图 8-1-3 所示。

这类课件的一个典型实例是美国伊利诺伊大学医疗中心研究的 CASE 模拟程序。该模拟程序可用于训练内科医生的临床诊断能力。

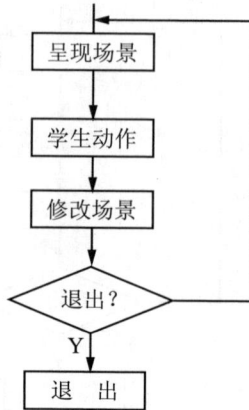

图 8-1-3　模拟型课件的基本结构

（4）游戏型课件

游戏型课件的教学过程实际上就是学生使用课件玩游戏的过程。游戏型课件必须有明确的教学性与有游戏的基本特征。

游戏型课件进行教学有如下特点：

·能极大地激发学生的学习兴趣

·可用于教学过程的多个阶段

·特别适合以学生为主体的发现式学习

游戏型课件一般由游戏开始、游戏体、游戏结束三部分组成。其结构如图 8-1-4所示。

（5）咨询型课件

·咨询型课件的教学过程及教学特点

咨询型课件的教学过程就是学生提问计算机回答的过程。该类课件的基本功能是信息检索。

咨询型课件的教学的特点是学习的主动权掌握在学生手中。

·咨询型课件的结构

一般来说，咨询型课件的核心是一个数据库系统，所有的教学资源都存储在数据库中。当学生使用咨询型课件学习时，实际上就是查询检索数据库，从而获取需要的学习资料的过程。数据库的容量应该足够大，其中的教学内容应该足够丰富，以满足学生的查询需求。

（6）积件

积件是继传统课件之后的第二代教学软件，具有通用性和灵活性的特点。它是由教师和学生根据教学需要，自己组合运用的教学信息和教学处理策略库与工作平台。积件是由积件库和组合平台构成。其中积件库是由标准化、符合积件组

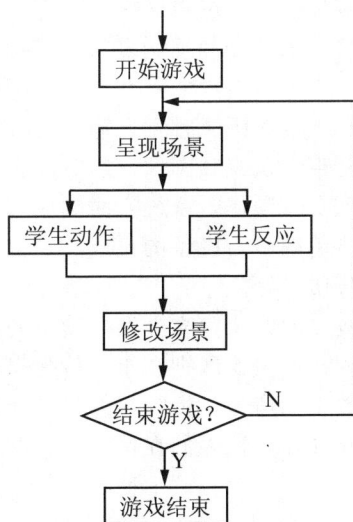

图 8-1-4　游戏型课件结构

合平台的接口格式，方便师生检索和组接的教学资料(也叫实库)及知识获取与表达运用的形式所组成；而积件平台是供师生用来组合积件库并最终用于教学使用的软件。

8.2　多媒体技术基础

8.2.1　多媒体概述

"多媒体"一词译自英文"Multimedia"，而该词又是由 mutiple 和 media 复合而成的。媒体(medium)原有两重含义：

一是指存储信息的实体，如磁盘、光盘、磁带、半导体存储器等，多指硬件方面，如我国目前学校的教室多为多媒体教室当中的媒体。

二是指信息的传递方式，如文字、声音、图形、动画、视频等，多指软件方面，如我们的多媒体课件当中的各种媒体的处理。

多媒体(multimedia)指能够同时获取、处理、编辑、存储和显示两个以上不同类型信息媒体的技术，它有机结合了多种媒体，并通过计算机对此有机体进行综合处理和控制，能支持完成一系列交互式操作。

多媒体从不同角度有不同描述，是多种信息媒体的表现和传播形式。多媒体技术是用计算机集成处理多种媒体信息，并对它们进行获取、压缩编码、编辑、加工、存储和显示，使多种信息建逻辑连接，具有交互性。多媒体系统是指利用计算机技术和数字通信技术来处理和控制多媒体信息的系统。

1. 多媒体技术特性

· 信息媒体的多样性。视、听、触觉；输入/输出多样化

· 实时性。实时控制声音及视频图像，与时间密切相关

· 交互性。媒体处理实时操作，系统实时响应

· 集成性。包括媒体的同步与设备的集成

· 高质性。数字信号质量好

· 非线性。超文本链接的方式，充分发挥读者的主动性

多媒体与传统媒体相比，主要区别在于：传统媒体基本上是模拟信号，而多媒体所处理的信息都是数字化信号；传统媒体只能让人们被动地接受信息，而多媒体则提供一个友好交互界面，让人们在接受信息时进行主动交互。

2. 多媒体类型

有感觉媒体(perception medium)、表示媒体(representation medium)、显示（表现）媒体（presentation medium）、存储媒体（storage medium）、传输媒体（transmission medium）。

3. 多媒体系统的分类

按功能分有：开发系统，包括音、视频制作系统；培训系统；演示系统；家庭系统：家庭影院。按应用分有：信息咨询系统；管理系统：档案、超市管理等；辅助教学系统；通信系统：视频会议；娱乐系统。

4. 多媒体系统结构

如图 8-2-1 所示。

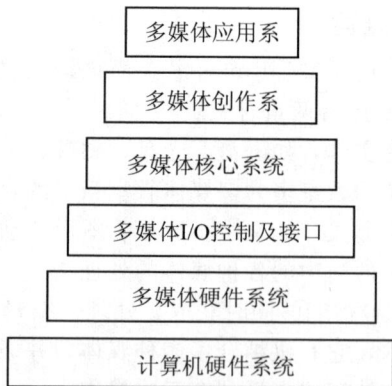

图 8-2-1　多媒体系统结构图

8. 2. 2　多媒体素材的计算机表示

多媒体素材有文本、声音、图像、动画、视频等。

1. 文本的基本格式

包括非格式化与格式化两种，常见格式有 DOC、TXT、WPS。

2. 声音文件的基本格式

目前的声音主要有两类音频文件格式：

无损格式，例如 WAV，PCM，TTA，FLAC，AU，APE，TAK。文件较大，音质优秀，多用于 CD 刻录或家庭音乐欣赏等。

有损格式，例如 MP3，WMA，MIDI，RM。文件较小，音质较好，多用于网上传输或多媒体课件制作等。

3. 图形图像格式

有图像（位图）与图形（矢量图）之别。常用文件格式：JPG、BMP、TIF、GIF、PSD。

4. 动画文件格式

计算机动画有两种类型：帧动画、造型动画。常用文件格式：GIF、FLA、SWF。

5. 视频文件格式

视频由许多单独画面以一定的速率播放而形成。常用文件格式：AVI、MPG、MOV、RMVB。

8. 2. 3　多媒体关键技术

1. 压缩/解压缩技术

信息量与数据量的关系：信息量＝数据量＋数据冗余

压缩实质：查找和消除信息的冗余量。

无损压缩：冗余压缩法或熵编码法，主要用于文本和数据压缩，常用算法有 Huffman 编码、算术编码、游程编码等。

有损压缩：熵压缩法，有失真，常用于图像、声音的压缩，常用算法有模型编码、失量量化、子带编码等，如 JPEG、MPEG 等。

常用压缩软件：WinZip、WinRAR。

2. 多媒体信息存储技术

主要指 CD-ROM 技术，CD-R、CD-RW、DVD-ROM、DVD-RW 等。

3. 多媒体 I/O 技术

主要指外设及相关的接口技术，包括媒体变换、媒体识别、媒体解析、网络传输、综合技术等。

4. 多媒体专用芯片技术

专用芯片是多媒体硬件体系结构的关键。主要有两种类型：固定功能、可编程的数字信号处理器（DSP）。

5. 多媒体软件技术

① 多媒体操作系统。有 Windows、OS/2. Macintosh。

② 多媒体数据库技术。增加接口，满足多媒体数据。

③ 多媒体素材采集与制作技术。音频、图像、视频、动画等制作。

④ 多媒体编辑创作软件。影视系统、教育培训、商业信息与家庭学习等。

⑤ 多媒体应用开发技术。

8.3 多媒体课件开发工具简介

多媒体课件开发工具是一个交互式多媒体集成创作工具，它是一个纯 32 位或 64 位的应用程序，运行在 Windows 的中文环境下，能够完美地制作出集各种多媒体数据和多媒体特性于一体的多媒体产品，可以被应用于教学培训考试系统（CAI）制作、家庭多媒体制作、光盘出版物、演示汇报以及旅游、导购多媒体信息查询等各种领域。

多媒体课件开发工具能够提供完备简单的排版语言规范，创作人员按照该排版语言规范书写文本文件（这个过程事实上亦是一种相当简单的编程），即可将分散、杂乱、静态的文字、超文本、声音、图形、图像、动画及影像等多媒体素材根据创作人员自己的创意融为一体，并具有良好的交互性，从而创作出多媒体应用软件产品。

由于多媒体课件开发工具包容了底层复杂的多媒体技术，面向用户的只是一些简单的排版命令，这就使得非计算机专业人员进行多媒体创作成为可能，使他们无须复杂的编程就可以按自己的创意制作出高质量的电子出版物或其他各种交互式多媒体应用系统，即使创作人员是经验丰富的程序员，也能够大大减轻其编程负担。常用的多媒体课件开发工具主要有以下几种：

1. PowerPoint

这是一种专用于制作演示用的多媒体投影片/幻灯片的工具，它以页为单位制作演示文稿，然后将制作好的页集成起来，形成一个完整课件。利用 PowerPoint，可以非常方便地制作各种文字，绘制图形，加入图像、声音、动画、视频影像等各种媒体信息，并根据需要设计各种演示效果。上课时，教师只需轻点鼠标，就可播放出制作好的一幅幅精美的文字和画面（也可按事先安排好的时间自动连续播放）。该工具软件是著名的 Microsoft 公司的产品，现已发展成具有多种版本的系列，目前最新版为 PowerPoint2010 版。

2. Authorware

这是一种基于流程图的可视化多媒体开发工具，它和 ToolBook 一起，成为多媒体创作工具事实上的国际标准。Authorware 中最基本的概念是图标(Icon)，其编辑制作过程是：用系统提供的图标先建立应用程序的流程图，然后通过选中图标，打开相应的对话框、提示窗及系统提供的图形、文字、动画等编辑器，逐个编辑图标，添加教学内容。整个制作过程以流程图为基本依据，非常直观，且具有较强的整体感，作者通过流程图可以直接掌握和控制系统的整体结构。Authorware 共提供了 10 种系统图标和 10 种不同的交互方式，被认为是目前交互功能最强的多媒体创作工具之一。该工具软件与 Action! 一样，也是美国 Macromedia(已被 ADOBE 公司收购)产品，最新版本为 7.02 版。

3. Flash

这也是一种面向对象的多媒体创作工具，Flash 是美国的 Macromedia 公司(已被 ADOBE 公司收购)推出的优秀网页动画设计软件。它是一种交互式动画设计工具，用它可以将音乐、声效、动画以及富有新意的界面融合在一起，以制作出高品质的网页动态效果、动画以及交互式课件。

4. ToolBook

ToolBook 是美国 Asymetrix 公司推出的一种面向对象的多媒体开发工具，同该软件名称一样，用 ToolBook 制作多媒体课件的过程就像写一本书：首先建立一本书的整体框架，然后把页加入书中，再把文字、图像、按钮等对象放入页中，然后使用系统提供的程序设计语言 OpenScript 编写脚本，确定各种对象在课件中的作用。播放过程中，当以某种方式触发对象时，则按该对象的脚本执行相应的操作。这种"电子书"尽管制作稍显复杂，但表现力强、交互性好，制作的节目具有很大的弹性和灵活性，适用于创作功能丰富的多媒体课件和多媒体读物。

5. WPS

WPS 是国内金山公司出品的集成办公软件，相当于微软的 Office 办公套件。可用来进行文字处理、简单的绘图、编辑演示文档等。它的文字处理功能与 Word 类似；编辑演示文档功能与 PowerPoint 类似。

6. 方正奥思多媒体创作工具

早期多媒体创作工具多为国外产品，近几年国内一些公司也推出了一些全中文界面的多媒体创作工具，其中最著名的当推方正奥思。方正奥思是北大方正公司研制的一种可进行交互式多媒体编辑的创作工具，具有直观、简便、友好的全中文用户界面和很强的文字、图形编辑功能，支持丰富的媒体播放方式和动态效果，能实现灵活的交互操作和多媒体同步。奥思的基本制作单位是页，用户在页中可以加入文本、图形、图像、声音及影像等多媒体对象，对象之间可以实现交互控制。奥思通过层次结构管理器来设计和管理页，制作出不同的页之后，可以很容易地实现页与页之间的超文本链接。奥思的最大特点是面向普通用户，无须编程就可以按自己的创意制作出高质量的多媒体应用产品。此外，用奥思制作的软件可以很容易地制成 EXE 文件或 HTML 网页格式，脱离奥思环境安装、运行。

除了上述介绍的几种外，常用的多媒体创作工具还有国外的 Director，国内的摩天、银河等许多种，它们都有各自不同的特点，用户可以根据课件的开发要求、个人喜好以及现有条件等加以选择。

8.4 多媒体素材的采集与制作

8.4.1 文字素材的采集与制作

文字是课件中最基本的素材，其制作也比较容易，既可用多媒体创作软件本身的文字处理功能进行编辑，也可以用各种专用的文字处理软件(如 Word、Wps 等)，编辑复杂的文档。文字素材的获取我们可以通过键盘一个一个输入，这种方法最为简单，但时间花费也最大。随着网络的越来越发达，很多文字素材我们都可以从网上获取，但通过网页获取也通常碰到不能复制的情况，这时候我们可以用多种办法采集文字。

1. 文字的采集

(1)打开网页，点击"文件"菜单里的"另存为"，把想要的网页内容下载下来，记住保存路径。下载后用 Word 打开，一般情况下只要能打开看到，就可以进行复制、排版了，如图 8-4-1 所示。

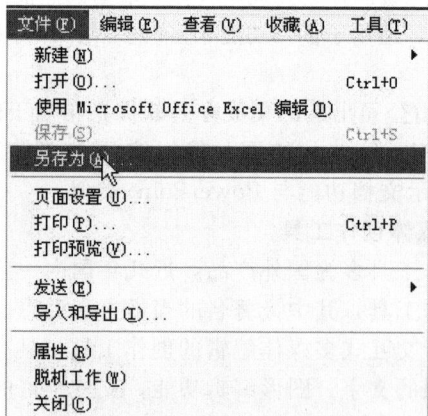

图 8-4-1 保存网页以获取文字

(2)如果第一种方法无法保存，则可以试下点击 IE 的文件菜单，里面有一项"用 Excel(Word)分析"即可，用 Excel 打开后直接复制就可以，如图 8-4-2 所示。

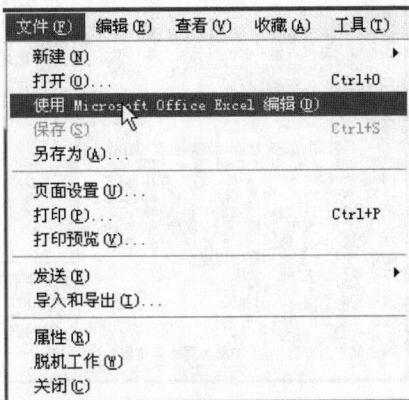

图 8-4-2　使用 Excel 编辑以获取文字

(3)如果前面两种方法都无法解决，那么下面这种方法在大部分情况下可以解决无法复制的问题了。只要点击 IE 的"工具"→"Internet 选项"菜单，进入"安全"标签页，选择"自定义级别"，将所有脚本全部禁用，然后按 F5 键刷新网页，这时你就会发现那些无法选取的文字可以选取了，在采集到了自己需要的内容后，一定要给脚本"解禁"，否则会影响到我们浏览网页，如图 8-4-3 所示。

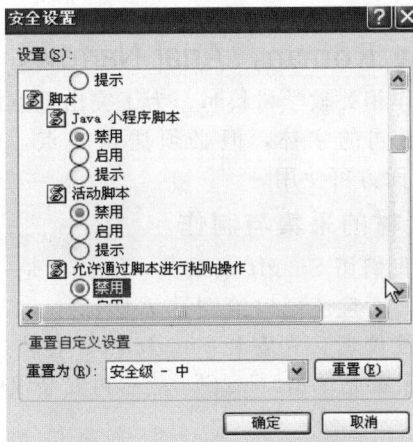

图 8-4-3　禁用脚本以获取文字

(4)还有一种通过软件也可以获取网面上无法保存的文字，例如网页文字采集器等软件，使用起来十分简单，只需将鼠标到网页上拖动即可，如图 8-4-4

所示。

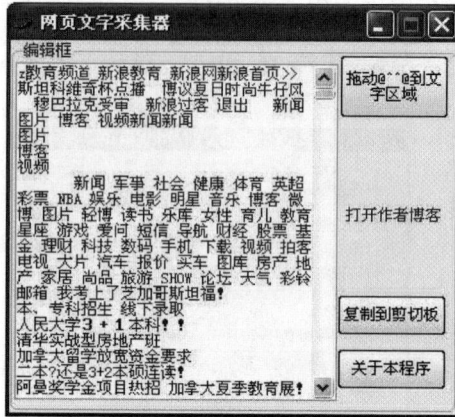

图 8-4-4　通过软件以获取文字

2. 文字的字体

字体指字的形状风格，如

● 汉字的

宋体、楷体、黑体、仿宋

行楷、隶书、新魏、幼圆

● 英文的

Times New Roman，Arial Narrow，Courier New

在制作课件或制作相关教学材料时，为了突出重点或让文字更形象，我们可以从网上下载很多不同的字体，但必须注意一点，下载后的字体必须放在 C:\windows\fonts 下面方可使用。

8. 4. 2　图片素材的采集与制作

图片文字等素材我们用 SnagIt 来采集，SnagIt 是一款共享软件，它可以捕获图片、文字、视频，而且还可以给图片添加标注，对图片进行简单的特效处理，是同类软件中的佼佼者。先安装 SnagIt 11，安装过程很简单，除了第二步要选择"Accept"，其余都是单击"Next"，然后再安装汉化补丁，安装完成后，如图 8-4-5 所示。

1. 捕获图像

跟老牌的 HyperSnap-DX 捕获软件相比，SnagIt 更容易上手，捕获操作也更加傻瓜化。

先让我们看看 SnagIt 的"捕获类型"吧，这是捕获开始的第一步，其主要作

图 8-4-5　SnagIt 界面

用就是先预设好接下来要捕获的对象（图像文字视频和网络）的区域。

几个基本的捕获类型，如图 8-4-6 所示。可以分为区域、窗口、滚动、全屏等几种捕获类型，具体操作过程请参照技能训练部分。

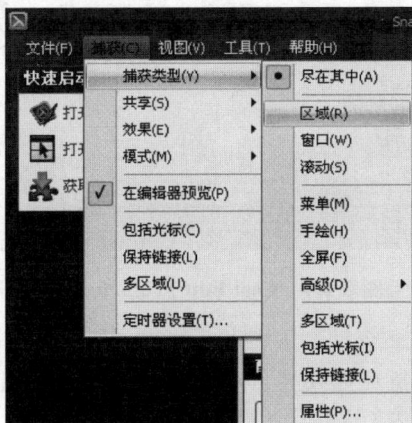

图 8-4-6　SnagIt 的"捕获类型"

2. 捕获文字

在前面了解了一些 SnagIt 捕捉图像的方式，不过其捕捉功能可远不至此，下面再来看下 SnagIt 的文字捕捉功能。具体操作参照技能训练部分。

8.4.3　音频素材的采集与制作

在制作课件的过程当中，经常需要一些音频素材，现在较常见的音频类素材主要有 Wav、Mp3、WMA 三种格式。本节主要介绍利用 Cool Edit Pro 来获取所需的音频素材。对应的录音设备选择好后，就可以打开录音软件进行声音源的录制了。需要注意的是，在录音前，要合理设置好录音的音量（电平控制），用鼠标上下拖动音量滑钮至合适位置，避免出现录出来的声音因过大或过小而出现失真的情况。另外，不是十分必要的情况下，在录制过程中，尽量不要调整录音音量。

Cool Edit Pro 是一个集录音、混音、编辑于一体的多轨数字音频编辑软件。这里以 2.0 版本为例介绍一下在一般制作编辑音频时经常用到的功能及使用方法。

首先安装录音软件，运行 Cool Edit Pro 2.0 安装文件 cep_v2.0 setup，如图 8-4-7 所示。

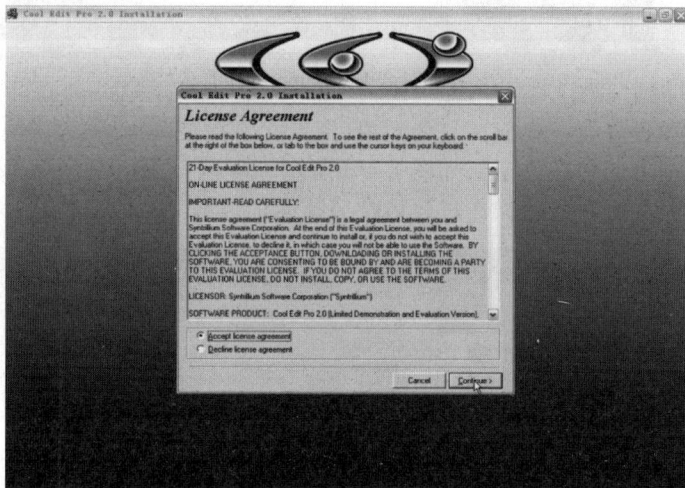

图 8-4-7 Cool Edit Pro 2.0 的安装界面

选择同意并单击继续进入下一步，选择 Next，为 Cool Edit Pro 2.0 选择一个安装位置，单击浏览可以安装目录的选择，选择完成后单击下一步，等待完成后，选择退出即可。为 Cool Edit Pro 2.0 安装破解补丁，运行文件 cep2reg.exe，安装 Cool Edit Pro 2.0 汉化补丁，运行文件 Cool2chinese.exe，等待完成后退出。Cool Edit Pro 2.0 的所有安装过程就全结束了。

录音可以分为两种：录制麦克风中的声音和电脑内部录音，具体参照技能训练 13，音频素材的采集与制作。

8.4.4 视频素材的采集与制作

在制作多媒体课件过程当中我们也经常导入视频文件，在互联网越来越发达的今天，网上的视频极其丰富，特别有些专门的视频网站如优酷、土豆、酷六等，因此，在制作多媒体课件的过程当中，视频资料也比较容易从网上获取，但网上的视频格式多为 FLV 等格式，而我们做课件的软件如 PowerPoint、Authorware 等并不支持此格式，因此，我们必须掌握常见的视频格式及常用转换软件。

1. 常见视频格式

（1）AVI 格式：它的英文全称为 Audio Video Interleaved，即音频视频交错格式。它于 1992 年被 Microsoft 公司推出，随 Windows 3.1 一起被人们所认识和熟知。所谓"音频视频交错"，就是可以将视频和音频交织在一起进行同步播放。这种视频格式的优点是图像质量好，可以跨多个平台使用，其缺点是体积过于庞大，而且更加糟糕的是压缩标准不统一，最普遍的现象就是高版本 Windows 媒体播放器播放不了采用早期编码编辑的 AVI 格式视频，而低版本 Windows 媒体播放器又播放不了采用最新编码编辑的 AVI 格式视频，所以我们在进行一些 AVI 格式的视频播放时常会出现由于视频编码问题而造成的视频不能播放，或即使能够播放但存在不能调节播放进度和播放时只有声音没有图像等一些莫名其妙的问题，如果用户在进行 AVI 格式的视频播放时遇到了这些问题，可以通过下载相应的解码器来解决。

（2）MPEG 格式：它的英文全称为 Moving Picture Expert Group，即运动图像专家组格式，家里常看的 VCD、SVCD、DVD 就是这种格式。MPEG 文件格式是运动图像压缩算法的国际标准，它采用了有损压缩方法减少运动图像中的冗余信息，也就是说，MPEG 的压缩方法依据的是相邻两幅画面绝大多数是相同的，把后续图像中和前面图像有冗余的部分去除，从而达到压缩的目的（其最大压缩比可达到 200：1）。目前 MPEG 格式有三个压缩标准，分别是 MPEG-1、MPEG-2 和 MPEG-4，另外，MPEG-7 与 MPEG-21 仍处在研发阶段。

（3）RMVB 格式：这是一种 Real Networks 公司所制定的由 RM 视频格式升级延伸出的新视频格式，它的先进之处在于 RMVB 视频格式打破了原先 RM 格式那种平均压缩采样的方式，在保证平均压缩比的基础上合理利用比特率资源，就是说静止和动作场面少的画面场景采用较低的编码速率，这样可以留出更多的带宽空间，而这些带宽会在出现快速运动的画面场景时被利用。这样在保证了静止画面质量的前提下，大幅地提高了运动图像的画面质量，从而使图像质量和文件大小之间就达到了微妙的平衡。另外，相对于 DVDrip 格式，RMVB 视频也是有着较明显的优势，一部大小为 700MB 左右的 DVD 影片，如果将其转录成同样视听品质的 RMVB 格式，其个头最多也就 400MB 左右。不仅如此，这种视频格式还具有内置字幕和无须外挂插件支持等独特优点。要想播放这种视频格式，可以使用 Real One Player 2.0 或 Real Player 8.0 加 Real Video9.0 以上版本的解码器形式进行播放。

（4）3GP 格式：3GP 是一种 3G 流媒体的视频编码格式，主要是为了配合 3G

网络的高传输速度而开发的，也是目前手机中最为常见的一种视频格式。简单地说，该格式是"第三代合作伙伴项目"（3GPP）制定的一种多媒体标准，使用户能使用手机享受高质量的视频、音频等多媒体内容。其核心由包括高级音频编码（AAC）、自适应多速率（AMR）和 MPEG-4 和 H.263 视频编码解码器等组成，目前大部分支持视频拍摄的手机都支持 3GPP 格式的视频播放。

（5）FLV 格式：FLV 是 FLASH VIDEO 的简称，FLV 流媒体格式是一种新的视频格式。由于它形成的文件极小、加载速度极快，使得网络观看视频文件成为可能，它的出现有效地解决了视频文件导入 Flash 后，使导出的 SWF 文件体积庞大，不能在网络上很好地使用等缺点。

（6）MP4 格式：MP4 也是受欢迎格式之一，但 MP4 体积相对 3GP 较大，分辨率相对高一些。MP4 适合所有手机，特别是带存储卡的手机，优点：图像清晰，文件大小适中。它们可以通过 USB 或 1394 端口传输文件，很方便地将视频文件下载到设备中进行播放，而且应当自带 LCD 屏幕，以满足随时播放视频的需要。

2. 常见视频格式转换软件：格式工厂

格式工厂是多功能的万能多媒体视频格式转换器，支持几乎所有多媒体格式到各种常用格式，格式工厂使用上也是非常的简单，这里就以转 FLV 为 AVI 格式为例介绍一下格式工厂的使用方法，其他格式自然也就非常简单了。

先安装，其安装界面如图 8-4-8 所示。具体操作见技能训练 14。

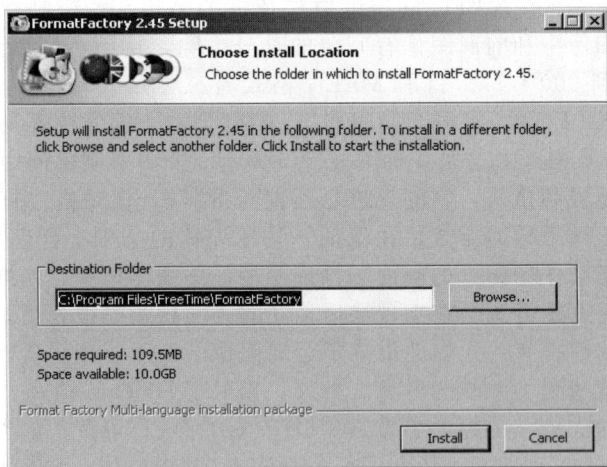

图 8-4-8　格式工厂安装界面

8.4.5　动画素材的采集与制作

在制作多媒体课件过程当中，我们也经常制作相关的动画，而制作动画的软件最常用的莫过于 Flash 了。但是 Flash 想掌握并不是一件容易的事，在这里给大家讲解一款制作动画的小软件，特别是有时候制作片头文字动画，尤为方便。

下载软件安装包后，先安装，如图 8-4-9 所示，具体操作见技能训练 15。

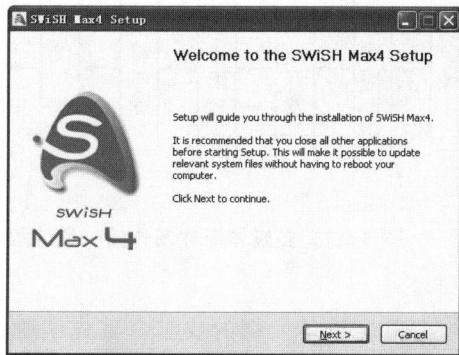

图 8-4-9　安装 swish max4

8.5　多媒体课件的制作流程和原则

8.5.1　多媒体课件的制作流程

多媒体课件即利用文字、图形、图像、动画、视频、音频、数字电影等多种媒体创作的交互式教学软件。多媒体课件能够同时将多种媒体呈现在屏幕上，在教学中可以图、文、声并茂，生动形象地把教学内容展示出来，能激发学生的多种感官，使学习者容易理解且记忆深刻。特别是多媒体课件中的超媒体结构符合联想思维和建构性知识结构，因此，利用多媒体课件进行教学可以提高教学的效果，激发学生的学习兴趣，同时还能培养教师和学生应用计算机的水平和能力。

要想制作出好的多媒体课件，必须把握好多媒体课件制作中的几个重要环节。多媒体课件制作的环节及过程是：选题、学习者分析、教学设计、系统结构设计、原型开发、稿本编写、素材制作、系统集成、评价和修改、发布和应用、升级更新，如图 8-5-1 所示。

1. 选题

多媒体课件制作过程比较烦琐，运用多媒体课件进行教学，教师投入的工作量比较大，在制作之前，教师要充分做好选题论证工作，尽量避免不必要的投入。因此，必须要高度重视选题工作，要选择那些学生难以理解、教师不易讲解清楚的重点和难点问题，特别是要选择那些能充分发挥图像和动画效果的、不宜用语言和板书表达的内容，对于那些课堂上较易讲解的内容就完全没必要采用多

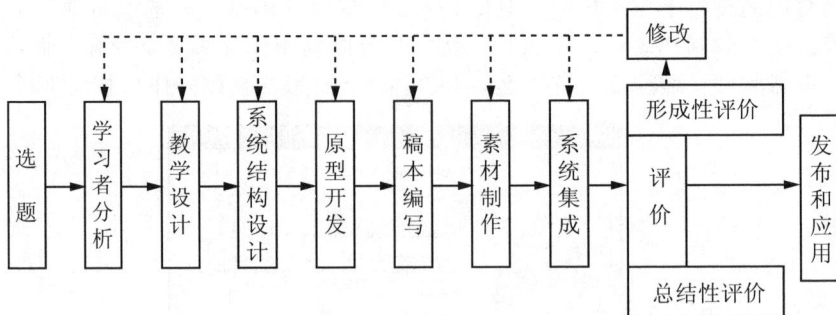

图 8-5-1　多媒体课件制作的一般流程

媒体课件的方式。

制作多媒体课件应根据教学大纲的要求，首先明确教学目的，要求突出重点、突破难点。例如：设计课件的目的是激发学生学习兴趣，调动其学习积极性，还是解决某一重点、难点问题；是为了帮助理解、加深印象、促进记忆，还是为了使学生正确运用已学过的知识；是扩大知识面、丰富教学内容、启发想象力，还是培养某方面的技能技巧等。

确定好教学目标后，才能有的放矢，做出符合教学需要的课件，真正起到辅助教学的作用。

多媒体课件内容的选取则要以教材为蓝本，从实现教学目标、完成教学任务的需要出发，但又不能为课本所束缚，要充分增加课件的含金量。一个优秀的课件不能只是教材的幻灯片演示，而应该增加它的生动直观的作用，因此教材内容的选取很关键。

许多课件只是将一堂课的内容照搬到了屏幕上，将原本用实验或实物演示更直观、更形象的教学内容用课件来演示。甚至课件内容就是大段课本内容的翻版。

采用多媒体课件的目的是提高课堂效率、优化课堂教学结构、增加课堂教学信息量。我们在选材立意时首先要考虑课件的开发价值，即这堂课是否有必要使用课件。如果采用传统的教学手段就能够达到良好的教学效果，就没必要花大量的精力去开发课件。因此，在确定课件开发主题时，要注意选取那些没有演示实验或不易进行演示的教学内容。例如，数学概念、物理中的分子运动、生物中的微循环等比较抽象的概念或难以见到的现象。在讲这些内容时，如果辅以生动的动画演示，不仅能直观地表现抽象的内容，而且给学生以视觉刺激，激发他们的学习积极性。其次，要注意课件的内容不能仅局限于一堂课的内容。应当根据课堂教学实际进行丰富和扩展。

2. 学习者分析

学习者分析是多媒体课件设计的关键，课件的内容设计应当围绕学习者进行，这也是一种用户至上的设计思想。分析学习者的目的是了解学习者的学习准备(学习准备是指学习者从事新的学习时，他原有的知识水平或原有的心理发展水平对新的学习的适应性)情况及其学习风格，这样，对教育者来说可以做到因材施教，对学生来说成为一个有准备的学习者。学习者分析主要包括三方面的内容：起始能力分析、一般特征分析和认知风格分析。可以根据课件开发描述说明中定义的课件服务对象，对学习者的需求要有一个总体范围的估计。可以调查和预测学习者的学习动机、操作风格、注意度等，只有认真分析学习者特征，才能设计出符合学习者需求的多媒体课件。

3. 教学设计

进行教学设计是课件制作中的重要环节，课件效果的好坏、课件是否符合教学需求，关键在于教学设计。设计者应根据教学目标和学习对象的特点，合理地选择和组织教学媒体和教学方法，形成优化的教学系统结构。运用系统论的观点和方法，依照教学目标，分析教学中的问题和需求，确定解决问题有效的步骤。选择相应的教学策略和教学资源，确定教学知识点的排列顺序，根据教学媒体设计适当的教学环境，安排教学信息与反馈呈现的内容及方式，以及人机交互的方式等，做好教学设计工作。搞好教学设计是制作多媒体课件的前提。

4. 系统结构设计

进行系统设计实际就是对多媒体课件的总体设计，其设计的要点包括：页面设计、层次结构设计、媒体的应用设计、知识点的表示形式设计、练习方式设计、页面链接设计、交互设计、导航设计等内容设计。

在进行系统结构设计时，要注意以下几点：① 要最大限度地满足学习者在获取学习资源上的要求。我们制作多媒体课件的目的不是为了迎合设计者自己的口味，而是为了满足学习者对学科知识的需求，我们要充分利用为学习者提供的丰富学习资源，这才是我们制作多媒体课件的首要目标。② 要保证课件结构清晰、界面连贯、运行高效。我们设计制作的多媒体课件应当结构良好，给用户一个文档结构统一、显示风格一致的用户使用界面。页面设计应该美观大方，不但让学习者能够方便快速地得到需要的信息，还能得到一种美的享受。

5. 原型开发

在开始制作多媒体课件之前，选择一个相对完整的教学单元，设计制作出这个教学单元的课件原型，通过原型设计，确定多媒体课件的总体风格、界面风格、导航风格、素材的规格以及编写稿本的要求和内容。课件原型制作完成之后，技术人员在制作课件的过程中，依据课件原型和制作稿本进行制作，课件的风格和特点要依据课件原型的风格和特点，技术人员也可充分利用课件原型的模板进行制作，以节省人力和时间投入，但要注意的是不能完全照搬和千篇一律，要体现出不同学习内容的具体特点。

6. 稿本编写

选好一个适宜的课件题目后，随即进行稿本的编写工作。稿本设计是根据教学内容特点与系统设计的要求，在一定的学习理论的指导下，对每个教学单元的内容和安排以及各单元之间的逻辑关系进行设计，设计出具体的表现形式，写出讲解的文稿，要显示的文体，所使用的图形表格、图片、动画视频等，还要写出页与页之间相连接的交互方式等具体内容。稿本描述了学生将要在计算机上看到的细节，它是设计阶段的总结，也是技术制作人员制作课件的依据。

稿本包括文字稿本和制作稿本，文字稿本是按照教学过程的先后顺序，描述每一个环节的教学内容及其呈现方式的一种形式，其主要目的是规划教学软件中知识内容的组织结构，并对软件的总体框架有一个明确的认识；制作稿本包含着学习者将要在计算机的屏幕看到的细节，例如，用各种媒体展示的教学信息；计算机提出的问题；计算机对学习者各种回答（正确的或错误的）的反馈等。

稿本编写类似影视剧的"编剧"，包括课件内容如何安排、声音如何表现和搭配、是否需要加入动画或视频、加在什么地方、课件如何与学生交互（包括按钮设计、热区响应、下拉菜单响应、条件响应、文本输入响应、时间限制响应、事件响应）等。可以说，稿本制作是整个课件制作的核心。一个课件的好坏主要取决于课件稿本的编写质量，文字、声音、图像、动画、视频等各种要素要搭配合理，衔接要流畅、自然。要注意的是并非各种媒体采用得越多，课件的教学效果就越好，初学制作课件的人员尤其要注意这一点。

7. 素材制作

媒体素材设计就是设计和构思为了表达学习内容所需要的各种素材或各种媒体，如文本、图像、声音、动画、视频和虚拟现实等。媒体的选择是为所要表达的学习内容服务的，要克服媒体素材设计与学习内容相脱离的毛病，避免"为媒体表现而设计媒体"的现象，努力做到"为内容表现而设计媒体"，因此，在选择使用图像、声音、动画、活动视频等各种媒体时，目的是要表达学习内容、突出学习主题，不能不顾主题思想的表达，只顾追求时髦、好看。

稿本写好后，应根据系统的要求，要着手准备稿本中涉及的各种素材，包括说明文字、配音、图片、图像、动画、视频等，有些素材可以直接在素材库软件中找到，对于没有的素材，必须通过一些软件自己加工编辑而得到。素材的准备是课件制作中工作量最大、最烦琐的环节，课件制作人员在时间安排上要充分考虑到这一点。在课件制作过程中，媒体素材制作是一个比较重要的环节，前面章节已做了详细讲解，这里不再介绍。

8. 系统集成

前面的工作做好后，就可以使用多媒体课件开发工具进行制作了，多媒体课件制作工具很多，如简单的有 PowerPoint，常用的有 Authorware、Toolbook、方正奥思、蒙泰瑶光、多媒体大师等。网络版有 Microsoft FrontPage、Macromidea Dreamweaver、Macromidea Flash 等。还有一些专用的课件开发工具，如北大的 CAI 课件开发平台，清华大学的通用型 CAI 课件写作系统等。一般来说，可以从简单到复杂，精通一、两种开发工具就可以了。素材准备好后，用多媒作制作软件把各种素材按照稿本的要求组合起来，形成一个有机的整体。如果发现稿本的某些设计不太理想，还可以相应地修改稿本，反复地修改、调试，以使课件符合教学的要求。

9. 评价和修改

在课件制作过程中，要不断地对课件进行评价和修改工作，它是课件制作过程中的重要组成部分，也是课件质量的保证。评价包括形成性评价和总结性评价，并且是属于面向学习资源的评价。形成性评价是在课件开发的过程中实施的评价，它为提高课件质量提供依据，它的目的在于改进课件的设计，使之更加符合教学的需要，便于提高质量和性能；总结性评价是在课件开发结束以后进行的评价，其目的是对课件的性能、效果等做出定性、定量的描述，确认课件的有效性和价值，为课件更新提供改进意见，并总结课件制作经验。在课件制作过程中，要根据评价结果合理地进行修改，以进一步提高课件质量和效果。

10. 发布和应用

课件制作完成后，用户可以用以下几种方式来发布自己的作品：磁盘、光盘和网络。多媒体课件经过多次修改完善后，就可以投入使用，除自己在教学中使用外，同时还可以进行交流、推广或发行。教师在实际教学中使用课件后，可能会发现这样或那样的不足，因此，课件投入使用后并不是万事大吉了，还需要不断地收集课件在教学应用中的反馈信息，不断地对课件进行修改、完善与升级，使之更加适合教学的要求，达到实用好用之目的。

8.5.2　多媒体课件的制作原则

1. 要依据学习理论和教学理论设计多媒体课件

我们所制作的多媒体课件是为教学服务的，课件的内容和表现形式要符合教学规律，因此我们要依据学习理论和教学理论来设计和制作多媒体课件。要求课件设计人员要了解教育学、认知心理学、教学设计、美学等方面的基本理论，用这些理论来指导课件设计制作工作。

在教学应用中，不管所制作的多媒体课件是提供给教师用于课堂教学的，还是用于学习者自主学习的；是作为基本教材使用，还是作为补充教材使用，都要符合相应的教学规律。作为基本教材的多媒体课件，应全面反映这门课程的基础知识，内容不能脱离教学大纲；作为补充教材的多媒体课件，可以介绍与本课程有关的超出教学大纲的补充知识。

2. 要紧紧围绕教学内容选择媒体素材

媒体素材设计就是设计和构思为了表达学习内容所需要的各种媒体，如文本、图像、声音、动画、视频和虚拟现实等。媒体的选择是为所要表达的学习内容服务的，因此，在选择使用图像、声音、动画、活动视频等各种媒体时，目的是要表达学习内容、突出学习主题，不能不顾主题思想的表达，只顾追求时髦、好看和花哨，要克服媒体设计与学习内容设计相脱离的常见毛病，避免"为媒体表现而设计媒体"的现象，努力做到"为内容表现而设计媒体"。并非多媒体课件的每一个页面都必须包含图形、图像、动画、声音等所有的媒体元素，能不用则不用，宜简不宜繁。过分烦琐的界面，使用起来也很不方便，过于"花哨"的界面也容易使学习者分散注意力，界面要力求简洁、突出主题，与主题无关的，或不能为主题服务的素材不要采用，并非各种媒体运用得越多，课件的教学效果就越好。

3. 导航要清晰

多媒体课件的应用对象不同，他们对计算机知识和技能的掌握程度也各不相同，所以，课件应该尽可能地降低使用者的计算机操作水平。多媒体课件由于其信息量大、开放性强，学习者在学习时容易产生迷航现象，为引导学习者更好地利用多媒体课件进行学习，在设计多媒体课件时应当为学习者提供明确、清晰的导航系统，提高课件的可操作性。课件的导航系统可以为学习者指明其当前学习的路径、学习内容之间的关系以及可以达到的信息领域，其重要作用在于引导学习者围绕学习目标进行有效地学习，提高学习效率。设计导航时，应用系统的观点，综合考虑学习对象、学科特点以及课件类型等多方面的因素，遵循导航明确、易于理解、操作方便等原则。

4. 交互性要强

便捷有效的交互设计可实现教与学双方信息实时的和有效的交流，多媒体课件不仅向学习者传授知识，还可提供答疑及考核，并给出相应的反馈信息，从而保证学习者主动积极地参与学习。

交互性是多媒体课件的主要特点之一，它可以提供图文并茂的、丰富多彩的交互方式，而且可以立即反馈，它能够有效地激发学生的学习兴趣，使学生产生强烈的学习欲望，从而形成学习动机。人机交互通常采用问答式对话、菜单交互、功能键交互、图符交互等形式，其设计时应当遵循简易性、容错性及反馈性等原则。简易性是指操作简单方便；容错性是指其能对可能出现的错误进行检测和处理，对错误的操作能够给以提示，而不至于进入死循环或死机；反馈性是指计算机要对用户的动作作出反馈，反馈分即时反馈和延时反馈两种，即时反馈适应于联想记忆的学习内容，延时反馈适应于对概念、原理等需要理解或思考的内容的学习。

8.5.3 优秀多媒体课件的特性

1. 必要性

制作课件应该选择难于用语言很快解释清楚，但又可以形象化的内容。有的教学内容就不适合制成课件，例如：简单板书，抽象概念、理论等，用传统方法或其他媒体效果会更好。很多教师为了多媒体而多媒体，其实完全没有必要，很多课程传统的板书讲解比多媒体效果更好。

2. 知识性

① 概念描述表达要科学、准确、规范。

② 资料引用要恰当、典型。

③ 解释推理过程要符合认知的逻辑。

④ 整个课件中使用的各种图文、声、像等各方面内容要真实、精确、符合现状况，并能及时反映学科的最新发展成果。

⑤ 课件应具有完整性，要小而全，自成一体，有始有终，包含其相关知识，针对性地彻底全面解决疑难点，但又要力戒大杂烩。

3. 教育性

① 课件制作要符合教育心理学规律。首先要直观、形象，有助于学生对知识的把握、理解，其次要活泼、有趣、新颖、别致，富有创新精神。

② 整个过程多使用鼓励、启发性语言。提高学生学习兴趣，激发学生学习的积极性，主动培养学生的创新精神。

③ 要注意渗透思想教育内容，注意培养集体主义、爱国主义等良好情感，树立科学、积极向上的人生观，促进学生在德、智、体、美、劳、心等方面全面发展。

4. 技术性

① 课件制作软件和素材格式应选择恰当的，使画面流畅，画面和声音同步，在保证效果的前提下，课件体积越小越好。

② 课件有较强的通用性，最好是独立的自运行文件，能在不同配置、不同系统的计算机上使用，在使用过程中要能稳定运行不至于造成失控、停顿、死机等故障。

③ 为广泛应用，课件要具有良好的网络传输性能，能够在网络上快速传播。

④ 课件的界面友好，便于操作，课件整体标准应相对统一，各按钮的大小、位置前后保持一致，各按钮应直观、形象意义明确，最好配有文字说明，如果课件操作较为复杂，可以附加帮助文件或操作说明。为了操作的方便，可以为每一个动作设置快捷键，用键盘操作，便于课堂教师操作。

⑤ 课件的内部流合理，交互性强，可根据需要进行取舍，方便学生自学和老师教学。

5. 艺术性

① 整个课件应具有较好的艺术美感，使用过程中能有美的享受，提高学生的审美能力。

② 课件画面的颜色搭配要合理、和谐，避免大红大绿，过分刺眼。

③ 背景音乐应轻柔、平稳，并要能开关，切忌响音刺耳。

④ 文字要清晰、美观，避免使用不好辨认的怪异字形。

⑤ 一切形式都应服务于中心内容，不能分散学生的注意力，否则会有喧宾夺主，哗众取宠之嫌。

思考与练习

1. 计算机辅助教学的基本概念是什么？
2. 常见的课件类型有哪些？
3. 个别辅导型课件如何设计？
4. 常用的多媒体课件开发工具有哪些？
5. 游戏型课件的特点有哪些？
6. 多媒体关键技术有哪些？
7. 如何获取音频素材？
8. 多媒体课件的制作流程有哪些？
9. 多媒体课件的制作原则有哪些？

第9章 多媒体演示文稿 PowerPoint 应用

内容提要

PowerPoint 是微软公司推出的演示文稿制作软件，用户可以利用它制作多媒体演示、产品推介、个人演讲、学术论文展示等，作为演示型课件的制作工具之一，PowerPoint 具有界面友好，易学、易用等优点，还可以为演示文稿添加多媒体效果并在 Internet 上发布。通过本章的学习，了解多媒体演示文稿 PowerPoint 的基础知识，学习制作多媒体演示文稿及打包与发布。

9.1 多媒体演示文稿 PowerPoint 基本操作

PowerPoint 的文件其实就是由一张一张幻灯片组成，也就是演示文稿。演示文稿有不同的表现形式，如幻灯片、大纲、讲义、备注页等。其中幻灯片是最常用的演示文稿形式。创建新的演示文稿最常用的方法有三种：

(1)使用内容提示向导创建演示文稿：内容提示向导提供了多种不同主题及结构的演示文稿示范，例如：培训、论文、学期报告、商品介绍等。可以直接使用这些演示文稿类型进行修改编辑，创建所需的演示文稿。

(2)使用设计模板创建演示文稿：应用设计模板，可以为演示文稿提供完整、专业的外观，内容则可以灵活地自主定义。

(3)建立空白演示文稿：使用不含任何建议内容和设计模板的空白幻灯片制作演示文稿。

9.1.1 创建演示文稿

1. 使用内容提示向导创建演示文稿

创建演示文稿有好几种方法，第一种使用内容提示向导创建演示文稿，是将创建演示文稿的过程分为几个步骤。可以在"内容提示向导"对话框中，跟随向导一步步地完成操作：

(1)在"新建演示文稿"任务窗格的下拉菜单中选择"根据内容提示向导"命令项，出现如图 9-2-1 所示的"内容提示向导"对话框。在该对话框中没有可供选择的选项，单击【下一步】按钮，出现"演示文稿类型"对话框。

(2)在"内容提示向导"之二对话框，如图 9-1-2 所示，PowerPoint 提供了 7 种演示文稿的类型，用鼠标单击左边的类型按钮，右边的列表框中就出现了该类型包含的所有文稿模板。如果单击【全部】按钮，右边列表框中显示全部的文稿模板，此处选择"学期报告"模板选项，单击【下一步】按钮，进入"输出类型"对话框。

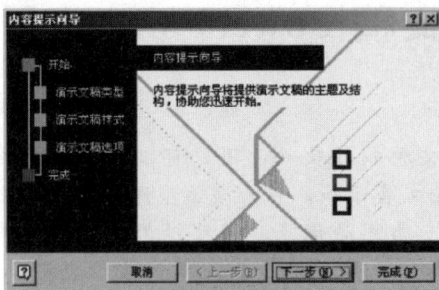

图 9-1-1　"内容提示向导"之一

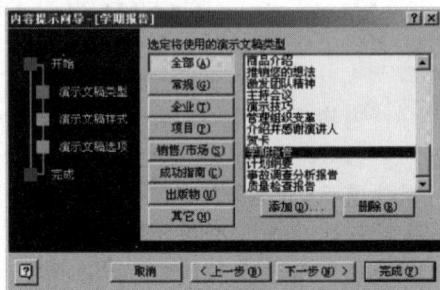

图 9-1-2　"内容提示向导"之二

（3）在"内容提示向导"之三对话框，如图 9-1-3 所示，选择演示文稿的输出类型，也即演示文稿将用于什么用途。可以根据不同的要求选择合适的演示文稿格式，此处选择"屏幕演示文稿"单选框，单击【下一步】按钮，进入"演示文稿标题"对话框。

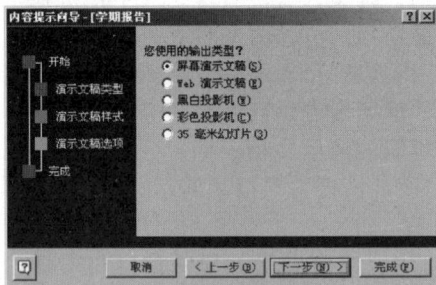

图 9-1-3　"内容提示向导"之三

图 9-1-4　"内容提示向导"之四

（4）在"内容提示向导"之四对话框，如图 9-1-4 所示，可以设置演示文稿的标题，还可以设置在每张幻灯片中都希望出现的信息，将其加入到页脚位置。设置完成后，单击【下一步】按钮，在出现的对话框中，单击【完成】按钮，创建出符合要求的演示文稿。

（5）使用"内容提示向导"创建的演示文稿是以大纲视图方式显示，该视图的内容是演示文稿的一个框架，可在这个框架中补充或编辑演示文稿的内容。

（6）完成演示文稿的制作后，将其以指定的文件名存盘。

2. 使用设计模板创建演示文稿

第二种方法是使用设计模板创建演示文稿，这种方法方便快捷，可以迅速建立具有专业水平的演示文稿。模板的内容很广，包括各种插入对象的默认格式、幻灯片的配色方案、与主题相关的文字内容等。PowerPoint 带有内置模板，存放在 Microsoft Office 目录下的一个专门存放演示文稿模板的子目录 Templates 中，模板是以 *.pot 为扩展名的文件。如果 PowerPoint 提供的模板不能满足要求的话，也可自己设计模板格式，保存为模板文件。利用模板建立演示文稿的步骤如下：

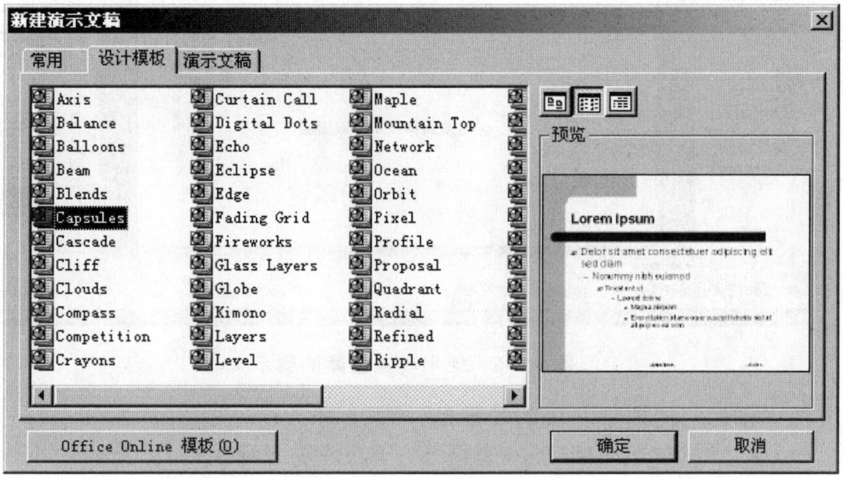

图 9-1-5　使用设计模板

（1）在"新建演示文稿"任务窗格中单击"本机上的模板"选项，弹出如图 9-1-5 所示的对话框。其中"设计模板"和"演示文稿"两个标签中包含的都是模板文件或演示文稿。

（2）单击"设计模板"标签，PowerPoint 提供了几十种模板，在"设计模板"标签中选择一个版式后，按【确定】按钮，该模板就被应用到新的演示文稿中，新建只有一张幻灯片的演示文稿，如图 9-1-6 所示。

在上面的幻灯片视图中显示的是该模板的第一张幻灯片，默认的文字版式是"标题幻灯片"。在幻灯片中输入所需的文字，完成对这张幻灯片的各种编辑或修改后，可以选择菜单【插入】→【新幻灯片】命令，创建第二张幻灯片，并在任务窗格中选择其他的文字版式。这些模板只是预设了格式和配色方案，用户可以根据演示主题的需要，输入文本，插入各种图形、图片、多媒体对象等。使用设计模板创建演示文稿有很大的灵活性，建议大家使用这种方式创建适合自己要求的演示文稿。

3. 空白演示文稿的创建

第三种方法是创建空白演示文稿，创建空白演示文稿的随意性很大，能充分满足自己的需要，因此可以按照自己的思路，从一个空白文稿开始，建立新的演

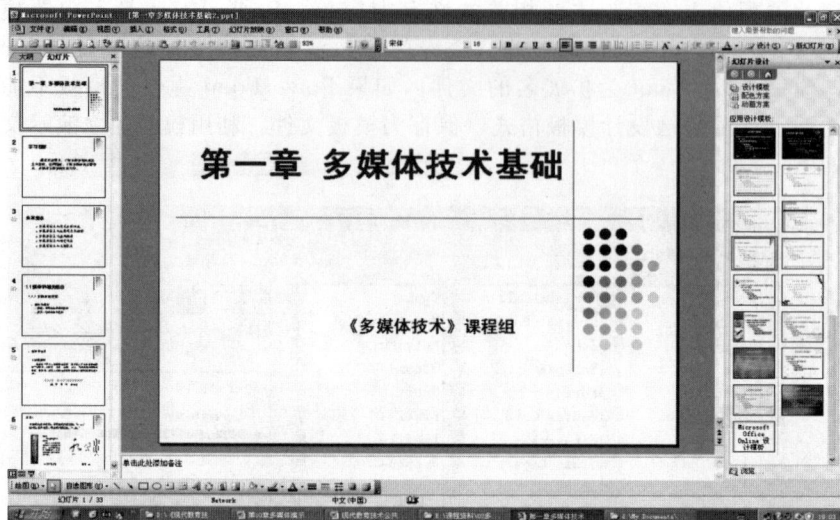

图 9-1-6　使用模板创建的演示文稿

示文稿。创建空白演示文稿的步骤是：

(1)在"新建演示文稿"任务窗格中，单击"空演示文稿"，新建一个默认版式的演示文稿，如图 9-1-7 所示。

图 9-1-7　创建一个空白演示文稿

(2)将右边的任务窗格切换为"幻灯片版式"，从多种版式中为新幻灯片选择需要的版式。

(3)在幻灯片中输入文本，插入各种对象。然后建立新的幻灯片，再选择新的版式。

9.1.2　打开和保存演示文稿

1. PowerPoint 的文件类型

PowerPoint 可以打开和保存多种不同的文件类型，如演示文稿、Web 页、演示文稿模板、演示文稿放映、大纲格式、图形格式等。

(1)演示文稿文件(＊.ppt)

用户编辑和制作的演示文稿需要将其保存起来，所有在演示文稿窗口中完成的文件都保存为演示文稿文件(＊.ppt)，这是系统默认的保存类型。

(2)Web 页格式(＊.html)

Web 页格式是为了在网络上播放演示文稿而设置的，这种文件的保存类型与网页保存的类型格式相同，这样就可以脱离 PowerPoint 系统，在 Internet 浏览器上直接浏览演示文稿。

(3)演示文稿模板文件(＊.pot)

PowerPoint 提供数十种经过专家细心设计的演示文稿模板，包括：颜色、背景、主题、大纲结构等内容，供用户使用。此外，用户也可以把自己制作的比较独特的演示文稿，保存为设计模板，以便将来制作相同风格的其他演示文稿。

(4)大纲 RTF 文件(＊.rtf)

将幻灯片大纲中的主体文字内容转换为 RTF 格式(Rich Text Format)，保存为大纲类型，以便在其他的文字编辑应用程序中(如 Word)打开并编辑演示文稿。

(5)Window 图元文档(＊.wmf)

将幻灯片保存为图片文件 WMF(Windows Meta File)格式。日后可以在其他能处理图形的应用程序(如画笔等)中打开并编辑其内容。

(6)演示文稿放映(＊.pps)

将演示文稿保存成固定以幻灯片放映方式打开的 PPS 文件格式(PowerPoint 播放文档)，保存为这种格式可以脱离 PowerPoint 系统，在任意计算机中播放演示文稿。

(7)其他类型文件

还可以使用其他图形文件，如可交换图形格式(＊.gif)、文件可交换格式(＊.jpeg)、可移植网络图形格式(＊.png)等，这些文件类型是为了增加 PowerPoint 系统对图形格式的兼容性而设置的。

2. 打开演示文稿文件

演示文稿的打开方式有多种：

(1)选择菜单【文件】→【打开】命令。

(2)单击工具栏上的【打开】按钮。

(3)在"新建演示文稿"任务窗格的"打开演示文稿"栏中，可以打开演示文稿文件。

3. 保存演示文稿文件

(1)新建文件的保存：编辑完演示文稿后选择菜单【文件】→【保存】命令或工具栏上的【保存】按钮，在弹出的"另存为"对话框中保存文件(保存的类型是.ppt文件)。

(2)保存已有的文件：选择菜单【文件】→【保存】项或单击工具栏的【保存】按钮。

(3)将演示文稿保存为 Web 页文件：选择菜单【文件】→【另存为 Web 页】命令，文件的类型选择"Web 页"，将幻灯片保存为 Web 页，可在浏览器中浏览。

演示文稿可以保存的文件类型很多，在"另存为"对话框中的"保存类型"下拉列表框中有 16 种可保存的文件类型，可以根据需要选择不同的文件类型来保存文件。

可以将演示文稿保存成 PowerPoint 97 或 PowerPoint 2000 的版本，这些格式与 PowerPoint 以前的版本保持了兼容性。当然，PowerPoint 的新增功能在早期的版本中不会发生作用。

9.1.3 幻灯片的视图模式

在演示文稿制作的不同阶段，PowerPoint 提供了不同的工作环境，称为视图。在 PowerPoint 中，给出了 4 种视图模式：普通视图、幻灯片浏览视图、幻灯片放映视图和备注页视图。在不同的视图中，可以使用相应的方式查看和操作演示文稿，因此在编辑幻灯片之前，先来学习其视图模式。

1. 幻灯片普通视图

打开一个演示文稿，单击窗口左下角视图切换按钮"🔳🔡🗔"中的【普通视图】按钮(注意观察光标尾部的按钮的注释)，看到的就是普通视图窗口。在普通视图下又分为"大纲"和"幻灯片"两种视图模式。单击大纲编辑窗口上的"幻灯片"选项卡，进入普通视图的幻灯片模式，如图 9-1-8 所示。

幻灯片模式是调整、修饰幻灯片的最好显示模式。在幻灯片模式窗口中显示的是幻灯片的缩略图，在每张图的前面有该幻灯片的序列号和动画播放按钮。单击缩略图，即可在右边的幻灯片编辑窗口中进行编辑修改，单击播放按钮，可以浏览幻灯片动画播放效果。还可拖曳缩略图，改变幻灯片的位置，调整幻灯片的播放次序。

在演示文稿窗口中，单击大纲编辑窗口上的"大纲"选项卡，进入普通视图的大纲模式，如图 9-1-9 所示。由于普通视图的大纲方式具有特殊的结构和大纲工具栏，因此在大纲视图模式中，更便于文本的输入、编辑和重组。

在大纲视图模式中编辑演示文稿，需要显示大纲工具栏。可选择菜单【视图】

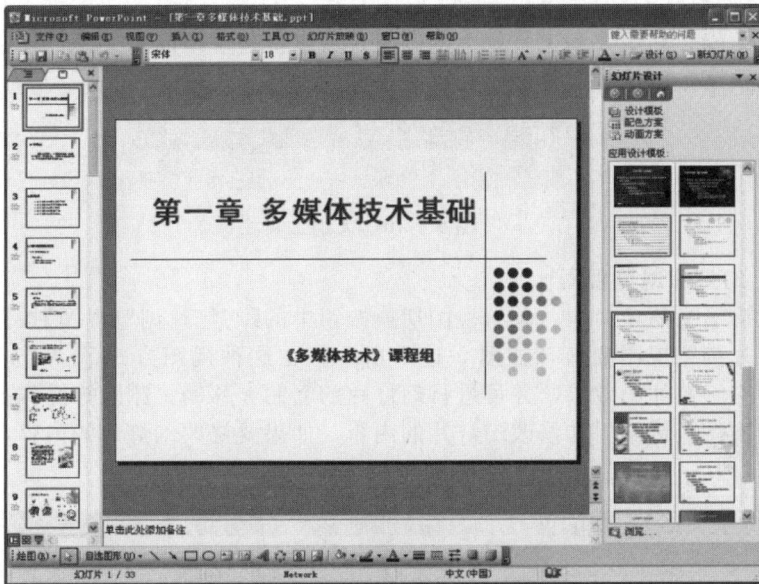

图 9-1-8　普通视图的幻灯片模式

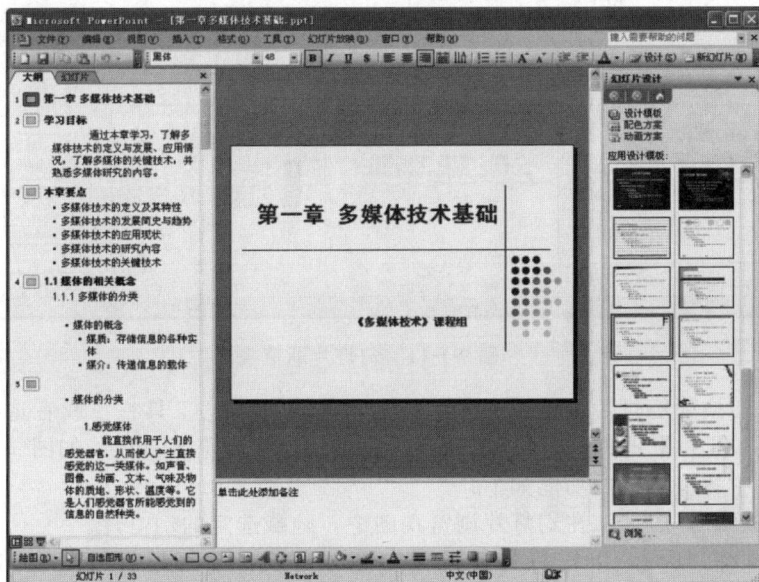

图 9-1-9　普通视图的大纲模式

→【工具栏】→【大纲】命令，显示大纲工具栏，图 9-1-10 显示了大纲工具栏中的各个按钮功能。利用大纲工具栏上的按钮，可以快速重组演示文稿，包括重新排列幻灯片次序，以及幻灯片标题和层次小标题的从属关系等。

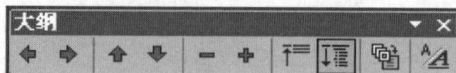

图 9-1-10　大纲工具栏

2. 幻灯片浏览视图

在演示文稿窗口中，单击视图切换按钮中的【幻灯片浏览视图】按钮，可切换到幻灯片浏览视图窗口，如图 9-1-11 所示。在这种视图方式下，可以从整体上浏览所有幻灯片的效果，并可进行幻灯片的复制、移动、删除等操作。但此种视图中，不能直接编辑和修改幻灯片的内容，如果要修改幻灯片的内容，则可双击某个幻灯片，切换到幻灯片编辑窗口后进行编辑。

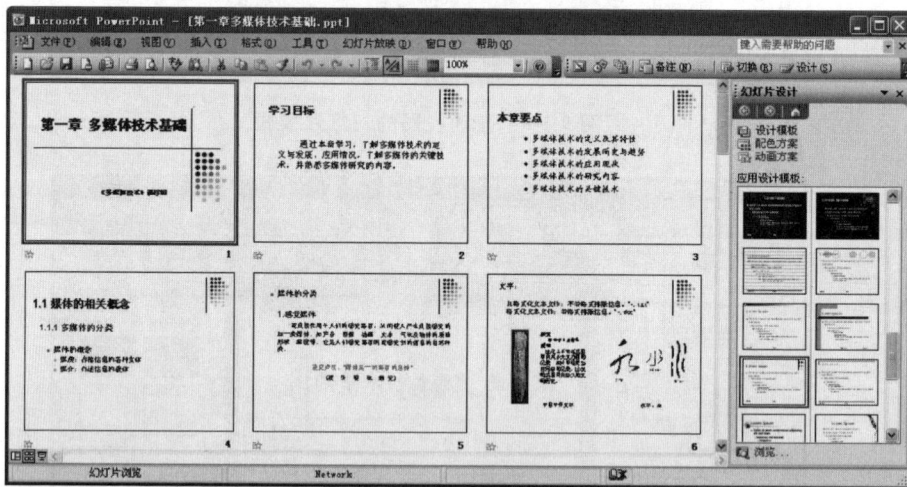

图 9-1-11　幻灯片浏览视图

当切换到幻灯片浏览视图时，将显示幻灯片浏览工具栏，或者选择菜单【视图】→【工具栏】→【幻灯片浏览】命令，显示幻灯片浏览工具栏，如图 9-1-12 所示。工具栏中各个按钮的功能如下：

【隐藏幻灯片】：在幻灯片浏览视图中，隐藏选定的幻灯片。

【排练计时】：以排练方式运行幻灯片放映，并可设置或更改幻灯片放映时间。

【摘要幻灯片】：在幻灯片浏览视图中，可在选定的幻灯片前面插入一张摘要幻灯片。

【演讲者备注】：显示当前幻灯片的演讲备注，打印讲义时可以包含这些演讲备注。

【幻灯片切换】：显示"幻灯片切换"任务窗格，可添加或更改幻灯片的放映效果。

【幻灯片设计】：显示"幻灯片设计"任务窗格，可选设计模板、配色方案和动画方案。

【新幻灯片】：在当前选定位置插入新的幻灯片，并显示【幻灯片版式】任务窗格。

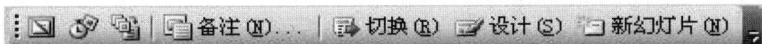

图 9-1-12　幻灯片浏览工具栏

3. 幻灯片放映视图

在演示文稿窗口中，单击视图切换按钮中的【幻灯片放映】按钮，切换到幻灯片放映视图窗口，如图 9-1-13 所示。在这个窗口中，可以查看演示文稿的放映效果。

在放映幻灯片时，是全屏幕按顺序放映的，可以单击鼠标，一张张放映幻灯片，也可自动放映（预先设置好放映方式）。放映完毕后，视图恢复到原来状态。

图 9-1-13　幻灯片放映视图

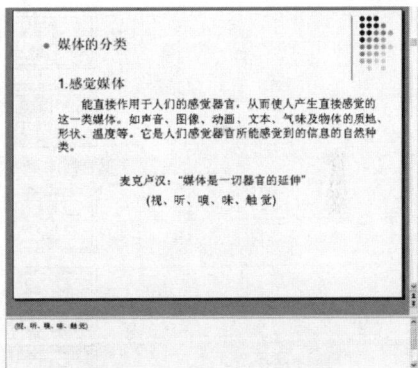

图 9-1-14　幻灯片备注视图

4. 幻灯片备注视图

在演示文稿窗口中，单击视图切换按钮中的【备注页视图】按钮，切换到备注页视图窗口，如图 9-1-14 所示。备注页视图是系统提供用来编辑备注页的，备注页分为两个部分：上半部分是幻灯片的缩小图像，下半部分是文本预留区。可以一边观看幻灯片的缩像，一边在文本预留区内输入幻灯片的备注内容。备注页的备注部分可以有自己的方案，它与演示文稿的配色方案彼此独立，打印演示文稿时，可以选择只打印备注页。

9.1.4 幻灯片的编辑与编排

(一)幻灯片的编辑

1. 选择幻灯片的版式

PowerPoint 提供了多种自动版式，不同版式的幻灯片含有不同的占位符，布局也有所不同。有的只有文本占位符，有的带有图片占位符，有的带有多媒体对象以及组织结构图等占位符，所以使用不同版式可以创建含有不同对象的幻灯片。幻灯片版式的选择方法如下：

打开演示文稿后，在左边的幻灯片面板中选择要更改版式的幻灯片。

在"新建演示文稿"任务窗格的下拉列表中选择"幻灯片版式"命令，打开如图 9-1-15 所示的"幻灯片版式"任务窗格，从版式列表中单击选择一个版式。

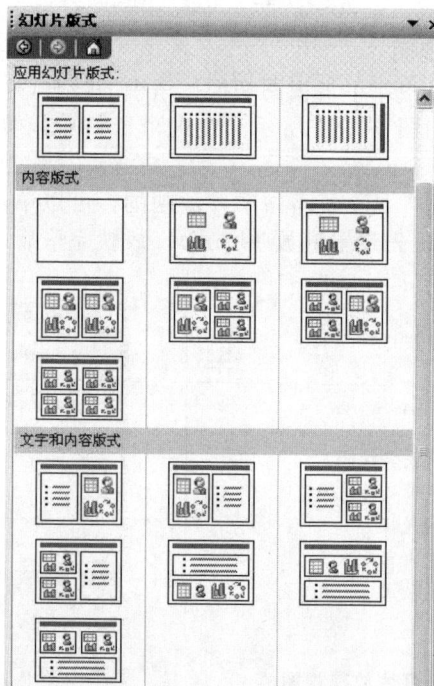

图 9-1-15 幻灯片版式

2. 幻灯片文字的输入

确定了幻灯片版式后，就可在由版式确定的占位符中输入文字。用鼠标单击占位符，在相应的占位符中输入文本文字，并设置格式和对齐方式等。

幻灯片主体文本中的段落是有层次的，PowerPoint 的每个段落可以有五个层次，每个层次有不同的项目符号，字形大小也不相同，这样使得层次感很强，如图 9-1-16 所示。幻灯片主体文本的段落层次可以使用【升级】或【降级】按钮来实现层次的调节。双击要升级或降级的段落前的项目符号，单击左边的"大纲"工具栏中的【升级】或【降级】按钮，将它的层次上升一级或下降一级。

学习目标

> 通过本章学习，了解多媒体技术的定义与发展、应用情况，

图 9-1-16　幻灯片分级标题

　　如果想在幻灯片没有占位符的位置输入文本，可以使用插入文本框的方式来实现。在绘图工具栏上，选择横排或竖排的文本框按钮，在幻灯片的指定位置上拖动鼠标，画出一个文本框，然后在文本框中输入所需的文字，如图 9-1-17 所示。若要设置文本框的格式，可单击鼠标右键，在弹出的快捷菜单中选择【设置文本框格式】菜单命令，在打开的"设置文本框格式"对话框中设置文本框的属性。

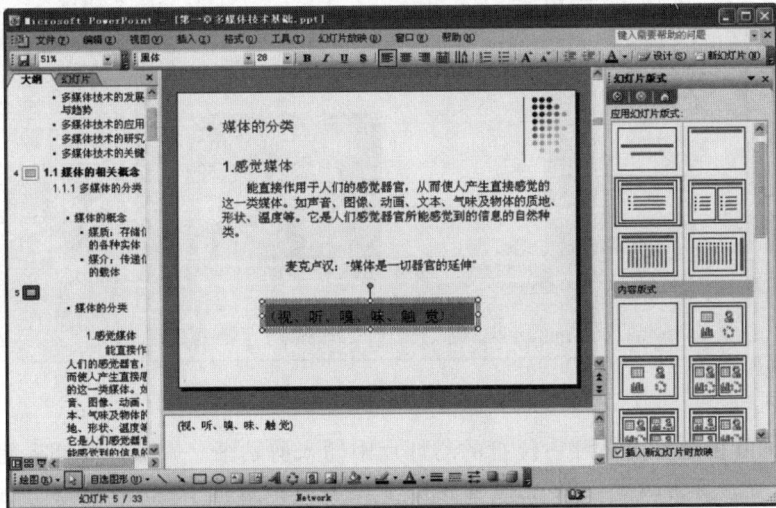

图 9-1-17　幻灯片中使用文本框在任意位置添加文字

3. 幻灯片中图片的插入

在 PowerPoint 的幻灯片中插入图片的方式有多种，可以插入剪贴画，插入图片文件，从剪贴板中粘贴图片，还可以直接从扫描仪读取扫描的文件等。

PowerPoint 处理的图片有两种基本类型，一种是位图；一种是图元，这两种类型的图片可以采用多种文件格式。位图是带有扩展名＊.bmp、＊.gif、＊.jpg 等的图像。图元文件则是带有扩展名＊.wmf 的图片。PowerPoint 提供了对许多格式图形图像的直接支持，不需要安装单独的图形过滤器，即可插入"增强型图元文件"(.emf)、Joint Photographic Experts Group(.jpg)、"便携式网络图形"(.png)、Windows 位图(.bmp、.rle、.dib)以及 Windows 图元文件(.wmf)。

(1)插入剪贴画

有两种方式可以建立带有剪贴画的幻灯片，一种是利用含有剪贴画版式的幻灯片来创建；另一种是在不含有剪贴画版式的幻灯片中创建。

常用的是利用幻灯片版式建立带有剪贴画的幻灯片。先在演示文稿当前幻灯片位置后插入一张新的幻灯片，同时"幻灯片版式"任务窗格显示出来，从幻灯片版式任务窗格中选择含有剪贴画占位符的任何版式应用到新幻灯片中。然后双击剪贴画预留区，弹出"选择图片"对话框，如图 9-1-18 所示，双击要选择的剪贴画，它就插入剪贴画预留区中。

图 9-1-18　幻灯片版式中插入剪贴画

还可在没有剪贴画占位符的幻灯片中插入剪贴画。先选择要插入剪贴画的幻灯片，在"新建演示文稿"任务窗格的下拉列表中选择"插入剪贴画"，打开"插入剪贴画"任务窗格。在"搜索文字"栏中输入要搜索图片的标注关键字(可省略不写)，在"其他搜索选项"栏下，选择搜索范围和搜索文件的类型，然后按【搜索】按钮。搜索出按指定要求的剪贴画后，在显示的图片缩略图中，单击要插入的图片，可将其加入到当前幻灯片上，如图 9-1-19 所示。

如果要在演示文稿中的每个幻灯片背景上都增加同一个剪贴画，则在幻灯片母版的背景上增加该剪贴画即可。选择菜单【视图】→【母版】→【幻灯片母版】命令，在幻灯片母版的背景上加入所需的剪贴画，可将该图片置于所有对象的最下层。

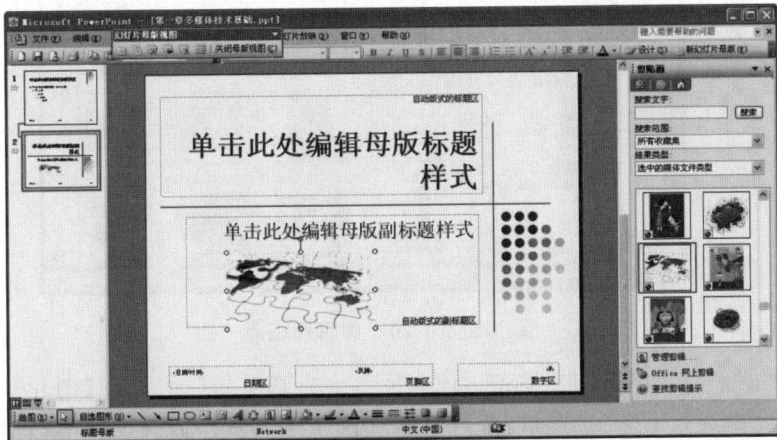

图 9-1-19　幻灯片中插入剪贴画

Office XP 中的剪贴画图片是放置在剪辑管理器中的，它可以将硬盘上或者指定文件夹中的图片、声音和动画进行整理分类，便于更好地组织和管理这些图片。在"插入剪贴画"任务窗格底端，有一个"剪辑管理器"超级链接，单击它可打开如图 9-1-20 所示的剪辑管理器窗口。在窗口左边的"收藏集列表"中选择具体的分类项，右边显示剪辑文件的缩略图，单击缩略图右边的向下箭头，可以从快捷菜单上选择一系列的剪贴画操作，如单击"复制"命令，然后在 PowerPoint 普通视图幻灯片窗格单击常用工具栏上的【粘贴】按钮，就把相应的剪贴画插入到了幻灯片中。可见，在 PowerPoint 中，剪辑管理器与"插入剪贴画"任务窗格配合使用，可以方便地在文档中插入剪贴画和其他的图像、声音、动画等剪辑文件。

（2）插入外部图片文件

在幻灯片中，除了可以插入剪贴画外，还可以在幻灯片中添加自己的图片文件，这些文件可以是在软盘、硬盘或 Internet 上的图片文件。

选择要插入图片的幻灯片，再选择菜单【插入】→【图片】→【来自文件】命令，弹出"插入图片"对话框。在"查找范围"下拉列表框中选定图片文件所在的文件夹，找到需要插入的图片，单击选中它，按【插入】按钮。

（3）使用自选图形

PowerPoint 还提供了基本的图形绘制，可以在幻灯片中插入内置的标准图

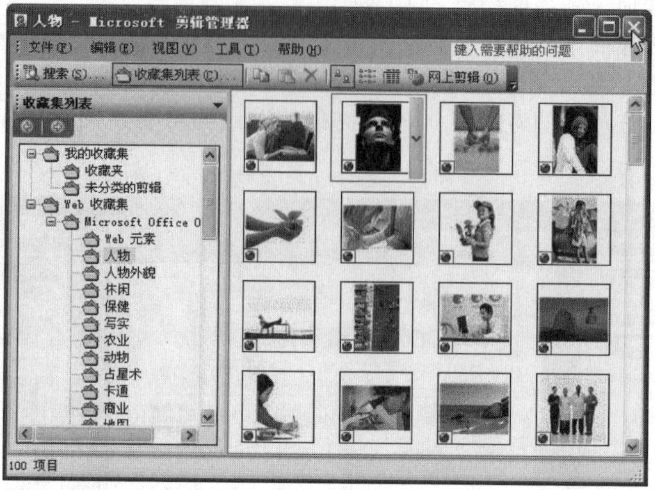

图 9-1-20　剪辑管理器

形，如圆形图、矩形图、线条、流程图等。选择菜单【插入】→【图片】→【自选图形】命令就可打开"自选图形"工具栏或者直接单击绘图工具栏中的【自选图形】按钮，然后从中选择所需的图形，在幻灯片中拖动鼠标，就创建了相应的图形。

（4）使用艺术字

PowerPoint 还提供了一个艺术汉字处理程序，可以编辑各种艺术汉字效果。加入艺术字的方法是：选择菜单【插入】→【图片】→【艺术字】命令，或者直接单击绘图工具栏中的【艺术字】按钮，在打开的"艺术字库"对话框中选择艺术字的样式，然后在"编辑艺术字"对话框中输入文字，最后使用艺术字工具栏编辑艺术字，如修改艺术字的形状、格式等。

幻灯片中插入图形对象后，选定对象并单击鼠标右键，在快捷菜单中选择【设置对象格式】项，可以对其进行编辑，如调整大小、位置、裁剪等。还可以通过"绘图"工具栏对添加到幻灯片上的自选图形进行缩放、旋转、翻转、加阴影或边框等操作，并可将一些单个的简单图形对象组合成较复杂的组合对象。

4. 幻灯片中组织结构图的插入

在 PowerPoint 中还可以插入组织结构图来表现各种关系。组织结构图由一系列图框和连线组成，用来描述一种结构关系或层次关系。

单击"绘图"工具栏上的【插入组织结构图和其他图示】按钮，弹出"图示库"对话框，共有六个图示工具。除组织结构图外，还可创建其他类型的图示，如循环图、射线图、棱锥图、维恩图和目标图等。使用这些图示能使创建出的演示文稿更生动。

下面使用"绘图"工具栏上的图示工具创建一个组织结构图来说明层次关系。

所创建的机构组织图，如图 9-1-21 所示。

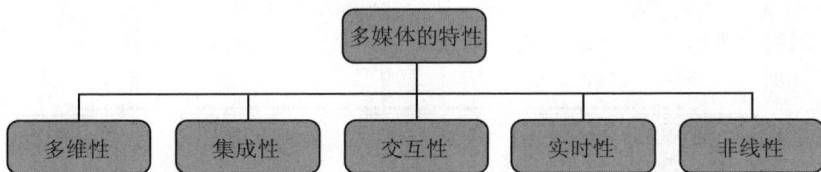

图 9-1-21　组织机构示意图

在"绘图"工具栏上单击【插入组织结构图和其他图示】按钮，将显示"组织结构图"工具栏，如图 9-1-22 所示。"组织结构图"工具栏上各个按钮的下拉菜单作用如下：

【插入形状】：可以在组织结构图中插入新的形状。可使用的形状有下属、同事和助手。

【版式】：对创建的组织结构图选择所需的版式。从版式下拉菜单中可以选择的版式有标准版式、两边悬挂版式、左悬挂版式、右悬挂版式、自动版式等。

【选择】：选择组织结构图的不同部分或者全体。可选择的部分有级别、所有助手等。

图 9-1-22　组织结构图工具栏

创建组织结构图的具体方法如下：

(1)在演示文稿中插入一张新的幻灯片。

(2)若在"幻灯片版式"任务窗格中，选择含有组织结构图占位符的版式，则双击幻灯片中图示或占位符(预留区)。若选择的是没有图示占位符的空白幻灯片版式，则单击"绘图"工具栏上的按钮 🕸 。

(3)在弹出的"图示库"对话框中，单击选择组织结构图的图示，按【确定】按钮。在当前的幻灯片窗格中显示一个默认结构的组织结构图，如图 9-1-23 所示，同时显示出组织结构图工具栏。

(4)在"组织结构图"工具栏的最右边有个"自动套用格式"按钮 🕸 ，单击此按钮，弹出如图 9-1-24 所示的"组织结构图样式库"对话框。可以使用预先设置的图形及文本颜色和样式选项，格式化所选的组织结构图。

(5)选定一种样式后，就可在组织结构图中选中某个图框单击左键，然后输入所需文字。

(6)若需要在组织结构图中添加新的图框，单击"组织结构图"工具栏上【插入形状】按钮的向下箭头，弹出一个下拉菜单，单击【同事】，可增加一个同一级别

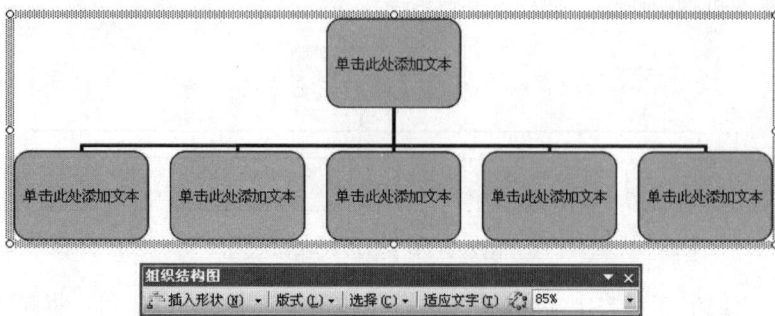

图 9-1-23　组织结构图形式

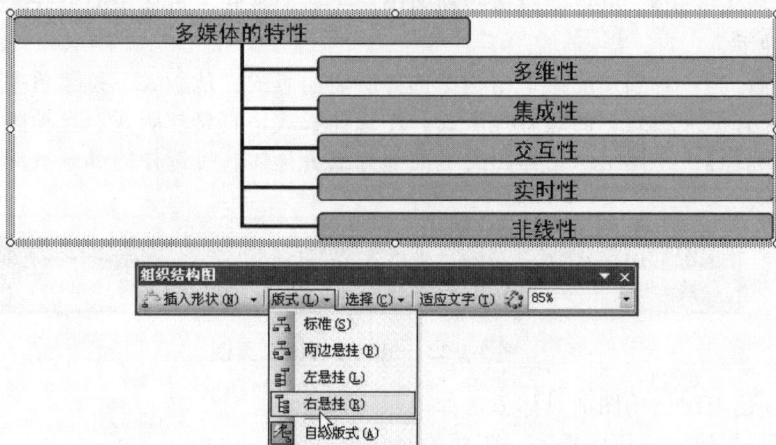

图 9-1-24　组织结构图样式库

的图框。单击【下属】，则增加一个下一级别的图框。

（7）若需要在组织结构图中选择新的版式，先选择上级图框，再单击"组织结构图"工具栏上【版式】按钮的向下箭头，弹出一个下拉菜单，单击【左悬挂】，将所有下级图框都放置在所选上级图框的左侧。单击【右悬挂】，则将所有下级图框都放置在所选上级图框的右侧。

（8）要想删除组织结构图中的图框，只需单击某个图框，按 Delete 键即可。

（9）完成组织结构图的创建后，在图形外单击鼠标，取消对组织结构图的选定。

在演示文稿的幻灯片中，最常用的是组织结构图，但有时要更好地表现结构关系，也可使用其他图示表达不同的关系和概念。如图 9-1-25 所示，就是用射线图表示网络的星形结构。

插入了射线图后，弹出的是"图示"工具栏，如图 9-1-26 所示。图示工具栏上主要按钮的作用与组织结构图工具栏相似。【前移图形】、【后移图形】和【反转图示】这三个按钮，是用于移动图框的位置。【更改为】按钮，是在除组织结构图外的其他五种图示间作转换，也即通过它可以更改现有的图示，如转换成棱锥图、循环图等。

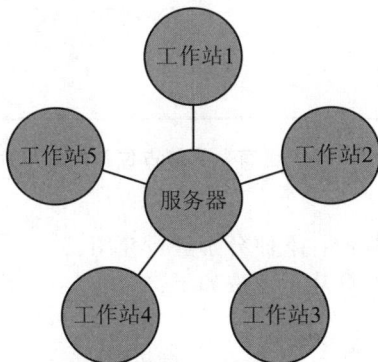

图 9-1-25　射线图示

图 9-1-26　图示工具栏

5. 幻灯片中表格和图表的插入

幻灯片中，表格的插入方法有两种，一是在插入新幻灯片后，在幻灯片版式中选择含有表格占位符的版式，应用到新的幻灯片，然后单击幻灯片中表格占位符标识，就可以制作表格。二是直接在已有的幻灯片中加入表格，可以利用常用工具栏上的【插入表格】按钮，快速建立一个表格。

在幻灯片中，插入图表的方法与插入表格类似。由于在幻灯片中，创建表格和图表的方法与在 Word 或 Excel 中相似，因此不在此处详细说明建立表格和图表的具体方法了。

(二)幻灯片中多媒体元素导入

幻灯片中除了可以包含文本和图形外，还可以使用音频和视频内容，使用这些多媒体元素，可以使幻灯片的表现力更丰富。在 PowerPoint 新的剪辑管理器中包括大量可以在幻灯片中播放的音乐、声音和影片等，利用剪辑管理器可以在演示文稿中加入所需要的多媒体对象，也可以直接插入声音文件和影像文件。如图 9-1-27 所展现的是一个多媒体幻灯片实例。

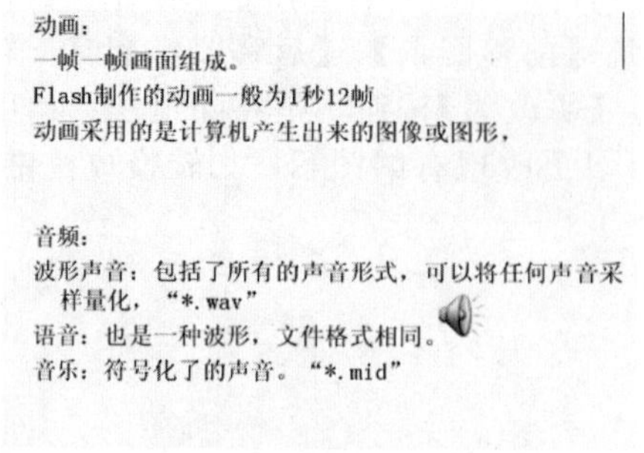

动画：
一帧一帧画面组成。
Flash制作的动画一般为1秒12帧
动画采用的是计算机产生出来的图像或图形。

音频：
波形声音：包括了所有的声音形式，可以将任何声音采
　　样量化，"*.wav"
语音：也是一种波形，文件格式相同。
音乐：符号化了的声音。"*.mid"

含有多媒体占位符的幻灯片

单击此处添加标题

· 单击此处添加文本

321

双击此处添加媒体剪辑

图 9-1-27　多媒体幻灯片 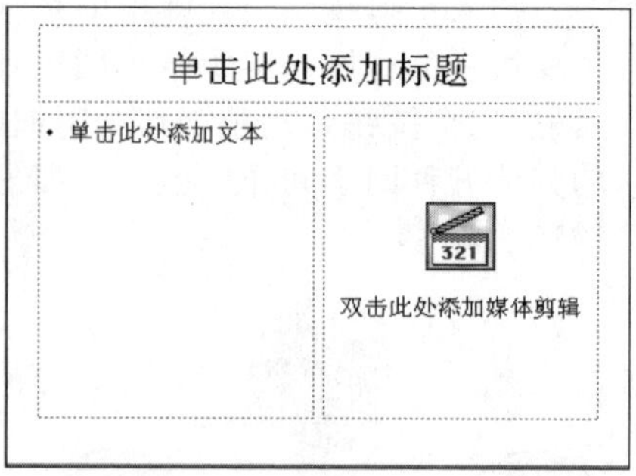　　　　　图 9-1-28　含有多媒体占位符的幻灯片

1. 幻灯片中插入声音和视频

在幻灯片中插入多媒体内容的方式主要有两种，下面分别进行介绍。

利用含有多媒体占位符的版式创建多媒体幻灯片。方法如下：

(1)插入一张新的幻灯片。

(2)在"幻灯片版式"任务窗格中，选择带有多媒体占位符的版式，如图 9-1-28所示。

(3)在幻灯片上媒体剪辑预留区中双击鼠标，弹出"媒体剪辑"对话框。

(4)在"媒体剪辑"对话框中，选择要插入到幻灯片中的媒体剪辑，如声音或视频，单击【确定】按钮，弹出"插入声音媒体"提示框，如图 9-1-29 所示。

(5)在"插入声音媒体"提示框中，如果是在幻灯片放映时自动播放媒体剪辑，按【是】按钮，如果是在单击鼠标时播放媒体剪辑，则按【否】按钮。

(6)在选择了"是"或"否"后，可在幻灯片上增加一个有实际内容的媒体剪辑图标。在放映幻灯片时，会自动播放或者在图标上单击鼠标后播放已插入的媒体剪辑。

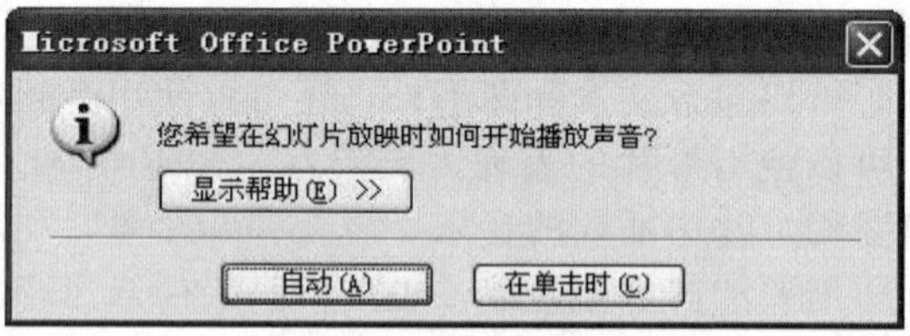

Microsoft Office PowerPoint

您希望在幻灯片放映时如何开始播放声音？

显示帮助(E) >>

自动(A)　　　在单击时(C)

图 9-1-29　"插入声音媒体"提示框

以文件的形式在幻灯片中插入其他影片和声音，方法如下：

(1)准备好要插入的声音文件和影片文件。

(2)选择要插入媒体剪辑的幻灯片。

(3)选择菜单【插入】→【影片和声音】→【文件中的影片】或【文件中的声音】命

令，如图 9-1-30 所示。

图 9-1-30　"影片和声音"菜单

(4)在弹出的"插入影片"或"插入声音"对话框中选择要插入的影片或声音文件。

(5)按【确定】按钮，就完成了多媒体幻灯片的设置。

如果要设置幻灯片中影片和声音的播放，单击鼠标右键，在快捷菜单中选择【编辑影片对象】或【编辑声音对象】菜单命令，在弹出的如图 9-1-31 所示的对话框中进行设置。

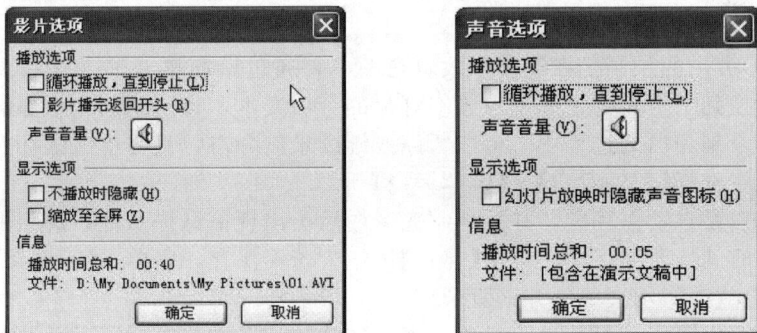

图 9-1-31　"影片选项"和"声音选项"对话框

2. 幻灯片中插入旁白

旁白就是在放映幻灯片时，用声音讲解该幻灯片的主题内容，使演示文稿的内容更容易使观众理解。要在演示文稿中插入旁白，需要先录制旁白。录制旁白时，可以浏览演示文稿并将旁白录制到每张幻灯片上。录制旁白的方法是：

（1）在普通视图的"大纲"或"幻灯片"选项卡上，选择要开始录制的幻灯片图标或者缩略图。

（2）选择菜单【幻灯片放映】→【录制旁白】，弹出如图 9-1-32 所示的对话框。

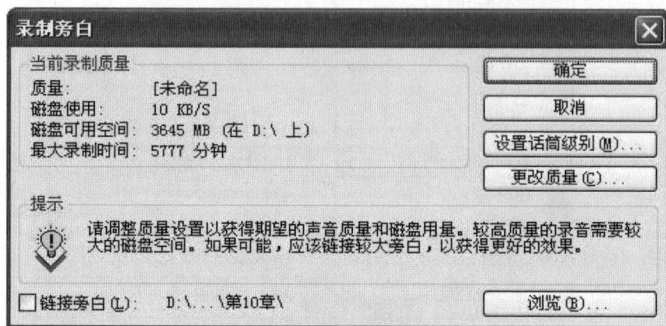

图 9-1-32   录制旁白对话框

（3）单击【设置话筒级别】按钮，按照说明来设置话筒的级别，再按【确定】按钮。

（4）如果要插入的旁白是嵌入旁白，直接按【确定】按钮。如果是链接旁白，则选择"链接旁白"复选框，然后按【确定】按钮。

（5）如果前面选择的是从第一张幻灯片开始录制旁白，则直接执行下面一步操作。如果选择的不是从第一张幻灯片开始录制旁白，则会弹出一个对话框，可在对话框中单击【第一张幻灯片】或【当前幻灯片】按钮，确定从哪张幻灯片开始录制旁白。

（6）旁白的录制是在幻灯片放映视图中，通过话筒语音输入旁白文本，再单击鼠标换到下一页，录制下一张幻灯片的旁白文本，直到录制完全部的幻灯片旁白。在录制旁白的过程中，可以暂停或继续录制旁白，只要单击鼠标右键，在快捷菜单中选择【暂停旁白】或【继续旁白】项。

旁白是自动保存的，并且录制完旁白后会出现信息提示框，询问是否保存放映排练时间，若要保存，单击【保存】按钮。若不保存，则单击【不保存】按钮。

（7）放映演示文稿，并试听旁白。

如果保存了幻灯片放映排练时间，在放映演示文稿时，不运行该时间，可选择菜单【幻灯片放映】→【设置放映方式】，在弹出的对话框中，选择"换片方式"下的"手动"单选框。若要再次使用排练时间，则选择"换片方式"下的单选框"如果有排练时间，则使用它"。

（三）幻灯片的编排

在编辑好幻灯片后，可以对演示文稿进行适当地排版，如插入新幻灯片、删除幻灯片、复制或移动幻灯片等。

1. 插入幻灯片

在演示文稿中，每张幻灯片之间的内容连接要紧密，在排版过程中，如果发现遗漏了部分内容，可在其中插入新的幻灯片再进行编辑，插入幻灯片的方法如下：

打开演示文稿后，切换到幻灯片浏览视图，在要插入新幻灯片的位置我们单击鼠标，在第 5 张和第 6 张这两张幻灯片之间会出现一条黑线，如图 9-1-33 所示。

图 9-1-33　选择要插入幻灯片的位置

选择菜单【插入】→【新幻灯片】命令，在两个幻灯片之间插入一个同样版式的新幻灯片，如图 9-1-34 所示。然后可以编辑此幻灯片。

在幻灯片浏览视图中插入幻灯片的优点是，浏览视图中可以更清楚、方便地选择要插入的新幻灯片的位置，在其他视图中也可以插入新的幻灯片。如在普通视图中，插入新幻灯片的方法是：选择左边的"大纲"或者"幻灯片"选项卡，选择一个幻灯片标记，然后选择菜单【插入】→【新幻灯片】命令，可在所选择的幻灯片后插入新的幻灯片。

2. 删除幻灯片

删除不需要的幻灯片，只要选中要删除的幻灯片，选择菜单【编辑】→【删除幻灯片】命令或按 Delete 键即可。如果误删除了某张幻灯片，可单击常用工具栏的【撤销】按钮。

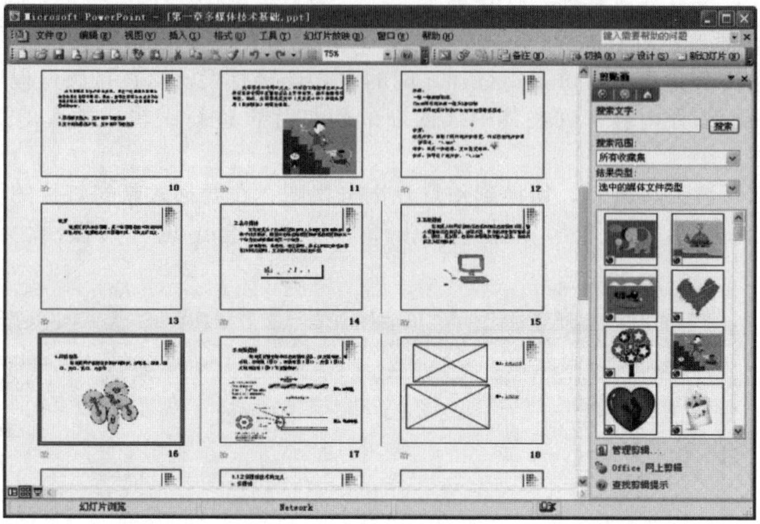

图 9-1-34　插入新幻灯片

3. 移动幻灯片

打开演示文稿，切换到幻灯片浏览方式。单击选中要移动的幻灯片，按住鼠标拖动幻灯片到需要的位置即可。

4. 复制幻灯片

选择需要复制的幻灯片，选择右键快捷菜单【复制】和【粘贴】命令，将所选幻灯片复制到演示文稿的其他位置或其他演示文稿中。（只有在幻灯片浏览视图或大纲视图下才能使用复制与粘贴的方法）

在演示文稿的排版过程中，可以通过移动或复制幻灯片，来重新调整幻灯片的排列次序，也可以将一些已设计好版式的幻灯片复制到其他演示文稿中。

9.2　多媒体演示文稿 PowerPoint 高级应用

幻灯片设计就是使创建的演示文稿有统一的字体、颜色、背景和风格，因此在编辑好幻灯片后，可对演示文稿的版式、配色方案、颜色等进行适当的更改。

9.2.1　幻灯片背景的更换

幻灯片背景的更换有多种方法，最常用的莫过于应用设计模板、更改幻灯片配色方案、改变背景 3 种方法。

1. 应用设计模板

PowerPoint 提供了多种设计模板，包括项目符号和字体的类型与大小、占位符大小与位置、配色方案、背景图案等，利用它们可以编辑不同风格的幻灯片。使用设计模板的方法是：

（1）打开要应用设计模板的演示文稿。

（2）在"新建演示文稿"任务窗格中，选择菜单"幻灯片设计-设计模板"命令，打开"幻灯片设计"任务窗格。

（3）将鼠标指向"幻灯片设计"任务窗格中要应用的模板，此时该版式图标上出现一个下拉箭头，单击该箭头后，在下拉菜单中选择【应用于选定幻灯片】命令，如图 9-2-1 所示，即可将所选模板应用到当前幻灯片上，该模板中的格式和颜色会自动加入到幻灯片中。

（4）若想将设计模板应用到当前演示文稿的所有幻灯片上，则可在如图 9-2-2 所示的菜单中选择【应用于所有幻灯片】命令。

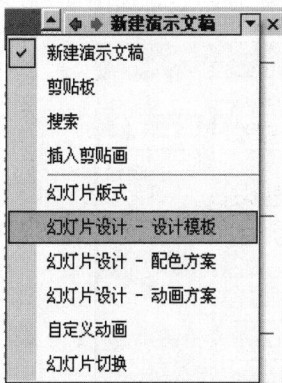

图 9-2-1　选择设计模板　　　　　图 9-2-2　应用设计模板

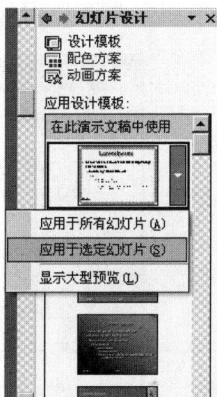

2. 幻灯片配色方案

PowerPoint 中每个幻灯片设计模板都包含一种配色方案，它是八种颜色的一个集合。配色方案包括背景、文本和线条、阴影、填充等。每种配色方案都可在幻灯片的编辑过程中更改，还可以更改配色方案中的任何一种颜色或者全部颜色。使用配色方案的方法如下：

（1）打开演示文稿，选择要改换配色方案的幻灯片。

（2）在如图 9-2-2 所示的下拉菜单中选择【幻灯片设计-配色方案】命令，打开"幻灯片设计"任务窗格。

3. 改变背景

在幻灯片空白的地方右击，在弹出的快捷菜单中选择"背景"命令，点出下拉菜单选择填充效果，如图 9-2-3 所示，在填充效果对话框中颜色为"双色"、底纹样式为"水平"，并选择具体的变形，如图 9-2-4 所示。

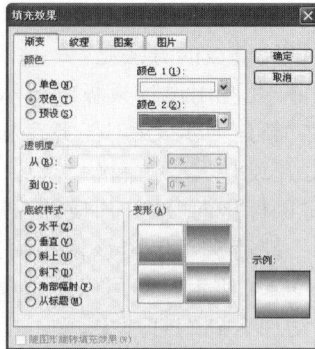

图 9-2-3 "背景"对话框　　　　图 9-2-4 "填充效果"对话框

如果我们想用某张图片作为背景，则选择图片一栏，如图 9-2-5 所示。

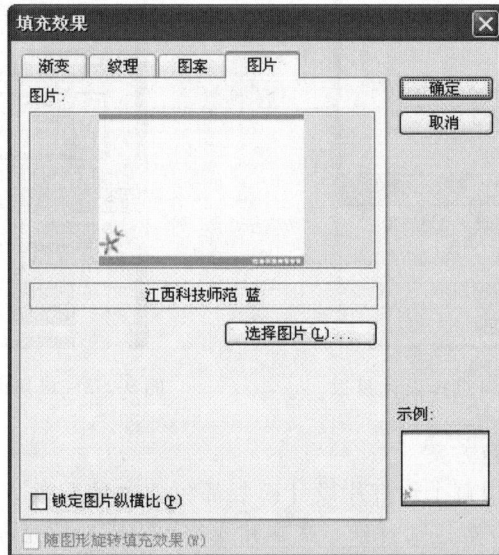

图 9-2-5 "图片"对话框

9.2.2　设置动画效果

在演示文稿的放映过程中，还可以为幻灯片中的标题、副标题、文本或图片等对象设置动画效果，从而使得幻灯片的放映生动活泼。幻灯片中的动画效果有两类：

1. 动画方案

在"新建演示文稿"任务窗格的下拉列表中，选择菜单【幻灯片设计-动画方案】命令，打开"动画方案"任务窗格，如图 9-2-6 所示（它是包含在"幻灯片设计"

任务窗格中的)。在"应用于所选幻灯片"列表框中选择一个动画方案,单击鼠标,将其应用到当前幻灯片或所选幻灯片上。如果单击【应用于所有幻灯片】按钮,则将动画方案用于整个演示文稿。然后单击下面的【播放】或【幻灯片放映】按钮,可预览动画效果。

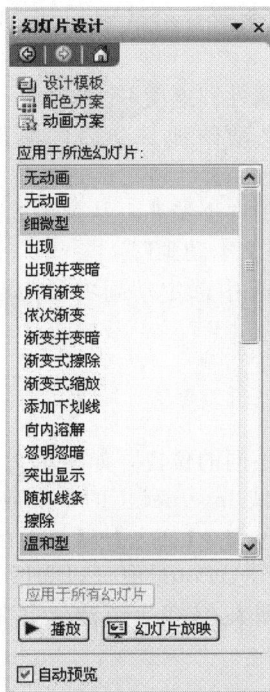

图 9-2-6　"动画方案"任务窗格　　　　图 9-2-7　"自定义动画"任务窗格

可预先设置动画效果的对象包括:幻灯片标题区、主体区、文本对象、图形对象、多媒体对象等。但每种动画方案都是对一张幻灯片或所有幻灯片中的全部对象进行整体设置,没有分开设置各个元素,要分别设置,则要使用自定义动画方式。

2. 自定义动画

自定义动画设置,可以更改幻灯片上对象的显示顺序,以及每个对象的播放时间,设置任何符合要求的动画效果。自定义动画设置的方法是:

(1)选择菜单【幻灯片放映】→【自定义动画】命令,打开如图 9-2-7 所示的任务窗格。

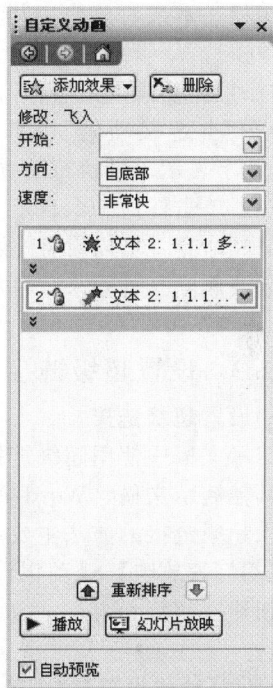

(2)在"自定义动画"任务窗格中,用鼠标单击左上角的 添加效果 按钮,弹出一个下拉命令列表,可以设置各个对象的"进入""强调""退出""动作路径"等效果,如:

若要使文本或对象按某种效果进入幻灯片，则选择【进入】命令，再选择一种效果。

如果要给幻灯片中的文本或对象添加效果，则选择【强调】命令，并选择一种效果。

若想使文本或对象使用某种效果在某一时刻离开幻灯片，则选择【退出】命令，再单击选择一种效果。

(3)添加完动画效果后，可以设置"开始""属性""速度"等选项。

(4)在"自定义动画"任务窗格中的自定义动画项目列表的前面分别标有1.2.3…数字表示动画执行的顺序，拖动列表中的项目到新位置可以更改动画序列的次序。单击任何一个自定义动画项目右边的向下箭头，从弹出的菜单中选择"效果选项"命令，可以设置"效果""计时""正文文本动画"等。

如果要删除某种效果，可在自定义动画列表中选定动画项目，再按" ✖ 删除 "按钮。

9.2.3 设置超级链接与动作按钮

(一)设置超级链接

在演示文稿中使用超级链接，可以跳转到不同的位置，如演示文稿中某张幻灯片、其他演示文稿、Word 文档、Excel 表格或 Internet 上的某个地址等。

插入超级链接的方法主要有两种：使用菜单命令【插入】→【超链接】，或者使用菜单【幻灯片放映】→【动作设置】命令。在 PowerPoint 中可以为图形、文本或动作按钮建立超级链接，此处以文本为例说明在幻灯片中建立超链接的两种方法。

1. 使用【动作设置】命令建立超级链接

(1)在幻灯片中选定要建立超级链接的文本。

(2)选择菜单【幻灯片放映】→【动作设置】命令，弹出如图 9-2-8 所示"动作设置"对话框。

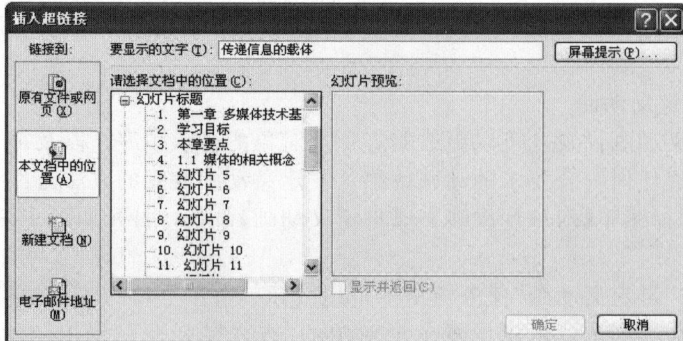

图 9-2-8 "动作设置"对话框

(3)在对话框中，选定"超链接到"单选框，再单击下面设置框右边的下拉箭头，在打开的下拉列表中单击要超级链接到的位置。按【确定】按钮，完成超级链接的建立。

若要删除超级链接，则在"动作设置"对话框中选择"无动作"单选框，即可删除超级链接。

2. 使用菜单命令【插入】→【超链接】来建立超级链接

(1)在幻灯片上选中要链接的文本。

(2)选择【插入】→【超链接】菜单命令，弹出如图 9-2-9 所示的"插入超链接"对话框。

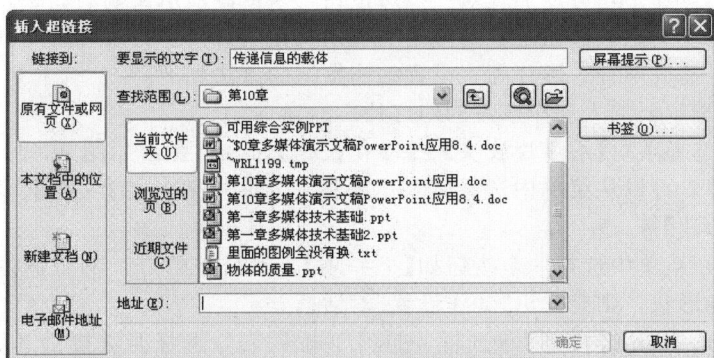

图 9-2-9　"插入超链接"对话框

(3)在"链接到"列表中选择要插入的超级链接类型。若是链接到已有的文件或 Web 页上，则单击【原有文件或 Web 页】图标；若要链接到当前演示文稿的某个幻灯片，则可单击【本文档中的位置】图标；若要链接一个新演示文稿，则单击【新建文档】图标；若要链接到电子邮件，可单击【电子邮件地址】图标。

(4)在"要显示的文字"文本框中显示的是所选中的用于显示链接的文字，也可以更改。

(5)在"地址"框中显示的是所链接文档的路径和文件名，在其下拉列表框中，还可以选择要链接的网页地址。

(6)单击【屏幕显示】按钮，弹出如图 9-2-10 所示的提示框，可以输入相应的提示信息，在放映幻灯片时，当鼠标指向该超级链接时会出现提示信息。

(7)完成各种设置后，按【确定】按钮。

若要删除超级链接，先将鼠标定位在有超级链接的文字上，再选择菜单【插入】→【超链接】命令，在弹出的"编辑超链接"对话框中，单击【删除链接】按钮，删除超级链接。

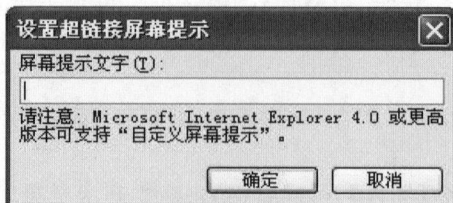

图 9-2-10 "设置超链接屏幕提示"对话框

(二)设置动作按钮

在幻灯片中，可以加入一些特殊按钮，来控制演示文稿的放映。在放映过程中可通过使用这些按钮跳转到演示文稿的其他幻灯片上，或跳转到其他演示文稿中，还可播放声音、影片等。设置动作按钮的方法如下：

(1)选定要加入动作按钮的幻灯片。

(2)选择菜单【幻灯片放映】→【动作按钮】命令，弹出如图 9-2-11 所示的动作按钮菜单。可以从菜单中选择需要的不同标记的按钮，如【文档】、【信息】、【声音】、【影片】等。

(3)在菜单中选择一个按钮如【下一项】，然后在幻灯片的合适位置拖曳出一个按钮的形状，则会弹出"动作设置"对话框。

(4)选中"超链接到"单选框，打开下拉列表，选择要链接的对象。单击【确定】按钮。

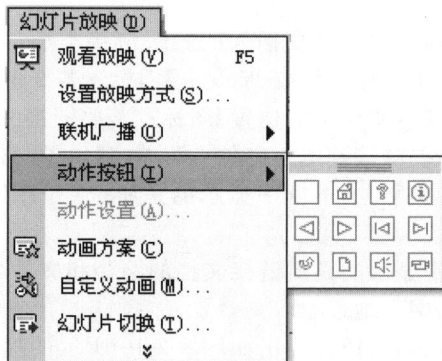

图 9-2-11 动作按钮菜单

用上述方法可以在幻灯片上设置多种动作按钮，丰富幻灯片的内容和表现方法，如图 9-2-12 所示就是一个插入了动作按钮的幻灯片实例。如果在幻灯片中插入播放声音的按钮，要为该按钮添加声音，则可选择"动作设置"对话框中的"播放声音"复选框，然后在下拉列表中选择一种声音效果或选择一个声音文件，这样在放映幻灯片时，单击此按钮可以播放声音或音乐。如果在幻灯片中插入一个自定义动作按钮，在设置好链接对象以后，可选择绘图工具栏中的【文本框】按钮，在自定义的动作按钮上插入文本框，输入所需的文字。

动作按钮设置以后，若想修改或重新设置，可以选择菜单【幻灯片放映】→【动作设置】命令，重新调用"动作设置"对话框，对动作按钮进行重新设置。

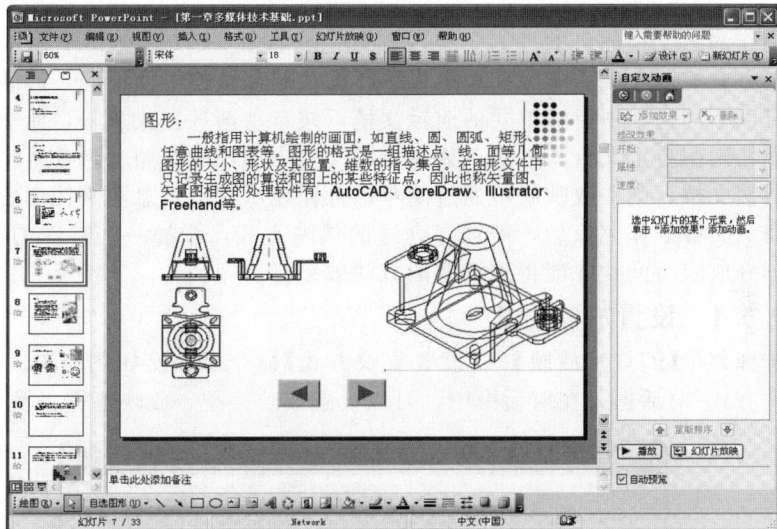

图 9-2-12 插入动作按钮的幻灯片

9.2.4 设置切换效果

幻灯片的切换效果有多种，可在幻灯片放映中，为幻灯片进入或离开屏幕设置视觉效果，并且可设定切换效果的时间，还可以在切换时播放声音。设置的方法是：

(1)选定要设置切换效果的幻灯片。

(2)选择菜单【幻灯片放映】→【幻灯片切换】命令，打开任务窗格。

(3)在"幻灯片切换"任务窗格的"应用于所选幻灯片"列表框中选择要应用的切换方式。

(4)在"修改切换效果"选项中选择幻灯片的切换速度和幻灯片切换时播放的声音，如在"速度"下拉列表中选"中速"，在"声音"下拉列表中选"风铃"声。

(5)在"换片方式"选项中选择幻灯片的切换方式。若手动换片，选择"单击鼠标时"复选框。若自动换片，则选中"每隔"复选框，并输入间隔时间，如 15 秒。

(6)单击【播放】按钮，可预览所设置的效果。

如果要将所设置的切换效果应用于所有幻灯片上，则单击【应用于所有幻灯片】按钮，如果要取消所选幻灯片的切换效果，在"幻灯片切换"任务窗格的"应用于所选幻灯片"列表框中，选择"无切换"即可。

9.3　放映与打包

　　制作演示文稿的目的是为了播放，可以直接在 PowerPoint 下播放幻灯片并全屏幕查看演示文稿的实际播放效果。根据演示文稿的性质不同，放映方式的设置也可以不同，如项目清单式的演示文稿可按自动渐进方式放映，而交互式的演示文稿，则用自定义放映方式。如果演示文稿中加入了视频、声音等信息，或插入了链接文档，则在放映时可通过简单的操作显示这些信息和文档内容。

　　演示文稿制作完成后，需选择合适的放映方式，添加一些特殊的播放效果，并控制好放映时间，才能得到满意的放映效果。

9.3.1　设置放映方式

　　选择菜单【幻灯片放映】→【设置放映方式】命令，弹出如图 9-3-1 所示的"设置放映方式"对话框。在对话框中，可以设置放映类型、放映范围、换片方式等。

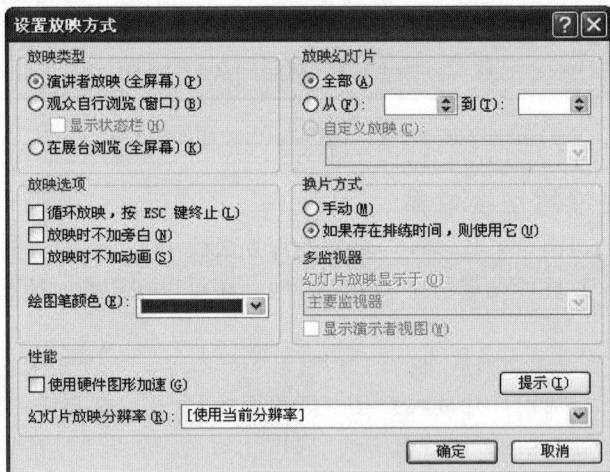

图 9-3-1　"设置放映方式"对话框

1. 放映类型设置

　　在放映类型选项中，有三种不同的放映方式。

　　演讲者放映（全屏幕）：这是一种默认放映方式，是由演讲者控制放映，可采用自动或人工方式放映，并且可全屏幕放映。在这种放映方式下，可以暂停演示文稿的播放，可在放映过程中录制旁白，还可投影到大屏幕放映。此时，"显示状态栏"复选框不可用。

观众自行浏览(窗口):是在小窗口中放映演示文稿,并提供一些对幻灯片的操作命令,如移动、复制、编辑和打印幻灯片,还显示了"Web"工具栏。此种方式下,不能使用鼠标翻页,但可以使用键盘上的翻页键。此时,复选框"显示状态栏"被选中。

在展台浏览(全屏幕):此方式可以自动运行演示文稿,并全屏幕放映幻灯片。一般在展示产品时使用这种方式,但需事先为各幻灯片设置自动进片定时,并选择换片方式下的"如果存在排练时间,则使用它"复选框。自动放映过程结束后,会再重新开始放映。

2. 放映范围设置

在放映幻灯片时,可以设置只播放部分幻灯片。设置幻灯片放映范围的方法:

全部:从第一张幻灯片一直播放到最后一张幻灯片。

从…到…:从某个编号的幻灯片开始放映,直到放映到另一个编号的幻灯片结束。

自定义放映:可在"自定义放映"扩展框中选择要播放的自定义放映。

在对话框中设置播放范围后,幻灯片放映时,会按照设定的范围播放。

3. 放映选项设置

通过设置放映选项,可以选定幻灯片的放映特征:

循环放映,按 Esc 键终止:选择此复选框,放映完最后一张幻灯片后,将会再次从第一张幻灯片开始放映,若要终止放映,则按 Esc 键。

放映时不加旁白:选择此复选框,放映幻灯片时,将不播放幻灯片的旁白,但并不删除旁白。不选择此复选框,在放映幻灯片时将同时播放旁白。

放映时不加动画:选择此复选框,放映幻灯片时,将不播放幻灯片上的对象所加的动画效果,但动画效果并没删除。不选择此复选框,则在放映幻灯片的同时播放动画。

绘图笔颜色:选择合适的绘图笔颜色,可在放映幻灯片时在幻灯片上书写文字。

4. 换片方式设置

幻灯片放映时的换片方式的设置方法:

人工:选择该单选框,可通过键盘按键或单击鼠标换片。

如果存在排练时间,则使用它:若给各幻灯片加了自动进片定时,则选择该单选框。

9.3.2　设置自动放映

在幻灯片放映过程中,对其进行放映计时设置,可以精确计算幻灯片放映的时间,控制演示文稿的放映速度。设置排练计时的方法是:

（1）切换到演示文稿的首张幻灯片。

（2）选择菜单【幻灯片放映】→【排练计时】命令，进入演示文稿的放映视图，在放映窗口的左上角显示"预演"对话框，如图9-3-2所示，从第一张幻灯片开始计时。

（3）完成该幻灯片的演讲计时后，单击鼠标左键或按"预演"对话框中的【下一步】按钮，继续设置下一张幻灯片的停留时间。

图 9-3-2　排练计时

（4）设置完最后一张幻灯片的放映时间后，屏幕上会出现一个提示框，如图9-3-2所示，它显示了幻灯片放映所需要的总时间，并询问是否使用该录制时间来放映幻灯片。单击【是】按钮，完成排练计时，单击【否】按钮，取消所设置的时间。

（5）单击【幻灯片放映】按钮，演示文稿会采用排练中设置的时间放映幻灯片。

9.3.3　放映幻灯片

启动幻灯片放映的方法有多种，如选择菜单【视图】→【幻灯片放映】命令、选择菜单【幻灯片放映】→【观看放映】或单击演示文稿窗口左下角的【幻灯片放映】按钮等。放映演示文稿的方式有下面几种。

1. 基本放映

根据预先设定，按幻灯片的编号顺序从第一张幻灯片开始逐个放映到最后一张幻灯片结束，对放映顺序不需要人工干预。基本放映有两种情况：

循环放映：幻灯片在屏幕上自动循环放映，按Esc键才会终止放映。选择放映类型为"循环放映，按Esc键终止"，并且换片方式为"如果存在排练时间，则使用它"。

由演讲者放映：使用鼠标来控制幻灯片的放映，需选择放映类型为"由演讲者放映"。

2. 控制放映

使用鼠标或键盘来控制演示文稿播放的内容或顺序。可以单击鼠标左键进入到幻灯片的下一张，或者单击鼠标右键在弹出的快捷菜单中，选择"下一张"进入到下一张幻灯片。在快捷菜单中还可以选择定位放映方式，如图 9-3-3 所示，指定放映某张幻灯片。

3. 自定义放映

自定义放映就是可以将演示文稿分成几个部分，并为各部分设置自定义演示，组成一些子文稿，根据需要进行放映。设置自定义放映的方法是：

(1)选择菜单【幻灯片放映】→【自定义放映】命令，弹出如图 9-3-4 所示的"自定义放映"对话框。

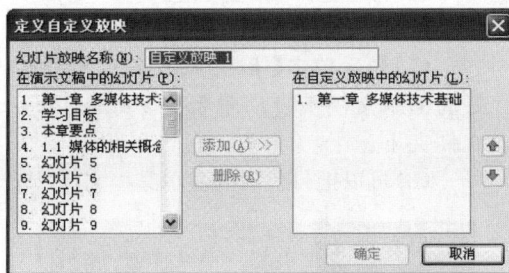

(2)在对话框中，单击【新建】按钮，打开"定义自定义放映"对话框，如图 9-3-5所示。

图 9-3-3　定位放映幻灯片

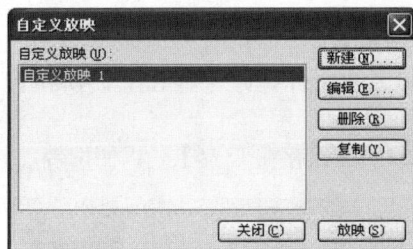

(3)在"幻灯片放映名称"文本框中输入新建的放映名称，例如，自定义放映 1。

(4)在下面的"在演示文稿中的幻灯片"列表框中选择要添加到自定义放映中的幻灯片，按【添加】按钮，将选择的幻灯片添加到右边的自定义放映列表框中。

(5)在"定义自定义放映"对话框中，单击【确定】按钮，回到"自定义放映"对话框。若再次按【新建】按钮，则可以继续建立其他的自定义放映，例如，自定义放映 2。

如果要删除某个自定义放映，可在"自定义放映"列表框中选中它，按【删除】按钮。

图 9-3-4　"自定义放映"对话框　　　　图 9-3-5　"定义自定义放映"对话框

9.3.4　打包演示文稿

如果创建的演示文稿要在另一台计算机上运行，可用打包的方法将其压缩成比较小的文件，复制到磁盘上，然后再将文件解包到目标计算机并播放。打包演示文稿时，可以包含任何链接文件，也可将 TrueType 字体嵌入到包中。如果是在没有安装 PowerPoint 的计算机上运行演示文稿，则要将 Microsoft PowerPoint 播放器打在包中。打包演示文稿的方法如下：

（1）打开要打包的演示文稿。

（2）选择菜单【文件】→【打包】命令，打开"打包向导"对话框。

（3）单击【下一步】按钮，向导对话框如图 9-3-6 所示。在此对话框中，选择要打包的演示文稿是当前演示文稿还是其他演示文稿。如果希望在软件包中包含多篇演示文稿，则选择复框"其他演示文稿"，再按【浏览】按钮，选择多个演示文稿。

（4）单击【下一步】按钮，弹出如图 9-3-7 所示对话框。在此对话框中，设置打包文件要保存的位置，如 A 盘。如果要保存到其他位置，则选择单选框"选择目标"，在下面的文本框中输入文件夹的路径，如 D:\PPTJC。

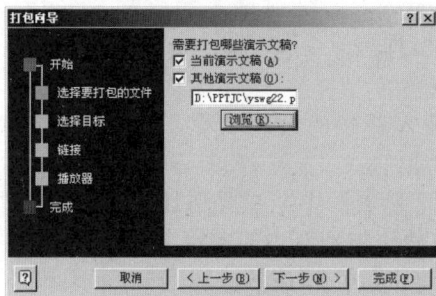

图 9-3-6　选择要打包的演示文稿　　　　图 9-3-7　设置保存位置

（5）再单击【下一步】按钮，对话框如图 9-3-8 所示。可以设置链接文件及嵌入字体。

（6）单击【下一步】按钮，打开如图 9-3-9 所示对话框。选择打包文件是否包含播放器。

（7）最后单击【下一步】按钮，然后单击【完成】按钮即可打包演示文稿。打包好的演示文稿被自动命名为 Pngsetup.exe 名字的文件，并保存在上面所设置的文件夹下。

（8）可以把打包后的演示文稿文件"Pngsetup.exe"保存在 U 盘上，以便携带。

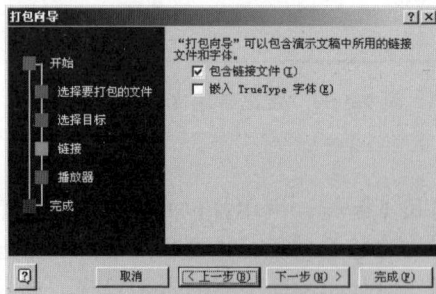

图 9-3-8　选择链接文件和字体　　　　图 9-3-9　是否打包播放器

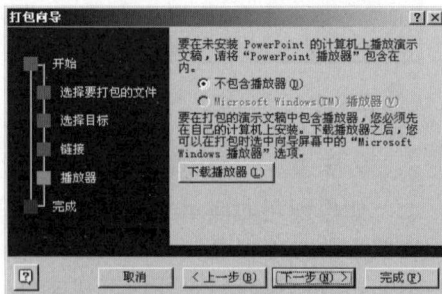

9.4　制作网上演示文稿

如果要将演示文稿发布到 Web 上，可以使用 PowerPoint 提供的模板来设计供联机查看的演示文稿。也可将任何已有的演示文稿转换成 HTML 格式的文件，直接在 Internet 上播放。

9.4.1　创建网上演示文稿

PowerPoint 特别设计了一组模板，用来创建联机演示文稿，并将它存为 HTML 格式，以便在 Web 上查看。创建网上演示文稿的方法是：

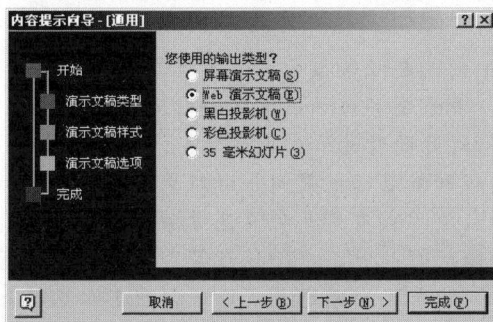

图 9-4-1　选择演示文稿样式

（1）选择菜单【文件】→【新建】命令，打开"新建演示文稿"任务窗格。

（2）在任务窗格中，选择"根据内容提示向导"项，弹出"内容提示向导"对话框。选择一个演示文稿的类型，单击【下一步】按钮，打开如图 9-4-1 所示对话框。

（3）在对话框中选择输出类型为"Web 演示文稿"单选框，再单击【下一步】按钮。

（4）在弹出的对话框中，输入相关信息，单击【下一步】按钮，再单击【完成】按钮。

（5）完成演示文稿的创建后，选择菜单【文件】→【另存为 Web 页】命令。

9.4.2　演示文稿转换为 Web 页

将已有的演示文稿转换成 Web 页的方法是：

（1）打开想要转换成 Web 页的演示文稿。

（2）选择菜单【文件】→【另存为 Web 页】命令，将演示文稿保存为 Web 页。

演示文稿保存为 Web 页或转换成 Web 页后，会产生一个与演示文稿同名的 HTML 文件和一个也是相同名字的文件夹。同名字的文件夹以 .files 为扩展名，其中放置的是一些辅助文件，包括图片文件、声音文件、文本文件等，这些都是在演示文稿转换成 Web 页时，自动生成的。在网上发布或浏览 Web 形式的演示文稿时，一定注意不要忘了这个文件夹。

思考与练习

1. 应用书中的方法，使用内容提示向导创建演示文稿。

2. PowerPoint 保存的文件类型有哪些？

3. 在 PowerPoint 中，有哪几种视图？各适用于何种情况？

4. 创建演示文稿的方法有几种？

5. 如何使用幻灯片的剪辑管理器？

6. 幻灯片的图示工具有六个，除了组织结构图外，还可以创建哪几种类型的图示？

7. 在幻灯片中插入超级链接的方法有哪两种？

8. 怎样为幻灯片录制旁白和设置放映时间？

9. 如何设置幻灯片的背景和配色方案？

10. 幻灯片母板和标题母板是同一种版式吗？

11. 幻灯片的放映方式有哪几种设置方法？

12. 如果在放映幻灯片时，不想播放旁白，应如何设置幻灯片的播放选项？

13. 若在幻灯片中加了自动进片定时，则应怎么选择幻灯片的换片方式？

14. 如何在幻灯片中添加动画效果？

15. 演示文稿的放映方式有几种？各有什么特点？

第10章　多媒体课件开发软件 Authorware 应用

内容提要

　　Authorware 是美国 Macromedia 公司推出的多媒体开发软件，是深受广大计算机用户和专业开发人员欢迎的最流行的多媒体创作工具，尤其在教学领域，众多的教学课件都是由 Authorware 来开发、制作。除了它本身具有操作简单、易学易用的因素外，另一个不可忽视的方面就是它能在绝大多数的操作系统（Windows XP、Windows 7、Macintosh OS 等）下稳定运行，对计算机硬件与软件要求较低。通过本章的学习，掌握课件制作工具 Authorware7.0 基本操作并运用 Authorware 制作多媒体教学课件。

10.1　Authorware 基础

　　要想使用 Authorware 多媒体设计平台创作出丰富、生动的多媒体作品，首先必须对 Authorware 多媒体设计平台的界面、组织方法、各命令的含义和使用等内容有一个较全面的、深入的了解。

　　通过这一章节内容的学习，读者可以熟悉 Authorware 窗口的结构、了解各命令和工具栏的含义和作用。对本书中 Authorware 的各设计按钮及功能按钮的命名约定有一个大致了解，为后续的学习打下一个良好的基础。

10.1.1　Authorware 软件介绍

　　Authorware 是一个优秀的交互式多媒体编程工具。它广泛地应用于多媒体教学和商业等领域，目前大多数多媒体教学光盘都是用 Authorware 开发的。而商业领域的新产品介绍、模拟产品的实际操作工程、设备演示等，也很多采用 Authorware 来开发，取得良好的企业形象和市场宣传效果。Authorware 直接采用面向对象的流程线设计，通过流程线的箭头指向就能了解程序的具体执行过程。Authorware 能够使不具备高级语言编程经验的用户迅速掌握，并能创作出高水平的多媒体作品，因而成为多媒体创作首选的工具软件之一。

　　用 Authorware 进行多媒体课件入门、创作容易，创作出来的作品效果好，而且图、文、声、像俱全，最适合于多媒体课件制作的初学者使用。Authorware 主要具有以下特点：

1. 简单的面向对象的流程线设计

　　用 Authorware 制作多媒体应用程序，只需在窗口式界面中按一定的顺序组合图标，不需要冗长的程序编码，程序的结构紧凑，逻辑性强，便于组织管理。组成 Authorware 多媒体应用程序的基本单元是图标，图标内容直接面向最终用户。每个图标代表一个基本演示内容，如文本、动画、图片、声音、视频等，要载入外部图、文、声、像、动画，只需在相应图标中载入，完成对话框设置即可。

2. 图形化程序结构

应用程序由图形化的流程线和图标组成。构成应用程序时只需将图标用鼠标拖放到流程线上，在主流程线上还可以进行分支，形成支流线，程序流向均由箭头指明，程序结构、流向一目了然。

3. 交互能力强

Authorware 预留有按钮、热区、热键等多种交互作用响应。程序设计只需选定交互作用方式，完成对话框设置即可。程序运行时，可通过人机交互对程序的流程进行控制。

4. 程序调试和修改直观

程序运行时可逐步跟踪程序运行和程序的流向。程序调试运行中若想修改某个对象，只需双击该对象，系统立即停止程序运行，自动打开编辑窗口并给出该对象的设置和编辑工具，修改完毕后关闭编辑窗口可继续运行。

5. 编译输出应用广泛

调试完毕后，即可将程序打包成可执行文件，生成的可执行文件可脱离 Authorware 环境在 Windows 98、Windows 2000 和 Windows XP 环境中运行。在多媒体刚刚走上历史舞台时，人们过多地依靠复杂程序和大量代码来实现多媒体演示，这对一般的用户来说是可望而不可即的。在解决这个问题上，Macromedia 公司开辟了多媒体创作的新天地，成功地开发了 Authorware。由于它采用最直接的流程线设计方式，用户可以像搭积木一样在设计窗口中组建流程线，在组建过程中，它采用基于图标的编辑方式，所有的程序框架可以简单地使用 13 个图标来完成，然后在图标中集成图像、文字、音乐、动画、视频等素材，同时，辅以变量和函数进行程序控制，最终合成一部完整的多媒体作品。

这种大众化的编程方式使 Authorware 很快就在多媒体界赢得了市场，随着时间的发展，Macromedia 公司不断对其进行更新换代。Authorware 先后经历了 1.0、2.0、3. x、4. x、5. x 版本，直至目前的 7. x 版。同以前的版本相比，Authorware 7 增强了交互功能，新添了大量的系统函数和变量，演化出新的模块—智能对象等。软件功能的纵向扩展，使得初级、中级、高级用户使用都非常方便。

10. 1. 2 Authorware 菜单栏

图 10-1-1 所示为 Authorware 的菜单栏。

对于 Authorware 菜单条中各菜单选项中各命令的实际含义和具体的使用方

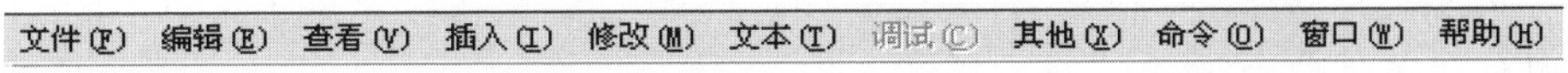

文件(F)　编辑(E)　查看(V)　插入(I)　修改(M)　文本(T)　调试(C)　其他(X)　命令(O)　窗口(W)　帮助(H)

图 10-1-1　菜单栏

法，在实例的学习中逐一进行了学习，在这里不再详细介绍各选项命令的使用方法。在这里仅简单介绍它们的用途，使大家对 Authorware 的菜单栏有一个概念。

在使用 Authorware 菜单时，有一些标识特殊含义的标记符希望读者注意。

命令名被置灰色：表示该命令不可用，命令名被设置为灰色的原因非常多。例如：如果没有在设计窗口中选择要编辑的对象，则 Autorware【编辑】菜单中的复制、剪贴等命令选项被设置为灰色。又如：如果编辑的应用程序没有使用库，则在 Authorware 菜单中一个显示库窗口的命令选项都被置为灰色。

省略号(…)：菜单命令选项后的省略号表示 Authorware 执行该命令选项后，程序会弹出一个对话框，要求用户在对话框中输入必要的信息或设置具体选项。

复选标记，即命令选项前加上一个对号：该标记表示该命令按钮是一个开关式的切换命令。每次选取该命令选项，它就在关闭和打开之间交替切换，如图 10-1-2 所示。【文本】菜单中的【风格】命令选项就是该情况，现在处于选中状态，当再次选择它，命令名前的对号会消失，表示处于关闭状态。

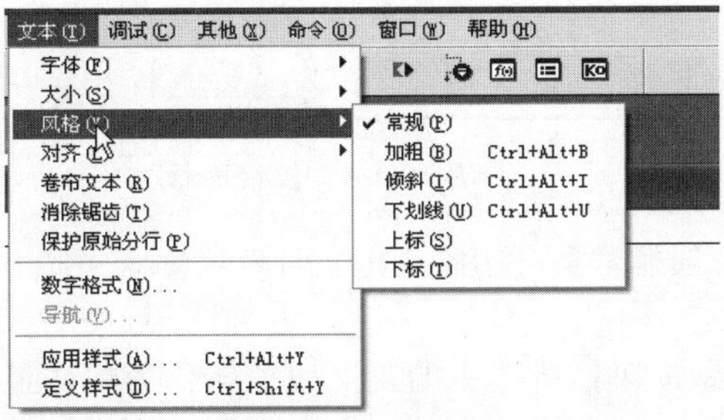

图 10-1-2　Text 菜单

10.1.3　Authorware 工具栏

Authorware 的工具栏，如图 10-1-3 所示。

1　2　3　4　　5　6　7　8　9　　　　　10　　　　11　12　13　14　15　16　17　18

图 10-1-3　工具栏

1.【新建】文件按钮。使用该按钮可以创建一个新的文件。单击该命令按钮，

Authorware 会弹出一个名为"未命名"的设计按钮，该按钮等价于菜单中的文件＞新建＞文件命令项。

2.【打开】文件按钮。用于打开一个已存在的文件。单击该命令按钮，弹出一个【选择文件】对话框，使用该对话框，读者可以选择已经存在的要打开的文件。

3.【保存】命令按钮。用于快速保存当前文件。

4.【导入】命令按钮。使用该命令按钮，可以在文件中引入外部的图像、文字、声音、动画或者 OLE 对象。

5.【撤销】命令按钮。该命令按钮用来撤销用户上一次的操作。

6.【剪切】命令按钮。该命令按钮的作用是将选定的对象剪切到剪贴板中。

7.【拷贝】命令按钮。该命令按钮的作用是将选定的对象拷贝到剪贴板中。

8.【粘贴】命令按钮，该命令按钮是将剪贴板中的内容粘贴到指定的位置。

9.【查找】命令按钮，用于在文件中查找用户指定的文本。单击该命令按钮，弹出图 10-1-4 所示的【查找】对话框。

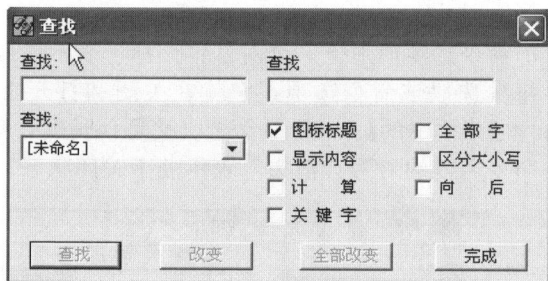

图 10-1-4　查找面板

10.【文本风格选择框】：使用该下拉列表，读者可以选择已经定义的风格应用到当前的文本中。

11.【粗体】命令按钮：将选中的正文对象转化为粗体显示。

12.【斜体】命令按钮：将选中的正文对象转化为斜体显示。

13.【下划线】命令按钮：为被选中的正文对象加上下划线。

14.【执行程序】命令按钮：单击该命令按钮，屏幕上会弹出一个展示窗口，显示程序执行的效果。

15.【控制面板】命令按钮：单击该命令按钮，弹出图 10-1-5 所示的控制面板，使用该控制面板可以调试程序。

16.【函数】命令按钮：单击该命令按钮，屏幕上会弹出一个函数窗口。

17.【变量】命令按钮：单击该命令按钮，屏幕上会弹出一个与函数窗口类似的变量窗口。

18.【帮助】命令按钮：单击该命令按钮，鼠标指针会变成按钮所示形状，使

图 10-1-5　控制面板

用该形状的鼠标点击 Authorware 窗口中读者有疑问的地方，Authorware 就会弹出相关的帮助信息。读者可以使用该帮助信息来解决自己的疑问。

10.1.4　Authorware 图标栏

图标栏是 Authorware 流程线的核心组件，如图 10-1-6 所示。其中，前 14 个图标用于流程线的设置，通过它们来完成程序的计算、显示、判断和控制等功能，在这里我们讲解几个我们常用的图标。

图 10-1-6　图标栏

1. 【显示】图标　【显示】图标是 Authorware 编辑流程线使用最频繁的图标，在【显示】图标中可以存储多种形式的图片及文字，另外，还可以在其中放置系统变量和函数进行运算。

2. 【动画】图标　Authorware 的动画效果基本上是由它来完成的，它主要是用于移动位于前面的【显示】图标内的对象，而它本身并不能进行移动。Authorware 提供了五种方式的二维动画。

3. 【擦除】图标　顾名思义，【擦除】图标主要用于擦除程序运行过程中不必要的画面。它还能提供多种擦除效果使程序变得丰富多彩。

4. 【等待】图标　主要用于程序运行时的暂停或停止控制。

5. 【导航】图标　主要用于控制程序的跳转，它通常与【框架】图标结合使用。在流程中用于创建一个跳向【框架】图标内指定页的链接。

6. 【框架】图标　【框架】图标提供了一个简单的方式来创建 Authorware 的页面功能。【框架】图标上可以下挂许多图标，包括【显示】图标、【交互】图标、【声音】图标等，每一个图标被称为一页。而且它也能在自己的框架结构中包含【交互】图标、【判断】图标，甚至是其他的【框架】图标。

7. 【判断】图标　【判断】图标通常用于创建一个判断结构，当 Authorware 程序执行到【判断】图标时，它将根据用户对它的定义而自动执行相应的分支路径。

8. 【交互】图标　【交互】图标是 Authorware 交互功能的最主要体现，有了【交互】图标 Authorware 才能完成多种多样的交互动作。Authorware 提供了

10 种交互方式。与"显示"图标相类似，在【交互】图标中也可以插入图片和文字。

9. ▭【计算】图标　【计算】图标的功能比较简单，它主要用于进行变量和函数的赋值及运算。

10. ▦【群组】图标　为了解决设计窗口有限的工作空间，Authorware 引入了【群组】图标，【群组】图标能将一系列图标进行归组包含于其内，从而大大节省了设计窗口的空间。另外，Authorware 还能够将包含于【群组】图标中的图标释放出来，实现图标解组。

提示：Authorware 还提供了这样一个功能，当把鼠标移向图标栏的某一图标的上方，在鼠标的下方会出现该图标的名称。同样，将鼠标移向工具栏的按钮上方时，鼠标下方也会出现该按钮的名称。

▧【开始】旗帜：

　　用于调试用户程序，可以设置程序运行的起始点。

▧【停止】旗帜：

　　用于调试用户程序，可以设置程序运行的终止点。

"开始旗帜"和"结束旗帜"主要用于控制程序执行的起始位置和结束位置，关于它们的使用技巧，将在具体程序的调试过程中介绍。

10.2　演示型课件开发

在 Authorware 中，处理演示效果是使用较多的一个环节，也是最基本的操作，其中包括【显示】图标、【擦除】图标、【等待】等图标的使用。通过对这些图标的综合使用，可以创作出一些简单的演示型多媒体课件了。

10.2.1　显示图标的运用

【显示】图标在制作课件中的地位是非常显著的，除了数字影像之外的所有内容都是通过显示图标来实现的，因此，也有人将它称之为 Authorware 的"灵魂"。显示图标支持以多种方式输入文本和图标，并且可以在同一显示图标内允许同时使用位图与矢量图标。通过透明模式和反转模式的使用，显示图标还可以实现有特定意义的图像显示。

在 Authorware 中，【显示】图标是使用最频繁的一个图标，在这里主要介绍【显示】图标中绘图工具箱的功能及使用技巧，绘图工具箱（或称图解工具箱）是 Authorware 处理文字和图片的主要工具，它通常出现在【显示】图标或【交互】图标的演示窗口中，虽然它只有八个工具，但这些工具却能够完成 Authorware 处理多媒体原材料的各种功能。

为了以后操作更方便、更简单一些，在此先花一些时间来看看如何来运用绘图工具箱，如图 10-2-1 所示。

（1）▶【选择】工具

【选择】工具主要是用来选择窗口中的文本对象或
图形对象，选择好的对象周围有八个调节方块，选择
工具还能将选中的对象进行移动。如图 10-2-2 所示，
在 Authorware 的演示窗口中用鼠标单击图片对象，
在图片的周围就会出现八个调节方块，此时用鼠标按
住图片进行拖动，就会有一个图片边框跟随移动，在
适当的位置释放鼠标，对象就会被移动到当前位置
了。如果用鼠标按着对象周围的调节方块拖动，这样
会改变对象的大小。

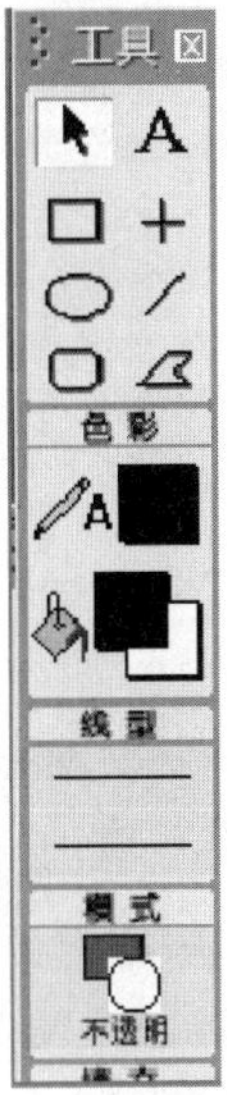

图 10-2-1　绘图工具箱

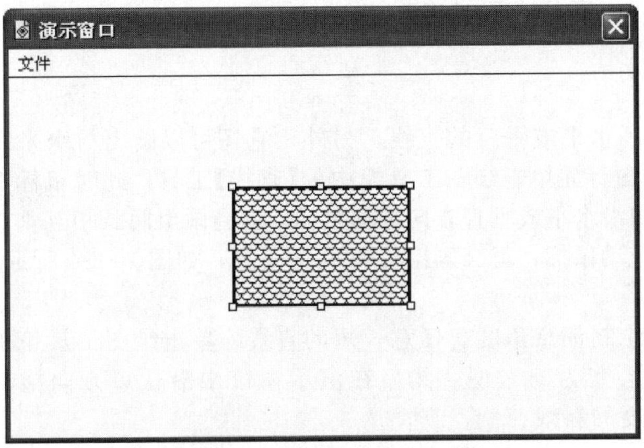

图 10-2-2　选择工具

拖动对角线上的调节方块会等比例改变对象的大小；拖动对象左右两边的调
节方块会改变对象的长度，而对象的宽度不变；同样，拖动对象上下两边的调节
方块会只改变对象的宽度。

（2）A【文本】工具钮

【文本】工具给 Authorware 提供文字输入功能，用鼠标单击文本工具，然后
再单击演示窗口，屏幕上会出现一条标尺，在标尺下方的光标闪烁处就可以进行文
本输入。如图 10-2-3 所示。使用工具箱中的文本工具可以创建、编辑文本对象。文
本对象可以来源于用户的直接输入、剪切或粘贴的文本、嵌入的文本。一旦在演示
窗口得到文本之后，就可以利用菜单命令或工具按钮，对文本对象进行修饰。

显示图标允许用户在指定的任意区域内或沿着用户绘制的路径上移动文本和
图形。在显示图标内，通过动态自动换行、显示字体和改变字号等功能，可以在
屏幕的任意地方显示各种样式的文本信息。利用动态缩放功能可以将文本和图形

237

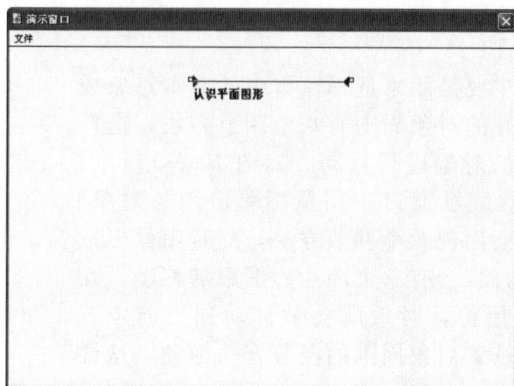

图 10-2-3　文字输入窗口

放置于屏幕上的文本和图形。

（3）＋【直线】

【直线】工具可以用来画水平或垂直的直线，另外，它还可以画出与水平线或垂直线成 45°角的直线。用鼠标先单击绘图工具箱中的【直线】工具，此时鼠标变为"＋"型。然后在演示窗口中沿水平或垂直方向拖动鼠标，就会画出两条相互垂直的直线。如果沿倾斜的方向拖动鼠标，就会画出±45°角的直线，如图 10-2-4 所示。

（4）／【斜线】

【斜线】工具可以用来绘制任意角度、任意长短的直线。单击绘图工具箱中的【斜线】工具，此时鼠标也会变为"＋"型。然后在演示窗口中沿任意方向拖动鼠标，就会画出倾斜任意角度的斜线。

（5）◯【椭圆】

【椭圆】工具可用来绘制各种曲率、任意大小的椭圆。单击绘图工具箱中的【椭圆】工具，然后在演示窗口中沿任意方向拖动鼠标，就会画出一个椭圆，如图10-2-5 所示。

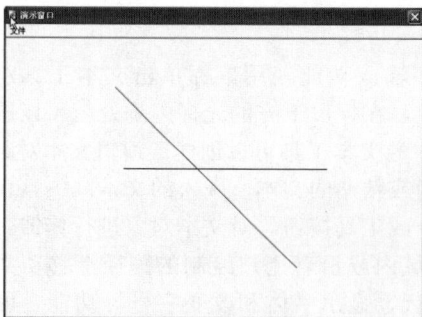

图 10-2-4　线条的绘制

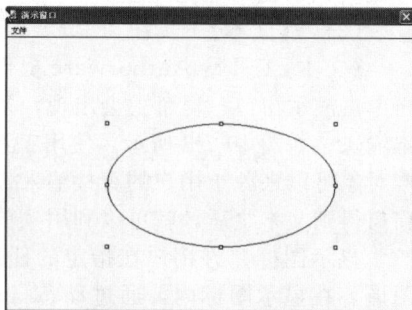

图 10-2-5　椭圆的绘制

如果想改变椭圆线条的粗细，可以双击【斜线】工具或【直线】工具，打开线形选择框，然后再选择适当的线条。改变椭圆的大小或曲率，同样要使用调节方块来完成。拖动椭圆上下两边的调节方块可只改变椭圆的短轴，而拖动椭圆左右两边的调节方块则只能改变椭圆的长轴。

（6）▭【矩形】

【矩形】工具可用来绘制任意大小的矩形。单击绘图工具箱中的"矩形"工具，然后在演示窗口中拖动鼠标就会画出一个矩形，同样也可以改变矩形线条的粗细。

（7）▢【圆角矩形】

【圆角矩形】工具可用来绘制各种大小和各种曲率的圆角矩形。单击绘图工具箱中的"圆角矩形"工具，然后在演示窗口中拖动鼠标画出一个圆角矩形。如图10-2-6 所示，在圆角矩形的左上角有一个方块，称它为曲率调节方块。用鼠标拖动该方块，可以改变圆角的曲率。

（8）◢【多边形】

【多边形】工具可用来绘制多边形，用户每单击一下屏幕，鼠标下方就会出现一条直线。当终结点和起始点重合后，多边形自动生成。

（9）▦【色彩】

【色彩】工具可用来改变文字、图形、线条的色彩。点击色彩工具的任何位置，会出现色彩面板，如图 10-2-7 所示。

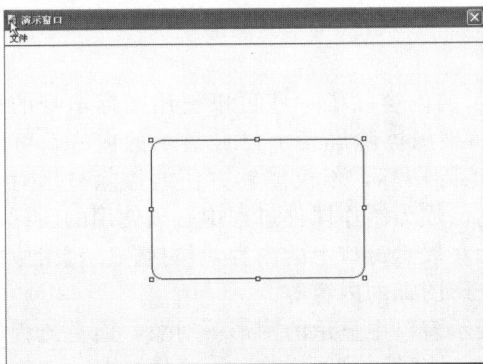

图 10-2-6　圆角矩形的绘制

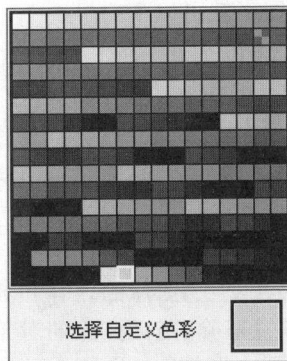

图 10-2-7　色彩面板

通过此色彩面板可以改变文字、线条、图形的前景色或背景色。

（10）▤【线型】工具

【线型】工具主要是用来调整所绘制线条的粗细，点击线型工具的任何位置，会出现线型工具设置面板，如图 10-2-8 所示，线形选择框分为两部分，上面主要用于设置线条的粗细，而下面部分主要用于设置带箭头的直线。

（11）▣【重叠模式】工具

【重叠模式】工具主要用于设置多个图形重叠效果的设置，Authorware 共有六种重叠模式。在设置对象的重叠模式时，首先要选择对象，然后再单击对话框中相应的模式。

（12）▣【填充】工具

【填充】工具主要用于填充闭合图形的图案花纹。点击填充工具的任何位置，会出现填充工具面板，如图 10-2-9 所示。

图 10-2-8　线型工具箱　　　　　图 10-2-9　填充工具面板

对于填充工具的使用，非常方便，只需选择你所绘制的图形，再选择一个花纹图案就可以了。

10.2.2　擦除图标的运用

Authorware 在展示窗口中显示的内容除了一些可以使用图标本身的设置或在交互作用下可以自动擦除外，如果想擦除屏幕上已经显示的内容，可以使用【擦除】图标。Authorware 提供的擦除图标，不仅能够方便地擦除显示对象，而且还可以提供丰富的擦除方法，它已成为制作课件过程中必须使用的图标。

【擦除】图标可以擦除任何显示在展示窗口上的内容，包括【显示】图标中的内容、【交互】图标的内容和数字化电影图标的内容等。

【擦除】图标擦除的对象不是展示窗口中显示的图形等对象，而是流程线上的显示这些对象的图标内的所有内容。当【擦除】图标擦除一个图标时，会将该图标中所有的显示内容都从展示窗口中擦除。

1.【擦除】图标的设置

下面就对【擦除】图标对话框中的相关内容的设置进行详细的学习。【擦除】图标对话框包括多个命令按钮，下面请参照图 10-2-10，逐一学习与这些命令按钮相对应的对话框中的选项的设置。

（1）选择【防止重叠部分消失】选项，Authorware 在显示下一个图标中的内容之前，要完全擦除要擦除的图标显示的对象，如果不选择该选项，则 Authorware 在擦除要擦除的对象的同时显示下一个图标中的内容，从而会产生两个对

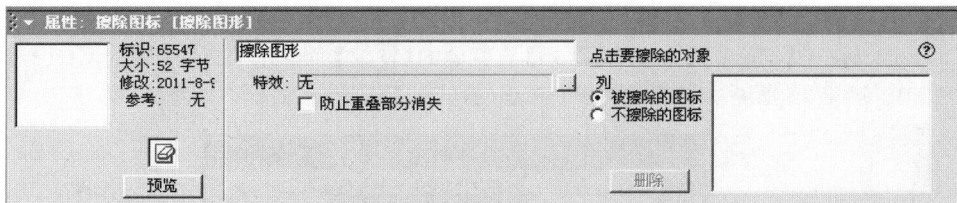

图 10-2-10　擦除属性对话框

象相互干涉的效果。

（2）预览窗口：对于【擦除】图标来说，预览窗口是空白的。

（3）预览命令按钮：单击该命令按钮，读者可以在展示窗口中看到设置的擦除效果。

（4）当擦除一个图标时，该图标的所有内容都将被一次性地擦除。也就是说擦除图标的操作是针对图标的，而不是针对图标内包含的对象。如果需要每次仅仅擦除一个对象，可以将多个对象分散在不同的图标内。

2. 设置显示、擦除中的过渡效果

在 Authorware 程序的执行过程中，如果在显示和擦除展示窗口中的对象时，仅仅是简单地弹出弹入的话，则整个程序会让用户觉得非常地单调和无味。

在多媒体的作品中，可以通过大量的动画和特殊效果来引起用户的注意，吸引用户的使用兴趣。所以，对于【显示】图标和【擦除】图标中的正文对象、图形对象等往往需要设置一些特殊的过渡效果，以进一步增强演示过程的生动性、形象性和趣味性。

Authorware 作为一个功能强大的多媒体制作平台，提供了大量的过渡效果功能。如旋转、飞行等常见的显示效果都可以通过 Authorware 提供的 Xtras 来实现。Authorware 有大量的 Xtras 插件。Macromedia 公司以及第三方供应商创建了许多附加的过渡效果，Authorware 内的功能可以通过 Xtras 的方式来扩展。

3. 过渡效果对话框的设置

对于过渡效果对话框的图标，有不同的打开方法：

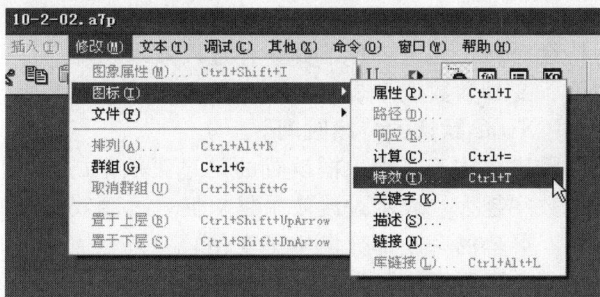

图 10-2-11　应用特效

(1)对于【显示】图标需首先在流程线上选中图标，使其高亮，然后使用 Authorware 的【Modify】菜单中【Icon】子菜单的【特效】命令选项(快捷键为 Ctrl＋T)，如图 10-2-11 所示。打开图 10-2-12 所示的过渡效果对话框。

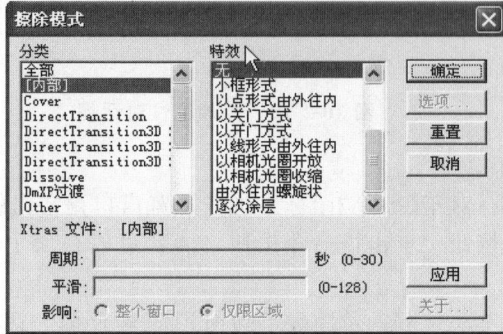

图 10-2-12　过渡特效对话框

(2)对于【擦除】图标有两种打开方法：

① 使用【擦除】图标对话框中的【特效】选项来弹出过渡效果对话框。

② 在流程线上选中图标，使用 Autorware 菜单栏中提供的【特效】命令来弹出过渡效果对话框。

注意：

只有在选择或打开一个【显示】图标和【擦除】图标或【框架】图标时，【Modify】菜单中的【特效】命令选项才有效。

在过渡效果对话框中，有两个列表性区域，左边区域为过渡效果类别列表，右边区域为过渡效果列表。

为了用户方便地引用过渡效果，Authorware 提供了一个类别列表"分类"，通俗一点来讲，可以把它认为是过渡效果的大类。选择了一个类别名后，属于该类别的所有过渡效果都在特效列表中显示出来，如果读者不知道过渡效果属于哪一个类别，选择全部就可以将 Autorware 支持的所有过渡效果都以列表的形式显示出来。

"周期"为持续时间：无论选择了哪一种过渡效果，用户都可以在正文输入框中直接输入数值、变量和数值型表达式来设定完成过渡效果所需的时间。可以使用 Authorware 中 Xtras 默认的持续时间。

"平滑"为平滑度：该正文输入框设置的是过渡效果的平滑度，注意，0 表示最平滑的过渡，数字越大，表示过渡效果越粗糙。过渡效果被视为较平稳的原因是在单位时间内，屏幕的一小部分发生了变化。

最后可以运行一下程序，可以发现就不再那么单调了，在每一个图形出来过程当中最伴有过渡效果。但是，又出现一个新的问题了，在程序运行的过程当中，当前一个图形出来后，紧接着第二个图形马上就出来了，可不可以让它等一下出来呢？这就是下一节要讲解的：【等待】图标的使用。

10.2.3　等待图标的运用

为了在课件内暂停某幅画面或镜头，Authorware 提供了等待图标，它为控制演示的进度提供了方便。需要重新启动演示时，只需单击鼠标或按任意键，也可以经过一段时间的等待之后，演示就继续开始。下面对等待【图标】的属性进行设置，如图 10-2-13 所示。

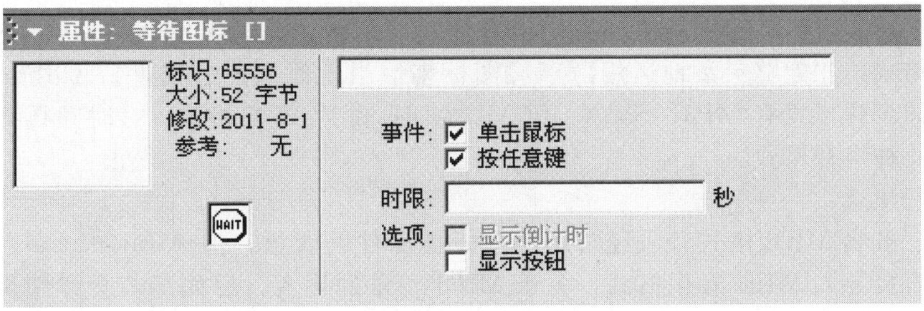

图 10-2-13　等待图标设置

（1）【事件】：为事件驱动选项，其目的是当所选择的事件发生时，Authorware 结束等待，无论是否到设定的等待时间。选择【单击鼠标】和【按任意键】，其作用是当最终用户按下鼠标或任意键，Authorware 结束等待，继续执行流程线上的下一个【擦除】图标。

（2）【时限】：正文输入框设定等待的时间。输入程序等待的时间为 2 秒钟，如果在 2 秒钟之内没有鼠标或任意键按下的话，Authorware 会在 2 秒钟后执行程序主流程线上的下一个图标。【时限】文本框用于设置课件暂停的时间，它是以秒为单位的。用户不仅可在此文本框内输入数值，而且可以输入变量或表达式。触发事件是一种主动控制课件播放进度的方式，而暂停时间则是一种被动地控制课件播放进度的方式。

（3）【选项】：【显示倒计时】表示在等待的过程中是否要出现倒计时。【显示按钮】表示在等待的过程中是否要出现【继续】按钮。在这里为了不影响程序的美观都不勾选。需要改变【继续】按钮的位置时，可在课件运行的过程中，执行控制→暂停命令，暂停程序的执行，然后将【等待】按钮拖动到新的位置即可。当用户在课件流程线上放置一个新的等待图标，它的按钮将自动显示在用户上一次放置按钮的位置。使用这种方法改变按钮的位置，可能会将所有的按钮都布置在同一位置。

10.2.4　声音图标的运用

从这一节开始，作品开始真正走向多媒体课件，在下面将分别讲解声音、数字电影以及视频动画在作品中的设置，添加了这三种媒体后，多媒体课件作品才会从呆板的气氛中走出来。

多媒体的开发中，一般使用声音来叙述内容、制作按钮和菜单在交互中的特殊音响效果以及模仿设备或一种环境的声音，或者说在课件的播放过程当中可能为程序的内容配上解说词，或者背景音乐等等都是需要声音来实现。

为了给课件文件增加声效功能，Authorware 提供了声音图标。声音图标可以添加在流程线的任何位置，装载声音文件的方法也是多种多样的，调整播放选项之后就能够适应用户的需求。

在学习【声音】图标对话框中所有的设置之前，先学习 Authorware 支持的声音格式，才能够灵活地运用【声音】图标来恰当地添加声音文件。Authorware 支持的声音格式有 MP3、SWA、PCM、AIFF 和 WAVE 格式。有时间再详细介绍这几种声音格式。

注意：

虽然 MIDI 格式音乐经常用于多媒体课件的背景，但 Authorware 当中不可以直接导入 MIDI 音乐格式，关于 MIDI 音乐的导入，后面章节会详细讲解，通过函数来实现。

要使 Authorware 设计的作品能够播放声音，前提条件是电脑上必须要安装声卡和音箱，这是声音播放的"硬指标"。其次，还要对声音播放进行设置、控制。

1.【声音】图标的属性设置

如图 10-2-14 所示。

图 10-2-14　声音图标属性

（1）【导入】：引入命令按钮：使用该命令按钮，弹出【导入】对话框来引入外部声音文件。

（2）插入小图播放控制面板：使用该控制面板可以播放引入的声音文件，来检测是否为合适的声音类型。

（3）【声音】图标信息：该区域为图标的相关信息，包括 ID 标识、占用空间大小等。

（4）【文件】正文输入框：在该正文输入框中显示的是引入的声音文件所在的位置信息。

（5）【存储】用来显示引入的声音文件的储存信息，是作为外部文件还是作为内部文件来存储。

（6）【外部】表示外部文件。

（7）【内部】表示内部文件。

2.【计时】选项面板的设置

如图 10-2-15 所示。

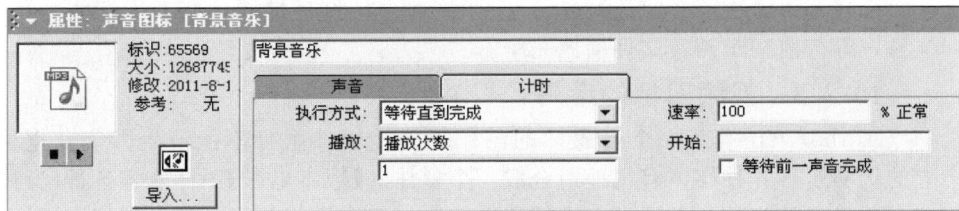

图 10-2-15　【计时】选项面板

（1）【执行方式】并发控制选项来决定该声音播放开始后 Authorware 将执行什么。

选择【等待直到完成】选项，Authorware 在开始播放该图标中的声音文件后，暂停所有的动作，等待对声音文件的播放完成后再执行下一个图标。该选项为 Authorware 的默认选项。

选择【同时】（并发选项）选项，Authorware 在开始播放该图标中的声音文件后，流程线上的下一个图标被继续执行。

选择【永久】（常动选项）选项，当被激励的对象得以显示并且给定的表达式为真的话，带有【永久】并发性设置的【声音】图标将播放该声音文件。在 Authorware 程序的运行过程中，Authorware 时刻监视着设定有【永久】并发性设置的【声音】图标的触发条件，即使该图标已经执行完毕，一旦条件为真，则 Authorware 自动播放该【声音】图标中的声音文件。

（2）【播放】播放模式列表。

该选项列表是用来控制声音的播放方式和播放进程的，在该选项列表中有下列选项，请逐一学习：

【播放次数】固定播放次数：使用该播放模式，可以在下面的正文输入框中输入数值、变量或数值型表达式来控制声音的播放次数。Authorware 默认的值是"1"次。

【直到为真】播放模式：读者可以在它下面的正文输入框中设置变量或表达式。Authorware 将重复播放该声音文件，直至读者设置的变量或表达式值为真。比如：在该正文输入框中设置了系统变量 MouseDown，则数字化电影会被重复播放，直至最终用户按下鼠标才结束。

（3）【速率】：速度正文输入框。在该正文输入框中，读者可以输入相应的数值、变量或表达式来控制播放声音文件的速度。例如，如果要播放声音文件的速度是正常速度的两倍，可以在该正文输入框中输 200，如果要播放的速度是正常速度的一半，可以在正文输入框中输入 50。其他的情况类似。

（4）【开始】：用于控制触发声音播放的条件。在该正文输入框中，可以输入变量或条件表达式，当输入的变量或条件表达式为真时，Authorware 自动播放该声音文件。在交互程序的设计过程中，读者可以使用该选项在正文输入框中输入相应的变量或条件表达式来控制声音的适时播放。

（5）【等待前一声音完成】选项：选择该选项，将延迟播放当前图标中的声音文件，等待前一个声音文件播放完毕。

10.2.5　视频图标的运用

Authorware 作为一个多媒体的制作平台，软件本身不能产生数字化电影。它的优势是将各种媒体有机地组合成一个整体。【数字电影】图标兼容各种动画格式，并且它的演示画面还可以进行移动控制，在多媒体使用数字电影将会使用户的动画作品发挥得淋漓尽致。在本节中将给大家讲解"数字电影"图标的设置及使用，并重点介绍【数字电影】图标的属性和设置过程。

在某些方面，【数字电影】图标的设置与【声音】图标的设置相似，但【数字电影】图标所具备的功能显然要丰富得多，相应的在导入数字电影之前，先了解一下相关的知识。Authorware 支持的数字化电影格式有 DIB、FLC、FLI、CEL、QuickTime、Director movies、MPEG 和 PICS 等，在这些数字化电影类型中，有些必须直接输入到 Authorware 中，如 PICS 和 FLC/FLI 数字化电影格式，而其他类型的数字化电影格式就必须作为外部文件来进行链接。

1. 视频图标的使用方法

（1）拖入一个【数字电影】图标到流程线，并命名为"视频"。右键单击流程线上的【视频】图标，并选择【属性…】，如图 10-2-16 所示。

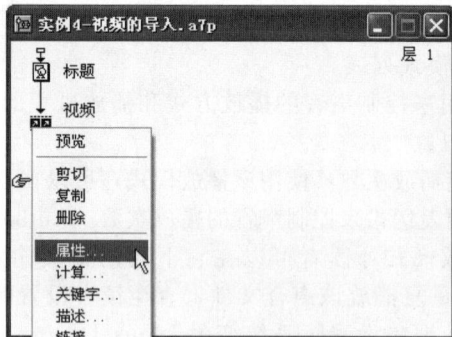

图 10-2-16　打开视频图标属性

（2）选择【属性…】后，弹出【数字电影】图标属性面板，如图 10-2-17 所示。

图 10-2-17　【电影】图标属性面板

（3）点击【导入…】，弹出数字电影导入面板，选择相对应影视文件导入，如图 10-2-18所示。

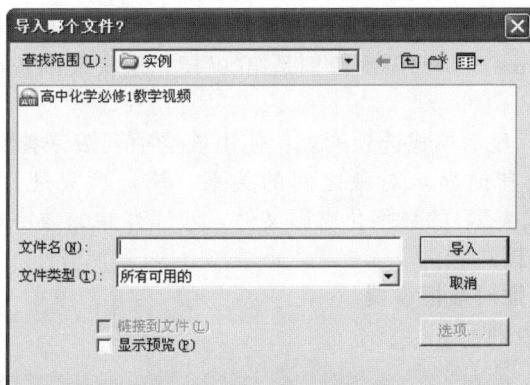

图 10-2-18　导入影视

（4）设置【数字电影】图标相关属性，这里以图 10-2-19 来说明。

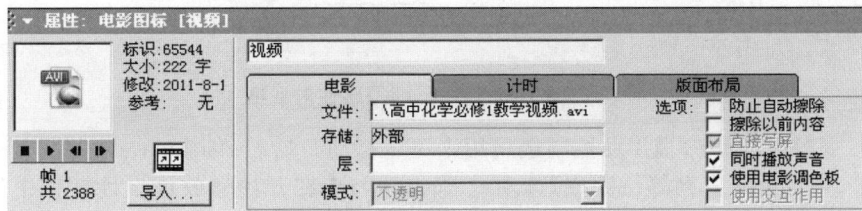

图 10-2-19　【电影】图标选项

（5）单击【Play】命令按钮来播放数字化电影，数字化电影播放的起始帧由起始帧输入框中的输入值来决定。单击【停止】命令按钮来停止对数字化电影的播放。单击【前一帧】命令按钮，数字化电影向前跳动一帧。单击【后一帧】命令按钮，数字化电影向后退一帧。在【帧计数器】区域显示当前引入的数字化电影的总帧数和当前播放的帧位置，该区域的内容随数字化电影的播放实时更新。单击【导入】按钮，弹出【导入】对话框，使用该对话框来选择要引入的数字化电影文件，并将文件信息引入 Authorware。

2.【电影】属性对话框设置

（1）【文件】：文件名输入框：在该框中显示的是引入的外部文件的路径和文件名。可以使用该输入框直接输入引入的文件的路径和文件名，同样还可以输入一个变量或表达式来指定路径和文件名。

（2）【存储】：储存提示框：该框中只有两种显示内容——外部文件和内部文件。使用该区域来标识引入的数字化电影是存储在 Authorware 程序的内部还是外部。该区域的内容与引入的数字化电影有关，是 Authorware 自动指定的。

（3）【层】：层次级别的设置：在该正文输入框中可以输入数字化电影的层次级别。数字化电影的显示层次同一般图形的显示层次概念相同。对于数字化电影来说，Authorware 默认的层次级别是第"0"层，层次级别越高，数字化电影越显示在上面。

（4）【模式】：显示模式选项列表：使用该选项列表来控制数字化电影在展示窗口中显示时同其他显示对象之间的关系。该选项只适用于内部存储（PICS、FLC 和 FLI 格式类型）的数字化电影文件，外部存储的数字化电影文件的显示模式只能是不透明模式。

3.【计时】属性对话框设置

如图 10-2-20 所示。

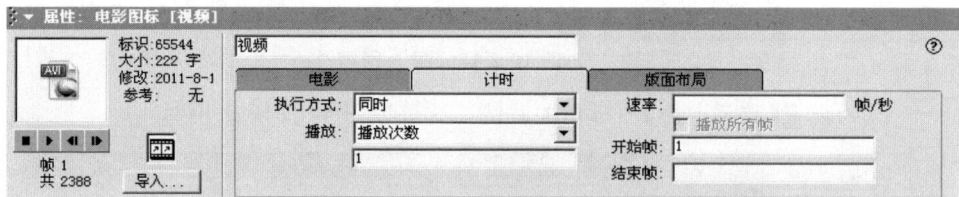

图 10-2-20 【计时】属性对话框

（1）【执行方式】并发控制选项用来决定移动开始后 Authorware 将干什么。

① 选择【直到等待完成】选项，Authorware 在开始播放该设计按钮中的数字化电影后，暂停所有的动作，等待对数字化电影的播放完成后再执行下一个设计按钮。

② 选择【同时】选项，Authorware 在开始播放该设计按钮中的数字化电影后，流程线上的下一个设计按钮被继续执行。

③ 选择【永久】选项，当被激励的对象得以显示并且给定的表达式为真的话，带有【永久】并发性设置的数字化电影设计按钮将播放该数字化电影。

(2)【播放】播放模式，如图 10-2-21 所示。

该选项列表是用来控制数字化电影的播放方式和播放进程。在该选项列表中有下列选项：

①【重复】：重复播放。选择该播放模式，在展示窗口中，Authorware 重复播放该数字化电影，直到有一个【擦除】设计按钮来擦除该数字化电影。或者使用系统函数 MediaPause()来终止对该数字化电影的播放。

图 10-2-21　播放模式

②【播放次数】：固定播放次数。使用该播放模式，可以在下面的正文输入框中输入数值、变量或数值型表达式来控制数字化电影的播放次数，Authorware 默认的值是"1"次，如果读者输入值或变量和表达式的值为"0"，Authorware 将只显示数字化电影的第一帧。

③【直到为真】：选择该播放模式，读者可以在它下面的正文输入框中设置变量或表达式；Authorware 将重复播放该数字化电影，直至读者设置的变量或表达式值为真。比如，在该正文输入框中设置了系统变量 MouseDown，则数字化电影会被重复播放，直至最终用户按下鼠标才结束。

④【只有补移动时】：只有在移动时才播放。该选项对存储在外部的数字化电影是无效的，也就是说【Storage】标识为【Internal】时该选项才有效。

⑤【每个重复次数】：该播放模式对外部存储的数字化电影文件无效。选择该播放模式，Authorware 限制每一次播放中重复的次数。当选择该播放模式后，Authorware 将调整播放的速度来完成每一次播放中指定的次数。例如，读者可以模拟月球绕地球旋转的实例。在该实例中，月球自转是一个数字化电影动画，让这个数字化电影动画沿一定路径绕地球旋转，可以调整 Times/Cycle 速率来使月球在绕地球旋转一周的情况下，数字化电影播放多少次。

⑥【用户控制】：该播放模式只对 QuickTime(MOV)格式的数字化电影适用。对于此种格式的电影来说，选择该播放模式，Authorware 将在屏幕上显示一个默认的播放面板，该面板提供了对电影播放的控制栏、电影暂停、快进、停止播放等控制按钮。用户可以拖动这个面板到合适的位置。

⑦ 选择【控制暂停】选项，当数字化电影被显示在播放区域后，Authorware 并不开始播放电影，只显示该数字化电影的第一帧，等待最终用户的响应。例如，在播放 QuickTime 时，使用该选项，当电影被放置到展示窗口后，只显示电影的第一帧，只有最终用户单击 QuickTime 播放控制面板的播放键后，Authorware 才开始播放该电影。

⑧【控制播放】：该播放模式是和【Controller Pause】播放模式相对的，当数字化电影被放置在展示窗口上就开始播放。

(3)【速率】播放速度：对于支持可调整播放速度的数字电影格式，可以通过

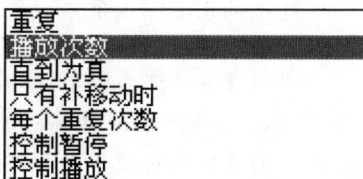

该选项的正文输入框来设置数字化电影的播放速度。在该正文输入框中，可以输入数值、变量或数值型表达式来调整播放的速度。

（4）【播放所有帧】：播放每一帧，该选项只对内部保存的文件有效。选择该选项，Authorware 在播放的过程中，不跳过每一帧，尽量快地播放电影的每一帧。但播放的速度不会超过【Rate】速率正文输入框中设定的播放速度。

（5）【起始帧】和【结束帧】：起始帧和结束帧，使用这两个正文输入框来控制电影播放的范围。当最初将数字化电影引入 Authorware 中时，这两个输入框中显示的是第一帧和最后一帧所处的帧数。读者如果想控制数字化电影播放的范围，可以在这两个正文输入框中输入合适的数值、变量或数值型表达式来限定播放范围。

注意：

（1）读者可以在预览窗口中来观察要设定范围的帧的位置。

（2）要想让数字化电影倒放，读者可以在起始帧正文输入框中输入较高的帧数，在结束帧输入框中输入较低的帧数。对于 Director 和 MPEG 格式的数字化电影是不能倒放的。

4.【版面布局】属性对话框设置

如图 10-2-22 所示。

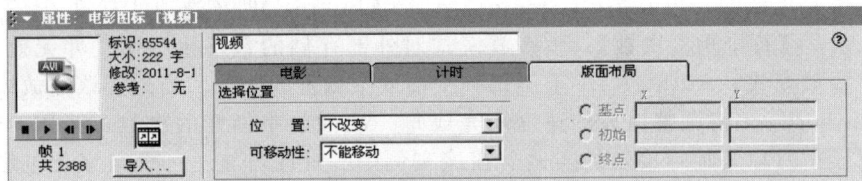

图 10-2-22　【版面布局】属性对话框

该对话框主要用来设置在展示窗口上显示的数字化电影的显示位置和移动特性。

（1）【位置】包含以下选项：

① 选择【不改变】选项，数字化电影总是出现在当初放置的位置。除了选择可移动选项以外，不能移动到其他区域。

② 选择【在屏幕上】选项，【Initial】区域中的值是数字化电影在屏幕中的位置。可以手工输入数值，或通过用鼠标拖动对象到合适位置。该区域的值随对象的移动而改变。

③ 选择【沿特定路径】选项，数字化电影出现在定义了起点和终点的一条直线上的某一点上。

④ 选择【在某个区域】选项，数字化电影出现在定义了范围的四边形区域中，显示的位置由【Initial】区域中的数值决定。

（2）【可移动性】移动特性指数字化电影在展示窗口的可移动性，Authorware的默认值是【Never】，不可移动。它包含以下几个选项：

①【不能移动】：该选项是 Authorware 的默认选项，选择该选项，数字化电影在展示窗口中不可移动。

②【在屏幕上】选项，数字化电影可以在展示窗口内随处移动。注意整个电影必须在屏幕内。

③【任何区域】选项，数字化电影可以在展示窗口中随处移动，注意数字化电影甚至可以移到屏幕以外。

（3）【基点】起点和【终点】终点的设置在后面的【移动】图标中再详细讲解。

（4）【初始】区域中可以输入变量，来控制显示对象在直线上的位置。该选项在交互式多媒体软件的设计中大量地使用。

对于直接输入的数字化电影格式，Authorware 在运行过程中一般不会出什么问题，但对于外部链接的数字化，Authorware 在运行过程中需要合适的驱动器和使用特定平台上的播放工具。因此，为了顺利运行最终作品，在文件的打包和发行时，必须包含这些外部可链接的文件。

关于数字影像文件的存储方式，Authorware 提供了两种类型：内部方式存储与外部方式存储。在内部存储方式下，影像文件将存储在 Authorware 课件文件的内部，将课件打包之后，可以将它移动到任何位置进行播放，并且可以通过擦除图标对影像对象进行擦除，设置各种擦除过渡效果。使用内部方式存储影像文件，势必增大课件文件的大小，好在由于压缩算法的进步和磁盘容量的增大，这种影响并不显得多么突出。

10.2.6　移动图标的运用

动画是多媒体作品中不可缺少的一部分，在一些作品的开篇常常会看到反映主题的三维动画，这些动画通常精彩、生动，很容易引起用户的兴趣。但 Authorware 所能制作的动画仅仅是二维的，即动画的对象只能在一个平面内运动。然而这并不说明 Authorware 不能演示三维动画，它可以通过文件插入的方式来演示其他软件（如 3Dmax、Premiere 等）制作的三维动画。实际上，Authorware 提供的五种动画方式在多媒体作品的制作中已经足够了。在 Authorware 中的动画是通过【移动】图标来实现的，在这一节中，将详细讲解【移动】图标及相关属性。

利用 Authorware 的【移动】图标，可以实现图 10-2-23 所示的五种方式的路径运动。

（1）至固定点的运动（两点间的运动）。这种运动方式是将显示对象从展示窗口中的当前位置运动到指定的终点位置。

（2）至固定直线的运动（点到直线计算点的运动）。这种运动方式是将显示对象从展示窗口中的当前位置运动到定义了起点和终点的直线的某一点上。

图 10-2-23　移动的方式

（3）至固定区域的运动（点到区域计算点的运动）。这种运动方式是将显示对象从展示窗口中的当前位置运动到定义了范围区域中的某一点上。

（4）沿任意路径到终点的移动。这种运动方式是将显示对象沿定义的路径从展示窗口中的当前位置运动到终点。

（5）沿任意路径到指定点的移动。这种运动方式是将显示对象沿定义的路径从展示窗口中的当前位置运动到路径上的任意位置。

第四和第五种移动方式非常相似，不同之处是第四种方式是沿指定路径直接移动到终点，第五种方式是沿指定路径移动到路径上的任意点。

Authorware 提供的【移动】图标，可以实现五种方式的路径运动，图 10-2-24 当中用到系统默认的第一种移动方式：至固定点的运动（两点间的运动）。图 10-2-25 的类型则是第四种，沿任意路径到终点的移动。

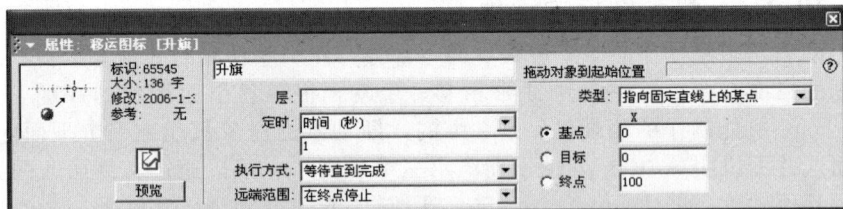

图 10-2-24　移动属性对话框（至固定点的运动）

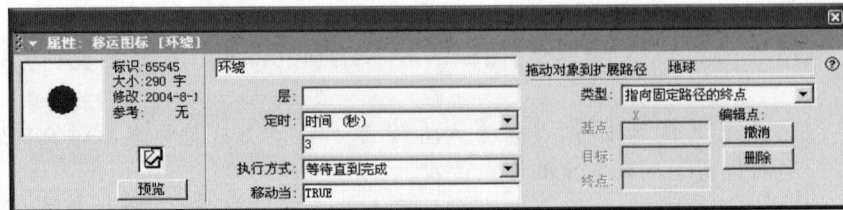

图 10-2-25　移动属性对话框（任意路径到终点的移动）

在这里先看看属性面板各个选项的含义：

（1）【类型】：移动类型选项列表为所有 Authorware 提供的五种移动类型的列表，可以在该选项列表中选择合适的移动类型，对于每一种移动类型，都有一个与该移动类型相匹配的【移动】设计按钮对话框。

（2）【层】：为设置层的正文输入框，在该正文输入框中输入要移动的对象在展示窗口中显示时所处的层。在动画的演示过程中，不可避免地会出现不同显示对象之间的重叠现象。在重叠时为了决定哪个显示对象在上面，哪个显示对象在下面，以产生不同的动画效果，Authorware 提供了层的概念，利用显示对象层次的高低来决定重叠时它们之间的关系。当两个显示对象重叠时，层次级别高的显示对象显示在层次级别低的显示对象的上面。在【层】正文输入框中，可以输入正整数、负整数和零。为了让读者理解层次的级别是如何影响动画的演示效果的。

（3）【定时】为时间的控制选项。Authorware 提供两种时间的控制方法：

① 时间（秒）：使用移动显示对象所需时间来控制，该控制方法为 Authorware 默认的控制方法。

② 速率（英寸/秒）：用显示对象移动的速率（英寸/秒）来控制。在【定时】正文输入框中可以输入任何数字类型的数值、变量或表达式。

Authorware 提供的移动功能的适用范围非常广泛，不仅仅是图形可以使用该功能，文本、数字化电影等都可以利用【移位】设计按钮来产生动画的效果。

（4）【执行方式】：并发控制选项来决定移动开始后 Authorware 将干什么。

① 【直到等待完成】（等待直至完全移完）选项：选择该选项，Authorware 在执行该移位设计按钮后，暂停所有的动作，等待移位设计按钮对显示对象的移动完成后再执行下一个设计按钮。

② 【同时】（并发选项）：选择该选项，Authorware 在执行该移位设计按钮后，流程线上的下一个设计按钮被继续执行。

③ 【永久】（常动选项）：选择该选项，当被激励的对象得以显示并且给定的表达式为真的话，带有【永久】并发性设置的移位设计按钮将执行。在 Authorware 程序的运行过程中，Authorware 时刻监视着设定有【永久】并发性设置的移位设计按钮的触发条件，一旦条件为真，则 Authorware 自动执行该移位设计按钮来移动显示对象。

注意：

【永久】选项不适用于至固定点的移动，适用于其他四种类型的移动。

（5）【远端范围】越界选项列表：一般来说，可以使用变量或表达式来控制至直线上计算点或至区域计算点的移动。在这种情况下，【远端范围】越界选项列表是非常重要的。

① 【在终点停止】：该选项防止把对象移动到规定的线或区域外面。例如，

如果控制动画的数值、变量或表达式的值大于线或区域的终点值时，则对象将仅仅移动到线或区域的终点位置。

②【循环】：该选项将线性路径看作其终点位置和起点位置连接起来，例如，如果起点位置值为0，终点位置值为100，控制移动的值为150，那么对象将移动到直线上的某个位置[该位置数值等于 $50=150-(100-0)$]。

③【到上一终点】(越过终点)选项，选择该选项，Authorware 建立一条长度无限并假定了起点位置、终点位置和数值都是线上的简单参考点。

10.3　交互型课件开发

交互作用的控制是 Authorware 强大功能的最集中的体现，也是多媒体创作的核心，是计算机区别于其他媒体的最显著的特征。在这一章节中将详细讲解交互的应用。交互就是一种人与课件对话的机制。交互功能的出现，不仅使多媒体课件能够向用户演示信息，同时也允许用户向课件传递控制信息，并据此作出实时的反应。通过交互功能，人们不再被动地接受信息，而且可通过键盘、鼠标甚至时间间隔来控制多媒体课件的流程。为了实现交互功能，必须在课件内设置多个交互点，这些交互点提供了响应用户控制信息的机会。通过对控制信息的记录和比较，就可以决定课件下一步应该运行的内容。

10.3.1　交互的类型

在制作实例之前，先了解一下 Authorware 提供的 11 种交互方式，如图 10-3-1所示。

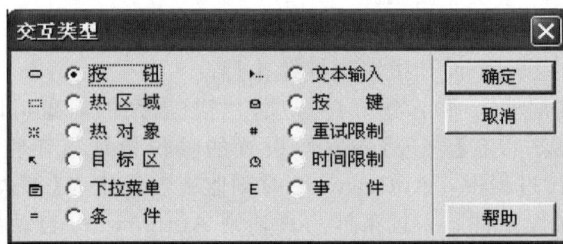

图 10-3-1　交互类型面板

①按钮响应　　　　②热区响应　　　　③热对象响应
④目标区域响应　　⑤下拉菜单响应　　⑥条件响应
⑦文本响应　　　　⑧键盘响应　　　　⑨重试限制
⑩时间限制　　　　⑪事件响应

Authorware 的交互性是通过【交互】图标来实现的，它不仅能够根据用户的响应选择正确的流程分支，而且具有显示交互界面的能力。【交互】图标与前面的图标最大的不同点就是它不能单独工作，它必须和附着在其上的一些处理交互结果的图标一起才能组成一个完整的交互式的结构。另外它还具有【显示】图标的一切功能，并在【显示】图标的基础上增加了一些扩展功能，如能够控制响应类型标识的位置和大小。

一个具有交互功能的交互图标主要包含四部分内容：交互图标、响应类型标识符、结果路径和结果图标。交互图标是显示图标的扩展，它不仅可以显示按钮、菜单及文本框等一些允许用户进行交互的元素。

交互图标的结构可分为三层，按照从上到下的顺序分别是：交互流程线、响应结果图标和返回路径。其中，响应类型标识符就出现在交互流程线上，不同的响应类型标识符对应着不同的响应类型。结果图标与响应类型标识符是一一对应的。当一个交互发生时，程序首先在交互流程线上反复查询等待，并判断是否有某一项类型与用户的操作匹配。如果存在这样的匹配项目，则进入到响应图标中执行相应的动作，然后根据不同的返回路径把程序的控制返回给交互图标以便进入下一次的查询判断，或者直接返回到交互流程线上继续寻找下一个匹配的目标，或者退出交互过程。

在程序中加入交互功能，首先要创建【交互】图标。方法如下：

(1)使用拖放技术把【交互】图标放置到流程上预定的位置。

(2)【交互】图标本身并不提供交互响应功能，为了实现交互功能还必须再拖动其他类型的图标(如【显示】图标、【群组】图标等)到【交互】图标的右边。

10.3.2　按钮与热区交互

1. 按钮交互

按钮响应是使用最广泛的交互响应类型，它的响应形式十分简单，主要是根据按钮的动作而产生响应，并执行该按钮对应的分支。这里的按钮可以是系统自带的样式，也可以是用户自定义的。

交互图标的形状类似于下一个指向右方的箭头。交互图标是由显示图标和决策图标组合而成的，决策图标能够根据用户的响应选择正确的流程，显示图标给出交互界面的外观。交互图标的显著特点就是必须连同处理交互结果的图标一起，才能在流程线上建立一个交互式结构，而不是独立地完成某项操作。按钮属性设置如图 10-3-2 所示。

【标签】文本框中可输入按钮的标签。

【快捷键】文本框中可输入此按钮响应的快捷键，如 C，按下字母 C 键和单击该按钮的效果相同。

【默认按钮】复选框，在按钮的周围将显示黑框，表示该按钮是默认按钮，此时，按下 Enter 键同单击该按钮一样。

【非激活状态下隐藏】复选框，则该按钮在不可用时被隐藏，在使用时自动

图 10-3-2　按钮属性设置面板

显示。

【鼠标】设置鼠标移至按钮上方时的形状，单击旁边的按钮，弹出【Cursor】对话框，在鼠标列表框中可选择所需的鼠标形式，最后单击【OK】按钮，该鼠标形式就会出现在对话框的【Cursor】预览框中。程序运行时，当将鼠标移至该按钮上方，鼠标指针就会变为刚才所设置的样式。当然，也可以单击【Add】按钮，在随后弹出的对话框中选择插入外部的鼠标样式，此选项通常设置为手型鼠标。

2. 热区交互

热区响应也是使用频繁的交互响应类型之一，它是通过对某个指定范围区域的动作而产生响应。热区响应最典型的应用就是实现文字提示功能：例如将鼠标移至工具栏的按钮上方时，在鼠标的下方就会出现该工具的功能提示，这种文字提示功能非常方便，能更快捷地得到帮助信息。

创建热区响应的方法与创建按钮响应的方法基本相同。热区属性设置如图 10-3-3 所示。

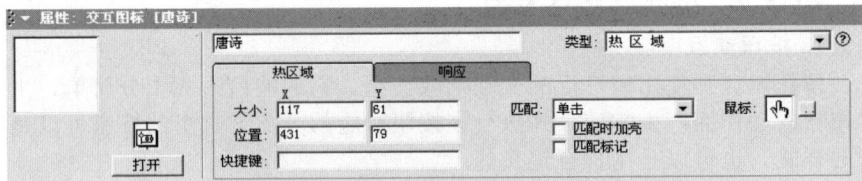

图 10-3-3　热区属性对话框

先来了解各个选项的含义。

【快捷键】文本框中输入与此热区响应对应的快捷键，可以输入 1、2、3、4 等数字，也可以输入 a、b、c 等字母。如果需要使用组合键来代表快捷键，例如使用 Ctrl 或 Alt 组合键，可以在它们后面直接加上该字母，如 Ctrl8 代表 Ctrl＋8 快捷键。如果一个热区需要使用多个快捷键，那必须在字符中间插入运算符"｜"，例如"a｜b"，即按下 a 或 b 都能激活该热区响应。此快捷键的功能与前面按钮响应的快捷键功能相同。

【匹配】这是热区交互最重要的一项属性，其中选项可设置与热区响应匹配的鼠标动作。这些选项分别是：

（1）单击：在热区内单击鼠标时产生响应；

（2）双击：在热区内双击鼠标时产生响应；

（3）指针处于指定区域：当鼠标移至热区上方时产生响应。在此例中，设置最后一种响应方式。

【匹配对加高】选择后，热区会产生如下变化：程序运行时，用鼠标单击/双击热区时，热区会以高亮显示，松开鼠标后热区状态复原。

【匹配标记】选择后，在演示窗口中的热区内会显示一个匹配标志，一般是一个白色小方块，当产生响应时，该匹配标志就被黑色填充，如果响应结束，黑色并不消失。在此例，这两项都不勾选。

【鼠标】设置鼠标移至按钮上方时的形状，单击旁边的按钮，弹出鼠标对话框，在鼠标列表框中可选择所需的鼠标形式，最后单击确定按钮，该鼠标形式就会出现在对话框的 Cursor 预览框中。在这里，跟前面的实例一样，选择最后一个手形形状。

10.3.3　交互的其他类型

前面学习了按钮交互、热区交互。这是制作多媒体时使用最多的两种交互方式，在接下来的实例中将讲解文本输入交互、时间限制交互及次数限制交互的综合运用。

使用文本输入响应可以用来接受用户从键盘输入的文字、数字及符号等，如果输入的文字与响应的名称相吻合，就会触发响应动作。由于输入的文字是千差万别的，因此精确地预测输入的各种情况是不可能实现的，为此 Authorware 提供了使用通配符进行匹配的功能。使用通配符可以使课件文件接受用户的任何输入，而且还能够忽略大小写的区别、取消多余的分隔符、设置不同的安全级别及对词语进行排序等。设置文本框如图 10-3-4 所示。

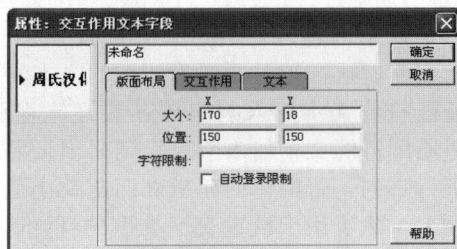

图 10-3-4　设置文本框

在这个属性面板中有三个大项【版面布局】【交互作用】【文本】三个大项，在这里重点了解一下【文本】选项的设置，但在这里所有的选项都保持默认的设置不变。

打开文本输入交互的属性面板，发现此面板跟前面的按钮交互、热区交互属性面板有很大的不同，如图 10-3-5 中所示。在这里也保持默认的设置不变。但还是有必要了解一下各选项的含义。

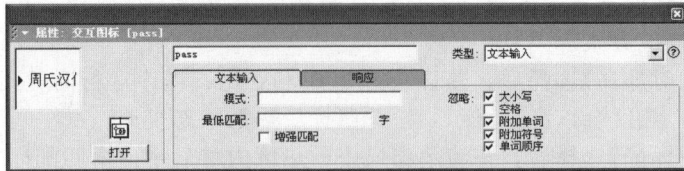

图 10-3-5　设置文本交互属性

【模式】文本框内的字符与该响应的分支标题相同，这样"交互"图标就会根据用户输入的字符来判断是否产生响应。例如：在【Pattern】文本框内输入 My God，当程序运行时，在文本输入区内输入此词组程序就会得到响应。如果想使用多组字符来匹配此响应，那么在这些字符之间要加上"｜"。

【最低匹配】(至少匹配几个字符)文本框内输入数字，该数字决定输入字符与分支标题至少应匹配的字符数目。例如在此处输入数字 2，如果分支标题是 One，那么只要输入 On 即可产生响应。

【增强匹配】复选框，该选项可以达到如下效果：如果分支标题为 My God，可以先输入 My，然后按确认键，随后再接着输入 God，按下确认键后也能产生响应。

【大小写】(忽略大小写)复选框，Authorware 在判断文本是否匹配时将忽略大小写。

【空格】(忽略空格)复选框，将忽略空格。

【附加单词】(忽略多余单词)复选框，Authorware 将忽略输入的多余单词。

【附加符号】(忽略标点)复选框，Authorware 将忽略标点符号。

【单词顺序】(忽略单词顺序)复选框，Authorware 会忽略单词的输入顺序。

接受到用户在文本框中的输入内容之后，将按照交互图标中从左到右的顺序，依次进行比较与判断，这样把需要精确匹配的文本输入响应放在交互流程线的前面，把使用了通配符的文本输入响应放在交互流程线的后面则是非常必要的。如果有多个使用通配符的文本输入响应，则必须按照通配符表示的范围，按照从小到大的顺序进行排列，否则将引起精确匹配及小范围匹配的条件失效。

【重试限制】选项卡，除了用于设置交互类型的 Type 下拉列表框外，只有一个 Maximum Tries 文本框，它用于设置尝试限制的交互次数，用户可在文本框内输入数值、变量或表达式。例如，在 Maximum Tries 文本框内输入 4，那么在第 4 次尝试失败之后，将与一个返回路径为 Exit Interaction 的目标响应相匹配。通常，尝试限制响应只能匹配一次用户响应。如果在规定的次数之外再次进行尝试时，Authorware 7.0 将不再匹配该尝试限制响应。此时，可使用条件响应，在 Maximum Tries 文本框内输入 Tries＞n，其中 Tries 是系统变量，每尝试一次，该值都会自动加一，n 是规定的次数。如图 10-3-6 所示。

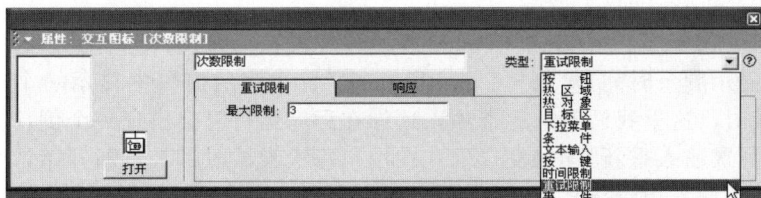

图 10-3-6　设置次数限制

【时间限制】交互，如图 10-3-7 所示。

图 10-3-7　选择时间限制交互

这时我们看到时间限制交互相关属性，如图 10-3-8 所示。【时间限制】文本框：文本框中的数值表示允许用户尝试的时间，单位是秒，在这里我们选择 15 秒，也就是 15 秒钟后如果没有协作，程序将运行时间限制交互里的内容。【中断】下拉列表框：用于控制用户跳转到其他操作时，Authorware 如何处理时间限制交互。

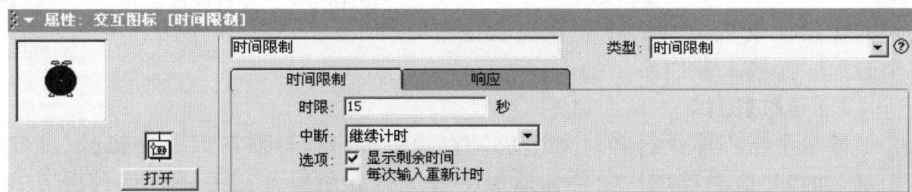

图 10-3-8　时间限制交互属性

【继续计时】：在执行一个永久性交互作用时，仍保持计时状态。

【暂停，在返回时恢复计时】：当 Authorware 跳转去执行一个永久性交互作用时，暂停计时，返回时，限时响应继续计时。

【暂停，在返回时重新开始计时】：当 Authorware 跳转去执行一个永久性交互作用时，暂停计时，用户返回后继续计时。如果在跳转前已经超时，则在用户返回后重新计时。

【暂停，如运行时重新开始计时】：当 Authorware 跳转去执行一个永久性交互作用时，暂停计时，用户返回后继续计时，并且只有在跳转前没有超时，限时响应才会重新计时。

【选项】复选框组

【显示剩余时间】复选框：Authorware 将在演示窗口中显示一个小闹钟，用以倒计时。这里我们勾选此选项，这样在程序运行时会出现一个倒计时标识。

【每次输入重新计时】复选框：在用户每次尝试时都会重新开始计时。

文本输入响应与其他交互响应相比，它的工作方式是完全不同的。对于按钮响应来说，如果在交互图标内添加 5 个按钮响应，那么在演示窗口内将出现 5 个按钮。对于文本输入响应来说，无论用户在交互图标内添加多少个响应，只会增加匹配响应的可能，并且演示窗口内只显示一个文本输入文本框，输入的内容将显示在演示窗口内，自动保存在系统变量 Entry Text 中。

10.3.4 框架与导航图标

1.【框架】图标

在【框架】图标的流程线中有一个【显示】图标默认名称为"灰色导航面板"，在它里面有一个面板，这个面板用来放置【交互】图标中的 8 个导航按钮，分别是返回、近期预览页、查找、退出框架、第一页、上一页、下一页、最后一页。它们是用按钮响应的方式来实现交互操作的。运行程序后，屏幕上会出如图 10-3-9 所示的界面，而灰色导航面板的作用仅仅是装饰，通常我们会把这个删除，而换上我们所需的内容界面。

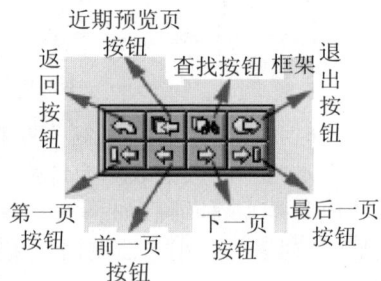

图 10-3-9　灰色导航面板及导航按钮

2.【导航】图标

导航是指程序执行和对象生成、查找、次序。导航可以是直接的（即完全预先定义的），这时候用户需要知道顺序来进行导航操作。另一种是自由方式，即由用户决定下一动作，在这种方式下，用户基于上一步导航操作的结果确定下一步导航动作。

下面，再讲解一下如何来设置【导航】图标的属性，单击图 10-3-10 中的任意一个程序流程线上的【导航】图标，弹出如图 10-3-14 所示的【导航】图标对话框。

【导航】图标可以放至流程线上的任意位置，但其转至的地方必须为某一框架图标下的某一页，当 Authorware 跳转至导航图标指定的页分支，并执行完其内容后可以迅速返回到跳转前的地方，继续执行后面的内容。在 Authorware 中【导航】图标对程序流向的影响有五种形式：下面逐一学习这五种程序流向的方式：

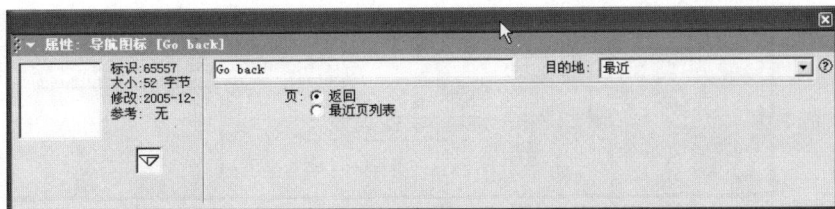

图 10-3-10　设置属性

（1）选择【最近页】选项，可以在程序和用户使用过的页之间建立导航链接，从而可以让最终用户非常容易地返回以前使用过的页中重新使用该页中的内容。选择了该选项，当程序执行到该导航控制按钮后，程序流向会返回到最终用户使用过的页中。返回的方式有以下两种：

选择【页】中的【返回】命令回到前一页；

选择【最近页列表】将最终用户使用过的页标题以列表的形式显示在屏幕上，最终用户可以用鼠标双击标题名来跳转执行该页的内容。选择该选项使最终用户返回已使用过的相应内容变得非常方便与快捷。

（2）选择【附近】选项，可以建立【框架】结构内部页之间的链接或者退出【框架】结构。选择该选项，弹出如图 10-3-11 所示的对话框。在【Page】选项中有五个单选项。

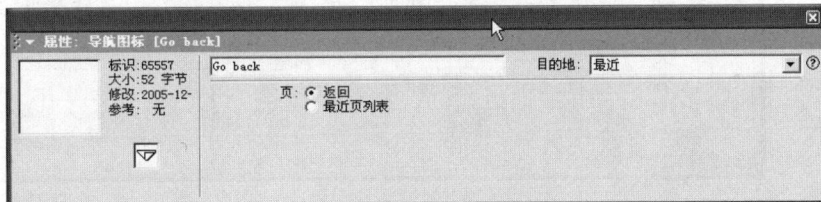

图 10-3-11　设置属性

其中选择【退出框架/返回】，程序将退出【框架】结构。

（3）选择【任意位置】选项，可以建立与【框架】结构中任何一页的链接关系。使用【导航】图标中的该选项可以跳转到程序中的任意一个【框架】结构中的任意一页。选择该选项，对话框变成图 10-3-12 所示：在该对话框中可以设定链接的范围，是链接到某一【框架】结构内部的页还是链接到整个程序的所有框架结构所有页中的某一页。还可以设定链接的返回方式。具体内容在下面逐步学习。

①【类型】单选框：该选项设定链接的类型：

·【跳到页】：单向链接，直接跳转到所链接的页中。

·【调用并返回】：返回式链接，当执行完所链接页中的内容之后，程序还要

图 10-3-12 设置属性

返回到跳转时的起始点，继续执行程序的内容。

②【页】选项是在作品中所使用的所有框架结构标题的列表。选择任意框架结构的标题，在对话框中的【页】中下方的页列表中便显示出选择的该【框架】结构中的所有页标题。

③下面讲一下"查找"，即可搜索导航链接，是一种非常重要的导航链接。它允许最终用户输入单词或某一图标的关键词来查阅作品中的所有页。例如：当最终用户输入"物理"，则在作品中所有含有"物理"这个正文对象的所有页的标题就会以列表的形式显示到展示窗口，读者可以双击列表中页的标题查阅该页中的内容。

（4）选择【计算】选项，对话框变成图 10-3-13 所示，可以通过函数、变量来实现跳转。

图 10-3-13 设置属性

（5）选择【搜索】选项可搜索定向链接，如图 10-3-14 所示。

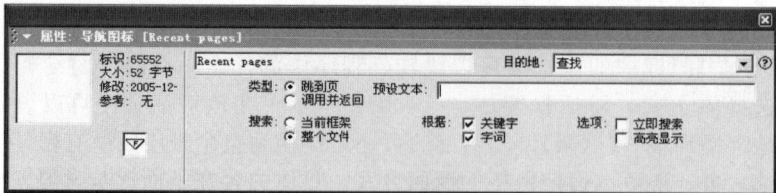

图 10-3-14 设置属性

①【类型】选项用来链接返回方式，已经熟悉。

②【搜索】用来设置搜索范围。

选择【当前框架】选项，Authorware 在当前的框架结构中搜索。

选择【整个文件】选项，Authorware 在整个文件中搜索。

③【根据】：用来设置搜索的方式。

·【关键字】：按照关键词搜索。

·【字词】：按照正文对象搜索。

·两个选项可以同时选中，既按照关键词又按照正文对象来搜索。

④【预设文本】：正文输入对话框中输入要预搜索的字符。

⑤【选项】：搜索特性设置

·当选择【立即搜索】选项时，一旦最终用户双击定向分支，Authorware 会直接进行搜索，不需要弹出【查找】对话框。

·当选择【高亮显示】选项时，显示匹配正文对象的上下文。使用该选项搜索耗费的时间较长。

同时，该选项只适用于对正文对象的搜索，不适用于对关键词的搜索。

思考与练习

1. 显示图标可以显示哪些内容？

2. 引入一个影视文件的基本操作过程包括哪些步骤？

3. 如何定义文本风格？

4. 移动图标中，可设置移动方式有哪几种？

5. 使用库有哪些优点？

6. 在 Authorware 中，有哪些交互方式？

7. 计算图标的特点和主要功能？

8. 在 Authorware 中，常用的函数有哪些？

9. Authorware 有哪些优点和缺点？

下　篇　应用篇

第 11 章　现代教育技术技能训练

技能训练 1　信息技术与学科整合的教学设计

一、训练目标

1. 熟悉信息化教学设计的教学应用。

2. 掌握信息技术与具体学科课程整合的教学设计。

二、操作环境(设备)

多媒体计算机。

三、训练任务

1. 了解信息化教学设计的具体应用。

2. 掌握信息技术与具体学科课程整合的教学设计过程。

四、训练步骤

(一)信息技术与文史类课程整合的教学设计

表 11-1-1 所示为信息技术与语文学科整合的教学设计实例:《鸿门宴》教学设计方案。参照该实例,设计一个信息技术和文史类课程整合的教学设计案例。

表 11-1-1 《鸿门宴》教学设计方案

单元名称:《鸿门宴》	教材来源:中师语文课本		设计者:来 嫔
教学设计依据	1. 根据建构主义理论,以新的教育理念创设学习环境、优化文言文教学。 2. 根据中师语文教学大纲,培养学生对文言文字词篇章的理解掌握,提高其分析判断、审美鉴赏能力。 3. 培养学生语文综合素质,开阔其文化视野,增强其热爱祖国语文文字、弘扬民族文化的意识。 4. 此节以前一课时中,理顺字词、掌握主旨、体会情节结构为基础,以学生课余赏读"原文译文及评析"、课前完成关于人物个性分析的思考题为先决条件而重点建构对主要人物个性的分析。 5. 以多媒体为手段,使学生形象、具体地认知史实和历史人物,于多维空间中主动积极地进行意义建构以突出重点,从而更进一步突破难点。		
教学要求	分析主要人物性格;了解作者刻画人物性格的主要手段。		
教学重点	通过对主要人物性格的分析,体会《史记》文学价值的重要点——鲜明的人物个性。		
教学难点	对人物个性的正确理解。	时间	45 分钟
教学媒体	CAI 课件、多媒体等。	教学方法	直观演示、协作会话、自主学习等。
教学步骤	教学内容及教学方法	教学媒体	教学时间
导入	情境引入		1 分钟
教学实施	1. 知识点提示、体会: (1)刘邦、项羽个性特点? (2)提问:刘邦、项羽在鸿门宴上给你什么印象? (3)《鸿门宴》情节高潮中,项羽言行特点?	CAI 课件	8 分钟
	2. 项羽个性分析 (4)学生自己调阅"阅读理解"中的相关材料、建构对项羽的个性分析。 (5)教师调阅较完整的例文,学生自评、互评、教师评析。 (6)归纳项羽个性。	CAI 课件 多媒体	19 分钟

续表

单元名称：《鸿门宴》	教材来源：中师语文课本		设计者：来　嫔	
教学实施	3. 刘邦个性把握 (7)体会刘邦个性。	CAI 课件 多媒体	3 分钟	
	4. 了解文章写人方法，体会《史记》写人特点 (8)对比、情节、个性化语言体会。 (9)体会《史记》文学价值——鲜明人物个性。	CAI 课件 多媒体	3 分钟	
	5. 学习主体意义建构的提升 (10)体会：刘邦、项羽你欣赏谁？谁为英雄？ (11)学会会话交流，教师评析总结。		8 分钟	
作业	(12)布置作业：将三种主要写人方法任选一种分析成书面文字。		1 分钟	
退出			1 分钟	

（二）信息技术与数理类课程整合的教学设计

表 11-1-2 所示为信息技术与数学整合的教学设计实例：《三角形面积的计算》教学设计方案。参照该实例，设计一个信息技术和数理类课程整合的教学设计案例。

表 11-1-2　《三角形面积的计算》教学设计方案

姓　名	罗朝宣	授课班级	五年级四班	时间	2002 年 4 月	课节名称	《三角形面积的计算》
一、教材内容							
学生动手操作，将三角形转化成平行四边形，通过观察、比较、分析，概括归纳出三角形与平行四边形的关系，推导出三角形的面积计算公式。教学中让学生动手实践、自主探究、协作交流，在理解掌握知识的同时感受转化数学思想、解决实际问题，并在实践中培养学生的探究能力、合作能力以及积极的创造性思维与创新精神。							

续表

姓　名	罗朝宣	授课班级	五年级四班	时间	2002 年 4 月	课节名称	《三角形面积的计算》

二、学生特征分析

1. 学生是深圳市南山实验学校五年级(四)班的学生。
2. 学生对数学课、电脑课很感兴趣。
3. 学生比较活跃,知识面较宽,动手能力强,善于在多媒体网络环境下进行协作学习、探究学习。

三、教学内容和学习水平的分析与确定

1. 知识点的划分与学习水平的确定

编号	知识点	学习目标水平			
		识记	理解	应用	分析综合
1	三角形面积计算公式。	✓	✓	✓	
2	将两个完全相同的三角形转化成平行四边形推导计算公式。		✓	✓	✓
3	学生动手将一个三角形转化成平行四边形推导计算公式。		✓	✓	✓
4	利用公式计算三角形的面积。				✓
5	小组协作探究学习,大胆质疑,提出新观点,培养学生合作能力与创新精神。				✓

2. 学习水平的具体描述

知识点	学习水平	描述词语	行为动词
1	应用	根据三角形的底和高,求三角形的面积。	计算
2	理解、应用	将两个三角形转化成平行四边形,推导三角形面积计算公式。	操作、比较、分析、概括
3	应用	将一个三角形转化成平行四边形。	合作:操作、比较
4	分析综合	推导三角形的面积计算公式。	讨论:分析、概括、推理
5	分析综合	根据公式计算三角形的面积,解决生活中的实际问题。	讨论、汇报

姓　名	罗朝宣	授课班级	五年级四班	时间	2002 年 4 月	课节名称	《三角形面积的计算》

3. 分析教学的重点和难点

　　教学重点：动手操作，协作探究，用转化的方法将三角形拼割成平行四边形，推导计算公式。培养学生动手、善于思考，用转化的思想解决问题，培养学生的协作能力和创新精神。

　　教学难点：培养学生的直觉思维和空间观念，用数学眼光发现问题，用转化的思想解决问题。

四、教学策略

　　采用问题探究的教学策略：创设情境、提出问题→自主独立初步探索→协作探索，深入研究→讨论交流、问题解决→归纳知识、总结学法→实践验证→回归评价，发现问题。

五、媒体的选择应用

知识点	学习水平	媒体类型	媒体内容要点	使用时间	媒体在教学中的作用	媒体使用方式
1	理解	课件	三角形转化成平行四边形的旋转、平移过程。	2 分钟	引导观察，辅助分析，激励发现。	演示
2	应用	三角形学具及课件	动手把三角形剪拼成平行四边形。	22 分钟	动手操作，直观感知，形成关系表象。	操作
3	应用	视频仪、课件	学生展示不同的拼割方法。		提供交流平台，发散思考，激励创新。	操作演示
4	分析综合	课件	三角形的底和高与平行四边形的底和高的关系。	5 分钟	促进学生观察、比较、分析、推理。	演示
5	应用	课件	解决实际问题。	11 分钟	提供资源	分析
板书设计	三角形面积的计算 平行四边形的面积＝底×高 相同两个三角形的面积＝底×高÷2					

（三）WebQuest 网络探究的教学设计

表 11-1-3 所示为 WebQuest 网络探究的教学设计案例：《圆明园的毁灭》教学设计方案。参照该实例，设计一个 WebQuest 网络探究的教学设计案例，内容不限。

表 11-1-3　《圆明园的毁灭》教学设计方案

科目：语文	年级：小学五年级	课时：3 课时

一、简介

　　亲爱的同学们，你到过北京的圆明园吗？你知道它原来是什么样子的吗？你知道它为什么变成了一堆废墟吗？为什么这个废墟这么引人注目，吸引那么多的人去参观呢？今天我们就一起来揭开这些谜。要完成这个 WebQuest 项目，你们必须分别扮演历史学家、建筑学家、艺术学家、政治学家去查找关于圆明园未被毁灭前和被毁灭后的各种资料和图片，了解圆明园的历史和现状。将你的调查研究写成一个小报告，向同学们介绍圆明园。

二、任务

　　你们的任务是通过扮演各种不同角色分别去查找关于圆明园未被毁灭前和被毁灭后的各种资料和图片，了解圆明园的历史和现状。全班同学将分成四个小组，去收集、整理、研究信息资源。

　　历史学家组：研究圆明园建造和毁灭的时间、有关人物和背景。

　　建筑学家组：研究圆明园为什么是"园林艺术瑰宝、建筑艺术的精华"。

　　艺术学家组：研究圆明园为什么是"当今世界上最大的博物馆、艺术馆"。

　　政治学家组：研究圆明园被毁灭对我国产生的影响，以及圆明园是否需要重建。

三、过程

1. 课前准备工作

(1)分组，选出组长和组员。

(2)小组讨论工作方案，明确组长和各个组员的工作。

2. 收集资料

各组可以在互联网上在老师给出的网址上查找资料。

(1)密切联系各组的任务，到互联网上去找资料。

(2)把你找到的资料复制粘贴下来或者是记录下来。

(3)注意收集有关的图片。

3. 整理资料

(1)全组讨论，综合整理。

(2)把你们组的研究成果写成小论文。

续表

科目：语文	年级：小学五年级	课时：3 课时

4. 汇报研究成果
(1)各组各派一名代表到讲台上向同学们汇报你们组的研究成果。
(2)汇报可以采取多种形式：例如演讲、PowerPoint 演示、图片展示等。
(3)请各小组的其他成员将各组的研究成果综合起来。
5. 每人写一篇字数约 300 字的关于圆明园的文章交给老师。
6. 思考：圆明园是否需要重建，说说你的想法。

四、资源
(1)http://www.yuanmingyuanpark.com/zy/dashiji.htm
这个网站比较详细地介绍了圆明园的历史、现状，圆明园风光和有关圆明园的诗词故事
(2)http://www.chinanews.com.cn/360hs/ymy2.htm　圆明园遗址景观影视
(3)http://www.beijingno1.com/lvyou/45.htm　圆明园的景点介绍
(4)http://www.jsdj.com/luyou/lyzy/Bjyuanmingyuan.htm　有大量圆明园各个景点的图片
(5)http://www.btxx.cn.net/jyxy/0214.htm　圆明园首次发掘出烧焦木炭
(6)http://cyc6.cycnet.com：8090/xuezhu/his-add/content.jsp? n-id＝2981　介绍圆明园的资料
(7)如果你觉得我们所提供的资源不能满足你的需要，请以"圆明园"为关键词进行你所需资源的查找：http://www.google.com

五、评估
　　请根据下面的评价表，对自己的情况做自评、小组评或老师评，以改进自己的研究工作。

评价表

项目	对圆明园没有了解，也没有获取资源(0)	对圆明园了解了一点并获取一部分资源(1)	对圆明园了解了一部分并获取了资源，但没有太大用途(2)	对圆明园有所了解并获取许多资源，但只有部分有用(3)	对圆明园完全了解并获取大量资源，有很好的用途(4)
按时完成任务					
搜索信息能力					
信息组织能力					
独立工作能力					
小组协作意识					
书面报告表达					

科目：语文	年级：小学五年级	课时：3 课时

六、结论

通过这节课的学习，你们都成为了历史学家、建筑学家、艺术学家、政治学家。我要把你们的作品挂在网上，让更多的人阅读、学习和提建议，并评出"精英分子"给予奖励，并给你们的家长发喜报。完成了这个研究项目后，你们都可以学会：

1. 主动、全面地探究知识。

2. 怎样与他人合作。

3. 怎样在网上寻找有效信息。

4. 通过网上有效信息，写一篇又详细又有深度的关于圆明园的文章。

5. 就自己所写的文章和文件夹里收集的信息，回答其他同学提出的相关问题。

6. 甚至还能为我国的文物保护状况提出更好的建议。

技能训练 2　校园网/VPN 的使用

一、训练目标

1. 了解 VPN 的基本知识。

2. 掌握如何利用 VPN 使用局域网的资源。

二、操作环境(设备)

多媒体计算机、互联网。

三、训练任务

在校外(异地等)使用 VPN 进入校园网查找学校的教学资源、论文数据库资源。

四、训练步骤

VPN 的英文全称是"Virtual Private Network"，翻译过来就是"虚拟专用网络"。顾名思义，虚拟专用网络我们可以把它理解成是虚拟出来的企业内部专线。它可以通过特殊的加密通讯协议连接在 Internet 上的位于不同地方的两个或多个企业内部网之间建立一条专有的通讯线路，就好比是架设了一条专线一样，但是它并不需要真正地去铺设光缆之类的物理线路。这就好比去电信局申请专线，但是不用铺设线路的费用，也不用购买路由器等硬件设备(如图 11-2-1 所示)。

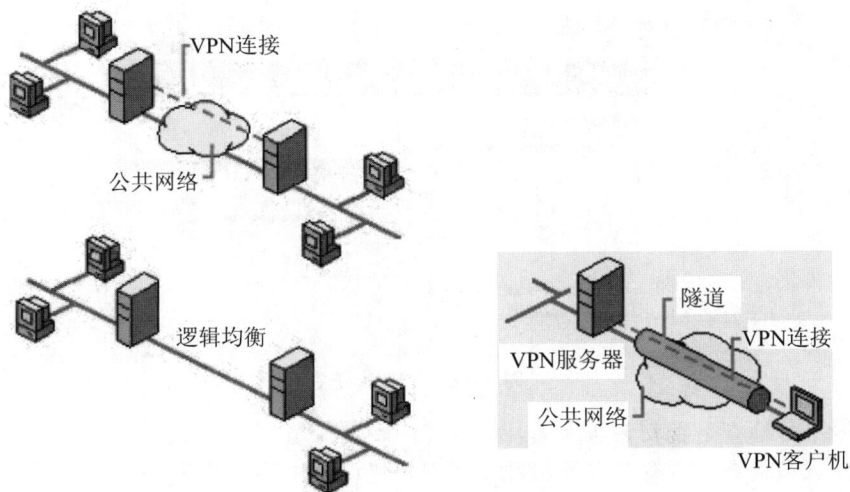

图 11-2-1　VPN 示意图

VPN 的核心就是利用公共网络建立虚拟私有网，目前很多高校的该系统可以让大家在家里或外地，通过登录访问下面四个在校园内部的应用：

办公系统、教务系统、电子期刊数据库、网络教学资源。

1. 在 IE 地址栏输入：www.jxstnu.cn。单击右上角 VPN 字样，进入 VPN，如图 11-2-2 所示。

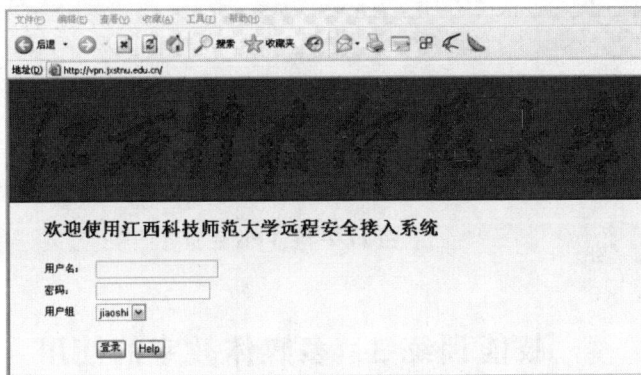

图 11-2-2　VPN 登录界面

2. 输入用户名和密码，进入下一步操作，VPN 进入登录状态，如图 11-2-3 所示。

3. 计算机会自动安装插件，如果在安装使用过程中出现问题：

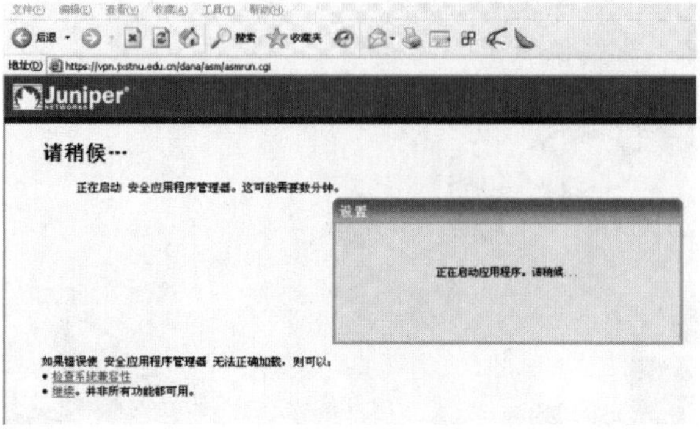

图 11-2-3　VPN 正在登录

(1)检查是否安装防火墙，设置关闭；

(2)检查是否有 360 等软件在使用，建议禁用这些软件；

(3)确保 VPN 插件正常安装。

4. 进入到 VPN 主页，如图 11-2-4 所示：

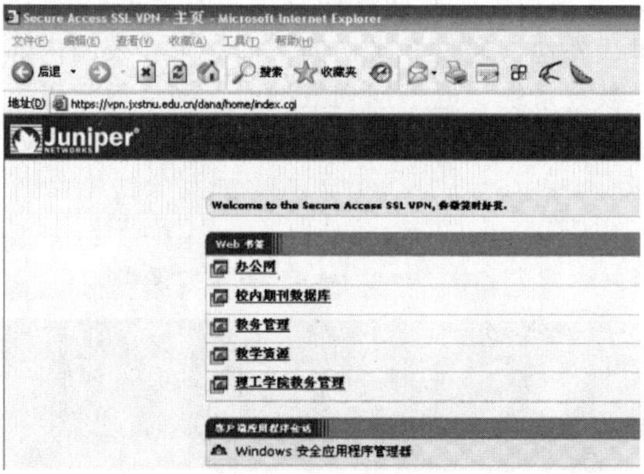

图 11-2-4　VPN 主页

技能训练 3　多媒体教室的使用

一、训练目标

1. 了解多媒体教室的基本设备及其功能。

2. 掌握多媒体教室和多媒体教学系统的使用方法。

二、操作环境(设备)

多媒体教学系统控制台、多媒体计算机、电动投影屏幕、投影仪、视频展台、音箱、话筒(无线/有线)。

三、训练任务

1. 了解在教学过程中如何使用多媒体教室。

2. 通过多媒体教学系统播放和演示教学课件。

四、训练步骤

1. 了解设备情况

多媒体教室设备通常有多媒体计算机、投影仪、投影屏幕、视频展示台、功放、中央控制系统等组成。其中央控制系统如图 11-3-1 所示。

图 11-3-1　多媒体教室讲台

2. 上课

将校园卡插入读卡器中,所有设备会自动启动,多媒体计算机会自动开启,进入系统,投影仪会自动点亮,投影屏幕会自动下降,功放也会自己打开,进行到授课状态。

3. 笔记本的使用

在上课时,如果教师要使用自带笔记本电脑授课,可以连接讲台右上角的相关电缆,将笔记本电脑电源适配器插头接入 220V 电源插座,将 VGA 电缆线连接到笔记本电脑的外接显示器接口,将音频线插入到笔记本电脑的声音输出口,将网线电缆也连接到笔记本电脑 RJ45 的网络接口中,如图 11-3-2 所示。

硬件连接完成,可操作控制系统进行信号源的切换,按"笔记本"操作键,对应的指示灯亮,即可。如外接视频展示台,其他视听设备(如影碟机等)可参考这个操作,如图 11-3-3 所示。

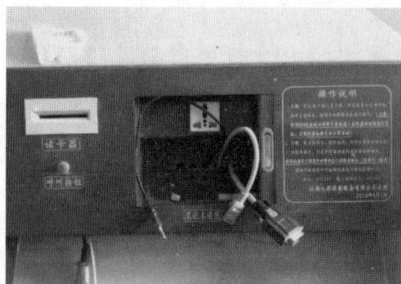

图 11-3-2　外接笔记本电脑的连接　　　　图 11-3-3　信号源的切换

4. 下课

拔出校园卡，所有设备就会自动关闭。

注意：投影仪自动关闭后不能立即拔去电源插头（或总电源开关），须等其散热完成（其投影仪上指示灯不再闪烁）。

技能训练4　网络教室的使用

一、训练目标

1. 了解网络教室的基本设备及其功能。

2. 掌握网络教室的教学使用方法。

二、操作环境（设备）

多媒体教学系统控制台、多媒体计算机、电动投影屏幕、投影仪、视频展台、音箱、话筒（无线/有线）。

三、训练任务

1. 了解在教学过程中如何使用网络教室。

2. 练习相应的教学操作。

四、训练步骤

我们以很多高校所采用的凌波多媒体网络教室软件为例，该软件利用机房现有的电脑网络设备，实现教师机对学生机的广播、监控、语音教学等操作，辅助学生完成电脑软件的学习和使用。凌波多媒体网络教室软件适用于各类学校以及企事业单位、培训机构的电脑机房、计算机网络教室及电子阅览室中。

1. 软件的安装（已安装的可以进行第二步）

（1）教师机的安装

① 如果以前安装的教师端程序正在运行，首先要把教师端程序关闭；

② 执行 Setup.exe 程序进行安装，如果系统中已经安装过凌波多媒体教学网软件，系统会提示是否删除以前安装的程序，这时可按提示把以前已经安装的删除掉，然后重新运行 Setup.exe，开始安装，如图 11-4-1 所示；

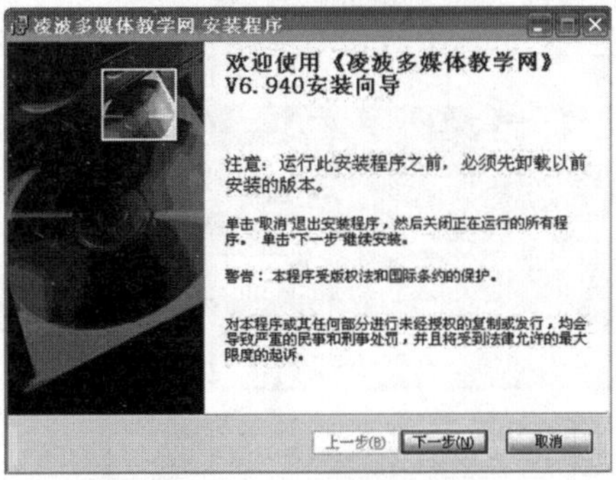

图 11-4-1　安装界面 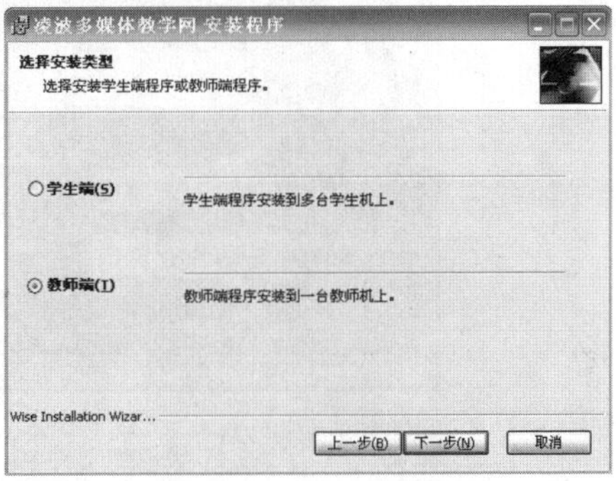　　　　　　　　　图 11-4-2　选择教师端

③ 按照安装提示选择安装部件：教师端，如图 11-4-2 所示；

④ 按照安装提示完成安装。

（2）学生机的安装

① 如果以前安装的学生端程序正在运行，首先要把学生端程序关闭（可以用热键 Ctrl＋Win＋F12 把学生端程序关闭）；

② 执行 Setup.exe 程序进行安装，如果系统中已经安装过凌波多媒体教学网软件，系统会提示是否删除以前安装的程序，这时可按提示把以前已经安装的删除掉，然后重新运行 Setup.exe，开始安装；

③ 按照安装提示选择安装部件：学生端；

④ 按照安装提示完成安装。

注意：只能安装一个教师端，可以安装多个学生端。

2. 启动教师端程序

教师机安装完毕后，可以从 Windows 启动菜单启动教师端程序。用鼠标依次单击：【开始】›【程序】›【凌波多媒体教学网】›【凌波多媒体教学网（教师端）】，会出现一个系统登录对话框。

【系统登录】对话框有以下两项内容：【登录密码】：默认的登录密码为空，什么都不需输入；【教师频道】：有 24 个频道可供选择，默认选择为 1 频道。点击【确定】按钮，进入系统，显示教师端窗口。

教师端操作界面，主界面各部分如图 11-4-3 所示：

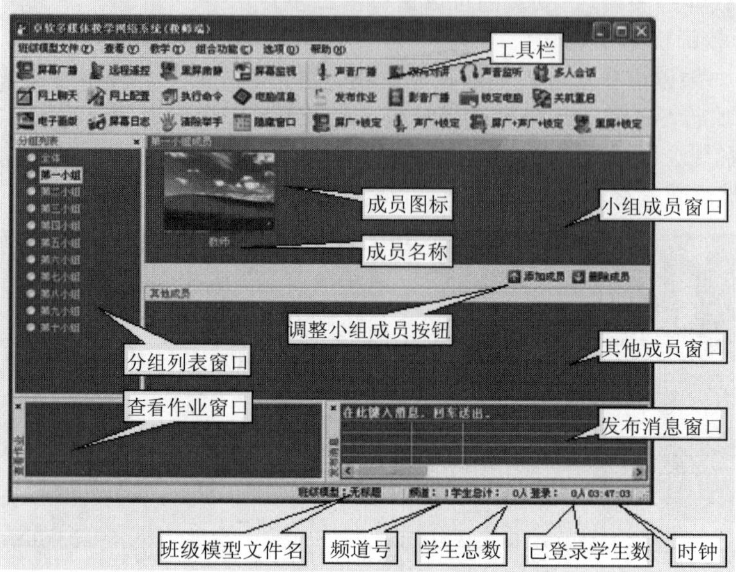

图 11-4-3　教师端界面

在教师端界面中：

（1）成员图标、成员名称

班级中的每个成员都用一个成员图标来表示，班级成员可以是教师，也可以是学生。成员图标有五种显示方式供选择：缩略图、大图标、小图标、列表、详细资料，可以通过菜单【查看】选择显示方式，还可以自己定义默认的显示方式。

当显示方式为缩略图、大图标、小图标时，可以对图标的位置进行设置，成员图标下显示该成员名称，如果该成员是教师，则默认显示该成员名称是"教师"；如果该成员是学生，则默认显示该成员名称是该学生机的计算机名；也可以自己确定成员名称是显示计算机名、用户名还是自定义名（别名）。

（2）分组列表窗口

分组列表窗口用于选择组，系统定义了"全体""第一小组""第二小组"等十一个组，显示在分组列表窗口中。可以用鼠标点击分组列表窗口中的"全体""第一小组""第二小组"等其中一项来选择一个组，这个被选定的组就称为当前组，小组成员窗口相应显示出所有属于当前组的成员。

在选定一个组后，可以对该组成员进行添加、删除操作，还可以对该组使用各项教学功能，如"屏幕广播""声音广播"等，如果选定的组是"全体"组，则各项教学功能是针对全体成员的，例如点击"屏幕广播"就是对全体成员进行屏幕广播；如果选定的组是某一小组，则各项教学功能是针对当前小组成员的，例如点击"屏幕广播"就是对当前小组成员进行屏幕广播，进行各项教学功能。

（3）小组成员窗口、其他成员窗口

小组成员窗口显示所有属于当前组的成员，如果当前组为全体，则该窗口显示班级中全体成员，包括教师和学生；如果当前组为某一小组，则该窗口显示属于该组的小组成员，小组成员可以是教师也可以是学生。

其他成员窗口显示所有不属于当前组的成员，如果当前组为全体，则不会显示该窗口。

如果要向该组添加成员，只要把"其他成员窗口"中的成员移到"小组成员窗口"，如果要删除小组成员，只要把想删除的成员从"小组成员窗口"移到"其他成员窗口"。

（4）查看作业窗口

显示学生提交的作业。如果学生用提交作业功能向教师发送了一份作业（文件），该窗口会显示出一个作业（文件）项，用鼠标双击该项可以打开该作业（文件）。

（5）发布消息窗口

可以向全体学生发送文字消息，同时显示学生反馈的消息。教师在发布消息窗口的输入框中输入文字消息，然后回车把消息发出，全体学生端会弹出一个窗口，显示教师发布的消息，学生也可以在弹出的窗口中的输入框输入文字，向教师反馈消息。

3. 启动学生端程序

学生端软件安装完毕后，系统托盘区会出现一个图标，如果该图标是浅色，表示该学生机未登录到教师机；如果为深色，表示教师机已启动，该学生机已经登录上教师机。如果把鼠标移到该图标上，并停留片刻，会显示一行提示信息，包含当前学生端使用的频道号。如果要改变学生端的频道号，可以在教师端进行设置。

用鼠标点击该图标，会弹出一个菜单，通过选择菜单项执行学生端的功能，学生端的各项功能只有在教师端允许时才能使用。

4. 考勤点名

上课时，教师可以通过让学生签到来实现对学生进行考勤记录。

（1）选择菜单【教学】>【点名签到】，或者点击工具栏中的【点名签到】按钮，弹出【点名签到】对话框如图 11-4-4 所示：学生在自己的电脑站输入自己的学号或姓名。已经签到的学生的图标上会显示一个标记。教师机上教师可以保存点名文件。

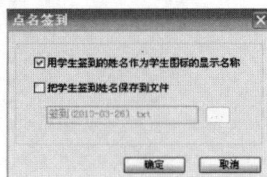

图 11-4-4　点名签到对话框

（2）点击【点名签到】对话框中的【确定】按钮，开始点名签到，学生端会弹出一个对话框，让学生输入姓名签到。已经签到的学生的图标上会显示一个标记。

（3）点名签到开始后，再次选择菜单【教学】【点名签到】，或者点击工具栏中的【点名签到】按钮，就可结束点名签到，同时学生图标上的签到标记自动消失。

5. 上课讲解

屏幕广播的功能是送某个成员的屏幕画面到本组其他成员。教师可以用这个功能进行多媒体课件的教学，演示 Word、FrontPage 等软件的操作；也可以把某个学生的屏幕画面传送到本组其他成员。教师在屏幕广播的同时，还可以打开电子画板功能，在屏幕上写写画画，把屏幕作为黑板使用。

（1）开始屏幕广播

第一步，选择菜单【教学】【屏幕广播】，或者点击工具栏中的【屏幕广播】按钮，出现【屏幕广播选项】对话框，选择屏幕广播可以是教师，也可以是某个学生，进行屏幕广播。

第二步，点按【屏幕广播选项】对话框中的【确定】按钮，屏幕广播开始。

（2）结束屏幕广播

屏幕广播开始后，再次选择菜单【教学】【屏幕广播】，或者点击工具栏中的【屏幕广播】按钮，就可结束屏幕广播。

6. 发布作业/文件传输

教师点击工具栏上的发布作业，即可将教师机上的文件传输到学生机上，如图 11-4-5 所示。

图 11-4-5 文件传输对话框

技能训练 5　微格教学系统的使用

一、训练目标

1. 了解微格教学系统的基本设备及其功能。
2. 掌握微格教学系统的使用方法。

二、操作环境（设备）

数字微格系统、微格教室、摄像头、投影仪、音箱、话筒（无线/有线）。

三、训练任务

学会使用数字微格教学系统，以思创华文数字微格系统为例。

四、训练步骤

1. 按中控面板上的系统开关打开电脑和液晶电视。

2. 点击桌面图标，打开数字微格教学系统客户端软件，进行登录，出现系统控制窗口，如图 11-5-1 所示：

图 11-5-1　系统控制窗口

3. 云台控制调整摄像头

在云台控制区按 ← → ↑ ↓ 控制云台的左、右、上、下，改变图像位置。

在镜头控制区按变倍的 + 将图像变远、 - 图像变近。如不清晰可按聚焦 +

使图像调得更清晰。

注意：以上控制只能在 锁定 按键按下才能控制。如处于灰色状态 锁定 请点击锁定按键获得控制权限。

4. 切换控制

进入系统控制窗口后，移动鼠标至系统工具栏，左键单击"切换控制"按钮，该按钮显示为高亮，这时在系统控制窗口的左边设备栏显示输出通道的设备名和设备图标，右边为切换控制功能窗口，切换控制功能由巡视和监视组成，如图11-5-2所示。

监视方法：选中切换控制后，系统默认为监视控制，这时"监视"按钮为绿色，在监视控制栏里，监视通道处有一个下拉框，该下拉框里为所有输入通道，用户只需选中所要监视的输入通道(微格教室1)，在监视屏幕将显示该输入通道(微格教室1)的所有信息(音视频信号)。

巡视方法：进入切换控制后，在设备栏中选中所需巡视的监视器。左键单击"巡视"按钮，即可进入巡视状态窗口，用户可以单击"追加"按钮，添加所需巡视的通道，也可以选中巡视通道。单击"删除"按钮，删除巡视通道；单击"上移"按钮，巡视提前一帧；单击"下移"按钮，巡视滞后一帧。巡视必须单击"播放"按钮，巡视开始，单击"停止"按钮，将巡视停止。

图 11-5-2　切换控制

5. 硬盘录像

点击硬盘录像开关控制区(如图11-5-3所示)的 01 按键。系统会弹出输入对话框(如图11-5-4所示)，请输入学号或姓名，然后在确认名称栏重复输入。停止录像再次点击 01 即可。

图 11-5-3　录像控制开关面板

图 11-5-4　输入对话框

6. 视频回放

录像文件存储在 D：\ HVCR \ ⋯（软件内设置指定目录）以日期为目录，以录像时的时间为文件名称，要回放时点击"视频回放"，再在软件右侧选择"日期""录像通道""文件"，如图 11-5-5 所示，再点击"播放"即可回放指定的文件。注意：回放时请通过电视遥控器选择为"VGA"切换到电脑显示。大教室同样要把投影机切换到电脑图像。在回放时请勿返回到"监视控制""切换控制"，如需返回，请点击"视频回放"内的"停止"。

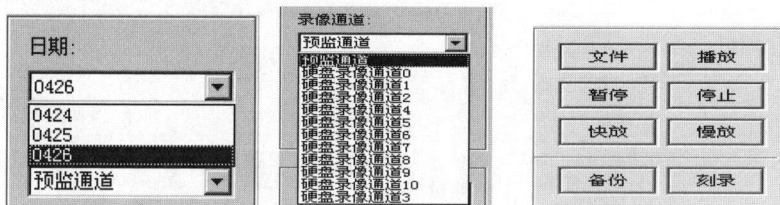

图 11-5-5　录像日期、录像通道、文件的选择

7. 系统关机：按中控面板上的系统开关打开电脑和液晶电视。

技能训练 6　同声传译训练室的使用（相关专业学生选做）

一、训练目标

1. 了解同声传译训练室的基本设备及其功能。
2. 掌握同声传译系统的使用方法。

二、操作环境（设备）

同声传译系统控制台、多媒体计算机、电动投影屏幕、投影仪、音箱、话筒（无线/有线）。

三、训练任务

1. 了解在教学过程中如何使用同声传译系统。

2. 掌握同声传译系统的使用。

四、训练步骤

本训练以同传训练系统 NewClass DL760"首席翻译官"为例。

1. 系统启动

一般在软件安装好后，开机登录 Windows 后就会在后台自动启动，如果没有自动启动，可以通过双击桌面服务器程序图标，手动操作来启动它。

2. 启动教师控制程序

希望进入授课时，保证服务器程序开启运行，然后双击桌面控制程序图标来打开教师控制程序，进入授课状态。当教师启动控制程序时，学生终端会自动由"自主学习"状态返回听课状态，（如图 11-6-1 所示）。

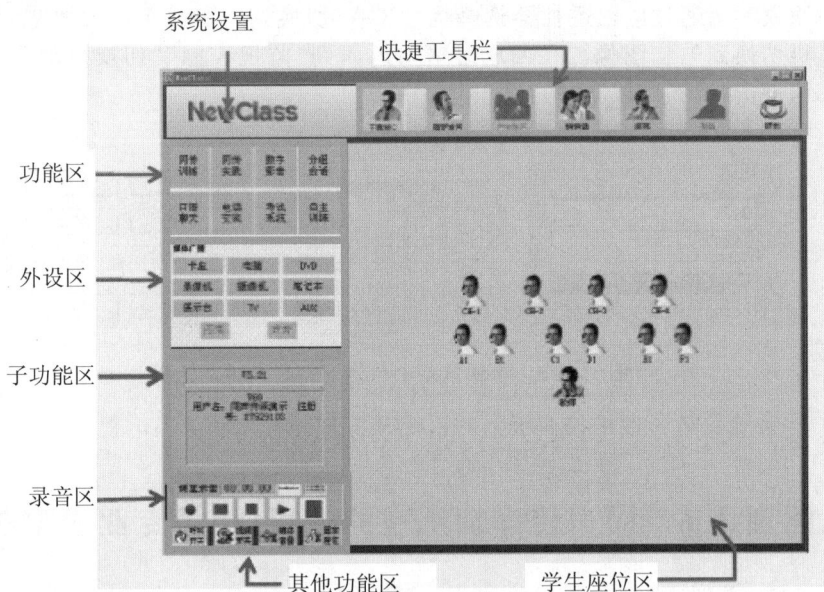

图 11-6-1　教师控制界面显示

3. 同声训练

NewClass 同声传译训练系统 DL760"首席翻译官"包括了八个功能模块。同声训练模块是同传传译课堂教学训练中最常用的教学功能。下面做详细介绍。

点击功能区的同声训练，可以进入，代表席终端界面和译员终端界面分别如图 11-6-2，图 11-6-3 所示。

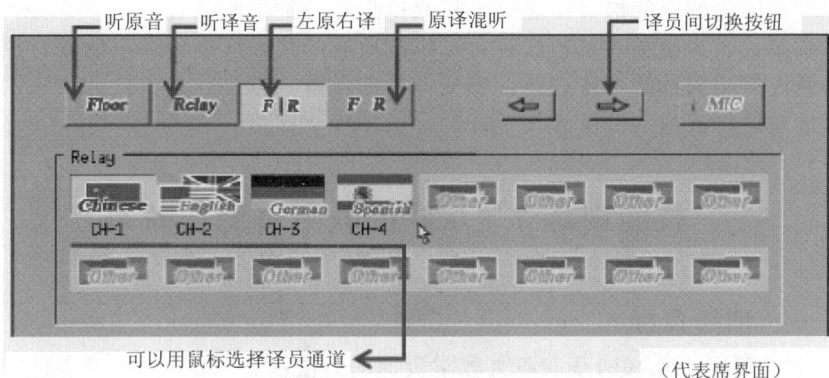

图 11-6-2　代表席终端界面

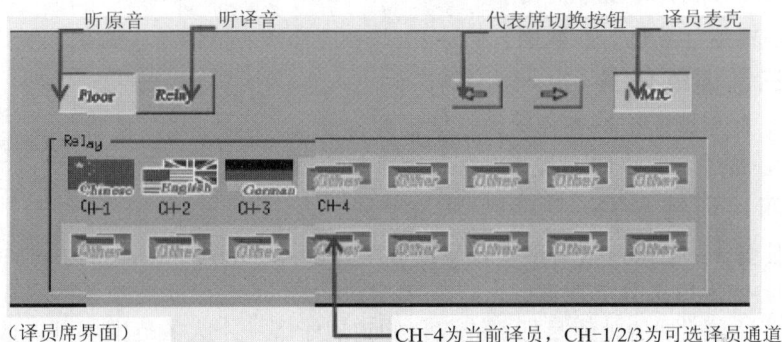

图 11-6-3　译员终端界面

在使用"同传训练"功能时，子功能区可以对音频文件进行操作。

(1)选择存储在教师机器 NewClass 资源库中的 MP3 资料。

(2)选择来自外部设备的音源，如图 11-6-4 所示。

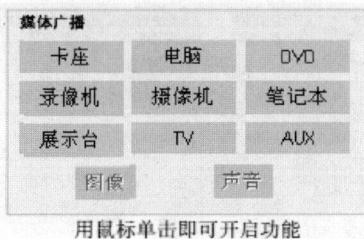

图 11-6-4　外部设备的音源选择

(3)来自发言人：主席、译员、代表的讲话。

设置译员翻译的语言：通过下拉菜单选择各种不同语言。

设置代表为译员：点击按键，可以把所有的代表变成译员角色进行授课；也可以通过拖动图标的方式进行代表变译员的设置，方法是点击任意代表图标，按住鼠标左键将其拖动到已经设置好的译员图标上即可。

技能训练 7　互联网教学资源的获取

一、训练目标

1. 了解应用互联网获取各类教学资源的方法。
2. 掌握各类素材资源收集与下载的方法。

二、操作环境（设备）

多媒体计算机、互联网。

三、训练任务

1. 使用搜索引擎查找网络教学资源。
2. 通过下载软件下载并保存各类素材资源。

四、训练步骤

任务 1：使用搜索引擎查找网络教学资源

1. 使用目录分类搜索

在没有明确的搜索目标时，仅仅知道属于哪一个大的范围，可以选择一个门户网站，比如新浪网（www.sina.com.cn）。

（1）按照大的门类进行选择，然后一步步地缩小范围，如图 11-7-1 所示。

图 11-7-1　按门类搜索实例

（2）用一个含义较广的关键词（比如新闻、教育等）查询，然后继续点击更详细的标题。

2. 使用搜索引擎全文检索

(1)打开浏览器，输入搜索引擎的网址，如 www.baidu.com，如图 11-7-2 所示。

图 11-7-2　全文搜索实例

(2)在百度搜索文本框中输入关键词，比如"现代教育技术"，然后点击百度一下。检索出的内容比较多，根据摘要信息，选择有价值的页面。

(3)检索精度要求较高时，需要多个主题词进行联合检索，比如需要检索现代教育技术的相关教材，则输入"现代教育技术　教材"，中间用空格隔开。

采用纯文本传输以提高网络传输速度，可以关闭 Internet Explore 高级属性中的多媒体选项，打开 Internet Explore 浏览器后，单击"工具"菜单中的 Internet 选项，弹出对话框，如图 11-7-3 所示：选择"高级"选项卡后，把多媒体下面的声音、视频等不需要的媒体形式前面的"√"取消，这样就仅以文本形式进行传输了。

任务 2：通过下载软件下载并保存各类素材资源

下面分别对文本、图片、网页、文件等网络教学资源进行下载。

1. 文本下载

(1)用鼠标选中所需的内容单击右键，在弹出的快捷菜单中选择"复制"命令，如图 11-7-4。

(2)打开相应的文字编辑软件，如 Word 软件，选择"粘贴"命令。

(3)保存相应的内容后，完成下载操作。

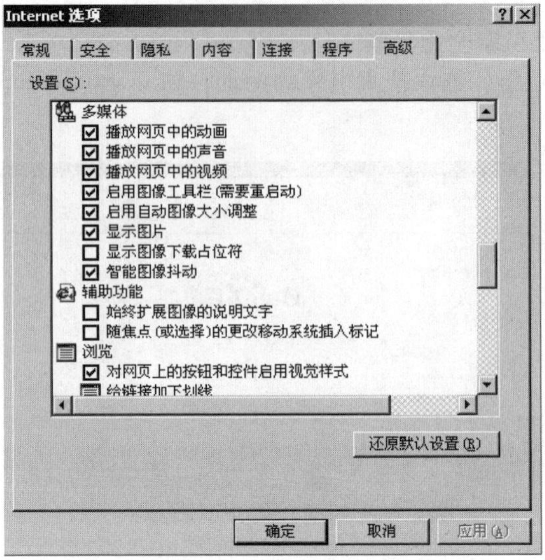

图 11-7-3　Internet 选项对话框

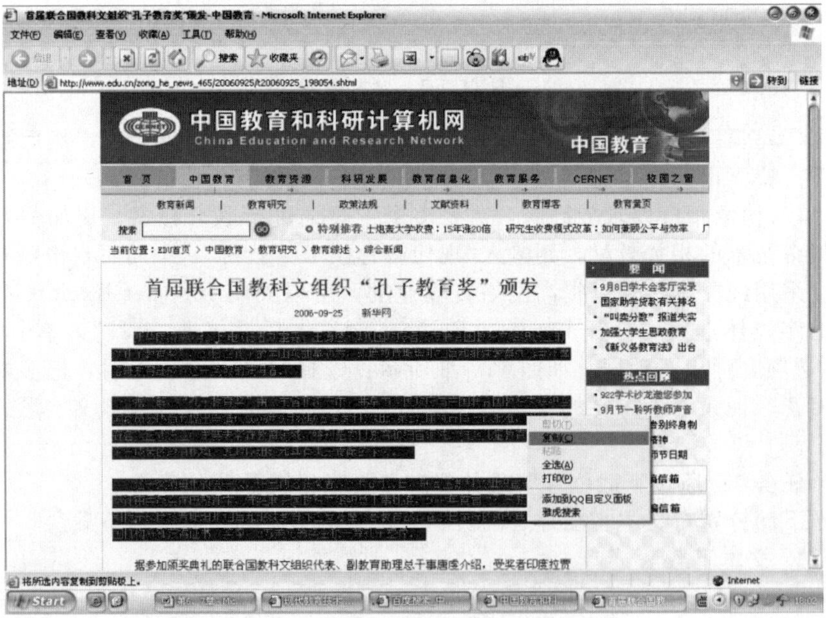

图 11-7-4　下载并复制文本

2. 图片下载

在浏览网页时，可用如下方式下载所需的图片。

(1)右击所需的图片，在弹出的快捷菜单中选择"图片另存为…"命令，如图 11-7-5 所示。

图 11-7-5　图片另存为

(2)在出现的对话框中选择图片要保存的路径，输入文件名即完成下载操作。

3. 保存网页

在浏览网页时，如果需要对整个网页都进行保存，可以单击 Internet Explorer 浏览器中的文件菜单，选择"另存为"命令，然后选择保存的路径，就可以了。如图 11-7-6 所示。

4. http 下载

右击 http 的链接地址，在弹出的快捷菜单中选择"目标另存为…"命令，如图 11-7-7 所示。在出现的对话框中选择保存文件的路径，基本步骤与图片下载相同。

5. FTP 下载

运用 WWW 浏览器来访问和下载 FTP 服务器的信息资源。匿名 FTP(Anonymous FTP)是一种应用十分广泛的特殊的 FTP 服务。为了方便广大因特网用户，许多公共机构如大学、研究所等将那些对大家都有用的信息资源放在公用计算机(也称为 FTP 服务器)上，通过因特网，任何用户都可以和 FTP 服务器连接

图 11-7-6　网页另存为

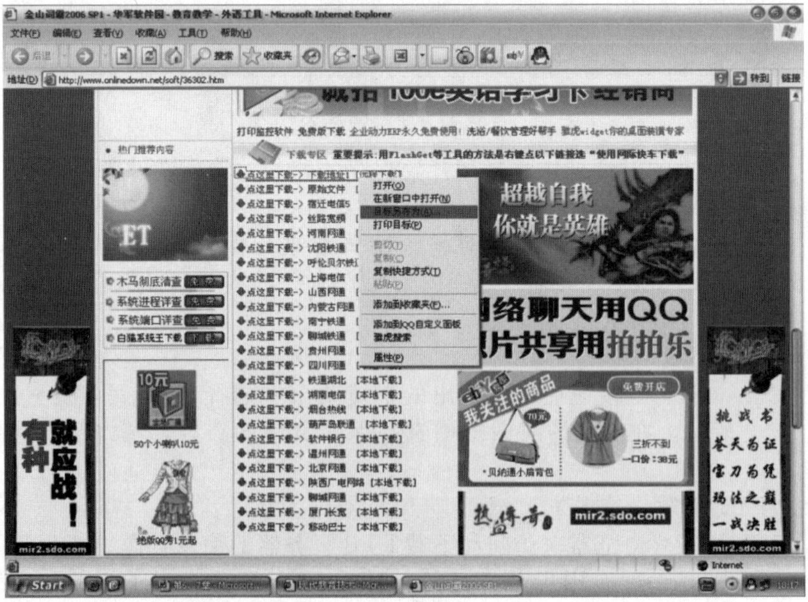

图 11-7-7　目标另存为

并免费下载文件。

例如，清华大学 FTP 服务器的 URL 为 ftp：//ftp. tsinghua. edu. cn，可以在 IE 浏览器中键入该 URL，从而连通相应的 FTP 服务器。当找到所需的文件后，只需单击鼠标右键即可出现复制菜单栏，这时就可方便地将该文件下载到用户的计算机中。上述过程如图 11-7-8 所示。

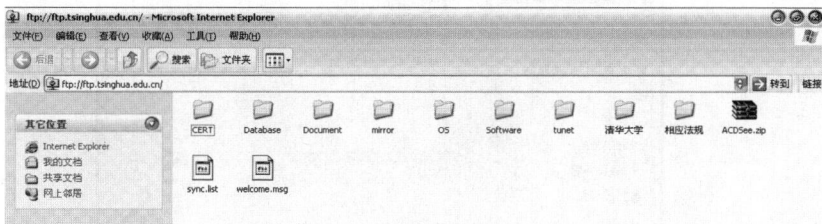

图 11-7-8　用浏览器从 FTP 服务器下载文件

用来下载或上载文件的 FTP 客户应用程序有很多种，CuteFTP 就是一个常用的 FTP 应用程序，它具有友好的人机界面，用户通过鼠标完成 FTP 功能。

6. P2P 下载

用 eMule 进行下载，具体步骤如下：

（1）下载 eMule

电驴软件很多，推荐使用 VeryCD 版的 eMule。（www. veryCD. com）

（2）安装 eMule

VeryCD 版的 eMule 安装很简单。全中文的安装界面。这里就不再重复说明了。

（3）更改目录

eMule 功能强大，需要下载的信息存放在自己需要的位置，可以把下载文件的存放目录更改一下。点菜单"选项"，再点"目录"，把"下载的文件"和"临时文件"两个目录选择到不是系统盘（一般是 C：\ 盘）的分区，如 D：\ emule \ incoming 和 D：\ emule \ temp。下面还有一个共享目录，可以选择自己想共享的分区、目录或者文件，在前面打上钩就可以共享给其他电驴用户了，如图 11-7-9 所示。

（4）文件下载

运行 eMule 后，它会自动连接服务器（也可以自己双击连接）。连接成功之后，单击论坛上发布的资源连接，它就会自动添加到 eMule 的下载任务当中，如图 11-7-10 所示。

用电驴搜索，类似于 Google 和 baidu 等搜索引擎，只不过 Google 和百度等是搜索网页，电驴是搜索文件。点"搜索"菜单，在"名字"里面输入关键字，"类别"可以选择任意（推荐方式）或者视频（无法搜索 dat 文件），"方法"最好选择"全局（服务器）"，然后点"开始"，如图 11-7-11 所示，就会发现列出了很多可下载所需

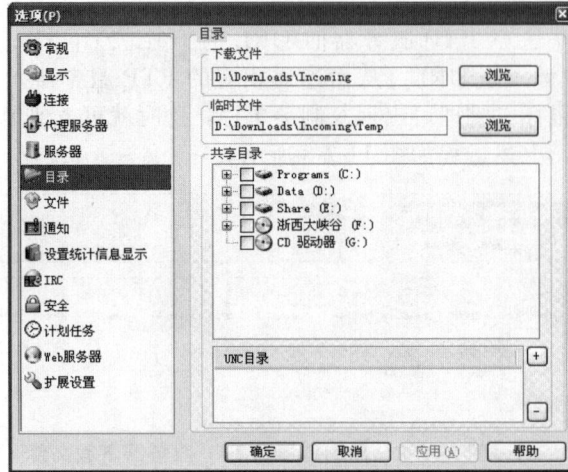

图 11-7-9　更改存放下载文件的存放目录

图 11-7-10　选中需要下载的文件

要的视频文件。

图 11-7-11　在电驴中搜索需要下载的信息

技能训练 8　中文数据库的使用

一、训练目标

以 CNKI(中国知网)数字图书馆为例,介绍命题的分析,检索词的提取,检索策略的运用以及文献的下载等具体过程。

二、操作环境(设备)

多媒体计算机、互联网、中国知网数字图书馆。

三、训练任务

使用搜索引擎查找文献资料。

四、训练步骤

1.初级搜索

(1)登录中国知网(www. cnki. net),输入账号和密码,或者从学校的校园网内登入,可以不用输入账户和密码,如图 11-8-1 所示。

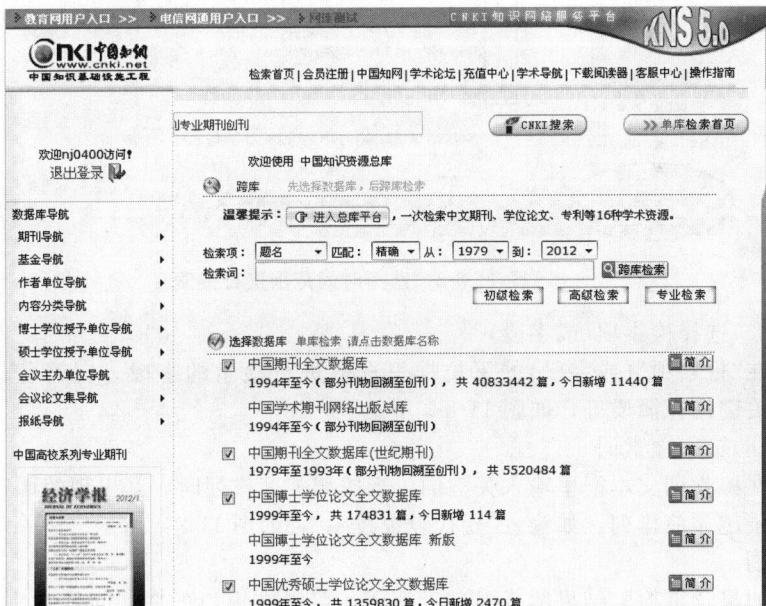

图 11-8-1　登录中国知网搜索

(2)下载全文浏览器,目前学术期刊网提供 CAJ 和 PDF 两种,在主页上找到"全文浏览器"字样，单击下载，解压安装就可以了，如图11-8-2左下方所示。

（3）选择数据库

无论初级或高级检索都要根据需要选定一个或多个数据库，再勾选如中国期刊全文数据库、中国博士学位论文全文数据库等，如图 11-8-2 中间框所示。

（4）选择时间范围

从年份复选框的下拉菜单中选中，可以从"1979"年到"2012"年，如图 11-8-2 右边框所示。

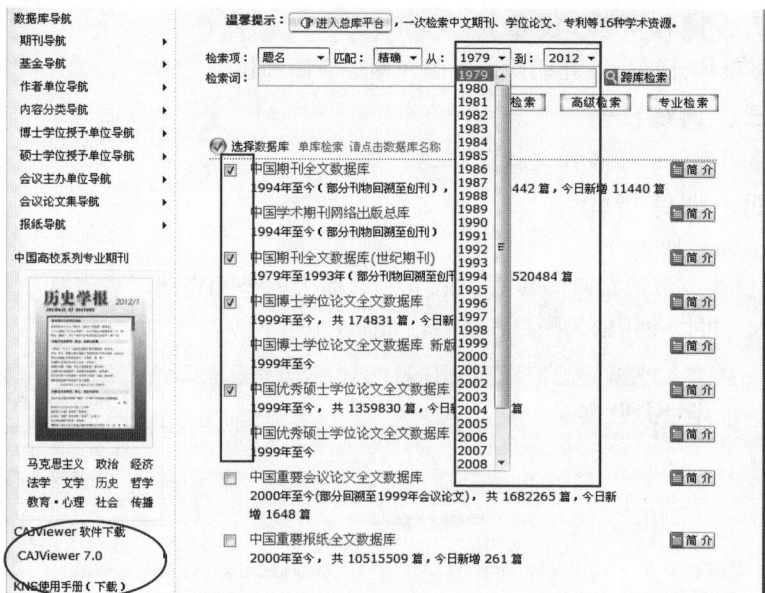

图 11-8-2　选择时间范围进行搜索

（5）选择检索项（或字段）

在"检索项"（或字段）的下拉框里选取进行检索的字段，有篇名、作者、机构、关键词、摘要等，如图 11-8-3 所示。

（6）输入检索词

在检索词文本框里输入关键词。当按相关度排列时，其出现的词频越高，文献记录越靠前排列。如输入"现代教育技术"，如图 11-8-4 所示。进一步选择总目录范围。

如果觉得检索结果的范围过于宽泛，可以在窗口的左边对于类别进行勾选，进一步缩小范围，比如只勾选"教育与社会科学综合"类，可以得到更加精确的检索结果。

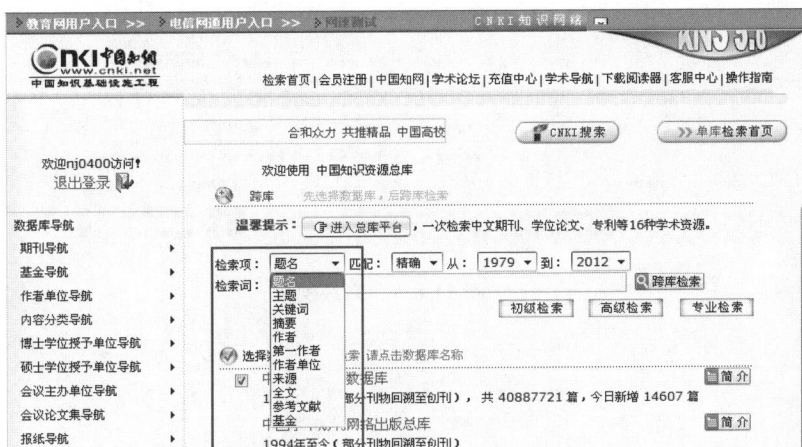

图 11-8-3　选择检索项进行搜索

图 11-8-4　输入检索词进行搜索

2. 高级检索

登录全文检索系统后，系统默认的检索方式为初级检索方式，要进行高级检索，点击主页右面"跨库检索"下面的"高级检索"，切换到高级检索方式界面（如图 11-8-5 所示）。高级检索界面可以选择四类不同的检索项，并且可以选择不同的逻辑关系。（如图 11-8-6 所示）。

如下面的实例，精确来源、关键词和题名后，搜索到的内容为 30 条，（如图 11-8-7，图 11-8-8 所示）。

3. 显示、保存和打印检索结果

（1）显示。检索结果首先以篇名的形式显示于检索界面，如果用户要浏览文

图 11-8-5 高级搜索

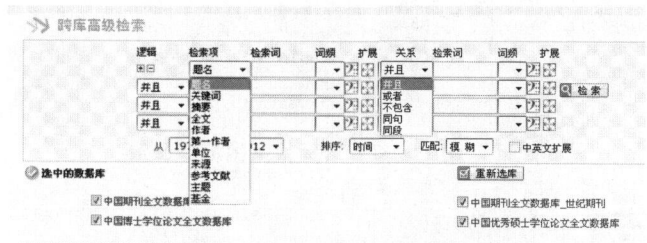

图 11-8-6 确定高级检索项进行搜索

图 11-8-7 高级搜索实例

图 11-8-8 高级搜索结果

献的详细信息，可点击选中的文章篇名右边的"CAJ"或"PDF"字样（如图11-8-9所示）。然后根据文字提示选择"打开"或"保存"。打开全文后，若要保存到本地盘上，点击保存文件图标（如图 11-8-10 所示）。

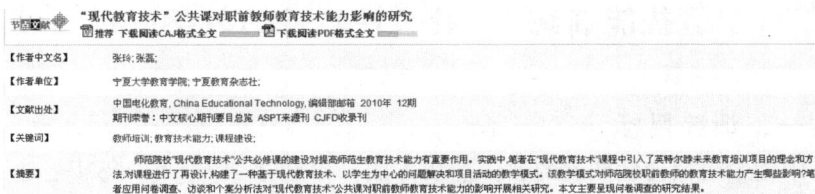

图 11-8-9　显示检索结果

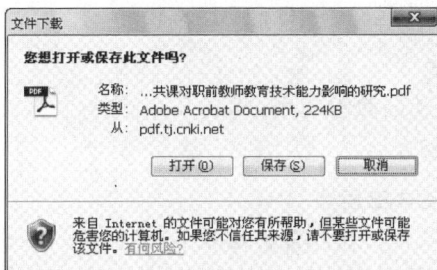

图 11-8-10　保存检索结果

(2)打印。欲打印当前显示的全文，点击打印机图标，然后按要求确定"打印范围""份数"等内容，即可实现全文打印（如图 11-8-11 所示）。

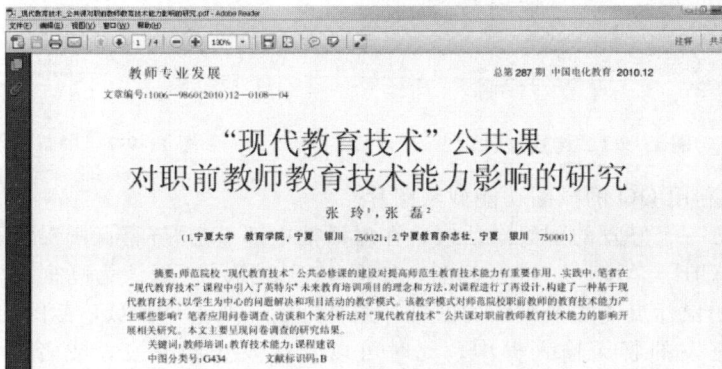

图 11-8-11　打印检索结果

技能训练9 社会性软件的教学应用

一、训练目标

掌握常用社会性软件的教学应用方法，以 QQ 和 MSN（MSN 全球关闭，只留中国地区）为例。

二、操作环境（设备）

多媒体计算机、互联网、QQ 和 MSN 软件。

三、训练任务

掌握 QQ 和 MSN 的教学应用。

四、训练步骤

1. 腾讯 QQ 的教学应用

（1）利用 QQ 的文件传送功能传送教学文件

打开一个好友的聊天对话框，点击对话框上部分的"传送文件"按钮，即可给好友发送文件，在上课时，可以用来给学生发送教学文件。如图 11-9-1 所示。若对方在线，可以实时传送，若不在线，则不可以。

图 11-9-1 传送文件

图 11-9-2 屏幕截图

（2）利用 QQ 的抓图功能截图图片

打开一个好友的聊天对话框，在对话框中部点击"屏幕截图"按钮或者直接用快捷键"Ctrl＋Alt＋A"进行截图，如图 11-9-2 所示。默认为亮框中选中的窗口，也可以用鼠标点击需要截图的区域，选择好后，双击该区域，截图的内容便会出现在和好友的聊天输入框中，此时可以直接发送给好友，或者对该图片进行另存。

（3）利用 QQ 的群共享发布教学资料

打开一个群的聊天对话框，点击界面上的"群共享"按钮，就会出现群共享已经有的资料，点击"上传临时文件"即可上传教学资料。对于已有的资料则可以进行下载，如图 11-9-3 所示。

（4）利用 QQ 网络硬盘存储教学资源

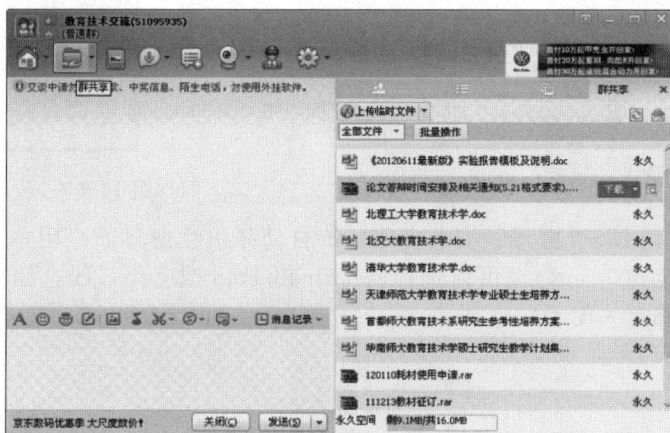

图 11-9-3　QQ 群共享

　　打开 QQ 界面右下角的"应用管理器"，如图 11-9-4 所示。找到网络硬盘打开，如图 11-9-5 所示，点击"上传"可以将教学资源上传至网络硬盘中，需要的时候随时下载，非常方便。

图 11-9-4　QQ 应用管理器

图 11-9-5　QQ 网络硬盘

2. MSN 的教学应用

　　MSN 的教学应用和腾讯 QQ 大同小异，下面对 MSN 的下载及基本使用作简单介绍。

　　（1）下载（http://messenger. windowslive. cn/2011/）最新版本的 MSN 软件，如图 11-9-6 所示。并进行安装，如图 11-9-7 所示。

图 11-9-6　下载 MSN 软件　　　　　图 11-9-7　安装 MSN 软件

（2）申请 MSN 账号。安装完毕后，自动弹出注册界面，用户名就是邮箱名，可以选择@msn.cn，也可以选择@hotmail.com 或@live.cn，如图 11-9-8 所示。（hotmail 邮箱关闭了）。

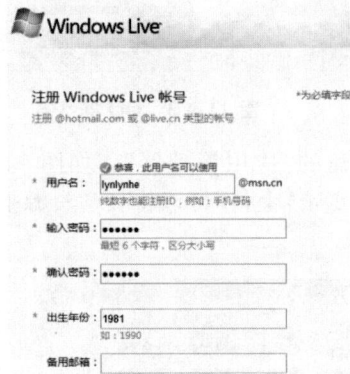

图 11-9-8　申请 MSN 账号

（3）登录

登录界面。打开 MSN 软件，输入账号和密码，登录。进入界面后，双击好友头像，就可以与网友聊天了，如图 11-9-9 所示。

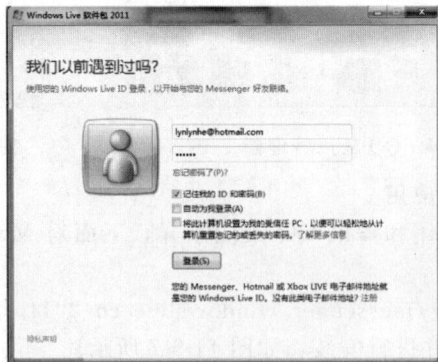

图 11-9-9　登录 MSN 账号

　　(4)通过单击"添加联系人"功能来添加好友或者群，如图 11-9-10 所示，输入邮箱地址，然后添加，如图 11-9-11 所示。添加完成后就可以与好友进行交流了。

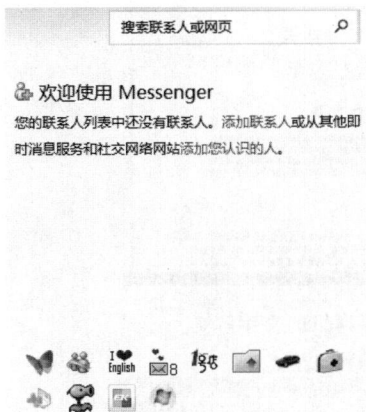

图 11-9-10　添加联系人

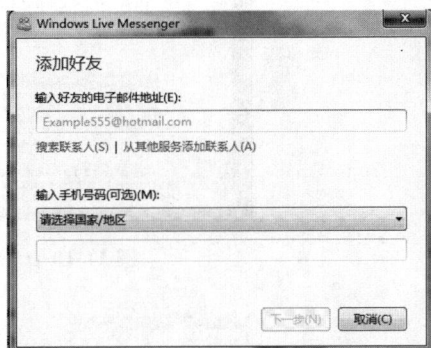

图 11-9-11　输入好友电子邮件地址

技能训练 10　文字素材的获取与制作

一、训练目标
PDF 文档格式读取工具 Adobe Reader 的使用；PDF 文档转换成 word 文档。

二、操作环境(设备)
多媒体计算机、PDF 转 word 工具、SnagIt 捕获软件。

三、训练任务
1. 用 Adobe Reader 打开 PDF 文档，将 PDF 的文字拷贝出来。
2. 将 PDF 文档转换成 word 文档。
3. 利用捕获软件 SnagIt 获取文字素材。

四、训练步骤
1. 用 Adobe Reader 打开 PDF 文档，将 PDF 的文字拷贝出来，有两种方法。
　　方法 1：用鼠标选择拷贝的文字(如图 11-10-1 所示)，打开"编辑"菜单，选择"复制文件到剪贴板"(如图 11-10-2 所示)。
　　方法 2：打开"文件"菜单，选择另存为"文本"，如图 11-10-3 所示。
2. 将 PDF 文档转换成 word 文档。
　　首先下载 PDF 转 word 工具。PDF 文档向 word 文档格式转换的工具有很

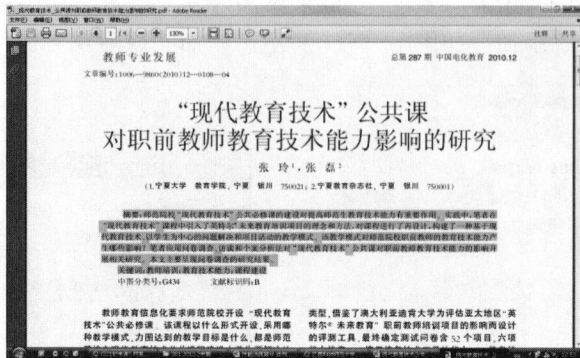

图 11-10-1　选择需要拷贝的文字

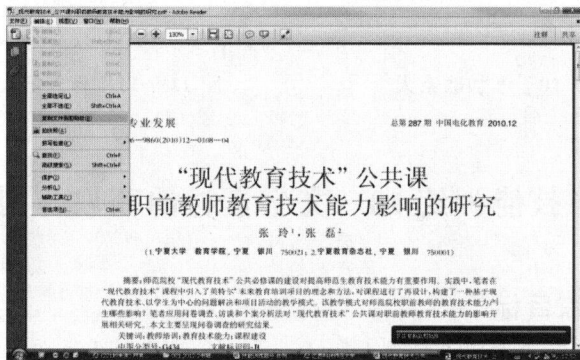

图 11-10-2　复制到剪贴板

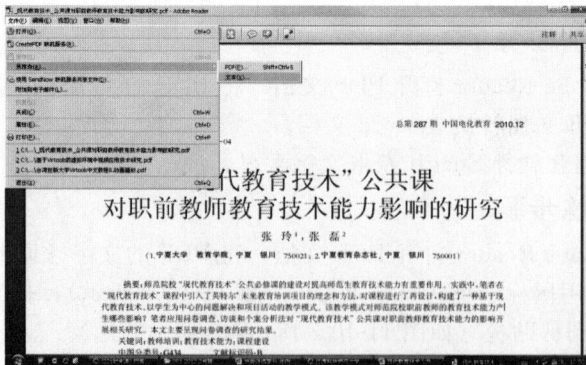

图 11-10-3　直接另存为文本

多，PDF2word 就是其中之一，使用较为方便。

（1）安装完毕后，打开 PDF2Word v3.0。界面如图 11-10-4 所示。

图 11-10-4　PDF2word V3.0 界面

（2）单击文件菜单，打开一个 PDF 文档，然后弹出一个参数面板，如图 11-10-5 所示，对转换后的模式进行选择。可以选择默认的第一项。单击确定后，选择"另存为"的路径，点保存就完成了，如图 11-10-6 所示。

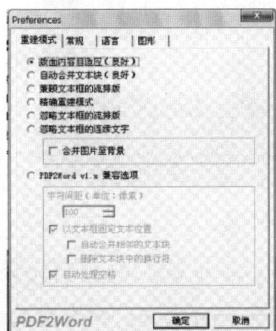

图 11-10-5　参数面板

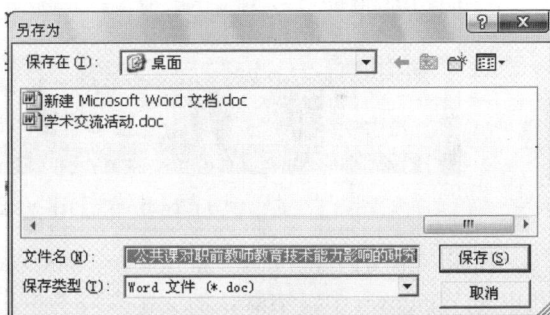

图 11-10-6　保存文件

3. 利用 SnagIt 捕获文字。

首先在捕获菜单中选择文本模式，如图 11-10-7 所示。

再到捕获类型选择"区域件"的配置。然后单击软件界面右侧的"文字"图标即可完成文件的配置，接下来只要单击"捕获"按钮就可以进行文字的捕获了，所谓的"区域"的配置文件，其作用是使用者用鼠标手画的一个区域为标准，在这个区域中捕获所有的文字。我们以如图 11-10-8 所示的 sohu 主页一小块区域为例，通过文本"捕获"，我们就可以将所有的文字"捕获"下来，如图 11-10-9 所示。

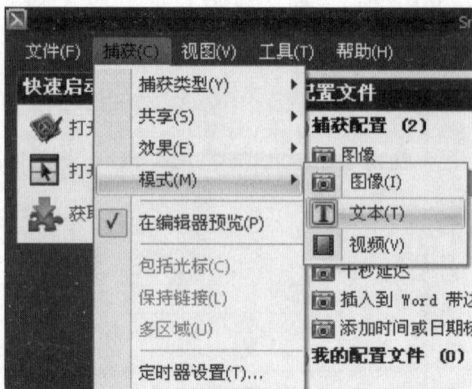

图 11-10-7　SnagIt 文字捕获文件的配置

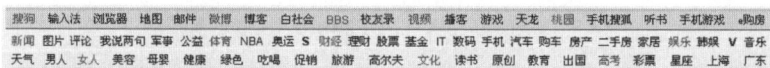

图 11-10-8　sohu 主页

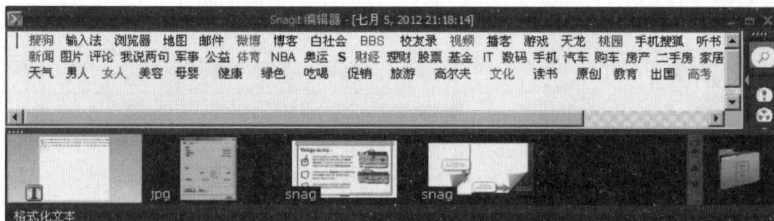

图 11-10-9　SnagIt 文字捕获文件

　　提示：中文的 Windows 是由英文 Windows 经过本地化——汉化后得到的，在中文 Windows 中汉字默认的文字点阵为 9，而在英文 Windows 中英文的默认文字点阵为 10，这样就使得有些英文的 Windows 软件在中文 Windows 下运行时英文显示不全的现象。这时就可以用 SnagIt 切换到文本抓取方式后，通过 SnagIt 软件的"滚动窗口"捕捉方式，将显示不全的英文 Windows 窗口中的文字抓至剪贴板，然后粘贴到文字处理软件即可。

技能训练 11　图片素材的获取与制作

一、训练目标
掌握从网上获取图片素材的信息素养能力。

二、操作环境(设备)
多媒体计算机、SnagIt 捕获软件。

三、训练任务
1. 最基本的图片获取方法。
2. 利用 SnagIt 获取图片素材。

四、训练步骤

1. 最基本的采集方法，图片另存为
通常我们要寻找图片素材，可以通过 baidu 或 Google 等搜索方法来实现，假如我们要找一张有关树林的照片，可以直接到 baidu 中搜索，如图 11-11-1 所示。然后再点开所需要的图片，单击之后才会出现大图，再在大图上单击鼠标右键，选择"图片另存为"就可以了，如图 11-11-2 所示。

图 11-11-1　搜索界面　　　　　　图 11-11-2　图片另存界面

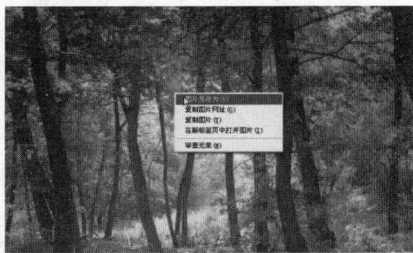

2. 利用抓图软件来获取图片素材
(1)区域捕获

通常我们选择先设置 SnagIt 的"捕获类型"，其主要作用就是先预设好接下来要捕获的对象(图像文字视频和网络)的区域。如图 11-11-3 所示。

这里可以设置以鼠标所选择的区域为保存对象的捕捉方式。比如说：要捕获"网上邻居"图标，首先选择捕捉的模式为"图像"项，单击左上方的"捕获"按钮。这时，可以通过鼠标绘制一选区将"网上邻居"图标包围，这样就完成了捕获。如图 11-11-4 所示。

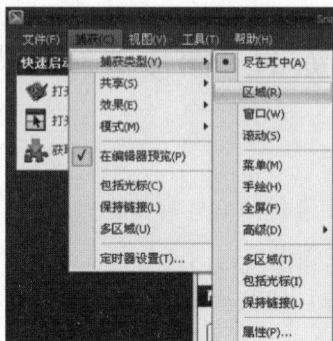

图 11-11-3　选择 SnagIt 的"捕获类型"

图 11-11-4　SnagIt 区域到文件的捕获

最后，只需要单击左上角的"保存"就可以对所捕获的图像进行保存。

（2）窗口捕获

在单击"开始捕获"后，变成转手形状的鼠标就只对出现在屏幕上的窗口有效了。捕获窗口的结果如图 11-11-5 所示。

（3）滚动捕获

选择该项的捕获，在开始捕获后鼠标就变成了手的形状，同时也会出现提示框。该选项主要是利用鼠标滚动所经过的区域为标准范围形成捕获图像的。

（4）全屏捕获

只要选中它，整个电脑屏幕就完整地被复制下来了。

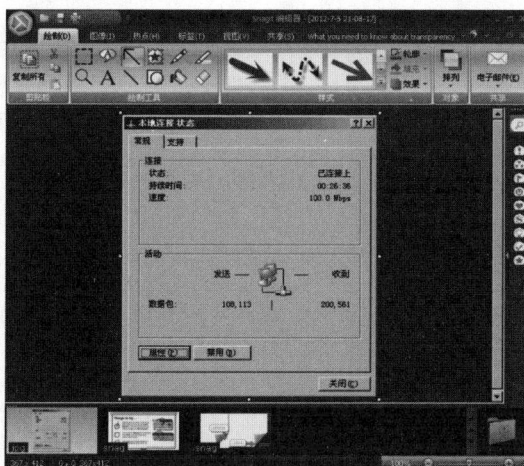

图 11-11-5　SnagIt 窗口到文件的捕获

技能训练 12　用扫描仪获取图片与文字

一、训练目标

掌握采用扫描仪来获取所需要的图片与文字的方法。

二、操作环境(设备)

多媒体计算机、扫描仪。

三、训练任务

1. 用扫描仪来扫描图片。

2. 用扫描仪来进行文字录入。

四、训练步骤

1. 扫描仪的安装(如扫描仪已安装，大家可查看硬件连接图即可)

本书以清华紫光 A-688 为例(其他各款扫描仪安装与使用方法基本相同)，扫描仪的安装分为两个部分，软件安装与硬件连接。

(1)安装软件

将扫描仪随机配套的安装光盘放入多媒体计算机中，光盘将自动运行，并弹出安装界面，(注意：请先安装驱动软件再安装硬件)，出现"欢迎安装 Uniscan A688"界面，请单击"下一步"按键后继续。如图 11-12-1 所示。

系统自动开始安装驱动程序；显示安装完毕后单击"完成"，就完成了驱动程

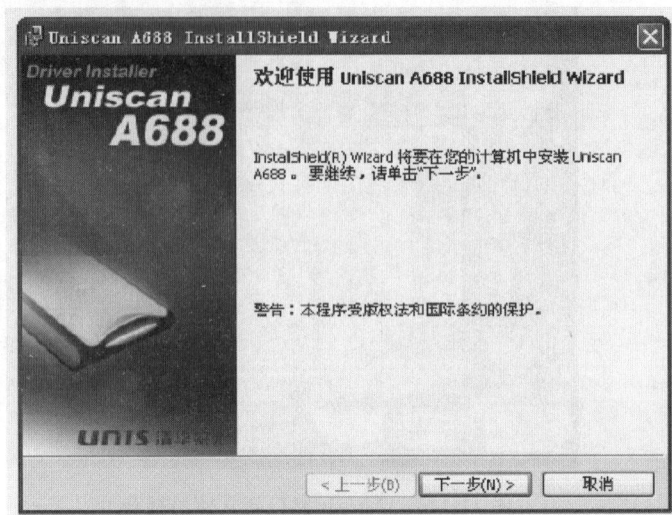

图 11-12-1　安装界面

序的安装。请注意：安装好驱动程序后，再连接上扫描仪。

（2）硬件的安装，如图 11-12-2 所示

① 将扫描仪的电源适配器的一端连接到扫描仪主机后面板上的电源插口。

② 将电源适配器的另一端插入合适的电源插座。

③ 将 USB 连接电缆的一端连接到扫描仪主机后面板上的 USB 接口。

④ 将 USB 连接电缆的另一端连接至多媒体计算机的空闲 USB 接口。

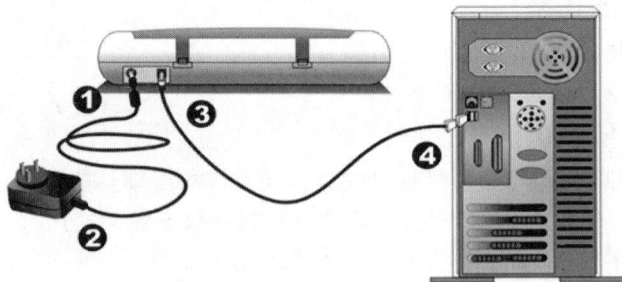

图 11-12-2　硬件连接示意图

2. 图片的扫描

要求将自己的证件（学生证或图书馆借书证）进行扫描。扫描工作时，可以用

应用软件来获得扫描仪扫描的图像。最简单方便的就是用 Windows 系统自带的 "画图"软件来进行。也可以用专业的图形图像软件，如 Photoshop 来获得扫描的图像。下面就用"Photoshop"软件为例来完成如何获得扫描的图像。

（1）翻开扫描仪的盖板，将扫描稿（证件页）面朝下平放在玻璃上。（将纸质文件或图片面朝下放置在扫描仪的玻璃上），并轻轻盖回盖板。

（2）开启扫描仪的图像编辑程序，于 Windows 操作系统下按开始/程序/Adobe Photoshop（或其他图像编辑程序）。

（3）当 Adobe Photoshop 程序开启后，请按/文件/导入/Uniscan A688。此时 Uniscan TWAIN 窗口即开启。如图 11-12-3 所示。

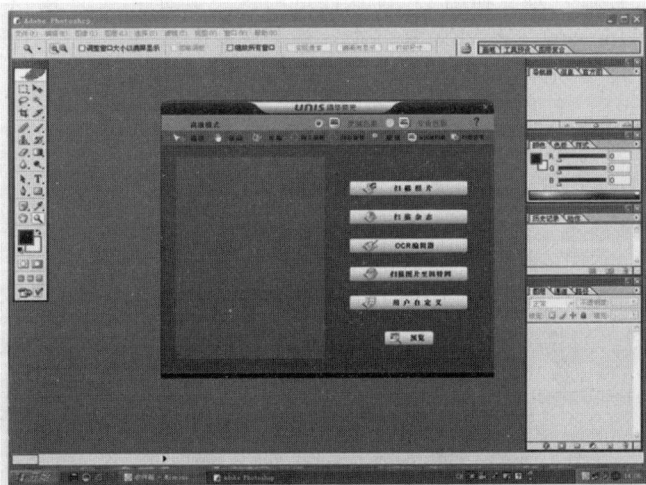

图 11-12-3　扫描工作界面

（4）扫描图像

在 Uniscan TWAIN 窗口里面有 4 个选项，对应要扫描的原稿类型。如果要扫描一张彩色照片，就选择"彩色照片"项，把照片放到扫描仪中，盖上盖板，并单击"预览"按钮。此时扫描仪就开始预览，预扫描的图片出现在右侧的预览框中。

移动、缩放预览框中的矩形取景框至合适大小、位置，选择要扫描的区域。选择好后，单击"扫描"按钮，此时扫描仪就开始扫描，多媒体计算机屏幕显示扫描的进度。

（5）扫描完成后，图片就出现在"Photoshop"软件窗口中的图片编辑区域，可以对图片进行修改、保存等操作，并与自己的学号＋名字作为文件名上交给老师，文件类型采用 JPG 格式。

3. 文字的录入

近年来,扫描仪还新增有一个特别有用的功能,即文字识别 OCR 功能(Optical Character Recognition,光学字符识别),把印刷体上的文章通过扫描,转换成可以编辑的文本,这样大大方便提高了文字录入的速度。(要实现文字识别,除了安装好扫描仪的驱动和扫描仪的应用软件外,还要安装 OCR 文字识别软件)。

目前,常见的中英文文字识别软件很多,如清华紫光 OCR,丹青、尚书、汉王等文件识别软件。OCR 软件的种类虽然很多,但其使用方法大同小异,首先要对文稿进行扫描,然后进行识别。一般说来,有以下几个步骤:

(1)扫描文稿。为了利用 OCR 软件进行文字识别,可直接在 OCR 软件中扫描文稿。在 Uniscan TWAIN 窗口中,运行 OCR 软件后,会出现 OCR 软件界面,如图 11-12-4 所示。

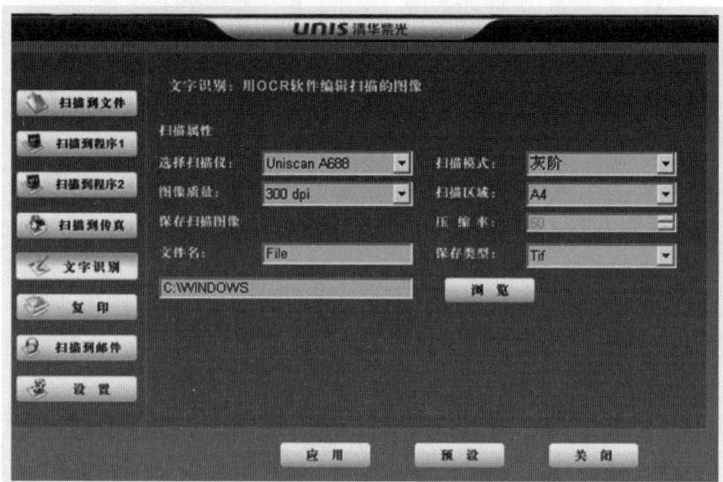

图 11-12-4　OCR 工作界面

将要扫描的文稿(本课程的教材,选择文字较多或全是文字的那一页)放在扫描仪的玻璃面上,使要扫描的一面朝向扫描仪的玻璃面并让文稿的下端朝下,与标尺边缘对齐,再将扫描仪盖上,即准备扫描。

单击视窗中的"扫描"键,即可进入扫描驱动软件进行扫描,其操作方法与扫描图片类似。扫描后的文档图像出现在 OCR 软件视窗中。

(2)适当缩放画面。文稿扫描后,刚开始出现在视窗中的要识别的文字画面很小,首先选择"放大"工具,对画面进行适当放大,以使画面看得更清楚。必要时还可以选择"缩小"工具,将画面适当缩小。

(3)调正画面。各类 OCR 软件都提供了旋转功能,使画面能够进行任意角度的旋转。如果文字画面倾斜，可选择"倾斜校正"工具或旋转工具，将画面调正。

（4）选择识别区域。识别时选择"设定识别区域"工具，在文字画面上框出要识别的区域，这时也可根据画面情况框出多个区域。如果全文识别则不需设定识别区域。

（5）识别文字。单击"识别"命令，则 OCR 会先进行文字切分，然后进行识别，识别的文字将逐步显示出来。一般识别完成后，会再转入"文稿校对"窗口。

（6）文稿校对。各类 OCR 软件都提供了文稿校对修改功能被识别出可能有错误的文字，用比较鲜明的颜色显示出来，并且可以进行修改。有些软件的文字校对工具可以提供出字形相似的若干字以供挑选。

（7）保存文件。用户可以将识别后的文件存储成文本（TXT）文件或 Word 的 RTF 文件。

技能训练 13　音频素材的采集与制作

一、训练目标
掌握获取音频素材的信息素养能力。

二、操作环境（设备）
多媒体计算机、Cool Edit 软件。

三、训练任务
1. 录制麦克风中的声音
2. 录制电脑内部录音（网上可以试听却不可以下载的声音）。

四、训练步骤
1. 录制麦克风中的声音
（1）运行已安装的 Cool Edit Pro 2.0，并新建一个文件，单击确定。如图 11-13-1 所示。

（2）想要只录入麦克风的声音就要进行属性设置。双击任务栏右下角中的声音图标，如图 11-13-2 所示。

（3）选择"选项"中的"属性"，如图 11-13-3 所示。选择录音，勾选图中几个选项后，如图 11-13-4 所示，单击确定。

图 11-13-1　Cool Edit Pro 2.0 操作面板

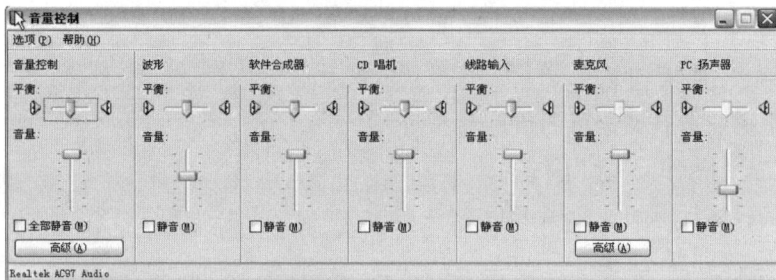

图 11-13-2　音量控制面板

图 11-13-3　声音属性面板

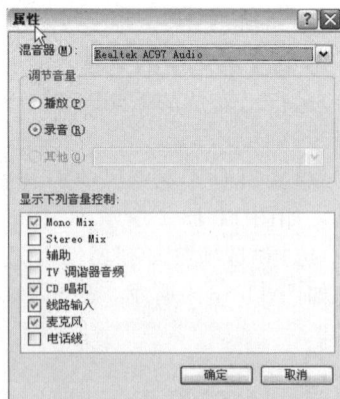

图 11-13-4　声音属性面板

（4）选择麦克风，调节好音量，调好后，如图 11-13-5 所示。切换出录音界面。

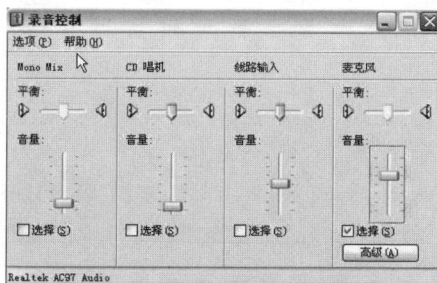

图 11-13-5　录音属性面板

（5）单击录音按钮即可开始录音，如图 11-13-6 所示。

图 11-13-6　Cool Edit Pro 工作平台

最后，单击文件菜单/文件存储为…. 选择最常见的 MP3 格式就可以了。

2. 录制电脑内部录音

我们这里说的内部录音，指的是录制电脑本身播放出来的各种声音（MIDI、WAVE、MP3 等音频文件，VCD 电影光盘里的配音、CD 音频等）。内部录音经常要用到，比如：将已做好的 MIDI 音轨转为音频、抓取在制作时需要的各种媒体文件里的声音源等。

基本步骤和录麦克风中的一样，只是选择属性的时候应选择 Mono Mix 即可，如图 11-13-7 所示。

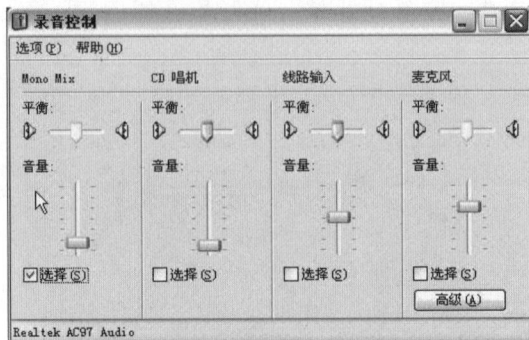

图 11-13-7　录音控制面板

技能训练 14　视频素材的采集与制作

一、训练目标

掌握获取视频素材的信息素养能力。

二、操作环境(设备)

多媒体计算机、格式工厂软件。

三、训练任务

1. 网上获取相关视频。

2. 转换视频格式。

四、训练步骤

1. 从网上搜索并下载所需视频

通常我们可以从优酷或土豆等视频网站找到我们所需的视频材料，但这些视频格式并不是能直接导入 PPT 当中。当我们下载相关视频素材后，我们可以通过格式工厂软件进行格式转换并截取所需要的部分，我们以下载一段"幼儿英语教学示范.flv"教学视频为例。

2. 先安装并运行格式工厂软件

(1)运行，出现如图 11-14-1 所示界面。

(2)单击【所有到 avi】，并添加我们将要转换的文件"幼儿英语教学示范.flv"，如图 11-14-2 所示。

图 11-14-1　格式工厂界面

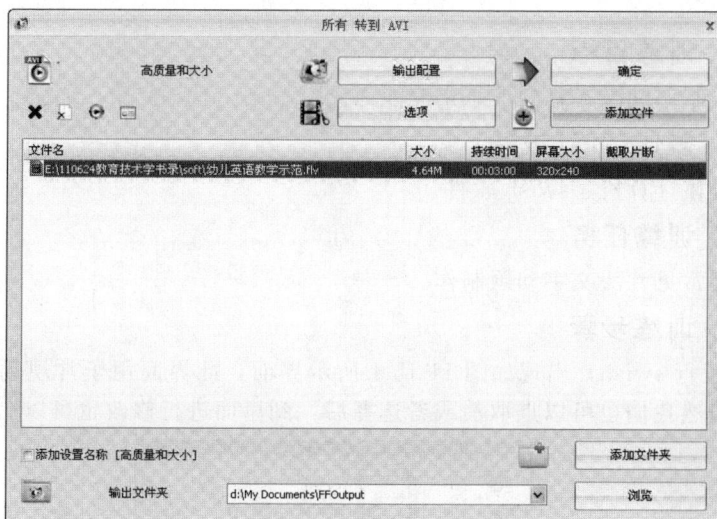

图 11-14-2　添加文件

　　(3)在这里我们还可以单击【选项】，根据自己的需求只截取其中某一段视频，最后选择【确定】，花费几分钟就转换好了，如图 11-14-3 所示。

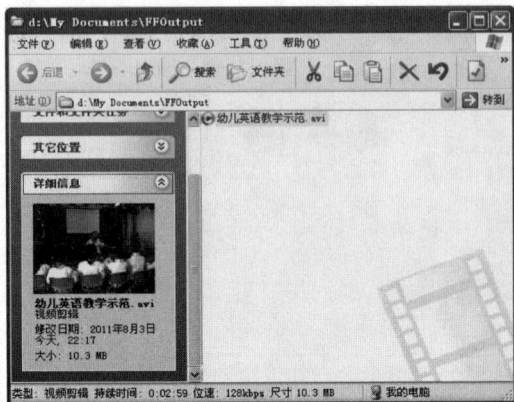

图 11-14-3 转换后的视频

技能训练 15 动画素材的采集与制作

一、训练目标

掌握制作动画素材的信息素养能力。

二、操作环境(设备)

多媒体计算机、swish 软件。

三、训练任务

掌握常见片头文字动画制作。

四、训练步骤

1. 运行 swish，出现如图 11-15-1 所示界面，此界面用于常规动画大小画幅选择，当然我们也可以点取消或者选择后，到里面进行修改也可以。

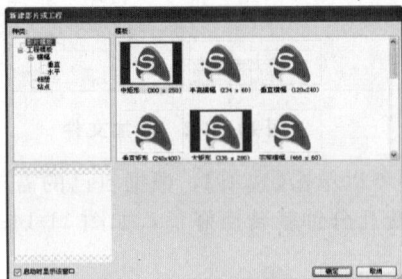

图 11-15-1 swish max4 开始界面

2. 任意选择一个后，进入 swish max 的界面，如图 11-15-2 所示。

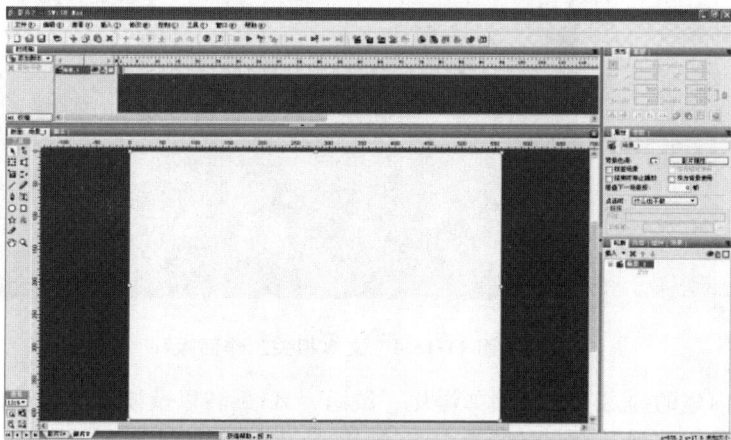

图 11-15-2　swish max4 工作界面

3. 先将动画画面大小进行更改，单击右边的影片属性，将影片的宽度和高度进行调整，如图 11-15-3 所示。

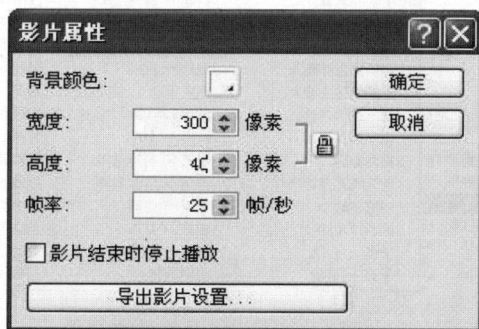

图 11-15-3　影片属性设置面板

4. 单击右边文本工具，在其中输入"我的第一个多媒体课件"，并对文字的大小、颜色进行调整，最后如图 11-15-4 所示。插入文字通常有四种方法：①单击菜单栏中的"插入"→"文本（T）"；②单击工具栏中的"插入文本"按钮；③单击版面面板中的"文本"按钮 ，然后在场景上拖出一个矩形的输入范围来；④单击"轮廓"面板中的"插入"按钮右下角的下拉三角，在下拉菜单中选择"文本（T）"。

swish 最大的特点就是可以在我们的课件或者网页中加入 Flash 动画，超过 150 种可选择的预设效果。我们可以创造形状、文字、按钮以及移动路径，也可

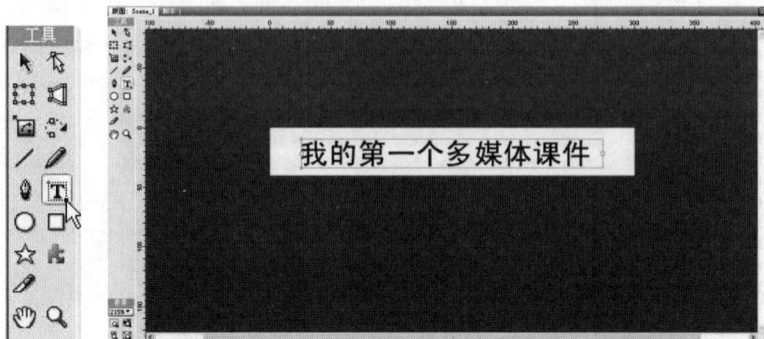

图 11-15-4　文本相关工作面板

以选择内建的超过 150 种诸如爆炸、漩涡、3D 旋转以及波浪等预设的动画效果。在这里我们选择"回到起始"当中的"旋转-翻转"效果，如图 11-15-5 所示。

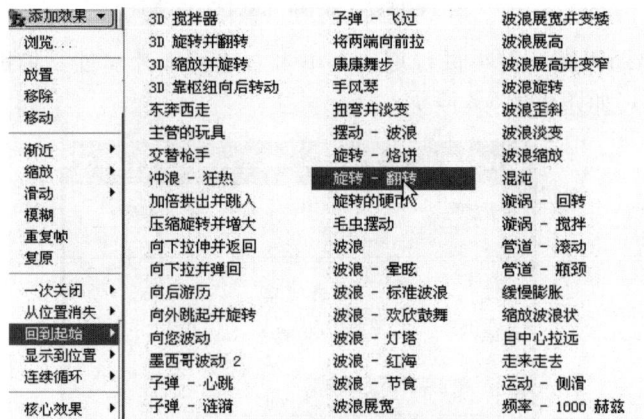

图 11-15-5　动画效果的设置

5. 选择好特效之后，可以进行播放观看效果，如果觉得速度过快，可以将时间轴上的时间拉长一点，如图 11-15-6 所示。

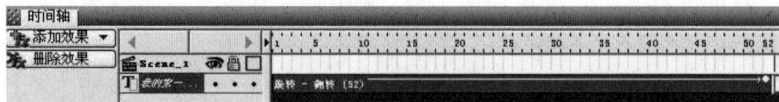

图 11-15-6　时间轴的操作

6. 最后可通过"文件"菜单当中的导出按钮，导出 SWF 格式动画，如图 11-15-7所示。

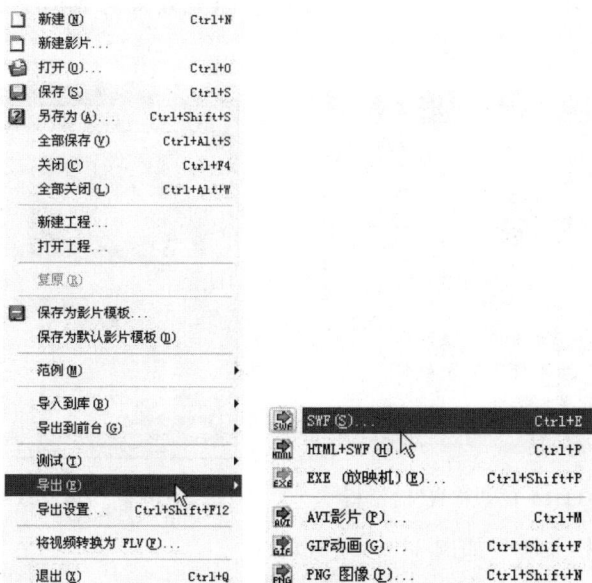

图 11-15-7　导出 SWF 格式动画

技能训练 16　PowerPoint 多媒体演示文稿制作及输出

一、训练目标
掌握运用 PowerPoint 制作多媒体教学课件。

二、操作环境(设备)
多媒体计算机、PowerPoint 软件、打印机。

三、训练任务
1. 利用 PowerPoint 制作一份个人简历。
2. 在幻灯片中导入动画、视频。
3. 打印幻灯片。

四、训练步骤

1. 个人简历的制作

(1)打开 PowerPoint2003 程序窗口,制作一个 5 页左右的个人简历。

(2)设计背景

在幻灯片空白的地方右击,在弹出的快捷菜单中选择"背景"命令,点出下拉菜单选择填充效果，如图 11-16-1 所示。在填充效果对话框中我们选择图片来作为背景，如图 11-16-2 所示。

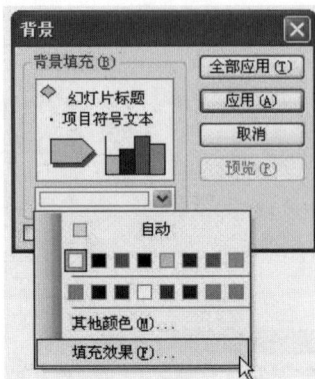

图 11-16-1　"背景"对话框

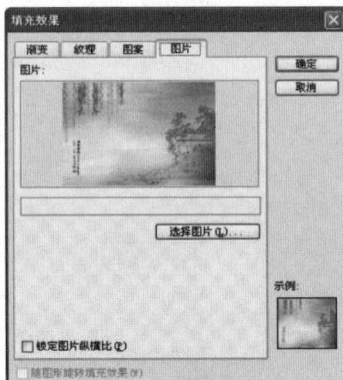

图 11-16-2　"填充效果"对话框

（3）导入相关图片如图 11-16-3 所示。

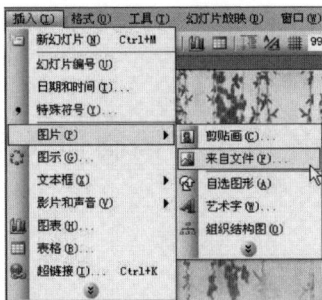

图 11-16-3　导入图片

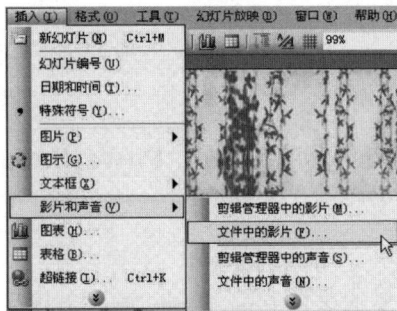

图 11-16-4　导入视频

（4）相关视频的导入，如图 11-16-4 所示。

（5）swf 动画的插入。

① 单击插入"视图"菜单的"工具栏"下面的控件工具箱，如图 11-16-5 所示。出现控件工具箱，单击工具列最下方右边的"其他控件"选项，会列出电脑中所有安装的 ActiveX 控件，在选单中选择其中的 Shockwave Flash Object。如图 11-16-6 所示。

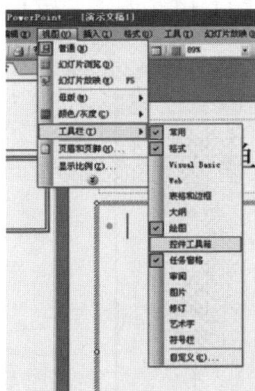

图 11-16-5　打开控件工具箱

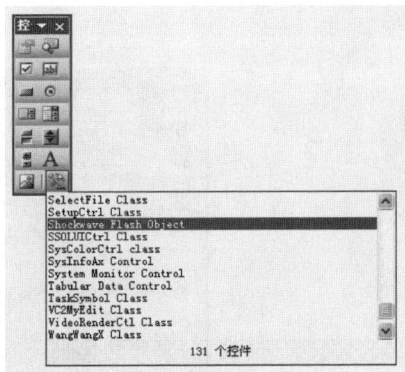

图 11-16-6　控件工具箱

　　② 鼠标变成十字形，在 PowerPoint 文件中要插入 Flash 的合适位置上拖出一个矩形框（会出现一个大大的叉），这就是用来插入 Flash 动画的占位框。双击拖出来的方框，或按鼠标右键，选择属性。如图 11-16-7 所示。

　　③ 在弹出对话框中，如图 11-16-8 所示。将 Movie 一项的值填写为你所要显示的 Flash 的文件全名（含后缀），关闭属性对话框，刷新后即可显示。注意：填上要插入的 swf 文件的绝对路径和文件名，当然，直接读取网上的 swf 文件也是可以的。如果 swf 文件与这个 PPT 在同一目录下，也可只输入文件名。

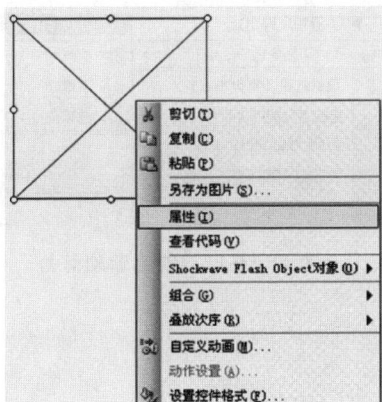

图 11-16-7　占位符属性

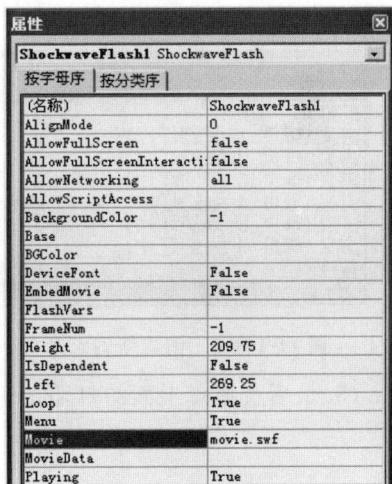

图 11-16-8　属性对话框

2. 打印幻灯片

　　(1)打开 PowerPoint2003 程序窗口，打开我们所要打印的 PPT 文件，选择文件菜单当中的打印，弹出打印相关界面。如图 11-16-9 所示，再选择左下角预览按钮。

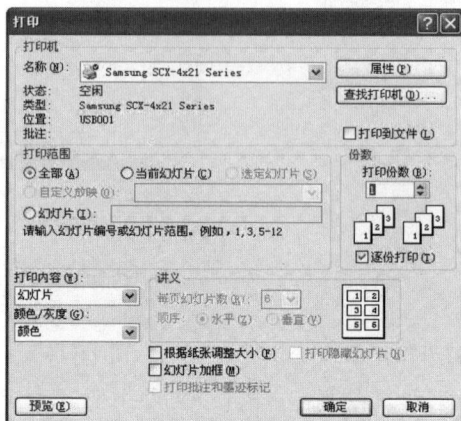

图 11-16-9　打印设置

（2）在窗口的左上角有"幻灯片"设置，在这里我们可以选择每张纸上打印的 PPT 张数，如图 11-16-10 所示。在"选项"设置当中，我们还可以设置其 PPT 打印出来的色彩，通常情况下我们选择纯黑白，如图 11-16-11 所示。选择纯黑白可以更环保，打印出的更为清晰，默认颜色是有背景的，选择黑白后，是没有背景色的。

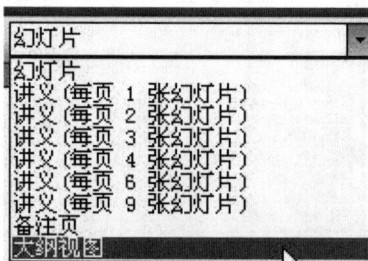

图 11-16-10　创建新幻灯片

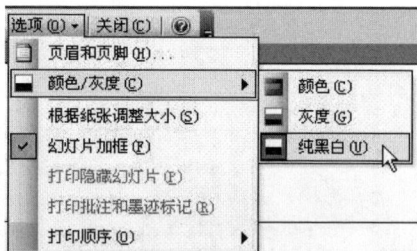

图 11-16-11　创建新幻灯片

（3）最后直接点上面的打印按钮就可以了。

技能训练 17　微课的设计与开发

一、训练目标

掌握微课的一般设计与开发方法。

二、操作环境(设备)

多媒体计算机、互联网、摄像头。

三、训练任务

掌握微课的设计与开发方法与步骤。

四、训练步骤

1. 脚本的开发

根据你自己所学的专业,确定一个知识点的选题,要求知识点可以在 5—10 分钟内能够讲解透彻。

根据微课的特点,进行教学设计,写成脚本,一般字数在 300—500 字之间。

2. PPT 制作

根据所编写的脚本,搜集教学材料和媒体素材,进行 PPT 设计。要求:背景一般采用纯白底黑字或黑底白字,一般来讲,除了黑色和白色外,最多搭配 3 种颜色;字号一般建议为:标题字号是 44 号,一级文本 32 号,二级文本 28 号,最好不要有三级文本。尽量采用黑体、方正超粗黑简体、方正综艺体等。

3. 教学录像的录制

教学录像过程,可以采用专业摄像机、摄像头,基于手机、平板电脑来录制。解决的方案有:①摄像机＋白板(黑板);②手机＋白纸;③录屏软件＋PPT;④手写板＋录屏软件等方法。

本例中,采用第③种方法来进行微课制作,具体做法如下:

(1)硬件准备

需要多媒体电脑配有摄像头、话筒等。

(2)软件的安装

下载"录屏 Camtasia Studio V6.0.2 汉化版"软件,并进行安装,运行后显示如图 11-17-1 所示。

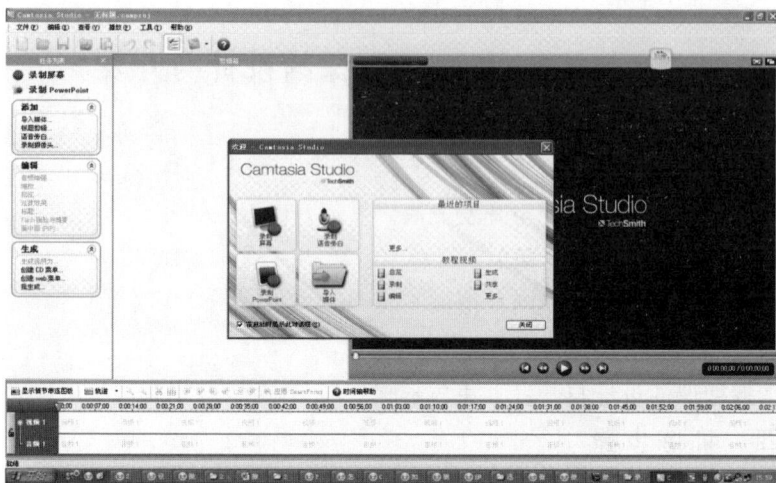

图 11-17-1　Camtasia Studio 界面

（3）录制片头，介绍微课内容

在"编辑"菜单中选择"标题剪辑"按钮，输入微课的标题，授课教师等内容，如图 11-17-2 所示。

图 11-17-2　片头标题的制作

（4）录制微课视频

单击主界面中"录制屏幕"，出现如图 11-17-3 对话框，打开为微课设计的PPT 并播放，接着设置好对话框中的参数，按下右边红色的"rec"键，开始录制屏幕和摄像头的图像。

图 11-17-3　"录制屏幕"对话框

提示：讲解时，注意外部环境要安静无噪音；授课教师要仪表得体；女教师可化淡妆入镜，语言通俗易懂；采用口语讲解，尽可能少地使用古板、枯燥的书面语，使讲解通俗易懂。讲解时声音响亮，节奏感强，对着演示的微课 PPT 进行屏幕录制，适当看镜头，与摄像头（即收看微课的学生）有眼神交流。

一个微课只讲解一个特定的知识点，如果该知识点牵扯到另一个知识点，需详细讲解时应另设一个微课。对现有的知识以及课本上对该知识的表述应有自己的理解，而不是罗列书上的知识，否则微课起不到"解惑"的作用。

完成讲课后，按"F10"停止教师授课的视频录制，保存视频为"你的姓名.camrec"文件。

4. 后期制作加工

单击主界面中"导入媒体"，将刚录制的文件"你的姓名.camrec"导入到剪辑箱中，并将其和标题剪辑根据需要按先后顺序拖入到界面下端的视频轨道中，进行剪辑及简单特效处理，即可完成，其效果如图 11-17-4 所示。

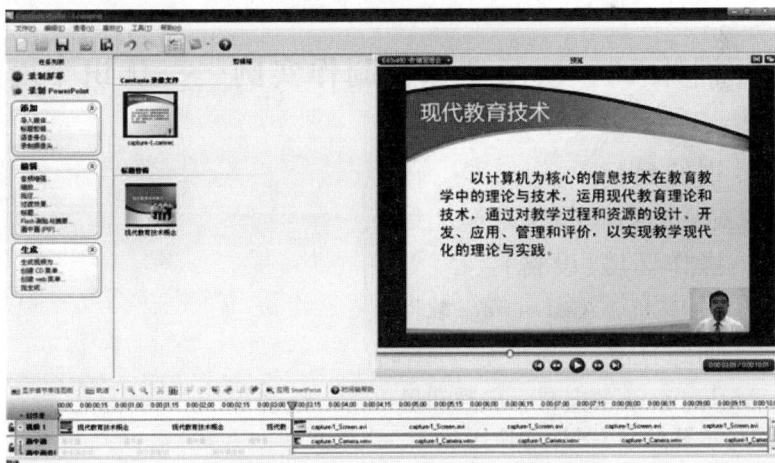

图 11-17-4　后期制作效果图

5. 文件保存

(1)选择菜单"文件"/"保存项目",将文件保存为"你的姓名.camproj"项目文件,以便再次修改。

(2)选择菜单"文件"/"生成视频为",将文件保存为"你的姓名.MPG-4"微课视频文件。如图 11-17-5 所示。

提示:合成文件所需要的格式,建议保存为 WMC、MPG-4(MP4)、FLV 等流媒体格式。

图 11-17-5　微课播放效果图

技能训练 18　演示型课件制作实例——认识平面图形

一、训练目标

掌握演示型课件制作的基本方法。

二、操作环境(设备)

多媒体计算机、Authorware 软件。

三、训练任务

1. Authorware 的安装、启动和退出。

2.【显示】【擦除】图标的使用。

3. 绘图工具箱各工具的使用。

四、训练步骤

1. Authorware 软件安装与启动

下载 Authorware 安装程序或者在安装光盘上找到 Authorware 所在目录下的"Setup. exe"安装文件，双击执行该安装文件，如图 11-18-1 所示。根据提示完成安装，如图 11-18-2 所示。

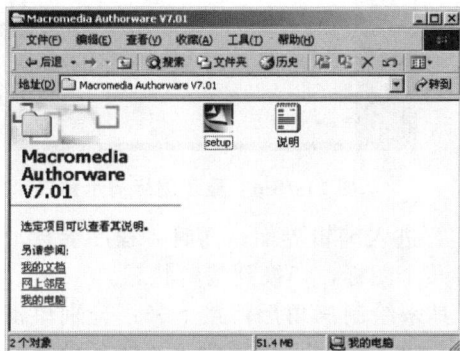

图 11-18-1　启动安装程序

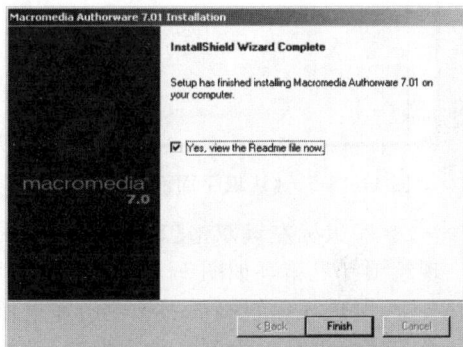

图 11-18-2　安装结束画面

双击桌面 Authorware 图标或从开始菜单打开 Authorware。进入 Authorware 时，在屏幕上会显示有关欢迎画面，用鼠标单击画面上的任何一部分，该画面就立刻消失。然后进入 Authorware 多媒体软件的窗口中，如图 11-18-3 所示。通常不单击默认的选项【确定】，而是单击选项【取消】。最后进入 Authorware 操作界面，如图 11-18-4 所示。

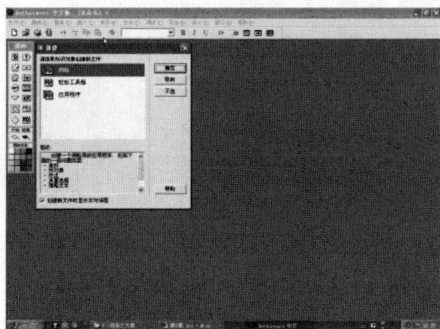

图 11-18-3　Authorware 对话框

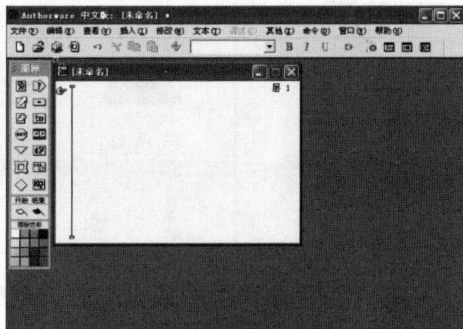

图 11-18-4　Authorware 工作窗口

2.【显示】图标的使用

（1）选中右边图标工具栏中的第一个图标，【显示】图标，并按住不放，将其放到流程线上，且命名为图形，如图 11-18-5 所示。

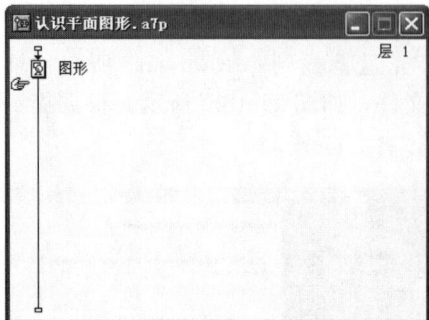

图 11-18-5 《认识平面图形》流程线

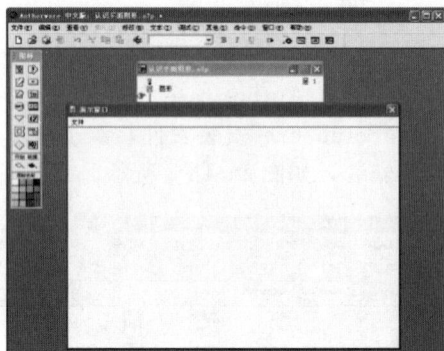

图 11-18-6 显示图标演示窗口

（2）鼠标左键双击【显示】图标"图形"，进入编辑界面，同时，程序会自动出现绘图工具箱，如图 11-18-6 所示：双击某个图标，切换到编辑状态。

（3）进入编辑画面后，单击多边形工具来绘制三角形，接下来再分别单击矩形、椭圆工具，绘制一个矩形和一个圆，并通过色彩工具，填充不同的色彩。注意要绘制一个标准的圆，只需在绘制的过程中按住 Shift 键即可，并填充色彩。

（4）接下来再单击文字工具，分别到每个图形下标出图形形状名称，这时候运行效果如图 11-18-7 所示。

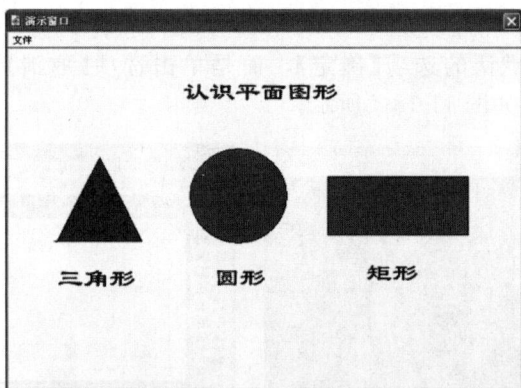

图 11-18-7 绘制图形后的运行效果

（5）接上面的程序，再到后面加一段让学生看图找图形的讲课内容，拖一显示图标到流程线上，命名为"找出生活中常见的图形"，并到里面输入文字，如图 11-18-8 所示。再拖入两显示图标分别命名为图片 1 和图片 2，程序流程线如图 11-18-9 所示。

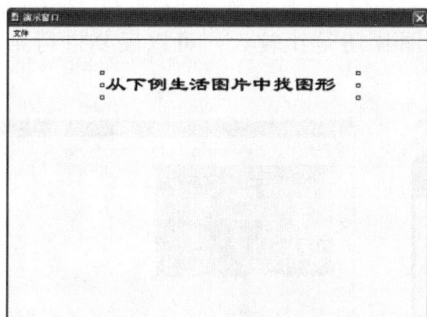

图 11-18-8　显示图中内容

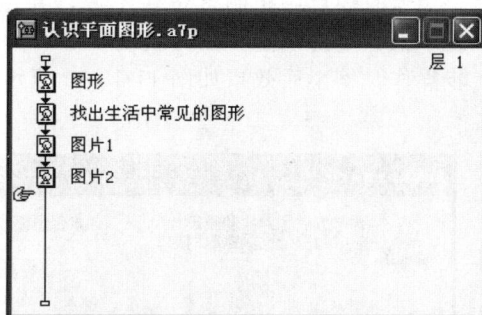

图 11-18-9　流程线示意图

　　(6)双击打开显示图标"图片 1"，并单击左上角第四个快捷工具【导入】工具，如图 11-18-10 所示，导入图片。单击后出现如图 11-18-11 所示图，选择要导入的图片就可以了。

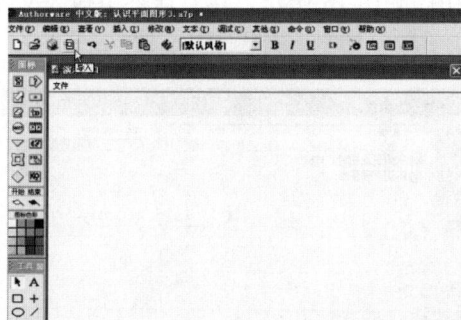

图 11-18-10　导入快捷工具

图 11-18-11　导入图片示意图

　　(7)单击导入按钮，图片导入后，如果发现图太大，则按住图片的任意位置，将图片拖到露出左上角的一个控制点来，如图 11-18-12 所示。

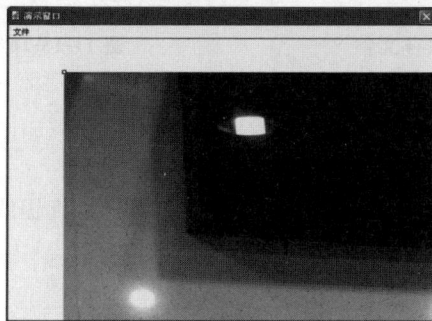

图 11-18-12　改变图片大小控制点

这时候点中控制点按住不放，并往右下拖动，并会弹出如图 11-18-13 所示提示框，单击确定，图片就改小了，如果图片还是比较大，可以反复进行第(7)步操作。缩小后效果如图 11-18-14 所示。

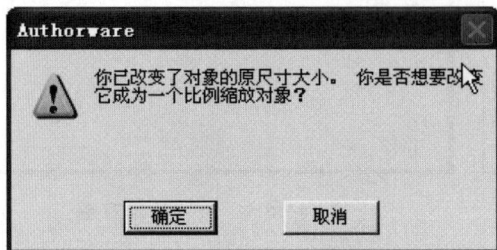

图 11-18-13　改变图片大小提示框

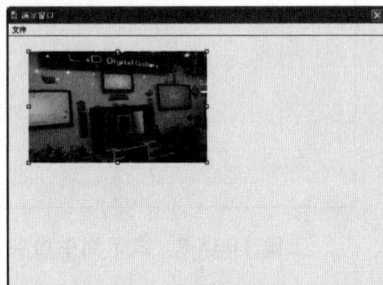

图 11-18-14　改变图片大小后效果

(8)保存文件，单击【文件】菜单中的【保存】按钮，如图 11-18-15 所示。单击【保存】按钮后，弹出一保存对话框，如图 11-18-16 所示，在对话框中输入文件名就可以了。

图 11-18-15　保存文件

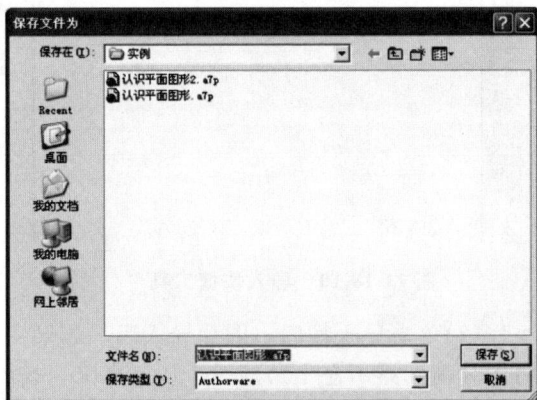

图 11-18-16　文件保存

3.【擦除】图标的使用

(1)运行上面刚刚制作完成的"认识平面图形"，如图 11-18-17 所示，图片和文字都重叠在一起了，这时就得用到【擦除】图标。

(2)打开刚刚保存的"认识平面图形"程序，到流程线上图形显示图标后面再拖动一【擦除】图标过来。如图 11-18-18 所示。

图 11-18-17　运行示意图

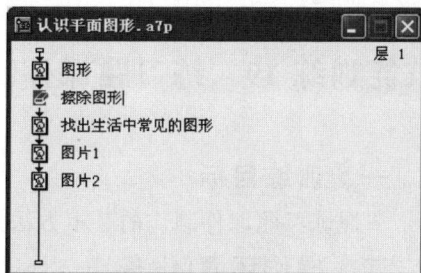

图 11-18-18　加入擦除图标后流程线图

双击【擦除】图标，弹出【擦除】图标对话框。运行该程序，当程序遇到一个没有设置擦除对象的【擦除】图标时，Authorware 会自动打开该【擦除】图标对话框，让用户来设置相关属性，如图 11-18-19 所示。

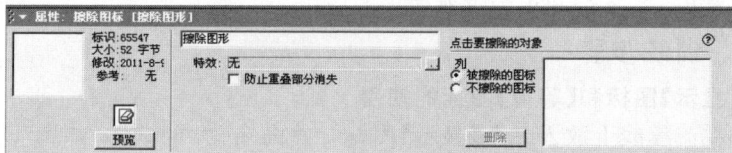

图 11-18-19　擦除属性对话框

（3）用鼠标单击程序运行出现的图形，在【擦除】图标对话框的 Icon 区出现了擦除对象所在的图标，该图标中的所有内容都被【擦除】图标从展示窗口中移走，如图 11-18-20 所示。

图 11-18-20　擦除属性对话框

（4）再到流程线上导入 2 张图片，并调整大小，最后运行效果如图 11-18-21 所示。

（5）设置特效，在制作过程中使用 Xtras 是非常有效的，但当作品完成准备发行时，有一些问题要记住：使用了哪些 Xtras 文件，必须为最终用户提供这些 Xtras 文件。而且，如果 Xtras 文件放错了位置，也产生不了过渡的效果，程序会出现错误提示。

图 11-18-21　运行效果图

技能训练 19 练习题课件制作实例——古代文学常识填空

一、训练目标

掌握练习题课件制作的基本方法。

二、操作环境(设备)

多媒体计算机、Authorware 软件。

三、训练任务

1.【等待】【声音】图标的使用。

2.【等待】【声音】图标的属性设置。

3. 需重点掌握的知识为过渡效果的应用。

四、训练步骤

1.【显示】图标和【等待】图标的使用

(1)在流程线上放入一个【显示】图标,并命名为"问题",如图 11-19-1 所示,双击打开,并到里面复制文字,如图 11-19-2 所示内容。

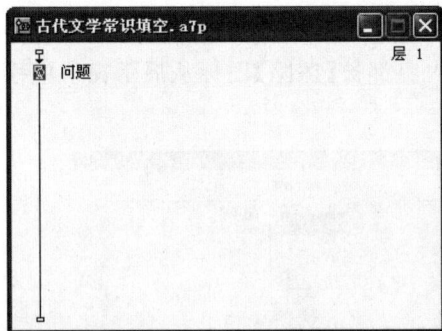

图 11-19-1　流程线示意图 　　　　图 11-19-2　显示图标内容

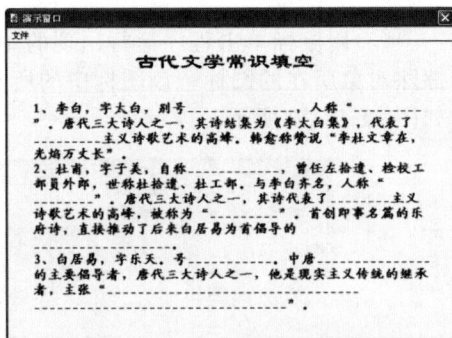

在复制文字内容的时候,有时候会复制出乱码出来,这时可以先将 Word 当中的文字复制到一个 txt 文档中,再从文档复制到显示图标中来。

(2)在【显示】图标后面放置一【等待】图标,开始设置【等待】图标了,双击该图标打开【等待】图标属性对话框,如图 11-19-3 所示。

(3)在【等待】图标后放置一【显示】图标,并命名为"答案 1",双击打开在里面输入正常答案。后面程序依次完成,最后程序运行如图 11-19-4 所示,每敲一次键盘或点一下鼠标才会出现一个答案。

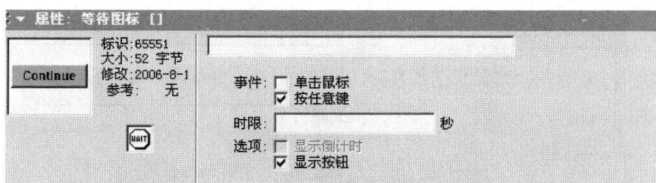

图 11-19-3　等待图标属性对话框

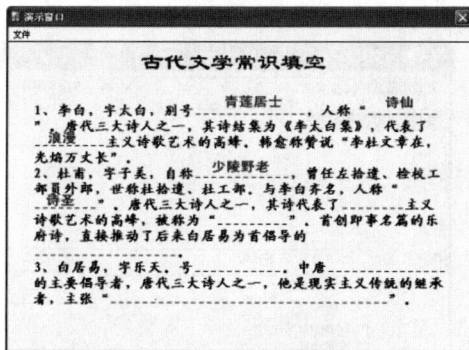

图 11-19-4　等待图标设置

2.【声音】图标的使用及设置

(1)打开"古代文学常识填空"实例，在流程线上再拖入一个【声音】图标，命名为"背景音乐"。如图 11-19-5 所示。

(2)在【声音】图标上单击右键，选择【属性…】打开声音属性面板，如图 11-19-6 所示出现【声音】图标的相关属性，如图 11-19-7 所示。

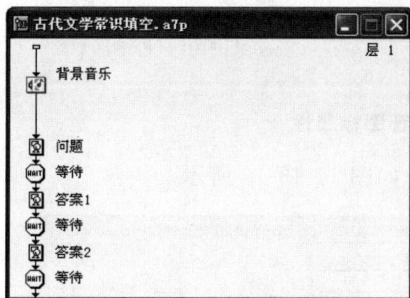

图 11-19-5　程序结构图

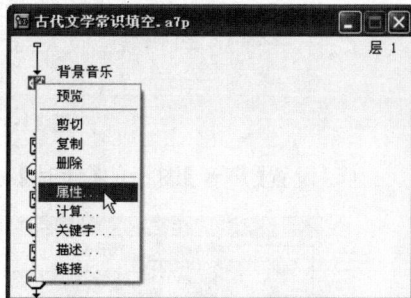

图 11-19-6　打开声音图标属性

(3)使用该属性面板中的【导入】命令按钮弹出【导入】对话框，如图 11-19-8 所示来引入外部声音文件。

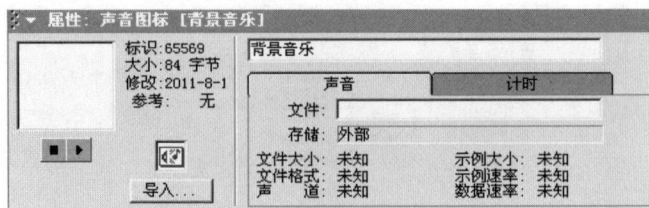

图 11-19-7　声音图标属性面板

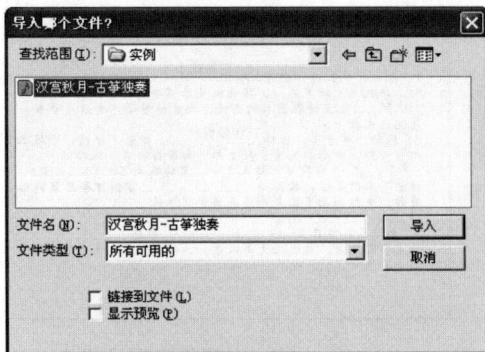

图 11-19-8　导入音乐

（4）引入外部声音文件后，【声音】图标对话框中的相关内容改变成如图 11-19-9 所示。

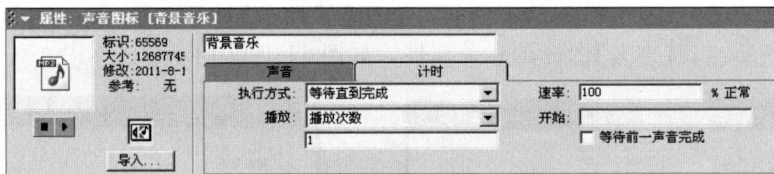

图 11-19-9　声音图标属性

（5）设置【声音】图标的【计时】对话框，如图 11-19-10 所示。

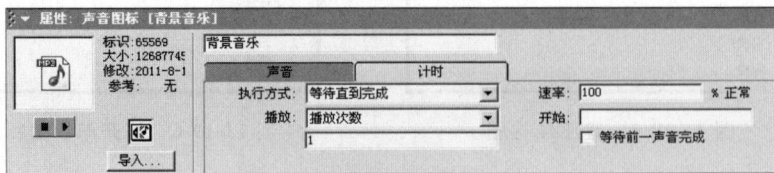

图 11-19-10　【计时】选项面板

程序完成后，整个流程图如图 11-19-11 所示。

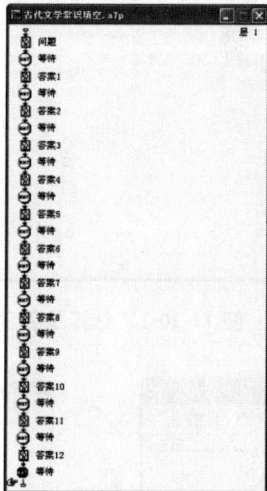

图 11-19-11　实例程序结构

技能训练 20　交互型课件制作实例——钢琴世界

一、训练目标
掌握交互型课件制作的基本方法。

二、操作环境(设备)
多媒体计算机、Authorware 软件。

三、训练任务
1.【交互】【群组】【导航】【计算】图标的使用。

2. 按钮交互的属性设置。

四、训练步骤

1. 按钮交互的制作
(1)首先在流程线上放入两个【显示】图标，分别命名为"主界面"和"标题"，如图 11-20-1 所示。

在"主界面"中导入找好的素材图片如图 11-20-2 所示，在"标题"显示图标中输入"钢琴世界"几个字，并做适当调整，如图 11-20-3 所示。

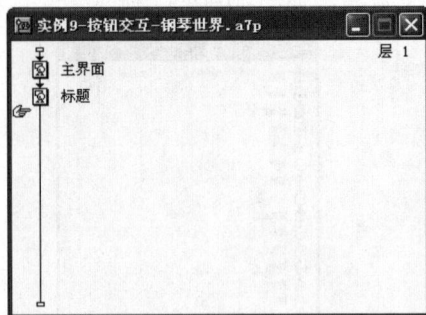

图 11-20-1　选择交互图标

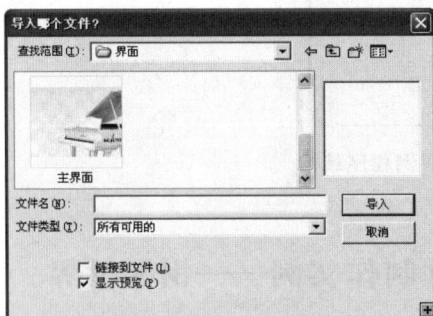

图 11-20-2　导入主界面

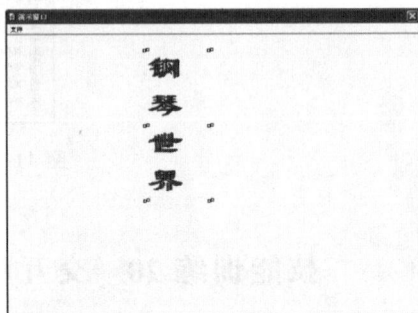

图 11-20-3　输入标题

（2）再拖动一个【交互】图标到流程线上，如图 11-20-4 所示，并命名"交互内容"。再拖动一【群组】图标放到【交互】图标的旁边，系统弹出交互类型对话框，保持默认选项不变，单击【OK】。如图 11-20-5 所示。

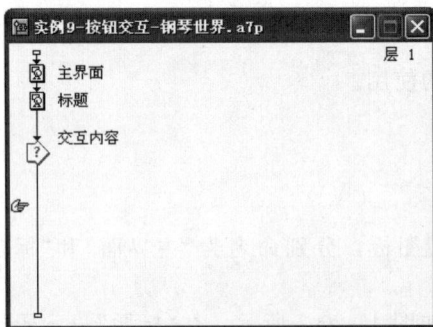

图 11-20-4　加入交互图标

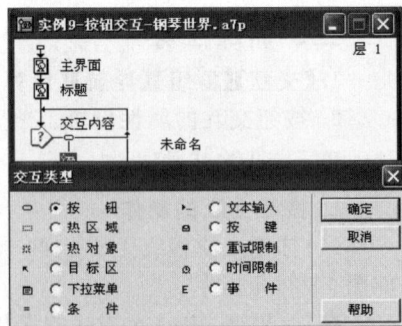

图 11-20-5　选择交互类型

（3）保持默认的选项也就是选择了【按钮】交互，并且命名为"钢琴简介"。在这里大家一定要命名详细，这个名称也就是按钮上的卷标，如图 11-20-6 所示。

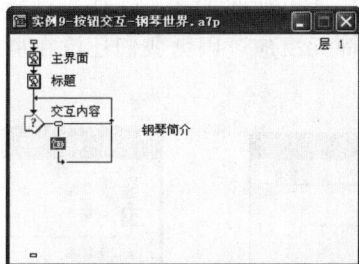

图 11-20-6　设置按钮卷标

（4）打开【播放】控制面板，如图 11-20-7 所示，运行程序，再按暂停按钮，对按钮的位置进行调节，使之置于合适的位置，如图 11-20-8 所示。

图 11-20-7　控制面板

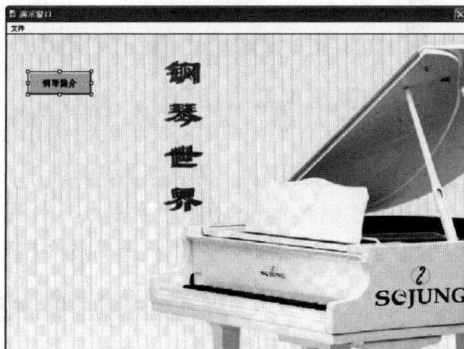

图 11-20-8　调整按钮

（5）接下来对按钮的属性进行设置，双击图 11-20-8 中的按钮，弹出按钮的属性面板，如图 11-20-9 所示。

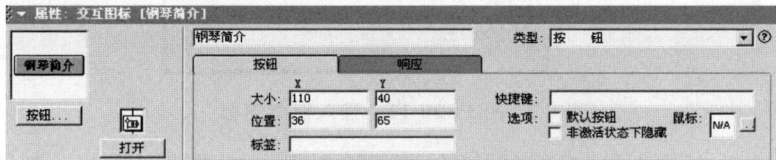

图 11-20-9　按钮属性设置面板

（6）设置鼠标移至按钮上方时的形状，单击【鼠标】旁边的按钮，弹出 Cursor 对话框，鼠标列表框中可选择所需的鼠标形式，在这里选择最后一个手形状，如图 11-20-10 所示。通常，所有的操作系统都会附带着数量不等的光标文件，它们位于安装目录的 Cursors 文件夹内。

(7)第一个按钮就全部设置完了。用同样的方法在流程线上再添加两个按钮，重复步骤(2)—(6)。最后效果如图 11-20-11 所示，注意目前我们只是制作了四个按钮，但单击四个按钮尚无反应，因为我们还没在群组图标里面添加任何文字和图片内容。

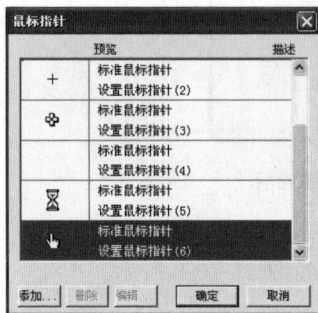

图 11-20-10　选择鼠标形状　　　　图 11-20-11　程序图

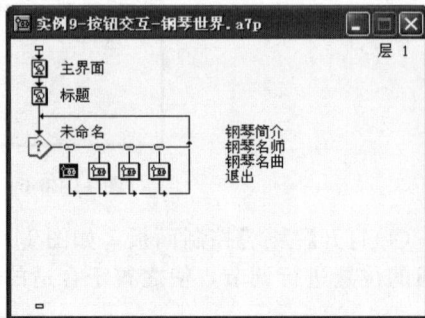

2.【导航】【框架】【群组】图标的使用

接下来，要往"钢琴简介"中添加内容，必须先学习程序的流程控制，在这里面主要涉及【导航】图标、【框架】图标。

(1)打开"钢琴简介"【群组】图标，出现一个新的流程线，拖动一个【框架】图标到新流程线上，并命名为"钢琴简介内容"。如图 11-20-12 所示。

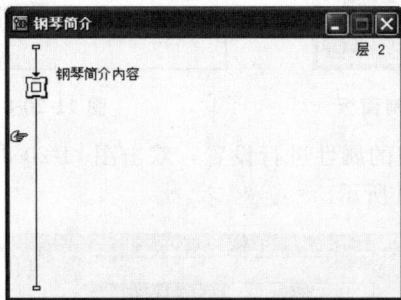

图 11-20-12　导入框架图标

(2)双击【框架】图标"钢琴简介内容"，出现一组复杂的图标，如图 11-20-13 所示。

在【框架】图标的流程线中有一个【显示】图标默认名称为"灰色导航面板"，在它里面有一个面板，如图 11-20-14 所示，这个面板用来放置【交互】图标中的 8 个导航按钮，它的作用仅仅是装饰，通常我们会把这个删除而换上我们所需的内容界面，如图 11-20-15 所示，将"灰色导航面板"置换成"内容界面．jpg"

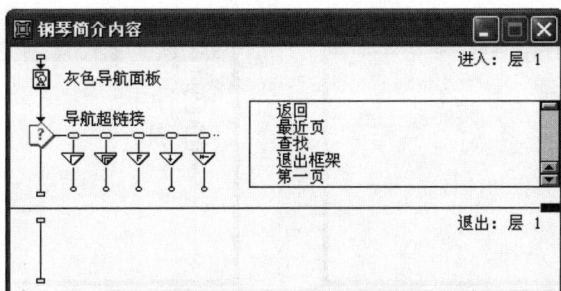

图 11-20-13　设置框架图标

图 11-20-14　灰色导航面板

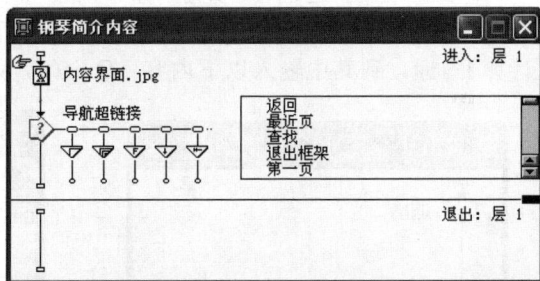

图 11-20-15　将灰色导航面板替换成内容界面

（3）开始来设置【框架】图标的属性，由于默认的按钮不是很美观，同时也不需要这么多的按钮交互，先将图 11-20-15 中的【导航】图标及按钮交互全都删除，只留三个交互按钮"上一页""下一页""退出"。如图 11-20-16 所示。

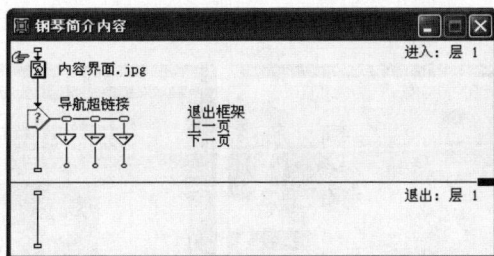

图 11-20-16　修改框架内交互

（4）回到【框架】图标，在【框架】图标的右边拖入三个【群组】图标，如图 11-20-17 所示。打开 01【群组】图标，如图 11-20-18 所示，并到"文字"及"图片"显示图标内输入课件相关内容，并依次将"02"和"03"群组图标内容完成。

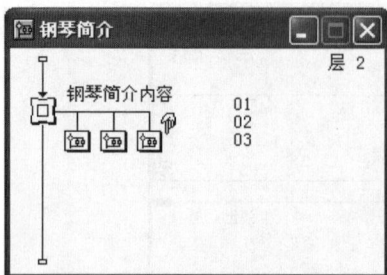

图 11-20-17　放入群组图标　　　　图 11-20-18　群组图标内流程线

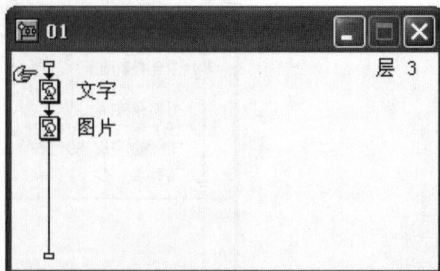

（5）最后完成"退出"【群组】图标中内容，双击打开"退出"【群组】图标。放入一个【计算】图标到流程线上，如图 11-20-19 所示，并命名为"退出"，双击打开【计算】图标，到其中输入以下内容：Quit()，如图 11-20-20 所示。

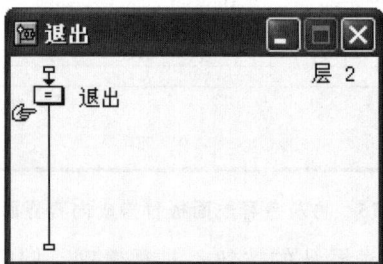

图 11-20-19　放入计算图标　　　　图 11-20-20　完成退出功能

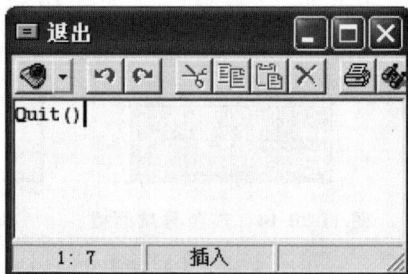

（6）播放程序，调整图片的位置及大小。参照前面的步骤，将"钢琴名师""钢琴名曲"的内容一并做完。播放效果如图 11-20-21 所示。

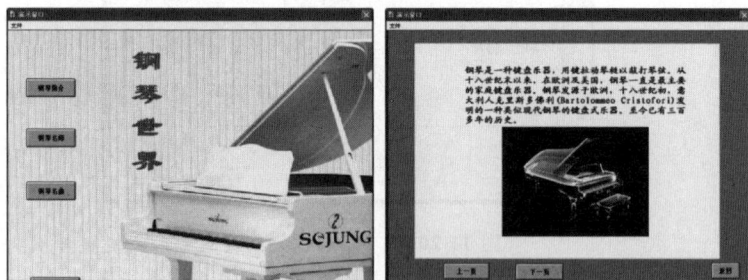

图 11-20-21　运行效果图

技能训练 21　多媒体课件制作综合实例

一、训练目标

掌握多媒体课件综合实例的制作。

二、操作环境(设备)

多媒体计算机、Authorware 软件。

三、训练任务

1. 简单片头的制作:【显示】图标的应用。
2. 课件导航结构的搭建:热区交互的使用。
3 课件主体内容的完善:【框架】【计算】图标的使用。

四、训练步骤

1. 简单片头的制作

为了让多媒体程序展示起来更完美,可能为程序加上一个简单的片头,使程序更加完善。在这里只用 Auhtorware 就可能做出一个简单、实用、漂亮的片头。

(1)首先在流程线上放入一个【群组】图标,并命名为"片头"。双击打开【群组】图标,出现一个新的流程线,到新的流程线上面放入一个【显示】图标,并命名为"黑背景"。双击打开此【显示】图标,绘制一个全屏幕大小的纯黑色的矩形。再到流程线上放入一个【声音】图标,并命名为"片头音乐",导入"实例 \ 综合实例 \ 音乐 \ 片头音乐 . wav"的音乐文件,如图 11-21-1。

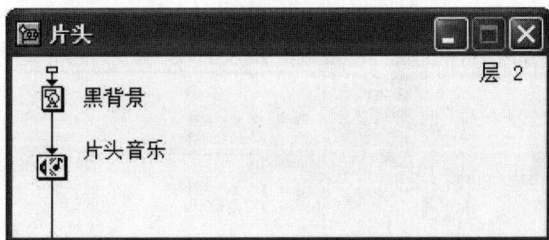

图 11-21-1　导入音乐

(2)再从图标工具栏中拖动一【显示】图标到流程线上,并命名为"片头文字",双击打开【显示】图标,在其中输入一行文字"隐逸诗人之宗－陶渊明"。为使运行效果更好,可以做出一点点立体效果来,对刚刚输入的文字复制 \ 粘贴,屏幕上将有两行文字,将原来的文字色彩改变为灰色,再将两行文字叠加在一起,简单的立体效果就出现了,如图 11-21-2 所示。

隐逸诗人之宗-陶渊明

图 11-21-2　文字效果

（3）接下来设置文字的动画效果，在这里不是通过【移动】图标来实现动画效果，因为【移动】只是将文字在一个平面内移动，视觉效果比较呆板。在这里通过设置文字的特效来实现，在【显示】图标"字幕"上单击右键，选择"特效…"命令或者按下"Ctrl＋T"快捷键，程序弹出特效对话框，在这里选择"激光展示 1"的特效。如图 11-21-3 所示。

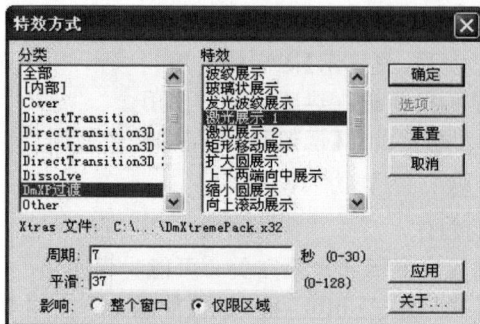

图 11-21-3　过渡特效选择

（4）再拖动一【等待】图标放置于流程线上，并命名为"等待"，双击并对【等待】图标做如图 11-21-4 所示设置。选择【单击鼠标】和【按任意键】，其作用是当最终用户按下鼠标或任意键，Authorware 结束等待，继续执行流程线上的下一个图标。

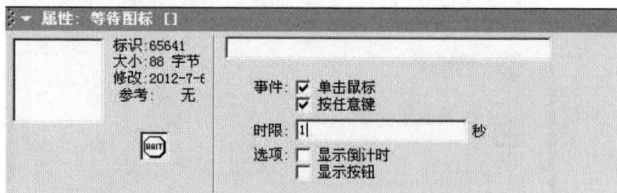

图 11-21-4　等待图标属性设置

（5）最后到流程线上放入一个【擦除】图标，并命名为"擦除文字"。【擦除】图标的设置相对来说比较简单，这里就不再重复讲解了。片头部分完成后的流程线如图 11-21-5 所示。

2. 课件导航结构的搭建：热区交互的使用

（1）首先在流程线上放入一个【计算】图标，并命名为"选择背景音乐文件"，

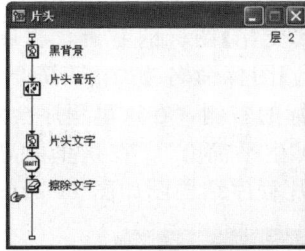

11-21-5　片头部分程序结构

双击打开【计算】图标，在其中输入如图 11-21-6 所示内容，在这里由于用的是 MIDI 音乐作背景音乐，由于 MIDI 音乐不可以直接导入到 Authorware 当中，所以通过外置函数来调用 MIDI 音乐。

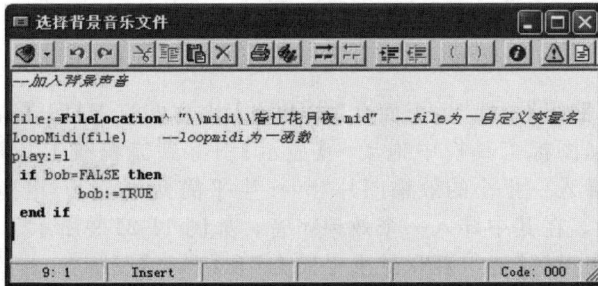

图 11-21-6　调用音乐

　　(2)再向流程线上拖入【显示】图标，为了跟其他的主界面区分开，把这个主界面命名为"主界面"，再打开"文件"菜单，导入一张图片作为主界面，如图 11-21-7 所示。

图 11-21-7　导入图片

（3）再从图标工具栏中拖动一【交互】图标到流程线上，并命名为"主交互"。再拖动一【群组】图标放到【交互】图标的右侧，程序弹出交互话框，在这里选择【热区交互】，并将此【群组】图标命名为"生平简介"。以同样的方法，再拖动一【群组】图标放到【交互】图标的右侧，在这里程序会默认选择【热区交互】类型，将此【群组】图标命名为"over 生平简介"，在这里面导入的是当鼠标移到主板简介文字上方的时候的效果图片程序结构图如图 11-21-8 所示。

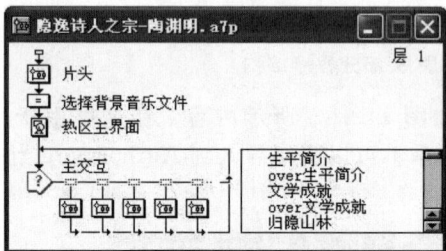

图 11-21-8　交互界面程序结构

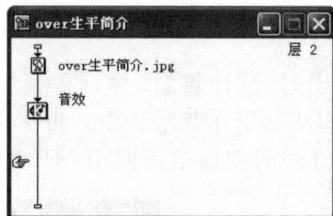

图 11-21-9　导入音效

（4）对于【群组】图标"生平简介"先不导入内容，双击打开【群组】图标"over 生平简介"，再从图标工具栏中拖动一【显示】图标到流程线上，并命名为"效果图片"，在其中导入一张小的效果图片"over 生平简介 .jpg"。再拖动一【声音】图标放到流程线上，在其中导入一个效果声音，如图 11-21-9 所示。

（5）接下来设置【群组】图标"生平简介"和【群组】图标"over 生平简介"热区交互的相关属性，在这里将【群组】"生平简介"响应类型设置为【单击鼠标】即在热区内单击鼠标时产生响应，将【群组】图标"over 生平简介"响应类型设置为【指针处于指定区域】也就是当鼠标移至热区上方时产生响应。并将两者【鼠标】选项，设置鼠标移至热区上方时的形状都改为手形形状，如图 11-21-10 所示。

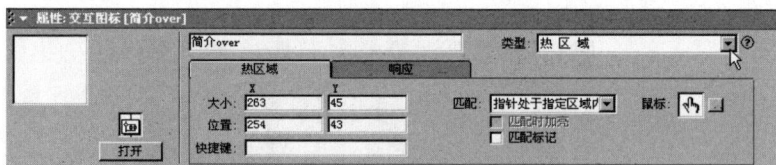

图 11-21-10　热区交互属性设置

3. 课件主体内容的完善：【框架】【计算】图标的使用

通过前面的学习将本综合实例中的主体导航结构建起来了，但仅仅是外部的导航作用，在其中的实质性的内容都没有完善，接下来将完善程序中的内容。

（1）接着前面的例子继续把它完善，打开"生平简介"【群组】图标，在新流程线上拖入一个【框架】图标，并命名为"生平简介内容"。再到【框架】图标的右侧拖入五个【群组】图标，依次命名为"生平简介 01—05"如图 11-21-11 所示。

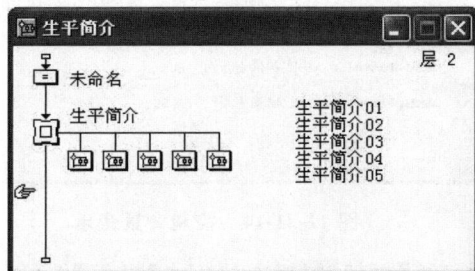

图 11-21-11　程序主结构

(2)双击打开【框架】图标，到【框架】图标的流程中，导入其中【显示】图标中的"主界面"为"内主界面.jpg"。同时添加一个【音乐】图标"背景音乐"，并导入一个背景音乐。如图 11-21-12 所示。

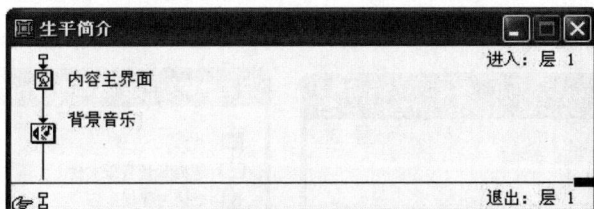

图 11-21-12　导入音乐、图片

同时对【框架】图标当中的 8 个导航按钮进行删减，只保留【下一页】、【上一页】、【退出】三个导航，再在旁边放入一个【控制】图标，如图 11-21-13 所示。在【控制】图标"音乐"中输入如图 11-21-14 所示内容，其作用是控制背景音乐播放与停止。

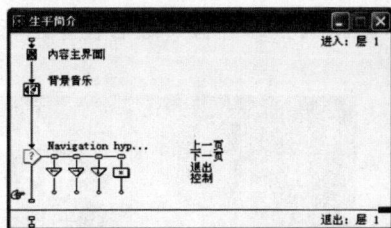

图 11-21-13　框架图标结构图

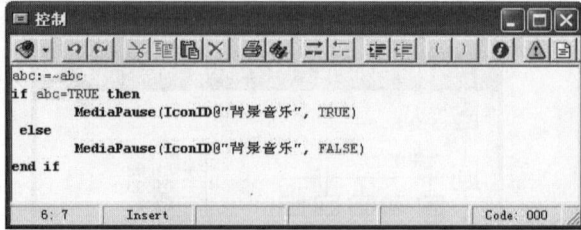

图 11-21-14　控制背景音乐

（3）接下来开始完善【框架】图标右侧五个【群组】图标当中的内容了，这里只以【群组】图标"生平简介02"为例来说明，双击打开【群组】图标"生平简介02"，在其流程线上拖入两个【显示】图标并命名为"图片"和"文字"，并在其中导入相关内容，如图 11-21-15 所示。

（4）同样操作完成"生平简介""文学成就""归隐原因"等其他部分内容，但具体操作步骤与前面的都大同小异，并没有很大的差别，所以在这里就不再详细讲解，最后程序的流程线结构如图 11-21-16 所示。

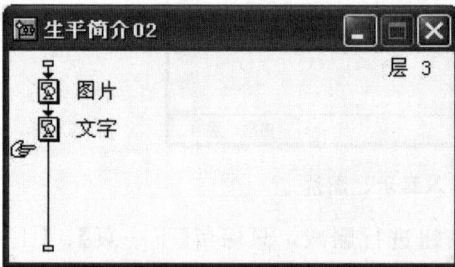

图 11-21-15　"生平简介02"

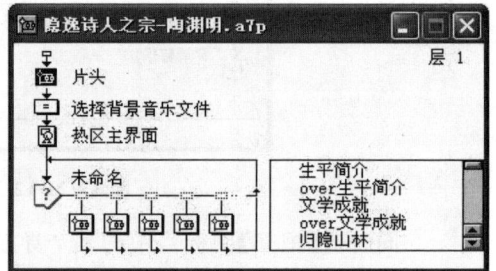

图 11-21-16　程序总体结构

（5）最后对程序进行调试，运行程序，单击相关内容，如果有发现个别需要修改则可以暂停程序，重新调整、完善，最后程序运行的画面，如图 11-21-17 所示。

图 11-21-17　程序运行效果

技能训练 22　多媒体课件的打包发布/刻录

一、训练目标

掌握 Authorware 课件打包方法。

二、操作环境（设备）

多媒体计算机、Authorware 软件。

三、训练任务

1. 程序打包。

2. 程序打包属性设置。

四、训练步骤

1. 打开前面讲过的 Authorware 源程序。运行程序，查看是否有错误或者还需要进行修改。如果确定没有，可以为程序打包，运行【文件】菜单中【发布】中【打包…】命令。如图 11-22-1 所示。

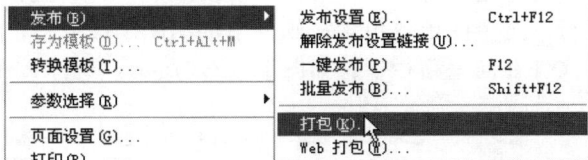

图 11-22-1　打包命令

2. 运行命令后，弹出打包属性对话框，如图 11-22-2 所示。先了解一下相关的属性含义。

在属性面板中有个下拉菜单，其中

【无需 Runtime】文件打包后生成一个扩展名为 .a7r 的文件，这种文件通常很小，但它需要一个 Runtime 的应用程序来运行该文件。

【运行时重组无效的连接】当编写 Authorware 程序时，每放一个新图标到流程线上，系统会自动记录图标的所有数据，并且 Authorware 内部以

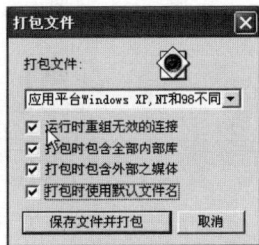

图 11-22-2　打包属性设置

链接方式将数据串联起来，一旦程序作了修改操作，Authorware 里的链接会重新调整，某些串会形成断链，为了不让程序运行过程中出现问题，最好选择此项，可以让 Authorware 自动处理断链。

【打包时包含全部内部库】使 Authorware 将所有与作品链接的库文件打包到

主程序中，但并不是所有的链接文件都能如此，只能采取插入方式的数字化电影文件，就不会转化为内部插入方式。

【打包时包含外部之媒体】使 Authorware 将作品调用的所有媒体文件压缩。

【打包时使用默认文件名】使打包出来的作品以当前文件名来命名。如果使用的源程序文件名为"实例 15.a7p"，那么打包之后的可执行文件名为"实例 15.exe"。

3. 单击【保存文件并打包】按钮，程序开始打包，出现如图 11-22-3 所示进度条。

图 11-22-3　打包进度

4. 最后程序打包完成。但运行程序后会出错，那是因为还少一个文件夹。在文件打包发布时，还要将 Authorware 的库函数一并交于用户，否则多媒体程序不能正常运行。这个库函数包含在软件下的 Xtras 目录中，将整个 Xtras 目录拷贝到可执行文件在同一路径下。如图 11-22-4 所示，这样，程序才算打包完成。

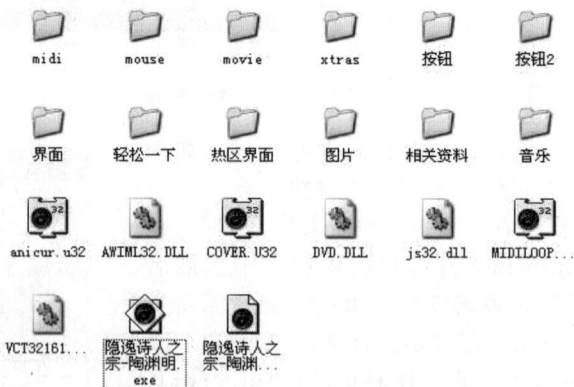

图 11-22-4　打包后文件

5. 最后刻录到光盘当中保存，在这里我们以 Ashampoo Burning Studio 10 刻录软件来进行刻录操作，运行软件后，我们选择刻录文件夹，选择创建新的 CD/DVD/蓝光光盘，如图 11-22-5 所示。

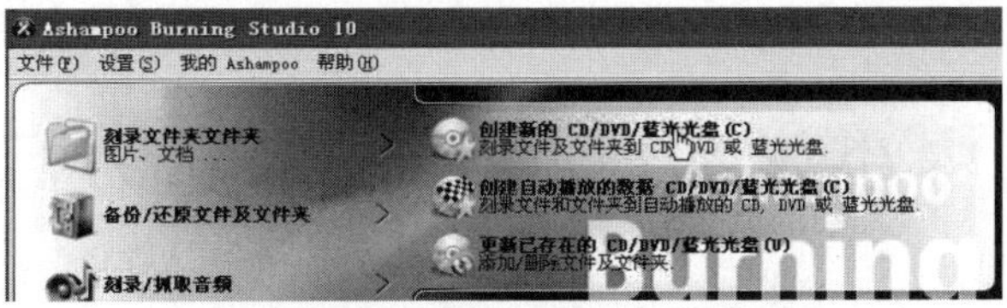

图 11-22-5　刻录软件操作界面

　　添加相关文件夹及文件，如图 11-22-6 所示，最后放入空白光盘，单击刻录就可以了。

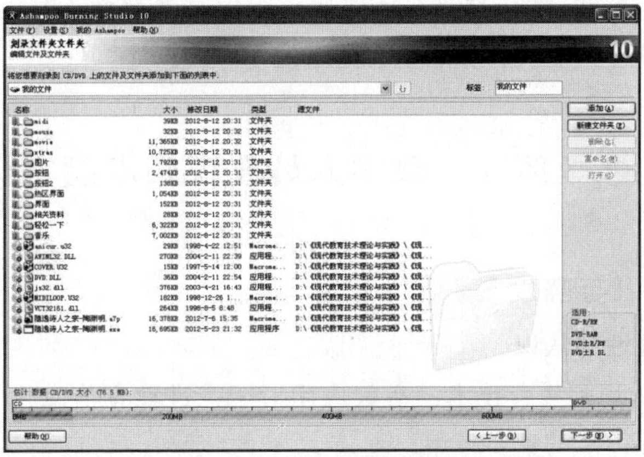

图 11-22-6　添加需刻录内容

附录　中小学教师教育技术能力标准(试行)

中华人民共和国教育部

为提高中小学教师教育技术能力水平，促进教师专业能力发展，根据《中华人民共和国教师法》和《中小学教师继续教育规定》有关精神，特制定《中小学教师教育技术能力标准(试行)》。本标准适用于中小学教学人员、中小学管理人员、中小学技术支持人员教育技术能力的培训与考核。

第一部分　教学人员教育技术能力标准

一、意识与态度

(一)重要性的认识

1. 能够认识到教育技术的有效应用对于推进教育信息化、促进教育改革和实施国家课程标准的重要作用。

2. 能够认识到教育技术能力是教师专业素质的必要组成部分。

3. 能够认识到教育技术的有效应用对于优化教学过程、培养创新型人才的重要作用。

(二)应用意识

1. 具有在教学中应用教育技术的意识。

2. 具有在教学中开展信息技术与课程整合、进行教学改革研究的意识。

3. 具有运用教育技术不断丰富学习资源的意识。

4. 具有关注新技术发展并尝试将新技术应用于教学的意识。

(三)评价与反思

1. 具有对教学资源的利用进行评价与反思的意识。

2. 具有对教学过程进行评价与反思的意识。

3. 具有对教学效果与效率进行评价与反思的意识。

(四)终身学习

1. 具有不断学习新知识和新技术以完善自身素质结构的意识与态度。

2. 具有利用教育技术进行终身学习以实现专业发展与个人发展的意识与态度。

二、知识与技能

(一)基本知识

1. 了解教育技术基本概念。

2. 理解教育技术的主要理论基础。

3. 掌握教育技术理论的基本内容。

4. 了解基本的教育技术研究方法。

(二)基本技能

1. 掌握信息检索、加工与利用的方法。

2. 掌握常见教学媒体选择与开发的方法。

3. 掌握教学系统设计的一般方法。

4. 掌握教学资源管理、教学过程管理和项目管理的方法。

5. 掌握教学媒体、教学资源、教学过程与教学效果的评价方法。

三、应用与创新

(一)教学设计与实施

1. 能够正确地描述教学目标、分析教学内容，并能根据学生特点和教学条件设计有效的教学活动。

2. 积极开展信息技术与课程的整合，探索信息技术与课程整合的有效途径。

3. 能为学生提供各种运用技术进行实践的机会，并进行有针对性的指导。

4. 能应用技术开展对学生的评价和对教学过程的评价。

(二)教学支持与管理

1. 能够收集、甄别、整合、应用与学科相关的教学资源以优化教学环境。

2. 能在教学中对教学资源进行有效管理。

3. 能在教学中对学习活动进行有效管理。

4. 能在教学中对教学过程进行有效管理。

(三)科研与发展

1. 能结合学科教学进行教育技术应用的研究。

2. 能针对学科教学中教育技术应用的效果进行研究。

3. 能充分利用信息技术学习业务知识，发展自身的业务能力。

(四)合作与交流

1. 能利用技术与学生就学习进行交流。

2. 能利用技术与家长就学生情况进行交流。

3. 能利用技术与同事在教学和科研方面广泛开展合作与交流。

4. 能利用技术与教育管理人员就教育管理工作进行沟通。

5. 能利用技术与技术人员在教学资源的设计、选择与开发等方面进行合作与交流。

6. 能利用技术与学科专家、教育技术专家就教育技术的应用进行交流与合作。

四、社会责任

(一)公平利用努力使不同性别、不同经济状况的学生在学习资源的利用上享有均等的机会。

(二)有效应用努力使不同背景、不同性格和能力的学生均能利用学习资源得到良好发展。

(三)健康使用促进学生正确地使用学习资源，以营造良好的学习环境。

(四)规范行为能向学生示范并传授与技术利用有关的法律法规知识和伦理道德观念。

第二部分 管理人员教育技术能力标准

一、意识与态度

(一)重要性的认识

1. 能够认识到教育技术的有效应用对于推进教育信息化、促进教育改革和实施国家课程标准的重要作用。

2. 能够认识到教育技术能力是教师专业素质的必要组成部分。

3. 能够认识到教育技术的有效应用对于优化教学过程、培养创新型人才的重要作用。

（二）应用意识

1. 具有推动在管理中应用教育技术的意识。

2. 具有推动在教学中开展信息技术与课程整合、促进教育教学改革研究的意识。

3. 具有支持教师运用教育技术不断丰富学习资源的意识。

4. 具有密切关注新技术的价值并不断挖掘其教育应用潜力的意识。

（三）评价与反思

1. 具有促进对教学资源的利用进行评价与反思的意识。

2. 具有促进对教学过程进行评价与反思的意识。

3. 具有促进对教学效果与效率进行评价与反思的意识。

4. 具有对教学管理的效果进行评价与反思的意识。

（四）终身学习

1. 具有不断学习新知识和新技术以提高自身管理水平的意识与态度。

2. 具有利用教育技术进行终身学习以实现管理能力与个人素质不断提高的意识与态度。

3. 具有利用教育技术为教师创造终身学习环境的意识与态度。

二、知识与技能

（一）基本知识

1. 了解教育思想、观念和教育技术的发展趋势。

2. 了解教育技术的基本概念和应用范畴。

3. 了解教育技术的基本理论。

4. 掌握绩效技术、知识管理和课程开发的基本知识。

（二）基本技能

1. 掌握信息检索、加工与利用的方法。

2. 掌握资源管理、过程管理和项目管理的方法。

3. 掌握教学媒体、教学资源、教学过程与教学效果的评价方法。

4. 掌握课程规划、设计、开发、实施与评价的方法。

三、应用与创新

（一）决策与规划

1. 制订并实施教育技术应用计划以及应用技术来促进教育教学改革的条例

与法规。

2. 能够根据地区特点和实际教育状况，宏观调配学习资源，规划和设计教育系统。

3. 能够有效应用信息技术和统计数据辅助决策过程。

（二）组织与运用

1. 能组织与协调各种资源，保证教育技术应用计划的贯彻和执行。

2. 能组织与协调各种资源，促进信息化学习环境的创建。

3. 能组织与协调各种资源，支持信息化的教学活动。

4. 能运用技术辅助教学组织和教学实施。

（三）评估与发展

1. 能使用多种方法对教师和管理人员的教育技术应用效果进行评价。

2. 能运用技术辅助对管理体制和运行机制进行评价。

3. 能采取多种措施推动技术体系的不断改进，支持技术的周期性更新。

4. 能充分利用技术手段为教师、学生和管理者的发展提供更多机会。

5. 能充分运用技术改善教育教学条件，并为教师提供教育技术培训的机会。

（四）合作与交流

1. 能利用技术与教学人员就教学工作进行交流。

2. 能利用技术与技术人员就学习支持与服务进行交流。

3. 能利用技术与家长及学生就学生发展与成长进行交流。

4. 能利用技术与同事就管理工作进行合作与交流。

四、社会责任

（一）公平利用

能够在管理制度上保障所有的教师和学生均能利用学习资源得到良好发展。

（二）有效应用

1. 能够促进学习资源的应用潜能得到最大化的发挥。

2. 能够促进技术应用达到预期效果。

（三）安全使用

1. 能确保技术环境的安全性。

2. 能提高技术应用的安全性。

（四）规范行为

1. 努力加强信息道德的宣传与教育。

2. 努力规范技术应用的行为与言论。

3. 具有技术环境下知识产权保护的意识，并能够以实际行动维护这种知识产权。

第三部分　技术人员教育技术能力标准

一、意识与态度

(一)重要性的认识

1. 能够认识到教育技术的有效应用对于推进教育信息化、促进教育改革和实施国家课程标准的重要作用。

2. 能够认识到教育技术应用能力是教师专业素质的重要组成部分。

3. 能够认识到教育技术的有效应用对于优化教学过程、培养创新型人才的重要作用。

(二)应用意识

1. 具有研究与推进信息技术与课程整合的意识。

2. 具有利用技术不断优化学习资源和学习环境的意识。

3. 具有积极辅助与支持教学人员和管理人员应用教育技术的意识。

4. 具有不断尝试应用新技术并探索其应用潜力的意识。

(三)评价与反思

1. 具有对技术及应用方案进行选择和评价的意识。

2. 具有对技术开发进行评价与反思的意识。

3. 具有对技术支持进行评价与反思的意识。

4. 具有对教学资源管理进行评价与反思的意识。

(四)终身学习

1. 具有积极学习新知识与新技术以提高业务水平的意识。

2. 具有利用教育技术进行终身学习以不断提高个人素质的意识。

二、知识与技能

(一)基本知识

1. 了解教育思想、观念和技术的发展趋势。

2. 了解教育技术的基本概念和应用范畴。

3. 掌握现代教学媒体特别是计算机与网络通信的原理与应用。

(二)基本技能

1. 掌握信息检索、加工与利用的方法。

2. 了解教学系统设计与开发的方法。

3. 掌握教学媒体的设计与开发的技术。

4. 掌握教学媒体的维护与管理的方法。

5. 掌握学习资源维护与管理的方法。

6. 掌握对教学媒体、学习资源的评价方法。

三、应用与创新

(一)设计与开发

1. 参与本单位教育信息化建设方案的整体规划与设计。

2. 能够设计与开发本单位的信息化学习环境。

3. 能够收集、整理已有学习资源并设计与开发符合教学需要的学习资源。

(二)应用与管理

1. 能够为教学人员的教学和科研工作提供技术支持与服务。

2. 能够为管理人员的管理和评估工作提供技术支持与服务。

3. 能够对学习资源与学习环境的使用进行有效的管理与维护。

(三)评估与发展

1. 能够对学习资源和学习环境的开发与应用效果进行评估，并提出发展建议。

2. 能够对自身的技术服务和管理工作进行评估，并反省自身的技术服务和业务水平。

3. 能够参与本校教师教育技术应用效果的评估工作，并提出发展建议。

4. 能够参与制定本校教师教育技术培训方案并实施。

(四)合作与交流

1. 能利用技术与教师就教育技术在教学中的应用效果进行交流。

2. 能利用技术与管理人员进行交流。

3. 能利用技术与学生及家长进行交流。

4. 能利用技术与同行及技术专家进行交流。

四、社会责任

(一)公平利用

能够通过有效的统筹安排保障所有的教师和学生均能利用学习资源得到良好发展。

(二)有效应用

1. 能不断加强信息资源的管理。

2. 能不断提高教育技术应用的有效性。

(三)安全使用

1. 努力提高技术应用环境的信息安全。

2. 能为教师和学生提供安全、可靠的技术服务。

(四)规范行为

1. 努力加强技术环境下信息资源的规范管理。

2. 努力规范技术应用的行为方式。

二〇〇四年十二月十五日

参考文献

[1]南国农，李运林. 教育传播学[M]. 北京：高等教育出版社，1995.

[2]祝智庭. 现代教育技术——走向信息化教育[M]. 北京：教育科学出版社，2002.

[3]张琴珠. 计算机辅助教育[M]. 北京：高等教育出版社，2003.

[4]袁玖根，邢若南. 探索 Web2.0 时代社会性软件在网络协作学习中作用[M]. 全国教育游戏与虚拟现实学术会议论文集（EGVR2007）. 北京：电子工业出版社，2007.

[5]何玲. 支持网络协作学习的新工具集：群件工具[M]. 北京：电子工业出版社. 2005.

[6]史元春译，Fundamentals of Multimedia[M]. 北京：机械工业出版社，2007.

[7]祝智庭，钟志贤. 现代教育技术——促进多元智能发展[M]. 上海：华东师范大学出版社，2003.

[8]万华明，胡小强. 多媒体技术基础[M]. 北京：中央广播电视大学出版社，2005.

[9]吴有林. 计算机辅助教学技术[M]. 北京：清华大学出版社，2006.

[10]希望图书创作室. 中文 Office XP 教程[M]. 北京：北京希望电子出版社，2004.

[11]迟春梅. 新概念 PowerPoint 2002 教程[M]. 北京：科学出版社，2003.

[12]李若瑾. Authorware 7.0 实例教程[M]. 北京：电子工业出版社，2004.

[13]黄晓宇. 中文 Authorware7.0 多媒体设计精彩范例[M]，北京：机械工业出版社，2005.

[14]胡小强. 虚拟现实技术[M]. 北京：北京邮电大学出版社，2005.

[15]杨九民. 现代教育技术[M]. 武汉：华中师范大学出版社，2005.

[16]李永斌. 现代教育技术实用教程[M]. 北京：高等教育出版社，2006.

[17]王知非，贾宗福. 现代教育技术基础（第 2 版）[M]. 北京：高等教育出版社，2005.

[18]冯学斌. 教育技术理论与实践[M]. 济南：山东人民出版社，2005.

[19]张有录. 大学现代教育技术教程[M]. 北京：中国铁道出版社，2007.

[20]孙杰远. 信息技术与课程整合[M]. 北京：北京大学出版社，2002.

[21]余胜泉，吴娟. 信息技术与课程整合[M]. 上海：上海教育出版社，2005.

[22]郭绍青. 信息技术教育的理论与实践[M]. 北京：中国人事出版社，2002.

[23]张筱兰. 基于网络探究学习（Webquest）的设计要义[J]. 甘肃科技纵横，2005.

[24]张筱兰. 信息技术与课程整合的理论与方法[M]. 北京：民族出版社，2004.

［25］小学信息技术与课程整合优秀案例［DB/OL］. http://211.67.78.8/kegai/sanjiao-mianji/web/sj.htm/2006/6/12.

［26］曾建. 微格教学在师范类高校中的运用［J］. 新疆师范学院学报，2004.

［27］袁立仁等. 微格教学理论与实践研究［M］. 北京：科学出版社，1997.

［28］孟宪恺. 微格教学基本教程. 北京：北京师范大学出版社，1998.

［29］微格教学系统. 百度百科［DB/OL］. http://wenku.baidu.com/view/3b2623d784254b35eefd342b.html/2012/12/04.

［30］孟宪凯. 微格教学基本教程［M］. 北京：北京师范大学出版社，1992.